宋明儒学感应思想研究

Study on the Induction Thought of
Confucianism in Song and Ming Dynasties

章 林 著

中国社会科学出版社

图书在版编目(CIP)数据

宋明儒学感应思想研究/章林著.—北京:中国社会科学出版社,2022.9
ISBN 978-7-5227-0512-5

Ⅰ.①宋… Ⅱ.①章… Ⅲ.①儒学—思想史—研究—中国—宋代
②儒学—思想史—研究—中国—明代　Ⅳ.①B222.05

中国版本图书馆 CIP 数据核字(2022)第 128907 号

出 版 人	赵剑英
责任编辑	韩国茹
责任校对	张爱华
责任印制	李寡寡

出　　版	中国社会科学出版社
社　　址	北京鼓楼西大街甲 158 号
邮　　编	100720
网　　址	http://www.csspw.cn
发 行 部	010-84083685
门 市 部	010-84029450
经　　销	新华书店及其他书店
印　　刷	北京君升印刷有限公司
装　　订	廊坊市广阳区广增装订厂
版　　次	2022 年 9 月第 1 版
印　　次	2022 年 9 月第 1 次印刷
开　　本	710×1000　1/16
印　　张	18.75
字　　数	336 千字
定　　价	98.00 元

凡购买中国社会科学出版社图书,如有质量问题请与本社营销中心联系调换
电话:010-84083683
版权所有　侵权必究

国家社科基金后期资助项目
出版说明

后期资助项目是国家社科基金设立的一类重要项目，旨在鼓励广大社科研究者潜心治学，支持基础研究多出优秀成果。它是经过严格评审，从接近完成的科研成果中遴选立项的。为扩大后期资助项目的影响，更好地推动学术发展，促进成果转化，全国哲学社会科学工作办公室按照"统一设计、统一标识、统一版式、形成系列"的总体要求，组织出版国家社科基金后期资助项目成果。

全国哲学社会科学工作办公室

"天人感应"如何发用流行？

——章林教授《宋明儒学感应思想研究》随感

李承贵

中国古代的"天人感应"思想史可以董仲舒的《春秋繁露》为界，分成前后不同的两个历史阶段。这不仅因为"天人感应"在《春秋繁露》中表现出了"系统性""普遍性""政治性"等特点，而且构造了既有对原则的持守又有与时应变的承诺、既有同类相感的要求又有一阳至上的命令、既有德刑并用的主张又有仁教优先的推崇之治政学说体系。这大概是我们对董仲舒《春秋繁露》中"天人感应"观念的常识性认知。但我想读者肯定期待欣赏后董仲舒时代"天人感应"观念的情状。巧合的是，章林教授为读者准备好了这份珍贵的礼物。

章林教授的新著《宋明儒学感应思想研究》（下称章书）正是系统研究后董仲舒时代"感应"思想的力作。那么，后董仲舒时代的"天人感应"观念经历了怎样的情状呢？是走向了解体？还是静水潜流？抑或波涛汹涌？如果读者想满足自己的好奇心，那就请跟随我游览一番吧！章书的研究对象是"宋明儒学感应思想"，如果可以将董仲舒的"天人感应"论比喻为"体"，那么其身后的"感应"思想姑称之为"用"。如此我们便有理由追问董仲舒"天人感应"论是怎样发用流行的？章书正好向我们做了精彩纷呈的展示。

章书所展示的第一道景观，就是通过详细、深入的研究，将董仲舒以后中国哲学思想史上的"感应"思想进行了简明扼要的梳理、分析和呈现。值得注意的是，在详细讨论宋明儒感应思想之前，章书对汉唐时期"感应思想"的流变与特征也进行了精到的介绍，从而让读者进入宋明儒感应思想非常舒适而毫无颠簸。在对宋明儒感应思想的讨论中，章书分别用"气之感应""心之感应""良知感应"三章的篇幅展示了宋明儒感应思想的错综复杂与无穷魅力。比如，在讨论"气之感应"部分，分别从"本源之气的感应作用""气化万物的感应作用""作为天理的感应作用"三个方面，详细地展示了"气之感应"义理脉络的跌宕起伏；在讨论"心之感应"部分，分别从"心与气之感应""心与物理之感应""心与心之感应"三个方面，详细地展示了"心之感应"义理脉络的盘根错节；在"良知感应"部分，则分别从"良知的特质""良知寂感作用""自然感应：良知寂感的原则与特质"三个方面，详细地展示了"良知感应"义理脉络的变化莫测。令人兴奋的是，章书的讨论还表现出交叉性，也就是在讨论"气之感应""心之感应""良知感应"的同时，会根据需要随时涉及中国哲学史上任何感应文献或感应观念，不仅使其分析研究显得广博厚重，从而凸显了宋明儒感应思想与此前感应思想的逻辑，而且贯通了"气之感应""心之感应""良知感应"三种感应思想的内在逻辑。不能不说，章书的这段演示让我们赏心悦目。

　　章书所展示的第二道景观，就是揭示了宋明儒感应思想的特点。章书不仅对"气之感应""心之感应""良知感应"的特点分别进行了细致、深入的分析，而且对宋明儒感应思想总体特征作了高屋建瓴式的推演和概括。章书认为，宋明儒感应思想的特点有二：一是"内在感应"。章书认为，事物内部对立统一二端之间始终处于相互感应的作用关系中，因此天地之间唯有一个感与应；感应是事物因其内部含有的各种对立统一的二端而必然发生的相互作用关系；内在感应源于事物"先天"的存在结构，无需任何中介和条件而必然发生；内在感应既指事物内部各种相互对立统一的二端之间的屈伸相感作用，又指不同事物因其本性而相互感应。由此看出，宋明儒感应思想之"内在感应"与古代哲学中的变易思想完全是融为一体的。二是"生机主义"。章书认为，宋明儒一方面反对天地能思虑、营为的目的论思想，另外一方面又提防着视天地为一物质世界的自然主义倾向，这种介于目的论和自然主义之间的自然—宇宙观，正是"生机主义"的具体特征。生机主义是中国古代哲学的基本特质之一，章书的结论告诉我们，这个特质也"存活"在"感应"思想中。如此，相比于董仲舒的"天人感应"论，宋明儒的感应思想更具"内向性"和"生机性"。因而可以说，章书关于宋明儒感应思想特点的演示，不仅有助于人们了解"天人感应"思想在新的历史时期的变化，而且有助于启发人们对"天人感应"思想的再思考。

　　章书所展示的第三道景观，就是中外思想的融合。章林教授充分发挥了其熟稔西方哲学与马克思主义哲学的特长,在讨论宋明儒感应思想时"肆无忌惮"地援引西方哲学、马克思主义哲学的相关概念和理论,信手拈来,挥洒自如,从而打造出一部以宋明儒感应思想为中心凝集了马克思主义哲学、西方哲学的高端作品。多年来,学术江湖流传着一个美丽的传说:打通中西马,吹破古今牛。这大多出自哲学界朋友的自我调侃,都觉得"打通中西马"是一个笑话,吹吹牛而已。不过,如果对"打通"可以有不同的理解,那么,"打通中西马"未必不可能。如果要求阅读中哲、马哲、西哲所有文献,如果要求对中哲、西哲、马哲所有思想内容统统把握,如果要求对中哲、西哲、马哲做全面的会通,等等,的确没有人敢说自己"打通中西马"。但是,如果就一个学术问题,用中哲、西哲、马哲的思想资源一同来会诊、解释和论证,也算是"打通中西马"的话,那么,章书应该说在融会中哲、西哲、马哲的思想资源上做得很成功、很出彩。比如,讨论"巫术感应"时,章书不仅引用了泰勒、弗雷泽、布留尔等关于原始思维的理论,而且引用了荣格心理学思想,以说明"巫术"思维的性质。再如,讨论"感应作用具有运行不测之理",章书既参照了现代西方哲学家对西方形而上学传统的批判,又引用了恩格斯的相关论述,指出形而上学同西方近代科学之间的亲缘关系,同时引入尼采的相关思想,从而使中哲、西哲、马哲在讨论这个问题时交相辉映。当今社会,一方面要求实现学术本土化,建构自己的话语体系、学术体系,另一方面主张学术开放、鼓励吸收有益于本土学术成长的营养。不能不说,章书在这方面或许是一个可资参考的尝试。

　　章书所展示的第四道景观,就是运思行文的技巧。我们知道,如何叙述表达自己的学术观点,也是一门技术活,用得好,事半功倍,用得不好,前功尽弃。章书叙述的方式并不是很特别,但它能让读者感觉很亲近、很舒服。章书非常注重讨论前对相关知识、理论的铺垫,从而使问题的理解变得容易。比如,阐述宋明儒感应思想的有机主义特点之前,章书就陈述了三种有机主义形式,即自然主义、目的论以及生机主义三种不同的形式,从而为读者理解宋明儒感应思想的有机主义特点提供了知识基础。再如,在讨论"气之感应"时,章书不仅引用了苏格拉底、阿那克西美尼、亚里士多德等古希腊哲学家的相关观点,而且引用了日本学者小野泽精一、福永光司等的相关思想,并掺进了吉尔松、奥古斯丁等的神学世界观,从而为读者理解宋明儒"气之感应"思想提供了参照。再如,在讨论"心之感应"时,章书则向读者一一展示了舍勒、胡塞尔、梅洛-庞蒂、耿宁、罗蒂等的相关观点,从而使读者幸运地欣赏到这些西方著名哲学家思想的同时,也为更准确、更深入地理解宋明儒感应思想提供了一个坐标。显然，章书这种注重知识基础结构性的叙述，不仅使研究本身显得气象恢宏，而且再次印证了"自他之耀，回照故林"（严复语）研究方法之价值。无疑，章书的这种运思安排对于人们理解其关于"感应"思想的任何一个结论、任何一个观点，都达到了事半功倍的效果。

章书所展示的第五道景观，就是推出了一些崭新的学术观点。学术成果优秀与否的标准之一，就是看有没有学术创新。可以说，章书中的新观点虽然不能说比比皆是，但也是唾手可得，尤为难能可贵的是，创新的冲动自始至终贯注于章书的文字中。比如，章书对中国古代感应思想所做的总体概括：交感巫术——自然感应和天人感应——外在感应——内在感应（包括物感应、气感应、心感应和良知感应），认为良知感应生成了意义世界，是最高层次的感应。这个概括是前所未见且令人耳目一新的。再如，章书认为在宋明儒学中，感应已涵括气之本体状态、由气构成的具体事物之间、人心同外物之间以及人心与人心之间的各种关系形态，完全突破了天人感应和自然感应的局限，成为表示事物之间最普遍的相互作用关系的范畴。这也是闻所未闻的判断。再如，章书认为天人感应自进入宋代，便开始了从外在感应到内在感应的转向，并指出这种由外感应转向内感应的过程，与儒家寻找形上根据的学术实践表现出同步性。这无疑是一个全新话题且启人深思。还有，章书认为，感应之道一方面需要同义务之道相辅成，需要通过客观的、普遍的礼仪制度和身份义务来引导主观的、特殊的示范感动，另一方面需要与生产之道相辅成，推之艰难同生产之艰难紧密相关，因为感应之道是一种让事事物物各得其所的和平方式，而生产之道则需要改造自然，需要培育、驯服、加工、改造。这不仅揭示了传统感应思想的先天限制，而且为传统感应思想的突破找到了契机，以续其命。……浏览着这些独特而新颖的思考，读者朋友是否心有所感、情有所悦呢？

不过，这"五道景观"远没有穷尽章书所呈现的学术美景，因而读者朋友最好还是一册在手一睹为快。精而言之，这五道景观不仅为读者展示了后董仲舒时代"感应"思想的内容，而且详细地描述了其流变状况，同时揭示了其特点，从而实现了读者在"感应"知识上的延续，丰富了读者对"感应"思想的认识，深化了读者对"感应"观念的理解，从而为更加完整地认识、理解中国传统哲学拓展了新的视角。因此，仅就此"五道景观"而言，章书的学术贡献是特殊、重大而值得肯定和称赞的。当然，中国古代哲学中的"感应"思想极为深邃复杂，"感应"观念的社会历史根源、"感应"观念的地理自然环境、"感应"观念的种族基因、"感应"观念的哲学宗教意识、"感应"观念的载体及其关系、"感应"观念的文化效应、"感应"观念的消极影响,等等,都是值得进一步讨论的课题。"欲穷千里目,更上一层楼",章林教授年富力强,勤学好思,视野开阔,思维活跃,我由衷地期待他推出更多的佳作!

(作者系南京大学哲学系教授、博士生导师)

目　　录

绪论 …………………………………………………………………… (1)

第一章　宋明以前儒家感应思想概述 ………………………………… (9)
第一节　上古时期：交感巫术的道德化转向 ……………………… (10)
一　从交感巫术到科学思维：人类学视域下人类思维的发展 …… (10)
二　占卜、祭祀与巫术：商代人神交通的三种形式 ……………… (14)
三　由帝到天：从主宰性到互动性 ………………………………… (24)
第二节　春秋、战国：儒家感应图式的初步建构 ………………… (34)
一　仁作为感应之德的确立 ………………………………………… (34)
二　"恻隐之心"：感应与同情 …………………………………… (36)
三　《易传》：世界感应图式的初步建构 ………………………… (38)
第三节　两汉时期：天人感应思想的形成与衰落 ………………… (42)
一　人副天数：天人感应的先天构架与基础 ……………………… (43)
二　同类相感：天人感应的原则 …………………………………… (44)
三　人弘天道：天人感应的道德旨归 ……………………………… (46)
四　王充对董仲舒天人感应思想的批判 …………………………… (50)

第二章　气之感应 ……………………………………………………… (53)
第一节　本源之气的感应作用 ……………………………………… (56)
一　气本和气化 ……………………………………………………… (57)
二　同类相感和二端之感：本源之气感应作用的形式与原则 …… (59)
三　本源之气感应作用的特征 ……………………………………… (68)
第二节　气化万物的感应作用 ……………………………………… (72)
一　万物与物性 ……………………………………………………… (73)
二　因性相感：气化万物感应作用的形式与原则 ………………… (77)
三　外感：事物之间普遍的相互作用关系 ………………………… (83)

四　气化万物感应作用的特征 …………………………………… (89)
　第三节　作为天理的感应作用 ……………………………………… (91)
　　一　理之感应与感应之理 ………………………………………… (93)
　　二　内感：感应之理的形式 ……………………………………… (99)
　　三　感应之理的特征 ……………………………………………… (105)

第三章　心之感应 ……………………………………………………… (112)
　第一节　心与气之感应 ……………………………………………… (113)
　　一　气志之感应 …………………………………………………… (114)
　　二　祭祀之感应 …………………………………………………… (117)
　　三　卜筮之感应 …………………………………………………… (123)
　　四　心与气感应作用的特征 ……………………………………… (132)
　第二节　心与物理之感应 …………………………………………… (138)
　　一　感觉与感受：心对物的直接感知 …………………………… (139)
　　二　体物与格物：心对物理的体知 ……………………………… (147)
　　三　心与物理感应作用的特征 …………………………………… (159)
　第三节　心与心之感应 ……………………………………………… (167)
　　一　同情与感动：心与心的自发感通 …………………………… (167)
　　二　主宰和推：心与心的自主感通 ……………………………… (173)
　　三　心与心感应作用的特征 ……………………………………… (182)

第四章　良知感应 ……………………………………………………… (189)
　第一节　良知的特质 ………………………………………………… (190)
　　一　心与良知 ……………………………………………………… (191)
　　二　良知的四重面相 ……………………………………………… (195)
　　三　良知"与物无对"及其意涵 ………………………………… (204)
　第二节　良知寂感作用 ……………………………………………… (208)
　　一　寂然不动，感而遂通：良知感应的方式 …………………… (208)
　　二　寂感的两种形式：自寂而感与即寂即感 …………………… (214)
　　三　两种形式之间的争论 ………………………………………… (226)
　第三节　自然感应：良知寂感的原则与特质 ……………………… (233)
　　一　自然与自由 …………………………………………………… (233)
　　二　良知感应的特质 ……………………………………………… (241)
　　三　良知寂感之张力及其消解 …………………………………… (249)

结语 ·· (255)
  一 内在感应论：宋明儒学感应思想的历史定位 ···················· (255)
  二 生机主义：以感应为基础的宋明儒学宇宙观的总体特质 ········ (259)
  三 感应之道的界限：反思与展望 ·· (269)

参考文献 ·· (278)

后记 ·· (285)

绪　　论

一

　　二程多次宣称天地之间只有感与应，而对于此感应作用，又认为甚是难言，学者唯有自家体会。从二程的表述来看，一方面感应是儒家思想核心概念之一，另一方面感应之道又难以用语言和思维描述和把握。感应作用在儒家思想各个时期都是一个基本话题，但是却没有像仁义、心性、理气等范畴一样得到充分的讨论，更多是作为一种"集体表象"，一种未经反思，或者说也没有必要进行反思的世界图式概念。只有当西学同儒家思想发生碰撞时，感应之思才不断呈现在反思的光亮之中。

　　1958年，唐君毅、牟宗三等人联名发表《为中国文化敬告世界人士宣言》，这个宣言可以看作现代新儒家面对世界文化（主要是西方文化）的冲击而产生的一次自觉的警醒。《宣言》认为中国民族宗教具有"内在超越性"的特点，其超越精神内在于人伦道德。此后，学界在与西学的互镜中不断探求中国传统文化的各种特质。我们首先要提及方东美先生的创见。方东美以"机械主义"和"机体主义"分别标示西方哲学和中国传统哲学。机体主义从消极方面来说有三点主要特征：首先是不把人和物看作相互对立的两个系统；其次是不把宇宙万物看作没有任何"意义"的机械的秩序；最后是不认为宇宙本身是封闭的、孤立的系统，没有任何发展、创生的希望，而是将其视为一个生生不息的有机整体。[①] 方东美认为机体主义为儒释道三家共有，就儒家而言，他特别强调其"高揭一部万有含生论之新自然观"，即方氏高扬的"生生之德"。以机械主义和机体主义来标

---

① 参见刘梦溪主编《中国现代学术经典·方东美卷》，河北教育出版社1996年版，第373页。

示西学和中学为后来诸多学者所接受。杜维明在本体论层面突出中国传统哲学"存有的连续性"的基调，与连续性一致的是整体性和动态性。安乐哲（Roger T. Ames）等人从思维模式上讨论了中西方的差异，将二者分别标示为"关联性思维"和"因果思维"。安乐哲梳理了"关联性思维"的出处及演变，可以看到包括葛兰言（Marcel Granet）、卡西尔（Ernst Cassirer）、斯特劳斯（Claude Levi-Strauss）、李约瑟（Joseph Needham）、张东荪、亨德森（John B. Henderson）以及费耶阿本德（P. K. Feyerabend）在内的很多思想家都视此为东西方思维差异之所在。安乐哲本人这样描述二者的区别：

> 基于分析、辩证法、类推性论证的理性或逻辑思维强调物质性因果关系的解释能力。关联性思维则涉及由富有意味的配置而不是由物质性因果关系连接在一起的意象或概念群之间的相互关联。①

在上述比较中，因果关系和感应关系的对立呼之欲出，首先将其作为对子提出的则是李约瑟。李约瑟认为在儒家自然观中事物按照特定的方式运动，不同于牛顿力学理论所说的由一个他物自外地推动。在儒家（也包括道家和其他一些流派）的自然观中，事物始终处于一个循环往复的有机整体之中，每个事物都在这个整体当中占据一定的位置。每个事物都有其与生俱来的"本性"，事物都是按照各自的本性而运动。一旦事物不按照其固有的本性运动，那么它就失去了在系统中的位置，也就失去了它的本性。所以，万物都是宇宙整体的一部分，因而"事物的相互影响不是由于机械原因的作用，而是由于一种'感应'（inductance）"②。李约瑟虽已将因果作用同"神秘的"感应相并列，但是在他的皇皇巨著中并没有就感应作用在中国古代科技中的表征做更为深入的解释，这个结论更多是源于一个深研中国传统文化的西方科学家的下意识的判断。

西学或西方文化并不是一个单数概念，而是一个复杂的集合体，但是就其对世界其他文明的影响来看，科学自近代以来产生了压倒性的优势。怀特海（Alfred North Whitehead）就将科学与科学观点视为西方给予东方的最大影响，他认为科学思维的特征就是"对于一般原则与无情而不以人

---

① 〔美〕安乐哲：《自我的圆成：中西互镜下的古典儒学与道家》，彭国翔译，河北人民出版社 2006 年版，第 174 页。
② 〔英〕李约瑟：《中国科学技术史》第二卷，何兆武等译，科学出版社 2018 年版，第 304 页。

意为转移的事实之间的关系发生了强烈的兴趣",因此科学知识具有客观性和普遍性,只要在一个理智的社会中,它就能"从一个国家传播到另一个国家,从一个民族流传到另一个民族"。① 科学家追求"无情而不以人意志为转移的事实"正是基于背后对于一种普遍、必然的因果法则的信念。罗杰·豪舍尔(Roger Hausheer)在给以赛亚·伯林(Isaiah Berlin)《反潮流:观念史论文集》写的序言中这样表述伯林对科学的本质的认识:

> 他们追求无所不包的方案,普遍有效的统一构架,在这个构架中万事万物展现出系统的——即符合逻辑或因果律的——相互关系,以及宏大而严密的结构,它没有给自发的、出人意外的发展留出丝毫余地,其中发生的一切事情,至少从原则上说,都可以根据不变的规律完全得到解释。伯林认为,这就是西方思想中理性主义和科学主义大厦的基石。②

在牛顿(Issac Newton)力学占据统治地位时,因果关系也进入了哲学家的视域。莱布尼茨(Gottfried Wilhelm Leibniz)、休谟(David Hume)和康德(Immanuel Kant)都对因果关系进行了反思,其余绪一直持续到现代,叔本华(Arthur Schopenhauer)、马克思(Karl Heinrich Marx)和海德格尔(Martin Heidegger)都对其作了相应的解释。

西方科学在世界范围内的压倒性力量逐渐迫使人们思考这样一个问题:为何科学仅仅在西方文明中产生?怀特海也注意到了这个"李约瑟难题",他说在中国这样伟大的文明中,科学只是以非常偶然的形式出现,并且取得的实际效果也相当微小。中国文明可以说是世界上自古以来最伟大的文明,在中国几千年的文明中,同样出现了大批毕生致力于学术研究的聪明好学之人,而且现实也表明中国人科学研究的天赋不逊于任何其他人种,但是整体而言"中国的科学毕竟是微不足道的"③。"李约瑟难题"一直是单向的,人们聚焦于"为什么西方产生了科学?"或者"为什么中国没有产生科学?"这个难题虽是文明对话的产物,但是其中对话的双方地位和心态还隐约有些不对等。西方人反思这个问题,更多有帮扶之意;而中国人反思这个问题,则多有内省之意。这个问题是否能有一种更加积

---

① 〔英〕怀特海:《科学与近代世界》,何钦译,商务印书馆2012年版,第3页。
② 〔英〕伯林:《反潮流:观念史论文集》,冯克利译,译林出版社2002年版,第15—16页。
③ 〔英〕怀特海:《科学与近代世界》,第6页。

极的表达形式？——既然中国文明有其自身的伟大成就，那么这种不同于西方科技文明的伟大究竟表现于何处？具有怎样的特点？

　　科学技术是现代工业社会发展的第一推动力，它确立了人类对于自然的绝对统治地位，宣告"人类世"的到来。但辉煌闪耀之际，危机也逐渐显现。其一是道德危机，这点在康德的必然和自由、现象和物自体的割裂中可以窥见一斑；其二是生存论的危机，在科学所构造的"无情而不以人意志为转移"的世界上生存的人们，疏离感和孤独感日益强烈。伊·普里戈金（Ilya Prigogine，比利时物理学家、化学家，1977年诺贝尔化学奖得主）认为科学一方面开启了人和自然之间一次成功的对话，但是对话的成果却只是发现了一个"沉默的世界"。这个沉默的世界就是一个机械的、僵死的自然，"其行为就像是一个自动机，一旦给它编好程序，它就按照程序中描述的规则不停地运行下去"。世界的沉默意味着人和自然关系的疏离，科学的胜利带来了"令人悲伤的真理"，它把"所接触到的一切都贬低了"。[1]

　　海德格尔和怀特海都对西方科学的本性进行了哲学的审思，但是科学家本人对建立在严格因果律之上的科学图式所带来的生存之困境的揭示可能更加真切。普里戈金所提示的一个重要启示是他敏锐地发现了西方经典的科学图式造成的人和自然之间的疏离，导致了生存和伦理上的困境，这种困境从很多科学家内心深处涌现出来。普里戈金引用了雅克·莫诺（Jacques L. Monod，法国生物学家，1965年诺贝尔医学和生理学奖得主）的一段话：

　　　　人类一定会从千年的梦幻中苏醒过来；这样，人类就会发现他自身是完全孤独的，与外界根本隔绝的。他最后会认识到，他就像一个吉普赛人那样生活在异国他乡的边境上。在那个世界里，对他所弹奏的音乐是充耳不闻的，对他的希望、苦痛和罪恶也是漠不关心的。[2]

莫诺同加缪（Albert Camus）在《西西弗神话》中表达的情绪完全一致。加缪说地球绕着太阳转还是太阳绕着地球转根本不重要，唯一重要的是自杀问题，也就是生存的意义问题。加缪以一种极端的方式表达了自然科学

---

[1] 〔比〕普里戈金、〔法〕斯唐热：《从混沌到有序——人与自然的新对话》，曾庆宏译，上海译文出版社1987年版，第38页。

[2] 〔比〕普里戈金、〔法〕斯唐热：《从混沌到有序——人与自然的新对话》，第35页。

知识同人的生存的隔绝。普里戈金的描述也许为我们指明了盛行一时的存在主义同西方经典科学世界图式之间的关联。经典科学造就了一个可以控制、计算、研究的宇宙，但是这个宇宙因而就是一个寂静的、僵死的宇宙，像加缪说的那样——面对人类抛出的任何问题，都报以无边的沉默。

普里戈金已经暗示了建立在因果律之上的西方科学的世界图式同一种后起的生存论和伦理学之间的关系：一方面是生存意义之荒诞，另一方面是伦理学根据之缺失。这一点在同儒家感应思想的比较中会更加明晰，以感应为基础的世界图式本身就指向伦理学，而非科学。感应关系让宇宙万物连接为一统一的整体，感应必然要求一种"仁学"，要求君子以心感人，以心感物，以天地万物为一体。如果以西方主流思维为比较对象，我们可以发现在各个环节上感应之思都会出现相对应的形态：

表1　　　　　　　　　　科学之思与感应之思

	科学之思	感应之思
物与物	各自独立，受制于力的作用关系	相互感应，表现为势的转换
人与物	主体与客体，认识和改造关系	万物一体，使事事物物各得其所
人与人	相互独立的权利主体	恻隐之心构建的道德共同体

比较并非目的，我们的目的是从儒学自身发展的脉络来梳理儒家感应思想并呈现其特质。所以对我们来说，问题不再是"中国为什么没有产生科学"，而是"中国到底产生了什么？"为了回答这个问题，我们回向宋明儒学，因为在其中感应思想获得了"哲学"上的规定性，无论是在气论、心性论或工夫论中，感应都能够把儒家思想的特质呈现出来。

二

宋明儒学用感应表示事物之间最基本的和最一般的相互作用关系，所以感应一词的外延较为宽泛。我们以《朱子语类》中与感应相关的词汇为例。在《语类》中，除了"感应"和单独使用"感"字之外，还有与"感应"相关的很多词汇，包括：感通、感格、交感、感召、感动、感触、感激、观感、感发、感化、追感、感服、感慨、感生、感伤、哀感、感悟、内感、外感、感遇、客感客形、无感无形、感叹、感愤、感戴等。这二十多种词汇，按其在朱熹谈话中的主要用法，可以大致分为五类。

第一类：感通、交感、感遇、感触
第二类：感格、感召、感动、感化、感服、感悟、观感、感发、感激
第三类：内感、外感、客感客形、无感无形
第四类：感生
第五类：感慨、感伤、哀感、感叹、感愤、感戴、追感

其中，"感生"是特定用法，在《语类》中只出现一处，是朱熹和弟子关于中国传统"感生"神话的讨论。第五类都是日常用语，是各种心理活动或者情感状态。思想性较浓的是前面三种：第一类在朱熹的谈话中更多用来描述气自身的运动方式；第二类是人参与其中的，主体同客体或者主体同主体之间的作用关系（后面将会表明用西学的主客关系来分析感应关系很不准确，甚至是一种背离）；第三种"客感客形"和"无感无形"是《正蒙》中的用法，涉及对感应自身的思考，更具形而上学的意味。

上面这些词可以看作以"感应"为中心的具有同质性的词汇链。虽然它们在内涵上有或小或大的差别，但是在差别背后具有同质性的因素，而"感应"一词似可充当这一因素。程颢说天地之间唯有一个感与应而已，这个"感与应"既指阴阳二气的交感、感遇和感通，也指事物对人的感召、感发、感触和感激，同样含摄人心灵之感知、感悟、感服和感化。另外，之所以说"感应"可以作为这些词的同质元素，还因为这些词或者是指"感应"的具体作用，或者是指"感应"作用的结果。比如"交感"和"感遇"是阴阳二气相互感应作用，而"感通"就是其结果；"感动""感激""感召"是心灵之间相互感应作用，"感服""感化""感格"就是其结果。

朱熹对感应一词的丰富内涵已有反思和总结，他说：

> "感应"二字有二义：以感对应而言，则彼感而此应；专于感而言，则感又兼应意，如感恩感德之类。①

一般而言，我们认为感是相对于应而言的，有感必有应，有应感方可见。但这只是一般情况，另一种情况是"感"自身便含有"应"，比如上面所举的"感通""感激""感格"等，这些词虽然以"感"为主，但是

---

① （宋）黎靖德编：《朱子语类》卷九十五，王星贤点校，中华书局1986年版，第2438页。

却已包含了"应"。感格是指祭祀中"祖考来格",此"格"就是"应"的一种具体形态;心与心之间的感通,"通"是"应"的结果,同样可以看作"应"的一种具体形态。在"感应"一词中,"感"又更为普遍,因为在很多情况下,它自身便包含"应"之意。所以,当朱熹使用"内感""外感""二端之感"等词语时,就是单以"感"来说"感应"。因此,当我们在文中使用"感应"一词的时候,其实含摄了与其相关的其他词汇。从《语类》相关词汇可以看出,在宋明儒学中,感应已涵括气之本体状态、由气构成的具体事物之间、人心同外物之间以及人心与人心之间各种关系形态,完全突破了天人感应和自然感应的局限,成为表示事物之间最普遍的相互作用关系的范畴。

与外延上的扩展一致,感应的内涵在宋明儒学中同样有着巨大的突破。我们将宋明儒学感应思想总体标示为"内在感应",而将之前的自然感应和天人感应两种主要的感应形式称为"外在感应"。内在感应和外在感应的区分来自程朱"内感"和"外感"的区分,虽然后来朱熹强调内感和外感并列来看才能对事物之间的感应作用关系作出全面的考察,但是就宋明儒学的理论特质而言,内感才是其理论的独创之处。外在感应是指相互独立的事物之间以气为中介发生的感应作用关系,而内在感应则是指事物自身内部含有的对立统一的二端之间的感应作用。

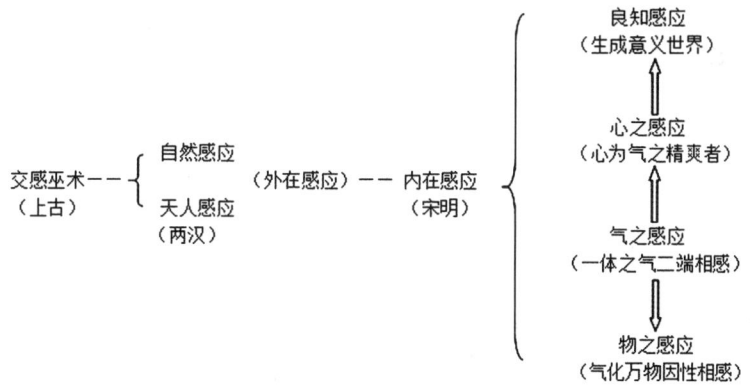

图 1　感应之思的发展脉络

宋明儒学人物众多,这些人物多少都会涉及感应问题,我们仅仅选取了张载、二程、朱熹、王阳明、王畿、聂豹等人作为主要的论述对象,旁及相关人物。在上述人物的感应思想中,涉及本源之气的感应作用、气化万物因性相感、心对外物的感知、心与理的感通、心与心的感通以及良知感应等多个方面，囊括了儒家感应思想的主要形态。我们将这些人的感应思想一一打碎，遵循感应思想自身的分野做出主题式的论述，各个主题虽然相互并列，但也有内在的逻辑关系。

"本源之气的感应作用""气化万物的感应作用"以及"作为天理的感应作用"都以"气"为核心，分别讨论本体之气的感应运动、气化万物因性相感的作用方式以及气之感应运动的内在之理。"心与气之感应""心与物理之感应"以及"心与心之感应"都以"心"为核心，宋明儒学并没有把心看作纯粹思维的主体，而是"气之精爽者"，所以说心也同样是由气构成的。不过心作为气之灵者，因而具有知觉和主宰的功用。这样的话，在宋明儒家看来，心的感应作用就超出了单纯的本源之气以及由气凝聚而成的散殊万物之间的感应作用，是感应作用的"高级"形态。当心分别与本源之气、气化万物、事物内在之理以及心自身等不同对象相感时，心的感应表现为不同的功用并具有不同的特征。良知感应较之心的感应又向前发展了一步，因为良知感应生成的是整个的"意义"世界。良知感应不同于气之感应生成了客观的物质世界，也不同于心之感应形成对事物性理的"知识"，良知感应使得存在之意义得以"敞开"，它比对物理和性理的体知更为根本。

就感应自身的发展来说，气之感应是一种无意识的感应作用，心之感应则是有意识的感应活动，包含自发感应和自主感应两个阶段，而阳明及其后学则将良知感应塑造为一种自然—自由的感应。也就是说，从以气为核心的感应作用到以心为基础的感应作用，再到良知感应，在这个过程中感应作用的"等级"依次提升，而张载、二程、朱熹再到阳明及其后学，这些人物思想的演进同感应思想主题的依次提升也总体一致。张载的感应思想主要集中在气感与物感，阳明及其后学主要集中在良知感应，程朱主要集中在中间的理感与心感部分。当然，我们肯定不会无视这个事实，即任何一个思想家的思想其实都是一个整体，特别是就朱熹而言，他几乎涉猎过宋明儒学的所有话题。所以我们不得不再次强调这种阶段式的归类是以思想家思想的整体特质为根据的，是在同其他思想家相互比较中得出的。

第一章　宋明以前儒家感应思想概述

感应思想在宋明儒学之前已有很长一段时间的发展。按照现代西方人类学家的研究，感应思维甚至可以说是人类原始思维的本质特征。以万物有灵论为基础的原始巫术思维就认为人和万物之间可以发生超距离的感应作用。后来在这个人类思维原始的共生点上发生了分化，西方从交感巫术中摆脱出来，发展出了科学思维，中国传统思维却没有与原始感应思维截然断裂，感应思维以不同的形式被保存和发扬。中国没有出现科学化的启蒙，却出现了道德化的转向。这个转向发生在商周之际，在周公那里形成了较为完备的理论形态。在对周取商而代之这一上古重大历史事件的思索中，传统的天命观开始动摇，人们开始认识到"天命靡常"，人可以通过自己的德行去感动上天，实现与上天的感通，此所谓"惟德动天""以德配天"。此天并非由各种物质实体组成的物质之天，而是同人的存在本质相关的本原之天，人的存在同天之间始终处于"互动"的状态。随着周天子的式微，春秋时代各种思潮竞起，孔子诚服于周代的礼乐制度和思想，并对其进行了进一步转化，从而奠定了儒家思想的基本形态。孔子和孟子将此能"动天"或"配天"之德进一步确立为"仁"，从而构建起感应和仁德之间的本质联系。《易传》则通过对《易经》的解释，初步构建起了儒家感应的世界图式。

事实上，在中国传统思想内部，感应思想还有另外的形态。先秦时期发展起来的气论的一个重要内容就是认为事物之间存在以气为中介的同类相感作用。这个思想并没有得到先秦儒家的重视，直到汉代，董仲舒以气的同类相感为基础构建起了天人感应的宇宙体系，从而开创了儒家感应思想的一个新的阶段。但是随后王充即将气的同类相感与道家自然主义相结合，对董仲舒的天人感应进行了激烈的批判。在董仲舒和王充的思想中，形成了天人感应和气之自然感应的对峙。董仲舒承续周代"惟德动天"的天人观，掺入灾异、谶纬之学，使得天人感应具有强烈的目的论色彩。王充则以道家自然主义为理论根据，只承认事物之间以气为中介的自然感应作用，否认灾异、符瑞等天人之间的感应。自然感应观对宋明儒学感应思想也产生了很大的影响，它始终提醒儒家感应思想可能走向目的论的倾向。后来宋明儒学正是在具有目的论色彩的天人感应和具有自然主义色彩的自然感应中走出了第三条道路——我们称之为生机主义。此生机主义将道德本性内嵌于事物感应运动之中，认为事物的感应运动并不是机械的同类相感，而是充满生机的、生生不已的二端之间的相互感应。

第一节　上古时期：交感巫术的道德化转向

当我们试图重新理解儒家感应思想的时候，我们首先遭遇到的是现代科学的自然观和世界观。如果说整个人类文明都是从具有共同特征的原始思维中进化而成的，那么科学世界观正是通过把交感巫术的理论和实践打倒在地，使人类从原始的迷信当中走出来，从而成为受启蒙的现代人。儒家思想却没有同交感思维彻底断裂，而是对其进行了道德化转型。这种道德化转型虽然没有能够使中国产生出昌盛的科技文明，却并不意味着儒家感应思想就是一个介于原始巫术思维同现代科学思维之间的"半开化"的思想类型。儒家感应思想和西方科技思想可以说是从原始交感巫术思维中开出的两朵色彩各异的花朵。

一　从交感巫术到科学思维：人类学视域下人类思维的发展

19世纪后期到20世纪上半叶，欧洲人类学家开始对西方之外的、与西方现代思维方式截然不同的原始思维进行考察，试图能找出原始思维的普遍特征。这次对原始思维考察的浪潮并非出于猎奇的兴趣，而是西方学者希望从源头上来理解自身文明的一次有益的尝试。这次考察至少在欧洲人看来是非常成功的，产生了《原始文化》（E. B. Tylor，1871）、《金枝》（J. G. Frazer，1890）、《巫术的一般理论》（M. Mauss，1904）、《原始思维》（Lvy-Bruhl，1930）、《巫术、科学与宗教》（B. Malinowski，1948）等代表性的著作。如果说整个人类的原始思维都具有相同或类似的特征的话，那么这些研究成果对于理解中国思维的整体特征同样有益。

泰勒最先对原始文化和思维进行人类学的考察，他把原始"感应巫术"同万物有灵论相联系，将感应巫术的法则归纳为：相似生成相似、接触导致传染、形象生成物体本身、部分等同于整体。弗雷泽在泰勒研究的基础上，以交感巫术为中心详细考察了原始思维的基本特征。弗雷泽认为交感巫术主要依据"相似律"和"接触律"来解释自然和生活现象。相似

第一章 宋明以前儒家感应思想概述 11

律遵循"同类相生"或"果必同因"的原则,据此,巫师认为他能够仅仅通过模仿就实现任何他想做的事;接触律遵循"物体一经互相接触,在中断实体接触后还会继续远距离的互相作用"的原则①,巫师因此认为能够通过一个人曾经接触过的东西来对其施加影响。弗雷泽认为交感巫术建立于其上的两条原则即为原始思维特征之所在。

弗雷泽的理论有一个基本的预设,即将交感巫术思维视为人类思维的原始形式。巫术可分为顺势巫术和交感巫术两大类,这两类可以统称为交感巫术,"因为两者都认为物体通过某种神秘的交感可以远距离的相互作用"②。这种原始的交感巫术曾以非常纯粹的形式存在,它未经批判便相信"自然的进程不取决于个别人物的激情或任性,而是取决于机械进行着的不变的法则"③。在此基础上,巫术更是错误地认为通过"接触律"和"相似律"(这是人类思维两种最为简单的形式)便能够控制事物,影响自然的进程。但在实践的过程中,人们发现通过交感巫术并不能真正支配事物,从而将对自然的支配权投射到更高的神灵身上,在挫败和无力感中转向对神灵的信仰,宗教就这样产生了。"宗教从一开始仅是对超人力量的微小的、部分的承认,随着知识的增长而加深为承认人完全地、绝对地依赖于神灵。他旧有的那种自由自在的风度变为一种对那看不见的不可思议的神的极其卑下的臣服态度,而他的最高道德准则就是对神灵意志的屈从。"④ 同样,当人们一旦认识到通过谄媚神灵无法真正控制自然时,他们便由宗教转向科学,真正认识到自然的进程有其不变的规律,从而以实验的因果原则代替巫术感应原则。由巫术到宗教再到科学,是人类思维发展的一般规律。

从泰勒到弗雷泽,逐渐形成了一个传统,这个传统将巫术视为一种前科学的原始思维,现代科学则是通过将巫术思维的感应原则打翻在地而发展起来的。⑤ 此后,人类学家从不同角度对这个传统进行批评和修正。其中莫斯在涂尔干(Émile Durkheim)的研究框架中,摒弃了弗雷泽从个体心理来论述巫术的理论,转而从社会生活和社会环境中考察巫术。此外,

---

① 〔英〕弗雷泽:《金枝》,徐育新等译,大众文艺出版社1998年版,第19页。
② 〔英〕弗雷泽:《金枝》,第21页。
③ 〔英〕弗雷泽:《金枝》,第79页。
④ 〔英〕弗雷泽:《金枝》,第89页。
⑤ 莫斯说:"在我们看来,弗雷泽在《金枝》第二版中提出的观点,最为清楚地表达了泰勒、阿尔弗雷德·莱亚(Sir Alfred Lyall)爵士、杰文斯(F. B. Jevons)、兰(A. Lang)、奥登博格(H. Oldenberg)等人的著作所属的那个传统。这些研究者尽管在细节问题上各持一端,但他们都一致地把巫术称为一种前科学。"(〔法〕莫斯:《巫术的一般理论》,杨渝东译,广西师范大学出版社2007年版,第20页。)

布留尔则认为在交感巫术思维之前尚有更为原始的"互渗"阶段。他认为原始思维受集体表象制约，集体表象具有神秘性的特点，受到"互渗律"的支配，而很少考虑到矛盾律。互渗律是基于原始思维的这种特征：

> 在原始人的思维的集体表象中，客体、存在物、现象能够以我们不可思议的方式同时是它们自身，又是其他什么东西。它们也以差不多同样不可思议的方式发出和接受那些在它们之外被感觉的、继续留在它们里面的什么的力量、能力、性质、作用。①

比如说原始人对画像或者肖像有着跟现代白种成年人完全不同的理解，因为原始人认为画像和原型的本性、属性以及生命都是"互渗"的。也就是说，一个人的画像和本人之间是完全一致的，对画像的作用同时就是对原型的作用。布氏描述的是一个更加原初的状态，认为原始思维具有神秘性的特点，宇宙万物都因其神秘性能对人产生影响，原始人同万事万物之间具有神秘的"互渗"关系，这是原始人的生存方式。这样的话，《金枝》考察的更像是原始人第二个阶段的思维方式，在这个阶段，原始人试图以"万物有灵论"去认知、解释世界。从这一阶段的错误方法中走出来，科学的思维方式才可能萌发。

布留尔和弗雷泽对人类思维最初的形式有不同的判断，但他们都认为人类思维在原始阶段遵循同样的原则，只不过有的民族最终从原始思维中脱离出来，有的民族一直处在原始思维阶段，也有的民族虽然也有所发展，但是没能发展出科学思维，属于半开化类型。布留尔认为中国和印度属于后者。他认为在从原始思维向科学思维转变的过程中，中国是"发展停滞的一个怵目惊心的例子"，中国产生了浩如烟海的文学、物理学、化学、生理学、病理性、治疗学等知识，"但在我们看来，所有这一切只不过是扯淡"②。布留尔认为原因在于中国人的思维在由原始向现代发展的过程中，在某个点上便停滞下来，把科学的概念建立到未经检验的僵化的概念之上，这些僵化的概念"差不多只是包含着一些带上神秘的前关联的模糊的未经实际证实的概念"③。如果说只有从原始思维中脱离而成就科学才算是进步，那么中国无疑是"半开化"的。但事实上，只要不是对中国文明有意熟视无睹的话，我们只能说中国文明走的是另一条道路。同西方以"表象化"为基础的科技思维

---

① 〔法〕列维·布留尔：《原始思维》，丁由中译，商务印书馆1987年版，第69—70页。
② 〔法〕列维·布留尔：《原始思维》，第447页。
③ 〔法〕列维·布留尔：《原始思维》，第447页。

不同，中国文明（以儒家文明为代表）原本强调和追求的便是"仁者以天地万物为一体"，而不是主体和客体之二分。这种差异确实使得中国文化同"万物有灵论"的原始思维方式保持更多的一致性，但是这种一致性并非如布留尔所说的"发展停滞"，而是另一种路向的发展。

人类学虽有大量的田野考察，但其基本的理论预设只能依靠人类学或社会学的"想象"。若要依据可靠的文字材料，对中国先民思维世界的考察可以追溯到商代，此前依然属于神话的时代。从甲骨卜辞看，商代与弗雷泽假设的纯粹的巫术时代已相去甚远。商代既有非常成熟的至上神（帝）信仰，也有频繁的祭祀和巫术行为，这些行为又是因为被记载在占卜的卜辞中而为近世知晓。这种情况造成了研究殷人行为和思想时术语上的含混，有的学者以"宗教体系"来统称，有的则以"巫术体系"来统称，还有人认为商代祭祀和巫术相互渗透，不可区分。① 这种含混同样表现在人们对占卜、祭祀和巫术这三种行为之间关系的理解上。②

---

① 陈梦家认为占卜、祭祀等构成了殷人的宗教；宋兆麟则认为占卜、祭祀和巫术共同属于"巫觋仪式"；许兆昌认为巫术与祭祀是"建立在不同基础上的两种行为方式"，但在中国先秦时期二者又是相互渗透的。参见陈梦家《殷虚卜辞综述》，中华书局 1988 年版，第 561 页；宋兆麟：《巫与祭礼》，商务印书馆 2013 年版，第 139 页；许兆昌：《先秦社会的巫、巫术与祭祀》，《史学集刊》1997 年第 3 期。

② 首先，占卜是否为巫术的一种形式？很多学者很自然地作出肯定的回答，不过二者之间的差异同样引人注目。弗雷泽和马林诺夫斯基基于各自对巫术的界定，均未将占卜视为巫术的一种形式。就中国来说，周初已有祝宗卜史的分殊，卜与巫地位的差距逐渐拉大，二者功用的区别也更加明显。列维·布留尔认为占卜和巫术奠基于同一些集体表象，占卜主要是发现这些关系，而巫术则紧跟其后来利用这些关系。陈来赞成这种区分，认为："占卜与巫术虽皆属于神秘思维，但毕竟体现了两类不同的思想原则。……巫术和占卜的区别，正如技术与科学的区别一样。"（陈来：《古代宗教与伦理：儒家思想的根源》，生活·读书·新知三联书店 2009 年版，第 80 页。关于占卜和巫术区别的诸多理论，可参阅该书"巫术与占卜"一节。）占卜和巫术在思维原则上有着区别，这种区别又同这两种行为中人与之打交道的对象的不同相联系。其次，占卜是否从属于祭祀？艾兰的一个基本观点就是商代的占卜并非为了预知未来，而是想要通过祭祀来控制未来，她说："商代占卜的意图是证实祭献被受用了，神灵祖先很满意，不会有灾祸随之发生。"（艾兰：《龟之谜——商代神话、祭祀、艺术和宇宙观研究》，商务印书馆 2010 年版，第 152 页。）从甲骨卜辞来看，占卜虽然经常为祭祀服务，但绝不仅限于祭祀。占卜并非为了求得关于未来空洞的预知，而是为了求得实际行动上的吉凶，祭祀是殷人关注的重点，但并非全部。罗振玉分占卜事类为八项，董作宾分为二十项，胡厚宣分为二十四项，祭祀皆仅为其中之一项。陈梦家嫌董、胡分类烦琐，将其集中为祭祀、天时、年成、征伐、王事、旬夕等六类。（陈梦家：《殷虚卜辞综述》，第 42—43 页。）《左传》谓："国之大事，在祀与戎"，可见在祭祀之外，如征伐、年成等事项也同样是占卜关心的问题。再者就是祭祀和巫术的关系。在前引艾兰的判断中，她既以占卜从属于祭祀，又认为祭祀是为了"控制"未来，将祭祀与巫术行为拉近。中国典籍（包括甲骨卜辞）中的祭祀绝少控制的意味。实际上，中国古人的祭祀，对神灵的敬畏甚至要高于对神灵的诏媚。我们确实能够在一些祭祀活动中看到巫术行为，但是巫术在常规性的周祭中已经少见，而主要存在于祭雨、祭风仪式中。祭祀中的巫术行为应对的是特殊情况，所针对的也主要是风雨这样的地位较低的自然神。

商代之前中国初民的思维世界情形如何，只能通过一些神话材料进行重构。商代早期已有成熟的至上神信仰，其形成的时间无疑要久远很多。若按照布留尔的观点，原始互渗思维是人类思维发展的第一个阶段，当时所有的人都认为自己能够直接同万物之精灵相交感，后来出现了专门的神职人员，这些人垄断了这种权力，巫术开始向宗教转变。西方人类学家的理论假设恰好在中国上古文献中得到了"证明"，这就是"绝地天通"事件，《尚书·吕刑》较为细致地记述了整个事件的经过。"绝地天通"是以文字形式保留下来的中国上古时代巫术思维发展的历史，具有很高的历史和学术价值。但是因为年代久远，文字简约，"绝地天通"的背景、内容等在很久以前就已经不是很明确了。在《国语》中，观射父已经开始对其做出具有时代特色的阐释了。笔者曾对"绝地天通"进行了解释史的考察，并认为：

> "绝地天通"发生的时候，当时中国境内早已发生了第一次的、自发的"绝地天通"式的宗教改革了，华夏集团很长时间以来就已经是"民神不杂"的状态了，在这个状态下，华夏部落肯定也已出现职业化的巫师阶层了。而《尚书》等古籍所记载的"绝地天通"其实是后来的、自觉的宗教改革了，是一个先进的信仰或文化部落联盟对另外一个较落后的部落联盟的讨伐。①

无论如何，绝地天通事件确实可以说明历史和思维发展的一般进程，即从民神杂糅、相互交通的阶段发展到以至上神为中心的更高阶段。

二　占卜、祭祀与巫术：商代人神交通的三种形式

商代已去原始巫术时期甚远。一方面，在殷人生活中巫术、祭祀和占卜纠缠在一起。首先，占卜的一个重要内容便是祭祀的安排，诸如祭祀的时间、地点、方式以及祭品是否合适等；其次，在祭祀中有些时候又会伴随巫术行为；再次，一个巫者可能既善望祀、祈雨，也可占卜、祭祀。另一方面，殷人的神灵体系同样复杂，至上神、祖先神、自然神以及更为低级的鬼怪交织在一起。孙诒让首先根据《周礼·大宗伯》中祭祀对象的分类，将卜辞中的神灵分为"天神""人鬼"和"地示"三类，陈梦家沿用了这一分类方法，具体为：

---

① 章林：《"绝地天通"：解释史的考察及评析》，《中南大学学报》（社会科学版）2016年第5期。

甲、天神　　　上帝；日，东母，西母，云，风，雨，雪
　　乙、地示　　　社；四方，四巫；山，川
　　丙、人鬼　　　先王，先公，先妣，诸子，诸母，旧臣①

　　这一分类虽然被广为接受，但是确如有的学者所言，天地人三材的划分属于后起的思想范畴，并不是符合殷人信仰的实际。天神中除了上帝，其余皆为自然对象，它们的性质和权能同地示并无太大的差别，而上帝作为至上神却没有能够同其他诸神灵区分开来。② 后来晁福林发文认为殷代神权三足鼎立，"以列祖列宗、先妣先母为主的祖先神，以社、河、岳为主的自然神，以帝为代表的天神。三者各自独立，互不统属"③。此文提出"祖先神""自然神"和"天神"三分的模式，将"帝"作为天神的代表单独列出，但是又认为帝并非殷人的至上神，上帝作为天神同东母、西母，以及风、雨、云等自然神并无本质的区别。此文有一基本的预设，即认为祭祀处于神人关系的核心位置，所受祭祀的隆重程度即表示该神灵在殷人信仰体系中的地位。殷人不以上帝为祭祀对象，不向他贡献祭品，所以上帝作为天神的地位甚至低于自然神，后者无论如何还是祭祀的对象。

　　我们认为祭祀只是沟通神人关系的形式之一，它有自己的对象和界限，如果超出这个界限从祭祀的角度讨论全部的神人关系，则失之偏颇。当代学者从不同角度论证了上帝的至上神性质，上帝—自然神—祖先神的分类方式也被更多采用，并且人们认识到在自然神和祖先神内部也有层级之分，自上至下形成了一个帝廷系统。就自然神而言，常玉芝认为上帝指挥四方神，四方神再指挥雨神、云神、风神等神灵，四方神连同雨、云、风神都是上帝的使臣。④ 王晖通过对商王宾帝卜辞的梳理，认为"下乙、大甲均要'宾于咸'，说明下乙、大甲地位低于开国之君成汤；而咸及大甲、下乙均要'宾于帝'，说明帝的地位座次明显要高于成汤、大甲及下乙"⑤。常玉芝对祭祀二十九位先公、先王的卜辞进行了全面的梳理，认为："商人最为崇拜的先公是上甲；最为崇拜的先王是大乙、祖乙；其次是大甲、祖辛、祖丁、小乙。"到了商代晚期祭祀制度发生了整体性的变

---

① 陈梦家：《殷虚卜辞综述》，第562页。
② 赵法生：《殷神的谱系——殷商宗教中的神灵世界与信仰精神》，《原道》2006年第1期。
③ 晁福林：《论殷代神权》，《中国社会科学》1990年第1期。
④ 常玉芝：《商代宗教祭祀》，中国社会科学出版社2010年版，第115页。
⑤ 王晖：《论商代上帝的主神地位及其有关问题》，《商丘师专学报》1999年第1期。

化，所以对后期商王的祭祀明显不如前期。① 这个结论和宾帝卜辞的内容也大体一致。祖先神和自然神相互之间并无从属关系，但是随着商代后期祖先神地位的提升，特别是那些王帝便拥有了上帝的很多权能。

实际上，巫术、祭祀和占卜三者之间有着较为明确的区分，这种区分又同殷人神灵体系相一致。占卜以神龟为媒介试图获取对上帝意志的认知。在很长一段时期里，殷人将上帝视为绝对的主宰者，他只按照自己的意志行事，在占卜中，殷人绝无改变（不管以何种方式）上帝意志的念头。祭祀则通过祭品和仪式表达对除上帝外的神灵的敬重，报答他们的生养之功，祈祷他们的护佑和帮助。祭祀的对象是较为亲近的神灵，或为人格化的自然神，或为祖先神灵，这些神灵是殷人种族生命之源，为种族的生存提供最基本的物质资料。殷人认为这些神灵是可以改变的，人们可以祈求他们从而满足自己的愿望。巫术主要处理较为低级的风雨等自然神以及为害殷人的厉鬼。在巫术中，巫师或者在迷狂中降神，借助神力改变对象，或者利用工具通过法术控制对象。

在殷人的生活中，占卜和祭祀占据中心位置，而巫术的作用和影响已大大削减。如果说巫术是初民最为原始的活动样式，那么可以说占卜、祭祀都由巫术分化而来。陈梦家通过对甲骨卜辞和先秦典籍的梳理，认为巫的职事共有祝史、预卜、医、占梦、舞雩五类，并认为："卜辞卜史祝三者权分尚混合，而卜史预卜风雨休咎，又为王占梦，其事皆巫事而皆掌之于卜史。"② 原始之巫缺乏分化，祭祀、占卜皆系之于巫，但后来巫术之范围逐渐固定。若始终从广义上言巫，没有注意到后期的分化，则会造成理解上的混乱。巫而善卜，巫而能医，并不意味着巫就占据卜、医之职。同样商王可以行巫术，也并不意味着商王即为群巫之长。李零认为"绝地天通"事件意味着"天官"和"地官"已开始分工，并且根据殷墟卜辞和西周青铜铭文，天官内部之"祝宗卜史"的职能分工也很清楚。因此，"商周时期，'巫'对占卜之事可能仍有参与，但所谓'贞人'是卜不是'巫'。'巫'的职能主要是望祀、乞雨、宁风这类事，他们的地位应在'祝宗卜史'之下，'祝宗卜史'的地位应在'王'之下，这是商代以来就已确立的格局"③。

我们认为在商代，巫的职能已经比较固定，而这种较为固定的狭义之

---

① 常玉芝：《商代宗教祭祀》，第344页。
② 陈梦家：《商代的神话与巫术》，《燕京学报》1936年第20期。
③ 李零：《中国方术续考》，中华书局2006年版，第59页。

巫的形式同样有含混之处。早期人类学家和民族学家将"巫师""萨满"和"术士"等混为一谈。伊利亚德（Mircea Eliade）说："自 20 世纪初，民族学家已养成一种习惯，即互换使用'萨满''巫医''巫师''术士'几个词，来指那些在所有'原始'社会中发现的拥有巫术—宗教能力的人。"① 伊利亚德认为从严格意义上来说，萨满主要指西伯利亚和中亚一带的宗教现象。但通过对萨满的研究，人们普遍认为相对于西方人类学家常指的巫师（Magician 或 Wizard）而言，中国古代的"巫"更接近于萨满，他们并不试图去"控制"事物的进程，而是在一种迷狂的状态下与神灵沟通。② 另外，与弗雷泽单线条的模式不同，研究萨满的学者更多认为萨满并非某个地区原始巫术的唯一存在样式。伊利亚德就曾指出："一个地区出现复杂的萨满教现象，并不意味着当地人们的宗教生活就是以萨满教为中心。……一般来说，萨满教是与其他形式的巫术和宗教共同存在的。"③ 这个论断同商代实际相符，商代巫术确非单一的样式，既有萨满式的迷狂之术，也有"冷静"的法术。并且巫术很多时候也同祭祀合在一起，以不同的方式实现相同的目的。

《说文解字》释"巫"云："巫，祝也。女能事无形，以舞降神者也。象人两袖舞形。"陈梦家认为"巫"字就是卜辞"舞"字，卜辞"舞"字为𦐇，正如人两袖秉羽而舞。但是在甲骨文中舞字都是指求雨之舞，并没有作名词巫之意，巫皆用"戉"字通假。④ 无论如何，舞后来转化为通用的巫，表明巫和舞之间的联系，即许慎所说的，巫就是能够以舞降神的人。卜辞中的舞皆是求雨之舞，如"贞：舞，有雨？"〔《甲骨文合集》（以下简称《合集》）05455〕之类。在以舞祈雨的卜辞中均无呈贡祭品的记录，可见这种方式主要是通过巫者在舞之迷狂中通神。严格来说，在商

---

① 〔美〕伊利亚德：《萨满教：古老的入迷术》，段福满译，社会科学文献出版社 2018 年版，第 1 页。
② 伊利亚德认为："中国呈现了几乎所有的萨满教组成元素。"（〔美〕伊利亚德：《萨满教：古老的入迷术》，第 460 页。）亚瑟·瓦力认为："中国的巫与西伯利亚和通古斯地区的萨满有着极为相近的功能，因此把'巫'译为萨满是……合适的。"（Arthur Waley, *The Nine Songs, A Study of Shamanism in China*, London: Allen & Unwin, 1955, p. 9.）张光直认为："萨满教的基本特征是以巫祝作为人神交往的媒介，由此看来，我国汉族以及南方许多民族的宗教信仰都与萨满教有相近之处。"（张光直：《美术、神话与祭祀》，生活·读书·新知三联书店 2013 年版，第 137—138 页。）陈来在综合了各家学说的基础上，也是认为中国古籍中的巫更接近于萨满。（陈来：《古代宗教与伦理——儒家思想的根源》，第 50 页。）
③ 〔美〕伊利亚德：《萨满教：古老的入迷术》，第 3 页。
④ 陈梦家：《商代的神话与巫术》，《燕京学报》1936 年第 20 期。

代以舞祈雨是一种巫术的形式，同祭祀行为是有区别的。除了以舞求雨，卜辞还有"宁风""宁雨"的辞例，如"其宁风、雨。庚辰卜：辛至于壬雨。辛巳卜：今日宁风。"(《屯南》2772)"癸酉卜：巫，宁风。"(《合集》33077)"辛酉卜：宁风，巫，九豕。"(《合集》34138)"戊子卜：宁风北，巫，二[豕]。"(《合集》34140)后面三条辞例皆是卜问宁风，其中既有献祭，又有巫的参与。可见看到，在卜辞中虽也有祭祀风神与雨神的辞例，但是更多的是"宁风""宁雨"这样的表述。宋镇豪甚至认为："风雨诸神中的风、雨二项，从其辞例来看，基本是'宁风'、'宁雨'一类，说成是祭祀风、雨之神十分勉强。"① 这也许意味着风、雨作为较为低等的自然神，既是祭祀的对象，同时也是巫术的对象，殷人既通过祭祀向它们祈祷，也通过巫术试图"控制"它们。

卜辞中除了"宁风""宁雨"，还有"宁鬼"的辞例，这是一种驱鬼的巫术，不同于萨满降神仪式，而是利用利器工具去驱鬼。通过巫术所驱之鬼并非殷人祖先，他们认为自己的祖先死后为"祤"，是自己的守护者；此外还有一种"低级"的鬼魂，殷人记作"鬼"。前者是祭祀的对象，后者根本不属于神灵的系统，是巫术行为的对象。② 对于这些"鬼"，殷人是"宁之""撲之"。卜辞有"今夕鬼宁？"(《合集》24987)"庚辰卜：其撲鬼？"(《合集》34146)等辞例。赵林认为"宁鬼"和"宁风""宁雨"有着共同的特征：

> 在商代"宁"这个仪式最常用于"宁风"、"宁雨"。商人或会请土（社）、方（四方）即后代之地祇来宁之，并动用巫且磔犬为牲以宁风。宁字本身就有宁息的涵义，所以鬼宁或宁鬼当是行使巫法或请地祇来使鬼安定下来。③

"宁鬼"是通过巫法使得鬼安定下来，而"撲鬼"则更进一步"手持癸形兵器击鬼驱鬼"④，此癸形利器又称"椎"即"终葵"，后演化为专门捉鬼

---

① 宋镇豪、刘源：《甲骨学殷商史研究》，福建人民出版社2006年版，第323页。
② 赵林认为："原则上来说，'鬼'在商人心目中似乎是有别于商人已故的亲人及故旧，不论远近或男女。亲人及故旧多为'祤'，更是商人在冥冥之中的守护者及祈福的对象，虽然有时也会对生者有所不利，但是可以祭祀的方式祈禳。'鬼（某一特定意义或狭义的）'则非为商人的'祤'，而是为商人带来祸害的亡者。"(赵林：《说商代的鬼》，《甲骨文与殷商史》新四辑，上海古籍出版社2014年版，第89页。)
③ 赵林：《说商代的鬼》，第89页。
④ 赵林：《说商代的鬼》，第90页。

之钟馗。可见,"宁鬼"和"揆鬼"较少祈求之意,更多是以强力的方式止息、驱逐这些鬼怪。

从卜辞来看,巫术的对象是一些较为"低级"的鬼神,主要是自然神中的风和雨,以及为害的厉鬼。风神和雨神在自然神中处于较低的地位,而那些厉鬼根本不在殷人神灵系统当中,更是等而下之的存在了。晁福林认为:

> 殷人和"神"打交道,主要靠贞卜和著筮。除了和"神"联系之外,殷人还要和"鬼"打交道。当然,我们这里所说的"鬼",指的是旱魃、魍魉之类的给社会带来危害的厉鬼,并不包括祖先在内,因为在殷人看来,祖先是进入神灵世界者,并不步入厉鬼的区域。殷人驱附除厉鬼,主要靠巫术。①

占卜和神灵打交道,巫术则主要是驱除厉鬼,后者并不属于神灵世界。这种对占卜和巫术的区分在我们看来是合理的,不过同神灵打交道的方式除了占卜还有祭祀,占卜和祭祀之间同样有着重要的差别。

卜辞中在宁风、宁雨之外,较少关于巫术的记录。晁福林认为这是因为"殷人跟神联系,要有贞卜记录,以示对于神灵的忠诚,故我们可以从大量的卜辞资料中了解这方面的情况。然而,殷人施行巫术,则没有多少记录,因为并不需要向'鬼'汇报什么,因此后人对商代的巫和巫术知道甚少"②。不过我们认为,卜辞中少见巫术,并非殷人不向鬼作汇报,应是巫术活动本身就不如占卜和祭祀频繁。巫术更多要解决一些"棘手"的事情,这些事情关系到生产和生活,又无法通过常规方式解决。比如长时间的干旱影响到了人们的生产、生活,这样才会以舞祈雨或者暴巫祈雨。至于宁鬼、揆鬼,也应是鬼怪严重影响到人们的生活,才需要巫师以专门的工具进行驱赶。在巫术活动中,人们不像在占卜时战战兢兢地揣测上帝的意志,也不像在祭祀时以诚敬之心向神灵祈祷,而是试图控制和改变事物的进程。从表面上看,巫术似乎是体现了人的自主性,但实际上却是一种原始的行为和思维方式。巫术在文明社会中依然存在,但只是在科学和常识缺乏之处,人们才会不得已向巫术"求助"。如果说巫术代表人类原始思维阶段的话,那么人类的实践和认识每前进一步,巫术就后退一步。巫

---

① 晁福林:《商代的巫与巫术》,《学术月刊》1996 年第 10 期。
② 晁福林:《商代的巫与巫术》,《学术月刊》1996 年第 10 期。

术是人们尚且不具有关于事物的有效知识的情况下，试图改变事物的进程的盲目行动。比较而言，占卜则更为"高级"，它已经暗自承认自然事物的运行有其不可更改的"客观性"。

殷墟甲骨卜辞直接呈现了商人占卜的实践及其背后感知、思维世界的模式。大量的甲骨文献本身即可说明占卜在殷人生活中的重要性，而卜辞的内容确也证明了殷人事无巨细，皆要占卜而后行。郭沫若研究卜辞时就曾感慨殷人之"迷信"，因为他们"无论什么大小的事情都要卜，一卜总是要连问多次"①。严格来说，甲骨卜辞记载的是商王室的生活，普通民众在日常生活中是否同样频繁占卜，尚且存疑。但是就当时情境而言，祭祀、征伐以及生产皆由王室主导，所以从某种意义上来说，占卜对于王室生活能够起到重要的影响也就意味着能够对整个的社会生活产生重要影响。关于殷人的占卜需要阐明两点：

首先，占卜是殷人与上帝沟通的唯一方式。殷人频繁占卜，但是占卜的对象却并不明了。孔颖达说："谓圣人欲举事之时，先与人众谋，图以定得失；又卜筮于鬼神，以考其吉凶，是与鬼为谋也。"② 以"鬼神"或"神明"为卜筮对象是传统而"常规"的认识，不过我们也清楚商代"鬼神"可以涵盖上帝、自然神以及祖先神等众多神灵，因此当代也有学者将占卜对象进一步限定为祖先神。以祖先神为占卜的对象，可能是注意到占卜和祭祀之间的密切关系，但如前所述，祭祀仅为卜问事项之一。所以陈来说："从卜辞来看，占卜与祭祀的一个不同是，祭祀的对象即是鬼神祖灵，而占问的对象不一定直接就是鬼神祖灵，如卜辞中有问是否祖在作祟，显然不是问祖自己。"③ 此外，卜筮并非如萨满巫术那样直接与神灵交通，而是以龟和蓍为媒介，因此也有学者如王宇信等认为占卜是求问于灵龟。④ 郭沫若却不赞成这个观点，认为甲骨仅仅是一个工具。他说：

---

① 郭沫若：《先秦天道观之进展》，载《郭沫若全集·历史篇》，人民出版社1982年版，第319页。

② （魏）王弼、（晋）韩康伯注，（唐）孔颖达等正义，黄侃经文句读：《周易正义》，上海古籍出版社1990年版，第178页。

③ 陈来：《古代宗教与伦理：儒家思想的根源》，第80页。但是在该书另一处，陈来又明确表示卜问是向祖先神询问。他说："由卜辞可以看出，卜问帝的活动并不是直接问于帝，占问河神人鬼的活动也并非向河神人鬼发问，这从卜辞中经常问帝、神、鬼是否作祟即可看出。因此，卜问只是借助于一种神秘的方式来向祖先神询问，相信祖先神会通过龟板的裂坼显示出对占问的回答。"（陈来：《古代宗教与伦理：儒家思想的根源》，第114页。）

④ 王宇信：《甲骨学通论》，中国社会科学出版社1989年版，第114页。

但是殷人之所以要卜，是嫌自己的力量微薄不能判定一件行事的吉凶，要仰求比自己更伟大的一种力量来做顾问。那个顾问是什么呢？龟甲兽骨只是用来传达那位顾问的意旨的工具，并不是直接乞灵于龟甲兽骨。①

郭沫若认为殷人把龟甲兽骨用过之后就丢下毁弃，因此并不直接以龟甲兽骨为灵。考诸典籍，《尚书》《左传》中皆有称龟为"宝龟"之说，②《史记·龟策列传》更是极述龟之灵，已有占卜实际上是求问于神龟之意。龟和蓍能够被选择作为通神的媒介应非偶然。因此倒是可以说，占卜是直接乞灵于龟之神明，进而藉龟之神明以通鬼神之神明，后者可以说是占卜的间接对象。陈梦家即认为："占卜本身是一种巫术，藉兽胛骨与龟甲为媒介，以求获得'神明'对于人们所询问的问题的回答。这种巫术的存在，表明当时的人相信有特殊的'神明'的能力之存在，足以影响人们的生活，决定人们行止的吉凶。"③郭沫若虽然否认神龟之说，不过同样认为占卜行为之结构是"卜问者的人加卜问的工具龟甲兽骨加被卜问者的一位比帝王的力量更大的顾问"，而被顾问者——即占卜的真正的对象，是占卜行为的核心，"这位顾问如没有，则卜的行为便不能成立"。④

郭沫若认为占卜诉求的真正的顾问并非一般意义上的神灵，而是殷人的至上神"帝"或"上帝"。不过在武丁卜辞中就已经能够看到商王宾帝的辞例，能够宾帝的商王也就具有了上帝的很多权能，王帝应该也可以是卜问的对象。如果说上帝是占卜的最终或者唯一的对象尚且难以断定，那么反过来说占卜是殷人和上帝沟通的唯一方式则是可以成立的。从正面来看，大量的卜辞都是对上帝意志的卜问，我们对上帝权能的认知正是通过占问的内容推论而来的。以最普通的卜雨之辞为例："丙寅卜，争贞：今十一月帝令雨？贞：今十一月帝不其令雨？"（《合集》5658 正）可以看到，占卜虽然并非直接向上帝问卜，但其目的无疑是想知晓上帝的意志。占卜是殷人和上帝交流的基本方式，占卜的特征也反映了殷人和至上神之间关系的特点。

从反面来看，在卜辞中找不到明显祭祀上帝的辞例。陈梦家敏锐地指

---

① 郭沫若：《郭沫若全集·历史篇》，第 319 页。
② 《尚书·大诰》："宁王遗我大宝龟。"《左传·昭公二十五年》："初，臧昭伯如晋，臧会窃其宝龟偻句，以卜为信与僭，僭吉。"
③ 陈梦家：《殷虚卜辞综述》，第 561 页。
④ 郭沫若：《郭沫若全集·历史篇》，第 319 页。

出了这个问题，认为殷人的上帝"不享受生物和奴隶的牺牲"，并且也"不是求雨祈年的对象"。二者是一致的，上帝既非祈祷的对象，也就不会接受牺牲。帝有"上帝"和"王帝"，殷人以为自己的祖先死后宾帝，是为王帝。胡厚宣详细考察了卜辞中的上帝和王帝的内涵和分别，王帝也可以降祸降福，授祐作孽于殷王，但是在王帝和上帝之间始终还有一个根本的分别，即"如有所祷告，则只能向先祖为之，要先祖在帝左右转请上帝，而不能直接对上帝有所祈求"①。王帝是可以直接向之祷告祈求的，但是上帝则不接受殷人的直接祈求。确实，在商代神灵体系中，除了上帝，其他神灵皆能找到祭祀的记录。在祖先神之外，殷人也祭祀自然神。卜辞中有"甲寅卜：其帝方，一羌、一牛、九犬"（《合集》32112），"壬子卜，旅贞：王宾日，不雨"（《合集》22539），"燎帝史风一牛"（《合集》14226），"贞：燎于帝云"（《合集》14227），"戊申卜：其烄泳女，雨"（《合集》32297）等诸多祭祀四方神、日神、风神、云神和雨神的辞例。上帝既非祭祀的对象，那么可以说占卜是通达上帝意志的唯一方式。

其次，占卜仅仅是试图知晓上帝的意志，而无改变上帝意志的念头。在解释殷人为何不以上帝为祭祀对象时，学界也有各种观点。陈梦家认为殷人的上帝尚未被人格化，而那些较低等级的自然神则已经被人格化，因此成为殷人祭祀的对象。②常玉芝认为殷人之所以不去祭祀上帝是由于上帝的绝对权威，"它高高地居于天上，人世间的人们对其是既不可望也不可及的，人们不能向它祈求满足自己的某些愿望，……对于这个威力无边的天神，人们是既看不见又够不着的，所以人们只能是通过占卜，战战兢兢地去揣摸它的意志"③。常玉芝在此重构了殷人（特别是早期殷人）对至上神的想象，此时的至上神是一个绝对的主宰者，完全随顺自己的意志行事，这种意志是人力无法改变的。从卜辞来看，殷人在武丁时期已有至上神的观念，帝的权威无限，掌控自然的运行和人间的灾祥。上帝主宰着风雨云雾等自然现象、决定旱涝与年成以及在城建征伐中降灾授祐。上帝是天地万物真正的主宰者，按照自己的意志掌控着自然界的运行和人类的祸福，而上帝的意志似乎是人类无法改变的，献祭既然是无用的，就只能小心翼翼地去卜问他的意志，以便按其意志行事。

殷人的至上神观念有其现实的根源，源于他们实际的生活经验。殷人

---

① 胡厚宣：《殷卜辞中的上帝和王帝（下）》，《历史研究》1959 年第 10 期。
② 陈梦家：《殷虚卜辞综述》，第 580 页。
③ 常玉芝：《商代宗教祭祀》，第 37 页。

以农业立国,气象与农事干系甚大,却也极难预测。殷人应已察觉到气象之变化绝非人力所能干预——无论是通过对掌管气象诸神的祭祀,还是祈雨等巫术仪式。在这种情况下,殷人只能将对气象的主宰权全部交予上帝,此上帝不同于各种人格化的风雨雷电之神灵,他主宰一切并完全按照自己的意志行事。在一次次祭祀和巫术仪式未能取得满意的效果之后,殷人便会认为上帝的意志是无法通过交感的方式更改的。面对这样一个完全按照自己意志行动的上帝,只能试图通过占卜去揣测其意志。另外,殷人对于占卜能否求得对上帝意志的晓知也没有太多的信心,所以我们看到他们会对同一件事进行反复、正反卜问,小心翼翼地揣摸上帝的意志。殷人的至上神想象既是生产落后的反映,也是生产和认识发展的结果,它表明殷人已经认识到自然界运行的"客观性",从而从万物有灵的原始巫术思维中走出,创造出一个更高的上帝,并将自然运行的客观性归于他。但这样一个完全凭借自己意志行动的上帝一旦被塑造,又会反过来主宰创造它的先民的生活。殷人频繁卜问上帝是否令风、令雨,是否降灾、授祐,可以想见殷人面对上帝时的肃穆和惶恐之情,这在商代青铜器造型艺术中即可窥见一斑。虽然如此,殷人也并未创造出一个绝对超越的上帝。殷人把自然神信仰、祖先信仰融入上帝信仰之中,将四方、雨、风、云等自然神当作上帝的使臣,又让祖先神去宾帝,上帝本身的意志虽然难以改变,但是自然神和祖先神却是可以通过祭祀向其祈祷的。

在祭祀活动中,殷人主要同自然神和祖先神沟通。弗雷泽认为祭祀是以献祭、祷告的方式去谄媚、取悦神灵,以期待神灵满足自己的愿望,在祭祀背后隐含着这样的信念,即"认定自然的进程在某种程度上是可塑的或可变的,可以说服或诱使这些控制自然进程的强有力的神灵们,按照我们的利益改变事物发展的趋向"[①]。很多卜辞中都直接记录了祭祀的诉求,以祭祀大乙的卜辞为例,有"求禾于大乙"(《合集》33319),"乙丑卜:于大乙求雨。十二月"(《英藏》17579),"求方于大乙"(《合集》1264),等等。可见,殷人在祭祀中确实有现实的祈求,包括求雨、求年、护佑战争、降福商王等。

从祭祀对象与方式来看,确如弗雷泽所言,首先殷人相信作为祭祀对象的诸神灵的意志是可以被取悦、被改变的;其次祭祀有其现实的目的,希望能够取悦神灵实现自己现实的诉求。特别是第二点,在考察殷人的祭祀活动时被普遍接受。祭祀确实有其现实的诉求,但也不可忽视其中神圣

---

① 〔英〕弗雷泽:《金枝》,第78—79页。

性的一面。殷人虽然还没有像周人那样强调通过"诚""敬"等神圣的道德情感与神灵相感通，道德意涵在殷人那里尚未充分地表现出来，但不可否认在殷人烦琐的祭祀活动中包含对祖先和自然质朴而神圣的宗教情感。这种隐含在殷人祭祀中的超功利的神圣性情感即为《礼记》所说"报本反始""追养继孝"之情。郑开认为"献祭"就包含了"报"的意味，并举了《诗经》《国语》和《礼记》中的三处例证。其中《国语·鲁语上》记载说："上甲微，能帅契者也，商人报焉。"韦昭注释曰："报，报德，谓祭也。"这段话认为殷人是为了报答上甲而祭祀，报本、报德是殷人祭祀祖先的根本原因。另外，《礼记·郊特牲》谓"祭有祈焉，有报焉"，郑玄注释曰："报，谓若获禾报社。"① 所谓祭有祈有报，恰好说明了先民祭祀所具有的现实和神圣两个层面的动机，祈是为了现实的利益，而报则是源于超功利的情感，是为了报答天地、先祖的生养之恩，所以将自己收获和饲养的物品呈贡给神灵。在生产落后的时代，供奉给神灵丰盛的祭品，意味着生人自我的牺牲。

因此，从目的来看，祭祀并非完全为了取悦神灵，更是一种回馈与报答；从情感来看，祭祀也非谄媚于神灵，而是要求"絜诚以祭祀"。在殷人肃穆而繁复的祭祀仪式中，必已具有宗教神圣的情感和目的。殷周制度有较大的变革，但殷人祭祀的形式和内容皆被继承下来。《洛诰》谓："王肇称殷礼"，郑康成认为说的就是周人祭祀告神用的都是殷礼。殷质而周文，周代在继承的基础上进一步提炼祭礼中的道德内核，即以"诚""敬"为核心的情感，这一祭祀情感被儒家进一步发展，构成了"儒家哲学精神幽微之处，也是儒家思想发展的重要特征"②。

三　由帝到天：从主宰性到互动性

占卜、祭祀和巫术是商代人神交通的三种形式，周代继承和发展了商代的祭祀礼仪，并对其占卜的原则和方式进行了转化，这种转化同天人关系的总体转化一致，有一系列相互关联的表现形式。相对来说，巫术在周代社会生活中的重要性逐渐减小。

第一，周人用"天"取代了殷人的"帝"，"帝"的主宰之义逐渐淡化，"天"的自然之义逐渐彰显。在通行本《尚书》中，《商书》和《周书》中"帝"和"天"并用，人们一般会认为"帝"和"天"只是商周

---

① 郑开：《祭与神圣感》，《世界宗教研究》2019年第2期。
② 郑开：《祭与神圣感》，《世界宗教研究》2019年第2期。

二代对至上神的两种不同称谓。因为文本中的用法较为随意,表明两者的涵义并没有多大的差别。但是 1898 年以来陆续在安阳小屯出土的刻在龟甲兽骨上的殷代卜辞在谈及至上神的时候,只用"帝"而不用"天"。郭沫若在《先秦天道观之进展》一文中首先提出这点,他说:

> 在这儿却有一个值得注意的现象,便是卜辞称至上神为帝,为上帝,但决不曾称之为天。天字本来是有的,如像大戊称为"天戊",大邑商称为"天邑商",都是把天当为了大字的同意语。①

顾颉刚、刘起釪先生也说:"甲骨文中只有'帝'字,没有作为至上神的'天'字(只有和'大'字同义的'天'字)。"② 只是郭沫若认为从商代的"帝"到周代的"天"是一个线形发展过程,是一个主体意识觉醒的过程。而顾、刘则认为,周代因为战争的胜利取代了商朝,从而周人信奉的"天"也就相应地取代了殷人的"帝"。这些观点有个共同的理论预设,即认为由商代到周代,中国上古思想发生了类似范式的转化,商周二代关于世界的认识有着根本的不同。郭沫若、顾颉刚等都在此预设下理解上古思想的发展。现代学者则对此预设表示存疑。傅佩荣列举了何炳棣、董作宾等人的观点,认为甲骨文中没有出现"天"之一字,并不能代表商人没有天的观念,可能是甲骨文作为占卜文字,用"帝"字统一了诸神的称号。③ 陈来先生也持谨慎的态度,认为:"甲骨卜辞即使未发现'天'字或未发现以'天'字为上帝的用法,至少在逻辑上,并不能终极地证明商人没有'天'的观念或以'天'为至上神的观念。"④ 他进一步指出周人和商人的区别,并不在于有没有天命这样的观念,而在于他们各自究竟是如何理解"天命"以及至上神的性质、权威和功能的。至于是把至上神称为"天"还是"帝",并无本质的区别。⑤

总的来说,我们赞成从商代到周代的历史是不断发展的,但是这种发展是连续性的,而非断裂式的范式的转化。从甲骨卜辞中可以看到,商人早中期不分巨细,遇事必卜,一直到末代纣王依然高呼"我生不有命在天",似乎表明商人在历史上保持了一贯的天命观,一直把上帝视为绝对

---

① 郭沫若:《先秦天道观之进展》,载《郭沫若全集·历史篇》,第 321 页。
② 顾颉刚、刘起釪:《尚书校释译论》,中华书局 2005 年版,第 1034 页。
③ 傅佩荣:《儒道天论发微》,中华书局 2010 年版,第 12 页。
④ 陈来:《古代宗教与伦理:儒家思想的根源》,第 176 页。
⑤ 陈来:《古代宗教与伦理:儒家思想的根源》,第 181 页。

的主宰者。但是我们也看到，后期殷人如箕子和微子都已经对传统的天命观表示了怀疑，而到了周代一个新的世界观逐渐形成，这既是历史发展的必然，也因周公个人的创建，不过就其根源而言，个人的创建依然是来自历史的智慧。① 从出土甲骨卜辞来看，商人在卜辞中确实只使用"帝"字，而周人金文中则多为"天"字，具体原因何在，依目前掌握的材料尚难断定，可能是两个部落使用语言的差异，也可能是有选择性地使用某个字。不过就其作为商周两代典册中使用的"官方"文字而言，这两个字确实能够反映这两个朝代在天命观上的整体差异："帝"就其在商代历史上的整体内涵而言，意味着一个绝对超越的至上神，主宰着全部自然和人事行为。人只能通过卜筮去试图窥见上帝的意图，而不能使上帝的意志和行为作出改变。"天"则更加强调此主宰者的自然义，天之运行有其内在的规律和根据，因此人可以认识和改变天意。但是这种改变并非制自然而用之，而是以人之德行去"感动"上天。

第二，周人以"德"为天人相感的中介，认为人可以因其德行与天相感通，即所谓"惟德动天"。"帝"和"天"的分野如按顾颉刚、刘起釪的推断，二者当属两个不同氏族的语言和信仰，就其内涵而言，似并无特殊的差别。但是如果结合二代制度、思想上的"大变革"来看，我们认为"帝"和"天"在称谓和内涵上皆有较大的差别，这种差别同"德"字密切相关。在甲骨文和金文文献中，"德"字同"天"字一样，被认为是周代所有。郭沫若较早提出这个观点，顾颉刚、刘起釪等人也赞成此观点。但是同样也有很多古文字研究者不赞成这个观点，认为甲骨文中虽然没有金文中的"德"字，但是却有表示同样内涵的"德"字的初文。② 无论甲骨文中有无"德"字，直到周代"德"才在天人关系中处于核心地位应确定无疑。陈来先生认为："德字即使在甲骨文中已有，其意义在殷商时究竟为何，尚有讨论的余地，而德字在殷商文化中并不是一个重要的观念，这应当是没有问题的。"③ 周代同殷商在思想形态方面一个重要的区别在于"德"已成为核心观念，这也与王国维的论断一致，他认为周代"其制度文物与其立制之本意，乃出于万世治安之大计，其心术与规模，迥非后世

---

① 陈来先生对周公早期、摄政时期以及还政以后天命观的发展进行了细致的论述，参见《古代宗教与伦理：儒家思想的根源》第五章。
② 关于"德"字在甲骨文和金文中的具体使用情况，可参阅陈来《古代宗教与伦理：儒家思想的根源》第七章"释德"一节内容。
③ 陈来：《古代宗教与伦理：儒家思想的根源》，第316页。

帝王所能梦见也"①。因对德的重视，向下开创了各种制度文物，制礼作乐垂范后世；向上则改变了传统的天人关系，"至上神"的性质出现重大的转变。简而言之，商人之"帝"作为至上神，依其不可捉摸的意志行事，因"圣意难测"，商人对上帝基本的情绪是"畏惧"，甚至不把上帝当作祭祀的对象，因为上帝的意志在殷人看来是不可更改的、绝对超越的。周代的"天"则不再是一个非"理性"的、绝对超越的主宰者，而是一个具有内在固定本性的主宰者。周人逐渐认识到"天行有常"，在周人看来就是冥冥之天自能赏善罚恶，它根据君主的德行来决定一个王朝的命运。这样一个天就并非一绝对的超越者，而是人可以与之沟通的最高存在，人与天相沟通的中介就是人的德行，此即所谓"惟德动天""以德配天"。

周代"惟德动天"的天人关系确立了后世儒家感应思想的基调，它表明人和作为存在者整体的"天"之间存在一种相互感应的关系，在此感应关系中，天不再是绝对超越的主宰者，而是一内含"道德理性"之天，人也并非完全被动者，人能够通过自己的德行改变上天的意志。后来，随着周代思想的发展，天之主宰义逐渐隐退，在古文"皇天无亲，惟德是辅"②、"天视自我民视，天听自我民听"③等表述中，周人之天完全道德化，并因道德化而进一步民本化。另一方面，周人"惟德动天"也绝非人类学家所分析的原始巫术思维，巫术背后含有行为主体掌控自然的意图，而周人"惟德动天"却无此意。在"惟德动天"的天人关系中，天并非如殷商之帝那样是一绝对的主宰者，人也并非如巫术的施法者那样试图操控自然，天和人总体上来说是处于一种以"德"为中介的感应的关系之中，这一特征也奠定了后世儒家感应关系的基本形态。

我们认为，周代对"德"的重视以及其天人关系的转向同样是历史智慧的产物。《洪范》篇告诉我们周代有意识地继承了商代文明，而祖伊、箕子作为商代"先进知识分子"的代表，其思想同纣王的天命观已有重大分歧，更接近于周代主流的意识形态。在"洪范九畴"中，第二五事、第五皇极、第六三德、第九五福都非常强调统治者的德行，其中"三德"更是列举了"正直""刚克""柔克"三种德行，并对其内涵作了细致的规定。

箕子的思想可以说代表了当时进步的意识形态，并为周代统治者信奉

---

① 王国维：《殷周制度论》，见《观堂集林》，浙江教育出版社2014年版，第248页。
② 《尚书·蔡仲之命》，见（汉）孔安国传，（唐）孔颖达正义：《尚书正义》卷十六，上海古籍出版社2007年版，第662页。以下凡引《尚书》皆用此版本，仅标篇名和页码。
③ 《尚书·泰誓》，《尚书正义》，第412页。

和推行。在此过程中,真正使得周代一般性的思想观念得到提炼从而成为一种"时代精神"或"社会意识形态"的当属周公。周公实现了对天的道德化转向与其说是一种思想"范式"的转化,毋宁说是历史智慧的产物。周代取代殷商这一历史事件无论对殷商遗民抑或对周人的思想都产生了巨大的冲击,逼迫他们对传统的天命观进行反思。《召诰》表明周公是在对历史进行有意识的反思的基础上进而形成以德为中心的天人观的。①《召诰》说:

> 我不可不监于有夏,亦不可不监于有殷。我不敢知曰有夏服天命,惟有历年;我不敢知曰不其延,惟不敬厥德,乃早坠厥命。我不敢知曰有殷受天命,惟有历年;我不敢知曰不其延,惟不敬厥德,乃早坠厥命。今王嗣受厥命,我亦惟兹二国命,嗣若功。②

通过对三代更迭历史的思考,周公得出一个基本的结论:"惟不敬厥德,乃早坠厥命",认为天命总是同统治者的德行相关的。周人承认"天行有常",但是周人认为的"天行有常"尚不同于荀子,在荀子思想中天逐渐演化为按照客观规律运行的自然之天。在周人看来,天行有常恰恰在于其"惟命不于常"③。因而我们说周人之天是"道德理性"之天就具有二重涵义:相对于商人而言,周人之天是一"理性"之天,其行动和意志有着内在的规定;相对于后来纯粹自然之天而言,此天之意志及其运行又可以因人的德行而改变。此天运行的内在规定性并不是一将人的存在排除在外的"客观的自然规律",而是同人的存在息息相关、相互感应的道德理性之天。

在古文《尚书》中,这种思想得到了更为清晰的表达,不仅仅是古文《周书》,《虞书》和《商书》中都有这种新的天人关系的表达。

> 三旬,苗民逆命。益赞于禹曰:"惟德动天,无远弗届。满招损,谦受益,时乃天道。"④

---

① 《召诰》一般认为是召公所作,于省吾则根据金文推断当为周公所作,顾颉刚从之,刘起釪给出了更多具体的论证。详见顾颉刚、刘起釪:《尚书校释译论》,第1431—1455页。
② 《尚书·召诰》,《尚书正义》,第586页。
③ 《尚书·康诰》,《尚书正义》,第547页。
④ 《虞书·大禹谟》,《尚书正义》,第139页。

天道福善、祸淫，降灾于夏，以彰厥罪。①

惟上帝不常。作善，降之百祥；作不善，降之百殃。②

惟天无亲，克敬惟亲。民罔常怀，怀于有仁。鬼神无常享，享于克诚。③

天难谌，命靡常。常厥德，保厥位。厥德匪常，九有以亡。夏王弗克庸德，慢神虐民。皇天弗保，监于万方，启迪有命，眷求一德，俾作神主。惟尹躬暨汤咸有一德，克享天心，受天明命，以有九有之师，爰革夏正。非天私我有商，惟天佑于一德。非商求于下民，惟民归于一德。德惟一，动罔不吉；德二三，动罔不凶。惟吉凶不僭，在人；惟天降灾祥，在德。④

上述引文都更加明确表明了天人之间以德相感的关系，《大禹谟》提出"惟德动天"，概括性地总结了天道的总体特征，认为统治者的德行能够感动上天。这种"动天"的具体结果就是"天道福善、祸淫"，"惟上帝不常。作善，降之百祥；作不善，降之百殃""惟吉凶不僭，在人；惟天降灾祥，在德"。就其积极结果而言，要求统治者敬德慎罚，这样可以做到"以德配天"，也即《太甲》所谓"先王惟时懋敬厥德，克配上帝"⑤。这种人能够"以德配天"的思想实际上是把道德理性视为天和人共同的本质，这也是人能够感动上天的内在根据。

第三，与"惟德动天""以德配天"的思想一致，周代统治者逐渐将夏商二代对上帝和祖先的敬畏之情转化为保民、爱民之德。"惟德动天"之"德"不再是卜筮和祭祀中指向上界的情感和行动，而主要是指向下界人民的德行。在周代，作为至上神的上帝的主宰性和人格特征逐渐隐退并得到转化，从而成为一种"天民合一论"，此时"上天的意志不再是喜怒无常的，而被认为有了明确的伦理内涵，成为民意的终极支持者和最高代

---

① 《商书·汤诰》，《尚书正义》，第297页。
② 《商书·伊训》，《尚书正义》，第307页。
③ 《商书·太甲下》，《尚书正义》，第317页。
④ 《商书·咸有一德》，《尚书正义》，第321—322页。
⑤ 《商书·太甲下》，《尚书正义》，第318页。

表"①。

通过对商周思想史的梳理,现在可以确认此一思想是周代同商代重要的区别之一。但是关于这一思想"最早"的阐述却是在今文《虞书·皋陶谟》中:

> 天聪明,自我民聪明。天明畏,自我民明威。达于上下,敬哉!有土。②

对此顾颉刚、徐旭生等历史学家已经做出考订,认为此篇应当成书于春秋、战国时期。③ 刘起釪更是明确提出:"这一思想是周文王武王伐纣时提出的。为了反对殷代纯信天命的绝对神权和纯用刑戮的严酷统治。"④ 这一思想在《泰誓》中被表述为:

> 天视自我民视,天听自我民听。⑤

《泰誓》虽然是古文,但是《孟子》却引用了这句话,无疑是有其根据的。另外《蔡仲之命》中也有类似的表述:

> 皇天无亲,惟德是辅。民心无常,惟惠之怀。⑥

这种民意论的天命观,自下而言,对后来儒家的政治思想产生了巨大影响,自上而言,则使得儒家从传统的天人关系中解放出来,进一步关注人和人之间的伦理道德关系。就我们所要讨论的主题而言,则使得儒家从天人感应的架构中摆脱出来,而将焦点放在人与人的感通上,无论是孔子还是孟子,都较少关注天命以及天人相感,更加关注仁德本身。事实上,在古文《尚书》中已经出现了非常明显的上天"福善祸淫"的天人感应思想,这个思想的逻辑发展是周代"惟德动天""以德配天"思想,但是其本身却被先秦原始儒家所淡化,而又在汉儒那里获得了哲学体系化的表

---

① 陈来:《古代宗教与伦理:儒家思想的根源》,第201页。
② 《虞书·皋陶谟》,《尚书正义》,第153页。
③ 参见顾颉刚、刘起釪《尚书校释译论》,第506—512页。
④ 顾颉刚、刘起釪:《尚书校释译论》,第426页。
⑤ 《尚书·泰誓》,《尚书正义》,第412页。
⑥ 《尚书·蔡仲之命》,《尚书正义》,第662页。

达。另外需要提出的是，自周代开始，天的主宰义逐渐淡出，但却始终没有完全隐去，儒家之天始终没有成为纯粹的自然之天。我们在朱熹的"天地之心"以及心学对"良知"的信仰中都可以窥见天的道德义和主宰义。

第四，"有疑则卜"作为新的卜筮原则确立下来。周代和商代整体思维方式的转变突出表现在《周易》所构建的卜筮体系中①，但是这种整体思维方式的差异并非以"范式"转化的形式完成，而是一个渐进的过程。在《尚书·西伯戡黎》篇中，纣王固然还沉浸在"我生不有命在天"②的天命思想中，但是像祖伊这样的大臣已经通过历史的变迁认识到天命和人事的相互作用，所以感慨"乃罪多参在上，乃能责命于天？"③在殷末，持祖伊这种思想的人越来越多，这种天命观上的变化也直接反映到传统的卜筮观中，与商代早中期每事必卜不同，商朝后期已经有思想家持"有疑则卜"的观点。

在《洪范》篇中，箕子向周武王非常明确地阐发了这种新的卜筮原则：

> 稽疑：择建立卜筮人，乃命卜筮，曰雨、曰霁、曰蒙、曰驿、曰克、曰贞、曰悔，凡七。卜五，占用二，衍忒。立时人作卜筮。三人占，则从二人之言。汝则有大疑，谋及乃心，谋及卿士，谋及庶人，谋及卜筮。汝则从、龟从、筮从、卿士从、庶民从，是之谓大同。……龟、筮共违于人，用静吉，用作凶。④

在箕子提出的"九畴"中，第七畴专门讨论卜筮，可见卜筮在当时无论是在政治生活还是在日常生活中都应该占据重要地位。箕子认为卜筮的功用

---

① 关于《周易》的创制年代本无太大争议，《系辞》明确说明其成于殷末周初，秦汉较早的文献也都承认周文王对创制《周易》的关键性贡献，《淮南子·要略》《史记·太史公自序》《史记·周本记》《法言》《汉书》《论衡》中都有相似的观点。但是随着近代疑古之风的盛行，开始出现各种关于《周易》创制年代的观点，有学者认为成书于西周末年，有人认为成于春秋，有人认为成于战国，近来更有学者认为成于西汉年间。廖名春先生一方面根据新近出土的简帛文献，另一方面通过语言比较的方法对《周易》本经进行考察，认为："语言的比较证明《系辞传》'《易》之兴也，其当殷之末世，周之盛德'说法的可信。这和我们对《周易》本经史迹和先秦其它文献记载考察的结果是一致的。因此，我们将《周易》本经的成书定为殷末周初，应最为可信。"参见廖名春《〈周易〉经传十九讲》之第九讲，北京大学出版社2004年版。
② 《尚书·西伯戡黎》，《尚书正义》，第384页。
③ 《尚书·西伯戡黎》，《尚书正义》，第384页。
④ 《尚书·洪范》，《尚书正义》，第467—468页。

即为"稽疑",也就是说当人无法自主选择的时候才用卜筮来决疑,所以箕子明确说:"汝则有大疑,谋及乃心,谋及卿士,谋及庶人,谋及卜筮。"也就是说,卜筮是为了断定自己无法决定的问题,并且卜筮的结果同自己的想法、卿士的建议以及众人的意见一起构成最终判断的依据。可以想见,从商初每事必卜到后期有疑则卜是人自主意识不断觉醒的过程,也是一个对外部世界的认识不断深入的过程。卜筮的目的并不是求得上帝的旨意并完全按照上帝的旨意行事,而是在遇到大事无法自己做出选择时,以之作为选择的重要参照项。

第五,不同于殷人早期面对上帝时的恐惧与战栗之情,"忧患意识"是周人生存的基本情绪。

纣王在"天命"的信念下却逐渐失去了对天命的敬畏,而文王在认识到人事和天命的关系后产生的却是"忧患"这种基本的情绪。忧患的情绪有两个方面的含义:一是从对上帝的绝对敬畏之情中"解放"出来,充分认识到人自身的力量以及人行为的重要性;二是这种早期的"解放"还没有发展到后来摆脱了一切束缚的绝对自由,而依然处在对上帝的敬畏之中。只不过这种敬畏并非消极地束手听任上帝的旨意,而是时时刻刻想着如何积极地使得自身的行为能够符合上帝的要求,或者说更进一步通过自己的行为"与天地参"。所以,《系辞》中有:

《易》之兴也,其于中古乎?作《易》者,其有忧患乎?①

又有:

《易》之兴也,其当殷之末世,周之盛德邪?当文王与纣之事邪?是故其辞危。危者使平,易者使倾。②

如《系辞》所言,《周易》确是一种新的卜筮体系,在时间上处于"殷之末世,周之盛德",表现在思想上是商代天命观的衰退,周代人文主义的兴起。这样一种思想上的转变已经有了一个长期发展的过程,从箕子等人的思想来看,一种新的思想、新的世界观已经普遍萌芽,而这样一种

---

① 《系辞下》,《周易正义》,第175页。以下凡引《系辞》《彖辞》《象辞》之类皆出此书,仅标示篇名和页码。
② 《系辞下》,《周易正义》,第177页。

新的世界观也就必然要求在当时人们思维方式中占重要地位的卜筮体系的转变。在周代取代商代这一重大历史事件发生之时，以文王为核心的统治—文化阶层最终通过创制《周易》实现了这个转变。

在商代早期和中期对上帝严格信仰的思想背景下，虽然凡事皆卜，但是此时卜筮却并非建立在"感应"的原则之上，而更多的是对不可抗拒的上帝意旨的被动接受，而整个外部世界从根本上说也同样受到上帝绝对超越意志的支配。只有当上帝不再是一个异化的、主宰性的绝对超越之存在时，一种真正的"感应"才有可能出现。在这种思想中，人不再因上帝的绝对意志而恐惧和战栗，而是时刻处在如临深渊、如履薄冰的忧患之中，因为上帝的意旨不再是一个外在的权威，而恰恰表现在全体人民、全体生物的生存境遇之中。

周代天人观具有其独特的历史时代性，它将商代那样一个外在的、超越的上帝转化为与人一体之天，与此相伴的是两个朝代整体"情绪"的转变，由商代对上帝和鬼神的绝对"敬畏"转化为以"忧患"为主的情绪。这种忧患意识无疑来源于统治者自我担当的意识，天无思无虑，天之性情善恶只能通过人及世间万物来表现出来，这就要求人发挥自身的主动性，通过行事和道德来体现天的本性。所以与"忧患意识"相伴的就是"道德意识"的觉醒。在历史的不断发展中，周人从历史中获得了智慧，尤其是周人在文王和武王的带领下，最终取代商朝的过程中，他们认识到"天意"并非不可更改，也并非无常，天意和人的道德品行一致，和统治者"有道"或"无道"紧密相连。这样的话，周人在他们的历史经验中终于认识到天行有常，当人的行为符合天的道德本性的时候，天自会护佑；当不合时，终会自取灭亡。天和人之间的内在一致性表现于二者在道德本性上的一致，人可以通过虔诚、虚静其心以获得对未来的预知，更进一步则可以通过其道德行为，"以德配天"。

《周易》后来被纳入儒家最基本的典籍，在其文本和卜筮体系中确立的以"感应"为体的自然观和宇宙观，也成为儒家思想始终坚持的基本观点。同原始万物有灵或者原始互渗思维不同，《周易》的卜筮以一个普遍性的"天"或"上帝"为基础；同商代对上帝的信仰不同，周人的"天"不是独立于人之外的"上帝"，已经具有天人一体的意涵。在周代，天人一体是建立在普遍的道德本性之上的，一方面人可以以虚明、诚敬之心来感得"天意"；另一方面可以因其道德行为而"以德配天""惟德动天"。前者源于卜筮，后者源于祭祀，无论是卜筮还是祭祀，周人都对其进行了道德化转向——正如西方对原始思维进行了科学化转向，从而从原始思维中走出，奠定了中华文明的独特走向。

第二节　春秋、战国：儒家感应图式的初步建构

周人认为天人之间是可以相感的，其中介则是人的德行。天既不意味着不可更改的客观规律，也不意味着不可揣测的暴君式的强大意志。《周易》卜筮的实践和思想体系完整地呈现出了周人的天道观，也成为后世儒家宇宙观的经典依据。西方从原始巫术思维中孕育出现代科学思维，周人却对其进行了道德化的转向，确立了一种以感应为原则的世界图式。孔子膺服于周之盛德，"周监于二代，郁郁乎文哉！吾从周"①，其生命精神同周人高度一致，终其一生以弘扬周之文化制度为己任，并在此基础上确立了儒学的根本精神。

一　仁作为感应之德的确立

冯友兰先生把孔子比作苏格拉底，后者使得早期希腊哲学从对宇宙和自然的关注中走出，转向人自身，开一代风气之先。孔子罕言性与天道，并且从礼仪的形式外壳中走出，关注其道德内核。所以孔子之"仁"有着很强的道德自觉的意味，劳思光先生说：

> 然则孔子如何发展其有关"礼"之理论？简言之，即摄"礼"归"义"，更进而摄"礼"归"仁"是也。通过此一理论，不唯本身不同于仪文，而且"礼"之基础亦不在于"天"，而在于人之自觉心或价值意识。于是，孔子一方面固吸收当时知识分子区分礼仪之说，而脱离礼生传统；另一方面，更建立"仁、义、礼"之理论体系，透显人对自身之肯定，离开原始信仰之纠缠。于是，孔子予周文之精神以自觉基础，遂开创儒学之规模。②

一般来说，道德或价值自觉的过程同时也是脱离对超越者信仰的过程。在"惟德动天"的天人关系架构中，孔子主要聚焦于人自身的道德实

---

① 《论语·八佾》，见朱熹《四书章句集注》，中华书局2012年版，第65页。以下凡引《论语》《孟子》《大学》《中庸》皆出此版本，仅标篇名和页码。
② 劳思光：《新编中国哲学史》第一卷，广西师范大学出版社2005年版，第83页。

践，因此很少有直接涉及感应的思想话语。但若因此将孔子视为一激进的"启蒙者"，完全肯定人自身的价值，摆脱了"原始信仰之纠缠"，可能有失偏颇。现有的材料无法表明孔子否定传统主宰之天，从《春秋》获麟绝笔之事来看，可以说孔子依然深信天与人之间具有一种深层次的相互感应关系。冯友兰先生就认为孔子对于传统的信仰持"守旧"的态度。通过对《论语》中有关"天"与"命"的段落的梳理，冯先生认为孔子所谓的天是有意志的主宰之天，而"天命亦应是上帝之意志"①。

关于孔子天命观的争论非常多，且不论孔子之天是否即为一主宰之天，所言之命是否即为上帝之意志，至少孔子没有抛弃和否定天和命。孔子本人有很强的天命感，曾谓"天之未丧斯文也，匡人其如予何?"②他的同时代人也有这种感觉，仪封人就说："天下之无道也久矣，天将以夫子为木铎。"③孔子一生为理想四处奔波，栖栖惶惶如丧家之犬，应该离不开这种强烈的天命感。就其行事而言，孔子本人保留了对天命的信念，虽然他平常教导弟子的多是诗书执礼之类的"普通"知识。孔子并未走出周代"惟德动天""以德配天"的天人构架，但他对能动天和配天的"德"进行了深入考察，最终确立了以"仁"为核心的道德体系。孔子推崇周礼，进一步探寻其背后的根基，摄礼以归仁。仁是对礼的一次转化，而礼就其本义而言是人和天相感通的方式。《说文·示部》说："禮，履也。所以事神致福也。从示、从豊，豊亦声。"④《豊部》说："豊，行礼之器也。"⑤可见礼的本义是用特定的器具"事神致福"，是人与天沟通的特定仪式。⑥孔子"摄礼以归仁"依然是周代"惟德动天"精神的继承，认为仁是礼的核心，因而也是天人相感通的关键。

孔子通过"摄礼归仁"就把由礼为中介的天人之间的感通转化为由仁为中介的人与人之间的感通。人与人之间的感通是生命与生命的感通，生命之感通有其发端和次第，孝悌即为仁之根本。此仁由对父母兄弟生命之感通发端，层层扩荡，以至家族、国家和天下。对此，唐君毅先生有着非常精彩的论述：

---

① 冯友兰：《中国哲学史》，重庆出版集团2009年版，第54页。
② 《论语·子罕》，《四书章句集注》，第110页。
③ 《论语·八佾》，《四书章句集注》，第68页。
④ （东汉）许慎：《说文解字》，中华书局2013年版，第1页。
⑤ （东汉）许慎：《说文解字》，第97页。
⑥ 关于"礼"字的文字学考证，参见王国维《释礼》，载《观堂集林》卷六，第156页。

吾之生命，生自吾父母，而吾与吾父母有一原始的感通，此即一切感通之仁之本。此中不说慈为仁之本者，则以人之爱其子女，虽亦为生命之感通，然人必自为父母，而有子女，而后有慈。故慈为人之后有之情，非如孝之为生而即有者也。又吾继先吾生之兄姊，而同为一父母而生。此兄姊，为在吾家庭中之先已存在之生命，吾后之而生，遂能自然本此同为一父母所生，而更对此先已存在之生命，有一直接的肯定尊重，是即一切敬长之义之本。孝为吾之生命直接对生我之父母，而有之纵贯之情，弟则为对同此父母所生之兄姊，而有之横施之情。由孝父母，而及于父母之父母；此纵贯之情，遂可上通于过去百世之祖先之生命。及人有子女，而知慈于其子女时，人亦更可缘其对祖先之情，而慈爱及于同出一祖先之家族中之后裔与幼辈。再由孝父母，更老吾老，以及人之老；幼吾幼，以及人之幼，而此敬老之情，可以横施于天下之一切之老；此人之慈爱之情，可横施于天下一切之幼。此中，吾人之敬吾之老，敬吾之兄、之长，而敬天下一切之老、之长之情，合为一敬天下一切之老与长之义。此吾之敬老敬长之义之所至，亦即吾之生命与老及长之生命相感通之仁之所至。①

"仁"是孔子思想的核心，孔子也绝少从性与天道的层面来说"感应"，但是儒家之仁同感应之世界图式有着本质的联系，一个相互感应的世界自然指向以仁爱为核心的道德系统。从"仁者爱人"到"仁者以天地万物为一体"，通过后来儒者对"仁"的不断阐释，我们发现"仁"所指向的，或者说它所诉求的正是人和他人、人和外部事物有机一体的状态。这种状态同西方主客二分的思维方式恰恰相反，如果说西方主客二分的思维方式必然会导向以认识为核心的科技文明的话，那么"仁"则导向以伦理为核心的人文精神。而"仁"之所以能够作为儒家的最高价值原则，恰恰是因为在儒家看来，整个世界是一个相互感应的、生生不息的有机整体。这一点通过后来宋明理学家的阐述变得更加清晰。

二 "恻隐之心"：感应与同情

孔子之仁上可接天道，下可接人心。孔子殁后，承续者便开始为其标榜的德目寻求本体论意义上的根据。《中庸》倾向于从天道方面为仁奠基，孟子提出了"恻隐之心"作为"仁之端"，为"仁"寻求"心学"的根

---

① 唐君毅：《中国哲学原论·原道篇》，中国社会科学出版社2006年版，第103页。

据。孟子说:

> 所以谓人皆有不忍人之心者,今人乍见孺子将入于井,皆有怵惕恻隐之心。……恻隐之心,仁之端也;羞恶之心,义之端也;辞让之心,礼之端也;是非之心,智之端也。人之有是四端也,犹其有四体也。①

> 恻隐之心,仁也;羞恶之心,义也;恭敬之心,礼也;是非之心,智也。仁义礼智,非由外铄我也,我固有之也,弗思耳矣。②

当孟子以恻隐之心来说明孔子之仁时,此仁直接指向人与人之间情感、生命的感通。在这两段材料中,孟子或将恻隐之心看作仁之端,或直接将恻隐之心视为仁,这个差异在宋明儒学中引起了较大的纷争,但是总体而言,儒家之仁爱始终同恻隐之情联系在一起。

"恻隐之心"不仅仅是指人对同类的同情之心,比如见小孩入井,心中怵惕恻隐。恻隐之心也可以推之其他物种,比如对动物"见其生,不忍见其死;闻其声,不忍食其肉"③。后来,王阳明更是说恻隐之心可以推之草木、瓦砾。孟子把"仁"建立在"恻隐之心"之上,便与西方伦理学的一条隐线——同情伦理学非常相似了。通过伽达默尔(Hans-Georg Gadamer)对厄廷格尔(Oetinger)同情伦理学的评述,我们可以看出二者的相似之处。伽达默尔说:

> "父亲无须任何论证就倾向于去照看他的小孩,这不是爱在显示,而是心灵不断地冲破了敌视所爱对象的理性。"……按照厄廷格尔的看法,共通感真正的基础是 vita 概念,即生命概念(使生命欢悦的共通感)。④

伽达默尔在《真理与方法》论"共通感"一章中梳理了西方同情伦理学的传统,这个传统作为西方人文主义传统的一部分,同科学精神的传统相颉颃。从哲学内部来看,同情伦理学同康德的义务伦理学相抵牾。"同情"这种情感在康德成熟时期的伦理体系中不具有任何重要的地位,甚至为了对

---

① 《孟子·公孙丑上》,《四书章句集注》,第239页。
② 《孟子·告子上》,《四书章句集注》,第334—335页。
③ 《孟子·梁惠王上》,《四书章句集注》,第208页。
④ 〔德〕伽达默尔:《真理与方法》,洪汉鼎译,上海译文出版社2010年版,第35—36页。

抗建立在情感之上的道德理论，康德要求建立在理性之上的道德实践。建立在绝对命令之上的道德大厦同建立在同情感之上的道德体系有着巨大的差异。①

同情伦理学同义务伦理学对立的背后是两种不同世界图式的对立。康德认为现象界受因果律的必然法则支配，而厄廷格尔则将从简单事物到复杂事物的自然进化看作"神圣的"创造过程的一般性规律，这便是他的共通感和同情感建立的基础——生命（vita）。因此，如果整个世界是一个充满生机的、不断创造的过程，那么这种本体论的图式就自然会导向建立在同情感之上的伦理学。如果说恻隐之心表现的是心与心（人与人）、生命与生命（人与生物）、存在与存在（人与物）之间的感通的话，那么这种感通之所以可能，正是由于整个世界就是一个有机的整体。先秦儒家在《易传》中恰恰构建了这样一个感应的世界图式。

三 《易传》：世界感应图式的初步建构

今本《易传》是系统解释《周易》的专集。冯友兰先生认为《周易》本是卜筮之用，但是后来人们在一些非卜筮的场合也经常引用卦爻辞内含的意义，在这些解释的基础上，《易传》被编辑产生，并使得《周易》成为"一有系统的哲学书"。② 基于这种判断，冯先生断定《易传》非孔子所作。历史上关于《易传》的争论非常之多。汉唐时期，司马迁和孔颖达都认为《易传》是孔子所作。在宋代疑古的风气中，欧阳修《易童子问》率先对《易传》的作者和时代提出质疑，后来清代崔述《洙泗考信录》认为《易传》为七十子之后的儒者所作。近现代学者，其中包括新儒家，比如唐君毅、徐复观、冯友兰等都认为《易传》同孔子没有关联。但是在20世纪70年代之后，随着大批简帛文献的出土，当代学者开始重新反思宋代以来的疑古思潮。出土文献中涉及大量与《周易》《易传》相关的材料，使得人们对《易传》作者和时代进行重新思考。③

廖名春通过对出土文献进行对比解读，得出关于《易传》作者和时间

---

① 我们在此没有考虑康德早期的伦理思想。虽然康德早期曾受到道德情感学派的强烈影响，并且即便在其后期思想中，道德情感也具有非常复杂的内涵，但就其后期思想基本形态而言，康德完全将道德情感排除在道德主体之外。建立一个纯粹以理性为根据的道德体系是康德伦理学的诉求，尽管在这个过程中他可能无法真正做到这点，即将人类的情感完全排除在外。具体讨论可参考李明辉《孟子的四端之心与康德的道德情感》，见氏著《儒家与康德》，广西师范大学出版社 2021 年版。

② 冯友兰：《中国哲学史》，第 310 页。

③ 参见廖名春《〈周易〉经传十五讲》之第十讲，第 204—218 页。

的一些基本见解,其中不少观点得到当代学者的普遍认同。这一方面是由于简帛文献的出土,为当代研究者提供了一手材料,而非悬空的怀疑或推断;另一方面则是由于历史的进展,在新的时期拨开历史的迷雾,有可能更加清晰地考察历史。关于《易传》,廖名春说:

> 《易传》对卦爻辞的解释,大都取孔子的人道教训之义。《象传》与《文言传》尤为突出。因此否认《易传》和孔子《易》说的关系,是不能成立的。[1]

廖先生结合出土文献,给出了很多"证据"[2],所以他得出结论,认为总体而言《易传》的思想可以说是源自孔子,孔子和《易传》之间密切的关系无法否认。但是在《易传》文本形成和传播的过程中,战国时期孔子后学也对其中的很多篇章进行过修改和创造发挥,"因此《易传》的作者主要应是孔子及其后学"[3]。

结合出土简帛文献来看,《易传》属于儒家经典文献应该没有疑问。廖先生认为《易传》对卦爻辞的解释,"大都取孔子的人道教训之义",而就《易传》之整体解释体系而言,更重要的是它构建了儒家的宇宙图式。事实上,同儒家一样,道家也以《易经》为基础,构建了自己的宇宙图式。《易传》和《老子》的自然观都具有有机主义的色彩,这种有机主义主要表现在两个方面。

首先从宇宙创生的角度来看,二者都认为世界万物都是从道或太极中发育生成的,道和太极并非绝对的超越者,而是贯穿于事物生成、变化的始终,因而使得世界成为一个有机联系的整体。《老子》第四十二章中关于宇宙创生的经典表述为:"道生一,一生二,二生三,三生万物。万物负阴而抱阳,冲气以为和。"[4]《易传》也说:"易有太极,是生两仪,两

---

[1] 廖名春:《〈周易〉经传十五讲》,第219页。
[2] 其中有一条,廖先生说"《系辞传》和《文言传》有许多'子曰',其'子曰'又称'颜氏之子'。在帛书《要》篇中,这些'子曰'又称'夫子曰',其'夫子'的'弟子'则是'子赣(贡)'。这说明,《系辞》和《文言》的'子曰'当为'孔子曰'。……因此,《系辞传》、《文言传》的思想出于孔子,是难以否定的。以此推论《易传》的其他篇,说它们源于孔子或与孔子有关,应是有道理的。"(廖名春:《〈周易〉经传十五讲》,第219—220页。)
[3] 廖名春:《〈周易〉经传十五讲》,第219—220页。
[4] (魏)王弼注,楼宇烈校释:《老子道德经注校释》,中华书局2008年版,第117页。

仪生四象，四象生八卦。"① 二者表述非常相似。其次从宇宙运动变化的角度看，二者都认为事物的运动变化具有辩证规律，而不是受到严格的因果关系支配的机械运动。《易经》以阴阳二爻为基础，通过六十四卦的流转变化来摹状变易不息的世界。通过像既济—未济、否—泰、剥—复等卦象，《易经》已经初步展示了世界的辩证运动规律。《泰》卦九三爻爻辞谓："无平不陂、无往不复"②，该爻象辞谓："无往不复，天地际也"③；《丰》卦象辞谓："日中则昃，月盈则食；天地盈虚，与时消息"④，皆是对事物辩证运动的一种高度哲学化的表述。《老子》发挥了《易经》的这种思想，并将其扩展到对事物运动发展以及人事的一般性规律的认识，这种认识在第四十章"反者，道之动；弱者，道之用"⑤ 这句话中得到了最为凝练的阐述。

同西方近代机械主义宇宙观相比，《易传》和《老子》可以说共同具有有机主义的特征。但是我们认为在有机主义这个阵营内部，二者还有着"毫厘之辨"，儒道两家在众多方面都呈现出了明显的差异。简而言之，我们认为在有机主义内部，儒家表现为"生机主义"，而道家则表现为"自然主义"。二者虽然都认为世界是一个辩证运动的有机整体，但是就前者而言，世界呈现为一副充满创造性、富有生机的图式，而后者则强调宇宙生成、变化"自然而然"的特性。《易传》宇宙观把宇宙看作一个生生不息、生机流行的整体，整体当中的每个存在者和其他的存在者之间都存在相互感应的关系，而不是一种机械的因果联系。可以说《易传》构建起了儒家感应世界图式的雏形。⑥ 具体来说有几点：

一，《易传》初步构建起了阴阳、天地相感而生成宇宙万物的宇宙生成模式。在《老子》那里，宇宙万物创生过程是一客观的、自然而然的过程。《老子》第二十五章说："人法地，地法天，天法道，道法自然。"⑦ 自然也就是自然而然、不得不然的意思。这样一个自然而然的宇宙创生的过程是自然主义的，或者如唐君毅先生所说是"超人文主义"的。《易传》认为天地"交感"才能化生万物，所谓"交感"便表明万物化生是

---

① 《系辞上》，《周易正义》，第 159 页。
② 《周易正义》，第 44 页。
③ 《周易正义》，第 44 页。
④ 《周易正义》，第 128 页。
⑤ （魏）王弼注，楼宇烈校释：《老子道德经注校释》，第 110 页。
⑥ 我们在结语"生机主义：以感应为基础的宋明儒学宇宙观总体特质"部分，结合宋代理学家对道家的批评，对此进行了更为深入的讨论。
⑦ （魏）王弼注，楼宇烈校释：《老子道德经注校释》，第 64 页。

天地的一种"活泼泼"的创造，而不仅仅是一个自然地创生的过程。《易传》中有大量这样的表述，比如"天地絪缊，万物化醇"[1]，"天地感而万物化生"[2]，"天地解而雷雨作，雷雨作而白果草木皆甲坼"[3]，"天地相遇，品物咸章也"[4]。

虽然《老子》第五章中也说"天地之间，其犹橐籥乎？虚而不屈，动而愈出"[5]，认为天地生物之气生生不息，并且后来二程和朱熹都借鉴了这个说法，唐君毅先生也认为如果把《老子》同《易传》《中庸》相比较的话，可以发现《老子》之道也有生养、覆育万物之义，显示了儒道二家具有一定的相似性。但是二者之间存在深层的差异，唐君毅先生总结说：

> 老子未能如《易传》之以生生之易之一阴一阳说天道，而兼以乾坤健顺，一阖一辟，论天之生物之富有日新之大业盛事，更统摄之于太极；复未能如《中庸》之兼以天之生物而发育万物以成物，说天道；故亦未能如汉宋以降儒者以生生之气、生生之理、生生之几等说天道。……是即老子之道终为不仁或非仁，而不如《中庸》《易传》之道体，兼为一既仁且智之体而至善者也。[6]

二，《易传》初步揭示了阴阳之运动是一种"屈伸相感"式的感应关系。《易传》和《老子》在这方面都继承了《易经》辩证的思想，但是《老子》中事物的辩证运动更多表明事物运动的自然特质，唐君毅先生评价说："吾人终将觉其所陈述者，为一冷静无情味之宇宙观与人生观。……老子之谓'物壮则老，是谓不道，不道早已'，此固可为事实上之不得不然。"[7]《系辞》关于宇宙运动情状的描述则是：

> 日往则月来，月往则日来，日月相推而明生焉。寒往则暑来，暑往则寒来，寒暑相推而岁成焉。往者，屈也；来者，信也；屈信相感而利生焉。[8]

---

[1] 《系辞下》，《周易正义》，第173页。
[2] 《彖传·咸》，《周易正义》，第84页。
[3] 《彖传·解》，《周易正义》，第95页。
[4] 《彖传·姤》，《周易正义》，第106页。
[5] （魏）王弼注，楼宇烈校释：《老子道德经注校释》，第14页。
[6] 唐君毅：《中国哲学原论·导论篇》，中国社会科学出版社2005年版，第254—255页。
[7] 唐君毅：《中国哲学原论·导论篇》，第253页。
[8] 《系辞下》，《周易正义》，第171页。

构成世界的阴阳二端（可表现日月、寒暑等）的运动是一种"屈伸相感"的方式。"屈伸相感"绝非意味着阴阳二端的运动遵循着机械的法则，这点很好地表现在《易传》对《复》卦的解释中。该卦的意象是众阳剥落、阴气盛极之时，一阳便自会来复。在《易传》看来，这是天地运行之道，其中阴和阳的运动是一种屈伸相感的关系，阴阳此消彼长而无定数，但是双方不可完全隔绝，当一方势力最炽之时，也就是另一方势力抬头之日。所以《象辞》说："复，其见天地之心乎。"① 后来宋儒在《易传》的基础上，对二端之感进行了更加深入的思考，对其中的义理进行了更加深入的发挥，构建起完整的儒家宇宙论体系。

第三节　两汉时期：天人感应思想的形成与衰落

感应思想和气论之间有着天然的联系，这种关系甚至可以溯源到原始思维。弗雷泽认为人类原始的"交感巫术"思维相信事物之间存在超距离的交感作用，这种超距离作用的发生是"通过一种我们看不见的'以太'把一物体的推动力传输给另一物体"②。在《尚书》的一些篇章中，已经可以看到用"气"来解释天人之间的沟通和感应。《尚书·酒诰》说上帝之所以能够知晓并丁顶下界的事情，是因为"弗惟德馨祀登闻于天，诞惟民怨。庶群自酒，腥闻在上，故天降丧于殷，罔爱于殷，惟逸。"③《文言传》开始把气之感应作用的原则确立为"同类相感"，认为"水就湿，火就燥，云从龙，风从虎"，其所遵循的原则即"同声相应，同气相求……各从其类也"④。《吕氏春秋》列举了"慈石召铁""鼓宫而宫应，鼓角而角应"以及月亮的盈亏与蚌肉的虚损等例子，其理论依据依然是"类同相召，气同则合，声比则应"⑤。在《淮南子》中这些例子越来越向灾异方面转变，出现了诸如"师旷奏《白雪》之音，而神物为之下降"，"庶女叫天，雷电下击"等感应现象。汉代的灾异、谶纬以及董仲舒的天

---

① 《象传·复》，《周易正义》，第67页。
② 〔英〕弗雷泽：《金枝》，第21页。
③ 《尚书·酒诰》，《尚书正义》，第557—558页。
④ 《文言传·乾》，《周易正义》，第18页。
⑤ 《吕氏春秋·恃君览第八·召类》，见许维遹撰，梁运华整理《吕氏春秋集释》，中华书局2009年版，第558页。

人感应系统同样以气的同类相感为理论基础。总的来说,汉代思想家关于气的感应作用的理解主要集中在气的同类相感作用上,后来即便王充等人对当时盛行的灾异感应进行了猛烈的批判,但是对于气的同类相感作用依然是承认的,只是认为同类相感是事物之间自然的相互作用。

董仲舒在儒家思想史上第一次构建了完整的天人相感的宇宙模式,使得感应之道在儒家思想中正式"登堂入室"。董仲舒在一个神仙方术和谶纬之学盛行的时代里,试图为孔子学说提供更"哲学化"的根据,对于儒学之继承与发展功莫大焉。为了给孔孟仁义提供哲学的根基,董仲舒不得不回到周代已经萌芽的天人一体思想,又因时代流行因素的影响,而产生了著名的"天人感应"学说。这个学说就其立论来说有三个层次。

一 人副天数:天人感应的先天构架与基础

董仲舒天人感应的一个重要理论基础就是"人副天数",董氏用类比的方式详细论证了天和人之间的内在一致性,认为天人本来就处在一种"预定和谐"的关系中。"人副天数"的理论建立在气论之上,是天人感应的先天构架和基础。董仲舒说:

> 天地之气,合而为一,分为阴阳,判为四时,列为五行。①
>
> 天地之间,有阴阳之气,常渐人者,若水常渐鱼也。②

董仲舒认为气是天地万物的根本,天地之间,一气流通。阴阳是天地一体之气的分化,是两种性质上相反相合的气,而五行则可以视为天地之气在运行中表现出来的五种方式和准则。③

我们已经考察过,中国在传说中的颛顼时代之前就已经实现了"绝地天通"的宗教化改革,随后原始的万物有灵观逐渐被帝(天)人观替代。董仲舒同样是在天人关系这个整体视域中思考问题,但他却赋予天人关系

---

① 《春秋繁露·五行相生》,见(清)苏舆撰《春秋繁露义证》,钟哲点校,中华书局1992年版,第362页。以下凡引《春秋繁露》皆出此版本,仅标篇名和页码。
② 《春秋繁露·天地阴阳》,《春秋繁露义证》,第467页。
③ 金春峰先生较早地认识到气论在董仲舒思想中的重要地位,在论述董仲舒"天"的内涵时,他说:"这样的天,包涵万物,广大无极,无始无终,是万物的总根源,……其结构则表现为由阴阳、四时、五行相配合而组成的神秘的图式,而图式的基础是'气'或'元气'。"(金春峰:《论董仲舒思想的特点及其历史作用》,《中国社会科学》1980年第6期。)

浓厚的交感巫术的风格——他认为天人之间处于一种相互感应的关系之中。在董仲舒那里，天人之间的远距离或超距离作用的基础正是基于两者之间充溢着神秘的"以太"——中国传统思想中叫作"气"。

气论只是董仲舒思想中的一面，在气论的基础上，董仲舒发展出其独具特色的人副天数的"预定和谐"理论。天地万物都由气构成、由气而生，同其他事物相比，人是气之精华聚结而成，所以唯独人能知仁义，因而能够与天地的大数相耦合。董仲舒说：

> 天德施，地德化，人德义。天气上，地气下，人气在其间。……天地之精所以生物者，莫贵于人。人受命乎天也，故超然有以倚。物疢疾莫能为仁义，唯人独能为仁义；物疢疾莫能偶天地，唯人独能偶天地。①

在天地万物之中，唯独人身之大数同天地之大数相耦合，从而天和人之间具有一种"预定和谐"的关系。在《人副天数》一章中，董仲舒列举了天和人之间相耦合的各种情况。天人之间的"预定和谐"是天人相感的基础，也就是说天和人之间之所以能够相互感应，正因为两者具有一致的数理结构或者相似的性质、功能。这也就是董仲舒说的："于其可数也，副数；不可数者，副类。皆当同而副天，一也。"② 比如人身有三百六十个小骨节，跟一年的天数相符；有十二个大骨节，同月份相符；五脏四肢分别与五行、四时相符……这些都是数的相符。而比如头颅圆而像天，头发众而像星辰，这些都是类的相符。人和天之间要么是数理上相符，要么就是性质或功能相似。这两者保证了天和人处在一个和谐的结构中，共同构成了一个类似共鸣器一样的整体。

二　同类相感：天人感应的原则

可以看到，在董仲舒思想中气论和预定和谐论相并存。研究者已经认识到这个问题，他们称前者为"机械论"，称后者为"目的论"，认为董仲舒的思想中存在着机械论和目的论之间的矛盾。其实这个"矛盾"在董仲舒思想体系中却是很容易解释的，因而也是很容易消解的。在董仲舒看来，事物之间的相互作用遵循一个重要的法则，即同类事物或者是不同事

---

① 《春秋繁露·人副天数》，《春秋繁露义证》，第354页。
② 《春秋繁露·人副天数》，《春秋繁露义证》，第357页。

物的相同性质之间的感应关系。这种思想无疑源于人类的原始思维,在中国古代思想中也经常出现,董仲舒对其进行了总结:

> 今平地注水,去燥就湿,均薪施火,去湿就燥。百物去其所与异,而从其所与同,故气同则会,声比则应,其验皦然也。试调琴瑟而错之,鼓其宫则他宫应之,鼓其商而他商应之,五音比而自鸣,非有神,其数然也。美事召美类,恶事召恶类,类之相应而起也。如马鸣则马应之,牛鸣则牛应之。帝王之将兴也,其美祥亦先见;其将亡也,妖孽亦先见。物故以类相召也,故以龙致雨,以扇逐暑,军之所处以棘楚,美恶皆有从来,以为命,莫知其处所。①

事物或者由于其内含数理的相合而相互感应,比如五音谐鸣;或者因为具有类似的性质而相互感应,比如牛鸣则牛应,马鸣则马应。气论恰好为事物之间普遍的"同类相动"确立了根基。天地万物皆由阴阳二气构成,二气的相互感应就成为事物之间以及天人之间感应作用的基础。

> 天有阴阳,人亦有阴阳。天地之阴气起,而人之阴气应之而起,人之阴气起,天地之阴气亦宜应之而起,其道一也。……非独阴阳之气可以类进退也,虽不祥祸福所从生,亦由是也。无非己先起之,而物以类应之而动者也。②

建立在气论基础上的同类相应是其天人感应的基础,天人感应之所以可能,正是由于人作为天地之气的精华,与天本身具有同构性。同类相感作为事物相互作用的普遍规律有两种不同的层次:一是普通事物之间的相互感应,二是天与人之间的感应。前者是无意识事物之间的"机械式"关系,后者则具有主动、自觉的特征。董仲舒在万物同类相感中将天人感应重点标示出来,将后者视为一种更高层次的感应关系。在天人感应体系中,天和人都是气之精华,因而都具有某种程度的"主体性"。天虽然是万物之起源以及人类价值之根据,却也并不因此是人的绝对主宰。天人感应一个重要的精神内核便是认为"人能动天",感应标示一种互动、交流的关系。

---

① 《春秋繁露·同类相动》,《春秋繁露义证》,第358—359页。
② 《春秋繁露·同类相动》,《春秋繁露义证》,第360页。

三 人弘天道：天人感应的道德旨归

天的"行为"有变与不变之分，灾异即为天之变，因其对人类行为的不满，故而以灾异谴告、威慑之，其目的是让人们能够认识到天之所欲，天之所欲则表现在正常的、不变的运动规律之中。所以重要的事情就是要去认识天之所欲的具体内容，并且仿照这些来安排自己的生活。

另一方面，董仲舒在其天人感应体系中进一步凸显了人的能动性，赋予人在天地间的至高价值，人在类、数以及象等方面与天完全相符。作为群品万物中的最尊贵者，"惟人能动天"，天之所欲与不欲皆因人之行为而发。这样一种能动性一方面使得人高出于万物之上，另一方面也使得人在发挥能动性的时候可能会误入歧途。正如天有阴阳，人也兼有性情。董仲舒说：

> 身之有性情也，若天之有阴阳也。言人之质而无其情，犹言天之阳而无其阴也。①

人一身兼有性情，两者皆本诸天。因为其性，人生而有仁质；因为有情，人生而有贪欲。董仲舒说：

> 人之诚，有贪有仁。仁贪之气，两在于身。身之名，取诸天。天两有阴阳之施，身亦两有贪仁之性。天有阴阳禁，身有情欲栣，与天道一也。②

所以总的来说，董仲舒认为"人受命于天，有善善恶恶之性"③，善者为性、为仁，恶者为情、为贪。因为人有善性且有贪情，所以只能说人有善质，而不能说人生而为善。董仲舒以禾喻性，以米喻善，认为米虽然由禾而来，但是不可说禾就是米，同样也不可说性就是善。米和善都是"人之继天而成于外也，非在天所为之内也"④。

---

① 《春秋繁露·深察名号》，《春秋繁露义证》，第 299 页。
② 《春秋繁露·深察名号》，《春秋繁露义证》，第 294—296 页。
③ 《春秋繁露·玉杯》，《春秋繁露义证》，第 34 页。
④ 《春秋繁露·实性》，《春秋繁露义证》，第 311 页。

在董仲舒思想中，天是一切生物生命以及价值的源泉，作为"自然神"①充当信仰之对象。天作为自然神并非绝对的主宰者，或是一不动的、绝对完满的存在者整体。天、地、人一起构成了一个连续的存有之整体，在这个整体中，天地人三者同源而异位，作为存有序列中三种意义殊别者，承担着不同的职责。董仲舒的经典表述是：

> 天地人，万物之本也。天生之，地养之，人成之。天生之以孝悌，地养之以衣食，人成之以礼乐，三者相为手足，合以成体，不可一无也。无孝悌则亡其所以生，无衣食则亡其所以养，无礼乐则亡其所以成也。②

在此存在序列中，天创生万物，地覆育万物，而人终成万物包括人自身，或者说人正是通过成就自身，最终成就天地万物。天只是负责创生万物，而成就万物则惟有人，所以董仲舒说"三者相为手足，合以成体，不可一无也"。天作为百神之大君，万物之所出，也并非因此主宰一切，而是有所至而止，天之所止之处便是人之力量展现之处。天之所为，有所至而止，因此人并非生而具有全善之性，而是善恶兼而有之。这同时也使得人具有了自由选择的可能性，人要通过教化成就自身，进而成就天地万物。

人虽有善质，而不可谓之已善，人必须通过教化才能最终成就其善性。董仲舒充分认识到教化对于人之成人的重要意义，不过在封建大一统初具规模之际，他并没有把教化视为个体的自我教化，而是将其视为王者的天职。王要进行教化，又必须要回到源头，更进一步认识天的各种特性，在此基础上仿照天来行政、教化万民，也就是所谓的"继天成善"。董仲舒认为人之本源在于"天"，并将"天"具体分为天数、天志、天理、暖清、寒暑、四时六个方面，分别对应人的形体、血气、德行、好恶、喜怒、受命。董仲舒对天的观察和思考主要是从这六个大的方面展开的，这六个方面的内容尚无法完整地解释所有的人事现象，所以，董仲舒又利用当时流行的阴阳五行学说，把阴阳五行囊括进解释体系当中，将其

---

① "自然神论"是王永祥的观点，他说："董仲舒的天神虽有与西方上帝之神相似的一面，具有'至上神'性，但它本身却与自然合一，它自身具有自然物质性，并且通过自然规律来发生作用，离开自然和自然规律，便没有了董仲舒的'天'神，所以说，董仲舒的'天'更接近于欧洲哲学史中的自然神论和泛神论。"（王永祥：《董仲舒评传》，南京大学出版社1995年版，第125页。）
② 《春秋繁露·立元神》，《春秋繁露义证》，第168页。

视为"天"的更为具体的表现形式。阴阳和五行是天在事物当中更为具体的表现形式,三者共同构成了完整的解释框架。在董仲舒的观察中,天、阴阳和五行三者的内在属性和运行规律所表现出来的恰恰是儒家所提倡的诸种德目。①

(一)仁。董仲舒说:"仁,天心。"②这是董仲舒关于天和仁最基本的判断。天之性状与行事,多端而难测,但是其最根本的精神正是"仁",天之仁表现为生长万物、覆育万物,正如《易传》所谓"天地之大德曰生"。

> 仁之美者在于天。天,仁也。天覆育万物,既化而生之,有养而成之,事功无已,终而复始,凡举归之以奉人。察于天之意,无穷极之仁也。③

仁是儒家诸德目之首,如朱子所言,分别而言,仁义礼智四德并立;统贯来看,仁统四德。同样,在董仲舒看来,天最根本的表征也正是"仁"。董仲舒说"仁,天心",甚至直接说"天,仁也",把天同仁直接等同起来,认为如果认真查探天意,所能发现的便是天之"无穷极之仁也"。

(二)礼和义。董仲舒认为礼的主要是功用是"慎主客,序尊卑、贵贱、大小之位,而差外内、远近、新故之级"④,而礼的来源同样是天,是"继大地、体阴阳"⑤的产物。天地为万物之本,先祖之所出,礼继天地,就要求人们"侍父如侍天"。另外,从天地相互区别的特性来看,天地各据其位,各行其事,天地因其高下之位,明晦分明,而君臣、夫妇、父子之道也就必须取法于此。天地之道更集中地表现在阴阳二气的运行当中,在董仲舒看来,最重要的一点便是"阳尊阴卑",这点可以从阴阳运行中体现出来:

> 阳始出,物亦始出;阳方盛,物亦方盛;阳初衰,物亦初衰。物

---

① 关于董仲舒通过"三纲五常"对儒家基本德目的阐发,前人著述甚多,可参见王永祥《董仲舒评传》第八章内容。我们的任务是展现董仲舒如何把儒家基本德目建立在天的根据之上的。
② 《春秋繁露·俞序》,《春秋繁露义证》,第161页。
③ 《春秋繁露·王道通三》,《春秋繁露义证》,第329页。
④ 《春秋繁露·奉本》,《春秋繁露义证》,第275—276页。
⑤ 《春秋繁露·奉本》,《春秋繁露义证》,第276页。

随阳而出入，数随阳而终始，三王之正随阳而更起。以此见之，贵阳而贱阴也。①

阴阳运行过程中"阳尊阴卑"的特性就为人世间尊卑、贵贱、大小确立了根据，主要表现在君臣、父子、夫妇这三种最主要的人际关系当中。君、父和夫对应于阳，臣、子和妇对应于阴，三对关系是封建礼法制度的主要部分，董仲舒通过"阳尊阴卑"的观察将三对关系之间的差别进一步绝对化。妇人无论出身如何高贵、品行如何高尚，总归都是阴，相比起丈夫都是卑贱的。君臣之间，君王无论如何作恶，都不能责怪君王，而应责备臣子；臣子无论有何种功勋，都应归功于君主；为人子者也不得与父亲分功。通过"阳尊阴卑"在君臣、父子、夫妇三对关系中的应用，董仲舒确定了其礼法制度的基本框架。

（三）忠孝。董仲舒主要通过对五行运行规律的阐释确立忠孝观念的根基。在回答河间献王关于《孝经》"夫孝，天之经、地之义也"的理解时，他说：

> 地出云为雨，起气为风。风雨者，地之所为。地不敢有其功名，必上之于天。……故下事上，如地事天也，可谓大忠矣。……土者，五行最贵者也，其义不可以加矣。……此谓孝者地之义也。②

在《五行之义》中，董仲舒把五行相生格义为父授子受，木生火、火生土、土生金、金生水，四对之中，前者生化后者，犹如父之生子。五行相生的另一过程则是五行相受，木生火而火受木，所谓"受"是指"木已生而火养之""金生水而水受金""金已死而水藏之"。五行这种相生相受的特性，表现的正是忠孝之道。而五行当中，土更是突出地表现了"忠"道，土象征着地，地辅助天，化生养育万物而不居其功，所有功劳尽归于天；土同其他四行相比，不被用来对应四时，居中而无名，这些都是忠孝之道的表征。③

董仲舒对儒家思想的发挥具有很强的时代性，汉代大一统的国家政权

---

① 《春秋繁露·阳尊阴卑》，《春秋繁露义证》，第 324 页。
② 《春秋繁露·五行对》，《春秋繁露义证》，第 316 页。
③ 值得注意的一点是，董仲舒在利用阴阳五行为儒家的德目确立形而上的根据时，也因为阴阳五行固有的含义而对相应德目内涵的解释产生了影响，比如忠孝观念中，君不言恶、臣不言美、子不得与父分功等含义都是孔孟思想中所没有的。

形式使得他必然更加关注政权的维系和运行以及国家制度的建设，涉及诸如国家人才的选拔、社会公平正义、国家权力的合理构成等问题。董仲舒同样以天地阴阳五行为依据，以儒家基本伦理精神为导向，对上述问题给出了自己的答案。人才选拔以"尊贤"为原则："故天道务盛其精，圣人务众其贤。"① 社会运行以"公平"为原则："夫天亦有所分予，予之齿者去其角，傅其翼者两其足，是所受大者不得取小也。古之所予禄者，不食于力，不动于末，是亦受大者不得取小，与天同意者也。"② 国家权力构成以"德主刑辅"为原则："天数右阳而不右阴，务德而不务刑。刑之不可任以成世也，犹阴之不可任以成岁也。为政而任刑，谓之逆天，非王道也。"③ "是故天之道以三时成生，以一时丧死。……故为人主之道……使德之厚于刑也，如阳之多于阴也。"④ 在谈及阴阳时，董仲舒基本上都要以"阳尊阴卑"来说明上天任德不任刑，德主刑辅，这种观念如同主题旋律不断出现在董仲舒的论述中。这一方面可以反映当时政治治理的现状，也同时体现了董仲舒对儒家基本价值观念的高度认同。除了伦理道德和政治理念这些抽象的原则问题，董仲舒也非常细致地探讨了国家和社会制度的建设，包括祭祀制度、官僚制度以及服饰制度等。秦代立国时间太短，汉代早期的君王，如文、景都好黄老，辅以刑名，只有叔孙通按照儒家旧制草创了一些礼仪制度。叔孙通之后，董仲舒通过把儒家经典中的礼仪制度同天道运行联系起来，构建了较为完备的制度。

四 王充对董仲舒天人感应思想的批判

董仲舒将儒家的仁义道德放进了天人体系当中，试图为儒家的伦理道德提供宇宙论和本体论的基础。但是在董仲舒那里，天道和人道之间依然是外在的关系，天道表现出了仁义礼智等品格，所以人道也应该仿效天道，弘扬仁义礼智等德行。徐复观认为董仲舒关于天的性格的论述，多出于主观的要求。并且进一步指出：

> 由类及由数以建立"天人一也"的观念，不论是由人推向天，或由天推向人，……在"有"与"无"之间，没有逻辑中的含蕴关系，而只能出之以想象。简言之，董氏以及两汉思想家所说的天人关系，

---

① 《春秋繁露·立元神》，《春秋繁露义证》，第171页。
② （汉）班固：《汉书·董仲舒传》，中华书局1962年版，第2520页。
③ 《春秋繁露·阳尊阴卑》，《春秋繁露义证》，第328页。
④ 《春秋繁露·阴阳义》，《春秋繁露义证》，第341—342页。

都是通过想象所建立起来的。这种想象，不是具体与具体的连结，而是一端是"有"，另一端是"无"，通过想象把有形与无形，把人与天要在客观上连结起来，这中间便没有知识的意义。所以他们都具备了哲学系统的形式，但缺乏合理的知识内容去支持此一形式。所以不仅董氏，汉人的这类的哲学系统，不能受合理主义的考验。①

正因其如此，我们称天人感应为"外在感应论"。后来宋明理学家在感应的基础上建立起来了天与人之间内在的联系，从宇宙万物的相互感应内在地推出了儒家的仁义道德。

事实上，董仲舒也并非完全依靠"想象"构建了"天人相副"以及"天人相感"的宇宙体系，董子已经利用气论来为其天人相感提供更为根本的理论支撑。"天人感应"基于"人副天数"，而人之所以副天数，是由于在气所构成的世界中，人由气之最灵者构成，因而同天就最为相似。所以说董仲舒是以气论为基础构建了天人感应的体系，只是在将儒家的诸种德目放进这个体系当中的时候，董仲舒更多的是依靠想象而非理智。王充后来同样以气论为武器对董仲舒天人感应体系进行了猛烈的批判，这表明在后者思想中，作为根基的气论并没有从根本上为儒家的德目提供牢固的根基，直到宋儒抛弃了董仲舒的天人相副，对气论加以改造，从而开创了儒家思想的新局面。

王充对董仲舒天人感应和仁学进行批判的主要理论依据是道家思想。他说：

> 夫天道，自然也，无为。如谴告人，是有为，非自然也。黄、老之家，论说天道，得其实矣。②

天地运行，自然无为，如果有所谓灾异谴告就不是自然了。当然，王充除了用道家的"理论"来反驳灾异、感应之外，也试图借用常识来进行批判：

> 夫天能动物，物焉能动天？何则？人物系于天，天为人物主也。……天气变于上，人物应于下矣。……故人在天地之间，犹蚤虱

---

① 徐复观：《两汉思想史》第二卷，九州出版社2014年版，第364—365页。
② 《论衡·谴告篇》，黄晖撰：《论衡校释》，中华书局2017年版，第742页。以下凡引《论衡》皆出此版本，仅标篇名和页码。

之在衣裳之内，蝼蚁之在穴隙之中。蚤虱蝼蚁为顺逆横从，能令衣裳穴隙之间气变动乎？蚤虱蝼蚁不能，而独谓人能，不达物气之理也。①

王充通过将人比作蚤虱来反驳灾异感应，有两层含义。一是如前文所述，董仲舒之所以认为天人能够感应，是因为天人都是为气之精华，所以人副天数，在天地万物中只有人能够与天相感。而王充则否定了董仲舒这种"人类中心主义"，认为人和跳蚤、虱子都是自然的产物。二是在此基础上，王充认为天地万物之间的相互作用关系仅仅是气之流行运动的自然作用关系，在很多地方王充将此关系限定为物质之间"机械"的作用关系。所以他认为人在天地之中，正如蚤虱在人衣裳之中，蚤虱不能变动人衣裳中间之气，人也同样不能变动天地之气。

王充同样以道家理论来批判天地生物之德，认为天地生人只是一自然而然的过程，并不能因此表现天地之仁。这其实和《老子》"天地不仁"的思想一脉相承。王充说：

> 儒者论曰："天地故生人。"此言妄也。夫天地合气，人偶自生也；犹夫妇合气，子则自生也。夫妇合气，非当时欲得生子，情欲动而合，合而生子矣。且夫妇不故生子，以知天地不故生人也。②

除此之外，王充还对董仲舒性情论进行了批判。

> 夫人情性，同生于阴阳，其生于阴阳，有渥有泊。玉生于石，有纯有驳；情性（生）于阴阳，安能纯善？仲舒之言，未能得实。③

董仲舒认为人有性情犹如天有阴阳，阳是性是仁，阴是情是恶。王充直指董仲舒"观察"结论有误，认为性情同样都是阴阳二气共同作用的产物，只是有纯驳的区别而已。王充对董仲舒的批判表明，对天地阴阳运行的"观察"实际上无法推出天地的道德属性，在不同的理论范式下，完全可以得出不同的结论。在王充等人批判下，董仲舒天人感应理论逐渐式微，在魏晋时期黄老自然之学成为主流。

---

① 《论衡·变动篇》，《论衡校释》，第758—760页。
② 《论衡·物势篇》，《论衡校释》，第170页。
③ 《论衡·本性篇》，《论衡校释》，第166页。

第二章　气之感应

在古希腊前苏格拉底哲学家的"本原"之思中，"气论"作为众多"理论"中的一种也被提了出来。阿那克西美尼（Anaximenes）的"观点"只是众多观点中的一种，在亚里士多德（Aristotle）那里，更只是作为"四因"中的"物质因"而发生作用。在中国传统思想中情形却大不相同，气论是儒家和道家这两大主流思想一贯持有的理论。气论在不同历史时期同阴阳、五行、太虚、以太等范畴相结合，其内涵也不断丰富。① 气论对于中国传统思想的构建作用虽然至关重要，但是对气论的自觉反思和研究却是在西方科学在世界范围内大行其道之后。晚清、民国时期，随着西方科学文化在中国的进一步传播，一些敏锐的学者开始反思，认为传统的气论在某种程度上可以说是中国科学不昌明的根源。相较于西方科学"物质"以及"因果关系"等概念，气论在解释事物现象时的"模糊性"

---

① 学界早已认识到气论在中国哲学中的基础性地位。张岱年说："在中国哲学中，注重物质，以物的范畴解说一切之本根论，乃是气论。中国哲学中所谓气，可以说是最细微最流动的物质，……西洋哲学中之原子论，谓一切气皆由微小固体而成；中国哲学中之气论，则谓一切固体皆是气之凝结。亦可谓适成一种对照。"〔张岱年：《中国哲学大纲——中国哲学问题史》（上册），昆仑出版社2010年版，第46页。〕李存山也认为气论是中国古代自然观的主流，气既被朴素唯物主义哲学家也同样被唯心主义哲学家视为构成宇宙万物的原始材料。（李存山：《中国气论探源与发微》，中国社会科学出版社1990年版，第3页。）《气的思想》一书原序中说："若历史地看，'气'在中国，不仅自宋至明，在朱熹和王守仁为中心的理气哲学中，在体系性的存在论中起着主要作用，而且可以看到，从战国到汉代——把万物的生成作为考察对象时开始，它就被作为实质组成人和物的能量的基础，贯穿包括儒教、道教及佛教的整个中国思想史。不仅在狭义的精神历史范围内，而且还包括人的身体方面——在道教不老不死的方技中，在汉医学的治疗处方中，它作为最原质的基础原理在说明上被明确地使用。还不仅如此，甚至更推广到文学、艺术方面。'气'，在重视蕴藏于诗文和书画深层的生动性的理论中也被使用着。"（〔日〕小野泽精一等：《气的思想——中国自然观与人的观念的发展》，李庆译，上海人民出版社2014年版，第4页。）

和"臆测性"便充分显现。①

在中国古代思想漫长的发展历程中，气论作为单一形态被多种思想流派所采纳，这种状况为思想史的梳理设置了一定的障碍。首先是同样秉承"气论"的各种思想流派关于"气"的认识的差异容易被抹消，其次同一种思想流派在不同时期对于这个问题的继承和发展的具体情况难以明察。②有宋一代理学家对儒家思想进行了开创性发展，作为宋代理学宇宙论和仁学的基石，气论被赋予了独特的内涵。对此，《气的思想》认为：

> 进入宋代，兴起了新的儒家哲学。这在中国思想史、中国哲学史上，确是跨时代的事件，如要对思想史、哲学史进行时代划分，这里就必须是一个分期。气的思想在此也迎来了新的时期。它被纳入到新的儒家哲学的理论体系之中。"气"的概念与"理"并列，在宋学的

---

① 李存山举过两个例子，其一是严复在其翻译的《名学浅说》中说："今试问先生所云气者究竟是何名物？可举似乎？吾知彼必茫然不知所对也。然则先生所一无所知者，皆谓之气而已。指物说理如是，与梦呓又何以异乎？"其二是陈独秀在《敬告青年》中说："[中国文化]其想象力之最神奇者，莫如'气'之一说，其说且通于力士羽流之术。试遍索宇宙间，诚不知此'气'之果为何物也。凡此无常识之思维，无理由之信仰，欲根治之，厥惟科学。"（李存山：《中国气论探源与发微》，第6页。）

② 20世纪70年代初，日本小野泽精一、福永光司等一批学者开始对中国传统气论思想进行集中研讨，成果结集成册，便是后来产生较大影响的《气的思想——中国自然观与人的观念的发展》一书。1986年，程宜山先生出版了《中国古代元气学说》，这是我国第一部研究气论的专著，主要从气本、气化和自然感应三个方面探讨元气思想。1990年，李存山先生在《中国气论探源与发微》中对气论的起源以及先秦气论的特质做了断代史的考察。同样在1990年，李志林先生出版《气论与中国传统思维方式》一书，对气论历史做了全景式的概括，认为中国气论的发展历史可以分为三个大的阶段。第一个阶段是先秦时期，特征是"察类"，即对气的各种形态进行分类考察，认为气论经历了"阴阳二气对待"—"六气五行"—"精气"—"阴阳二气离合"的发展。第二个阶段是汉唐宋时期，特征是"察故"，气化的源泉问题成为这一阶段的中心话题，主要表现为"或使""莫为"之争，"体用本末"之辩，"有无动静"之辩。第三个阶段是宋明清时期，特征是"求理"，对气化的规律进行阐述。随后，李申先生出版了《万法归宗》一书，对气在古代的各种用法进行了细致的分类，将气的作用方式进一步归结为"中介作用"，论述了气的具体运行方式及运行规律，作为质料的气的分类和特征，特别是讨论了气论与中国传统人性论的关系。在上述研究中，只有李志林先生对气论的发展演变历史做了归纳。就宋代而言，李先生将其归结为"求理"，也就是探究气化的内在之理，就程朱理气思想结构而言，这种概括自然是非常准确的。但是李先生似乎还限定在柏拉图式的理念世界如何产生出丰富的感性世界的问题上，从而认为气之理最根本的就是"理一分殊"的问题。认为程朱之理等同于或者类似于柏拉图之"理念"，牟宗三先生已经有过批判。关键是在这种思路下，宋代理学家关于气化流行的内在之理的认识就无法得到清晰的呈现。

哲学理论体系中，占据了中心的地位。①

在董仲舒的思想中，气论已经被作为天人感应的基础，但是董仲舒关于气的思想完全处于传统的框架之中，气之运行遵循最原始的"同类相感"的原则，人和天都是气之精者聚集而成，所以"人副天数"，因而双方可以相互感应。但是如前文所述，在董仲舒那里，气论、天人感应以及儒家德目之间尚未建立一种内在的联系，气之感应与天人感应都还是一种"外在感应"，气论尚未脱离传统的模式。到了宋代理学那里，气论被完全纳入到儒家的伦理、思想体系之中，为了实现这个目的，理学家对其进行了深度的改造。

董仲舒《春秋繁露》已有"天地之气，合而为一，分为阴阳，判为四时，列为五行"的表述，周敦颐结合太极图，进一步将世界生成模式确立为"太极—阴阳—五行—万物"的过程。周敦颐作为理学的先驱，他所描述的世界生成图式较之董仲舒更进一步，开启了后来理学"形而上"的视域，但是在他的图式中并没有给予"气"以足够的重视。② 真正把气论引入理学体系中，通过气论构建完整的宇宙生成论并为儒家的"仁爱"提供"本体论"根据的，应该首推张载。③ 张载将气之本源状态称为"太虚"，世界万物都是由太虚之气因其内在"氤氲相感"之性聚散而成。这样的话，在张载的思想中，气就形成了两个不同层面但又互相联系的存在状态：气之本体状态与气化万物状态。更进一步，张载在传统气的"同类相感"原则之外，特别强调气的"二端之感"，这点是张载对于气论的一个

---

① 〔日〕小野泽精一等：《气的思想——中国自然观与人的观念的发展》，第335页。
② 对此，《气的思想》认为在周敦颐的《太极图说》中："二气，可认为是指'乾坤'或'男女'，但阴阳是否被认为是气，则不明确。……因此，可以认为，周敦颐的生成论，结果都是由气来构想的，只是气这个概念，对于周敦颐来说，并没有把它意认为如此重要。'质'，则完全没有被提起。"（〔日〕小野泽精一等：《气的思想——中国自然观与人的观念的发展》，第337页。）
③ 李约瑟从科学思想发展的角度认为张载"气"的概念，"同样的术语就像王充在一千年以前所用过的那样，确实在思想上并无多大发展。"（〔英〕李约瑟：《中国科学技术史》第二卷，第502页。）李约瑟在这点上的判断并不精当，很多学者都强调张载对气论的特殊贡献。黄兆杰认为"气"是张载对"中国哲学最具创获性的贡献"，葛艾儒也同意这个观点。（〔美〕葛艾儒：《张载的思想》，罗立刚译，上海古籍出版社2010年版，第40页。）《气的思想》一书也认为："明确地意识到'气'，建立起气生成论（以及存在论）的，是张载。张载以气的聚散来说明万物的生灭。在宋学中，气的理论可以认为是由张载确立的。"（〔日〕小野泽精一等：《气的思想——中国自然观与人的观念的发展》，第337页。）

重要的贡献，为二程和朱熹所继承并予以了进一步发挥。

自从程颢将"天理"作为其思想的标志，在很多学者看来气论便由此进入了"理气论"阶段，"气"作为构成宇宙万物的"质料"同万物存在、生成以及变化的内在之"理"相对待。事实上，在理学中从来没有出现柏拉图思想中理念世界同感性世界之间的分离和对立，理学之"理"不能脱离于气，是气运动变化的内在规律和原则。二程思想中非常引人注目的一点是他们在"万物莫不有对"的存在结构基础上将"感应"作为整个宇宙存在、生成的最基本原则，这无疑是对张载"二端之感"的进一步发展。气的存在、运行之理也即气的感应之理，感应之理是对气运行内在规律的进一步认识，不同于张载强调气的"神化"作用，二程更加强调气运行的真实无妄之理。但是另一方面，事物感应之理又截然不同于西方科学中事物运动变化不可更改的必然法则，而具有多样性和不确定性的特点。这些特点在二程的思想中都有集中的表述。作为理学的集大成者，朱熹进一步整合并发展了前人关于感应的思想，在"同类相感"和"二端之感"的基础上，将"内感"和"外感"并列，前者是事物因其自身存在着对立统一的双方而产生的感应作用，后者则是不同事物之间更为普遍的相互作用关系。

宋明儒学将气论纳入儒家的思想体系，实现了气论发展史上的又一次突破。就儒家思想特质而言，气论始终是为其最基本的德目服务的，这些德目中又以"仁"最为根本，所以关于气论和"仁"之间的关系理应成为探讨的中心话题。宋儒气论思想的发展、演变都是同他们各自论证"仁"的方式联系在一起的。而这种为"仁"提供本体论依据的"气论"（"理论"）又必然将"感应"作为气之本体以及气化万物存在、生成的根本原则。可以说，讨论儒家气论必然要以感应为核心，而思考儒家感应思想必然以气论为大宗。

第一节 本源之气的感应作用

庄子已经明确说"通天下一气"，荀子也把"气"视为构成世界万物最基本的质料，这种把万物看作由气构成的思想一直延续下来，但是可以说直到张载才第一次明确赋予了"气"以本体的意义，并且明确论述了由太虚之气化生万物的过程。对"气"之本源状态以及气化万物过程的"主题式"论述在张载之前鲜见，而在张载之后，也鲜有人再做同样的工作。

但是在张载之前，许多思想家和流派已经对气本和气化有了零星的表述，正如在张载之后，许多思想家对传统的气论又进行了进一步的发展。二程和朱熹都没有对气化万物的过程做集中的表述，而是接受了张载的主要观点，并对部分观点进行了批判和完善。

一 气本和气化

张载首先对前人关于"太虚"的思想进行改造[1]，提出"太虚即气"，将"太虚"视为气的本然状态。张载说：

> 太虚无形，气之本体；其聚其散，变化之客形尔。[2]

在张载看来，万物散殊，是气聚散变化的"客形"。所谓"客形"，是指散殊万物并非独立实存，其存在与否、存在的形态等都是气凝散的结果，只是暂时作为相互区别的个体而存在。散殊万物皆因气之凝聚而成，并且经过或长或短时间的变化，也终将消尽而复归于太虚之气。有形有象的散殊万物，虽然各自都有着自身独特的规定性，其实只是本源之气生生不息的运动变化过程中的特殊存在状态。一体之气本身是"推行有渐"的，也就是说气的运行其实是一个连续的过程，张载称之为"化"，人对渐化的连续体进行区分，就有了以各种名相来表示的差别状态，所谓"化而裁之谓之变"。气变化的两种最基本的状态就是"散入无形"之"太虚"与"聚为有象"的万物。太虚和万物是一体之气运行变化的两种具有根本区别的状态，前者乃是气的原始、本真状态。[3] 而万物则是由无形太虚之气聚集而成，经过一定时间的变化，消亡后又归于太虚。

太虚之气湛然无形，但并不是"无"，所谓"知太虚即气，则无

---

[1] 张载之前有关"太虚"的用法及含义，可参见龚杰《张载评传》，南京大学出版社1996年版，第33—38页。

[2] 《正蒙·太和篇》，见（宋）张载《张载集》，章锡琛点校，中华书局1978年版，第7页。以下凡引张载皆出此版本，仅标篇名和页码。

[3] 学界对"本体"含义的理解有分歧。熊刚大解释说："空虚之中，初无形体，乃气化本然之体段。"（林乐昌：《正蒙合校集释》，中华书局2012年版，第17页。）明确将太虚视为气化的本然状态。张岱年先生明确地指出今人以西学本体论意义上的"本体"来理解此句话中的本体二字实属误解。（张岱年：《关于张载的思想和著作》，见《张载集》，第19页。）龚杰也持此观点。（龚杰：《张载评传》，第39页。）林乐昌则认为只有太虚才是本体，太虚本体高于形而下之气。（林乐昌：《张载两层结构的宇宙论哲学探微》，《中国哲学史》2008年第4期。）我们倾向于前者，以太虚为气的本然状态。

无"①。其实，原始状态的湛然无形之太虚已含有相互对立统一的各种性质。《正蒙》开篇就说："太和所谓道，中涵浮沉、升降、动静相感之性，是生絪缊、相荡、胜负、屈伸之始。"② 太虚本身便含有沉浮、动静、屈伸等各种对立统一的性质，只是在原初的太虚之气中，这些矛盾的对立面是以一种"潜在"的形式存在，各种潜在的对立面之间的矛盾尚未充分展开，所以太虚表现为一种"湛然""寂然"的状态，张载又将这种状态称为"太和"。太和是太虚之气原始的统一状态，但是这样一种统一状态因其内在的本性，必然要将所含的"二端"表现出来。由二端的相互作用，最终形成有形物质世界。"二端"有多样的表现形式，如浮降、清浊、动静、刚柔、虚实等，这些众多的"二端"其实都可以归为阴阳。由太虚经过其内含的二端的相互作用而生成万物，只是气化的一个单向的过程，气化另有一个逆向的过程，即由万物复归于太虚之气，这两个过程合在一起才构成完整的气化运行。张载认为，太和之气由于其内在的特性，必然要化生万物，而万物由于其本性，又必然要复归于气。此双向之过程，张载称之为"鬼神"，鬼神是"二气之良能"③。

二程将思想重心放到了"理"上，"理"又无法离开"气"，所谓"有理则有气"④。在他们看来，宇宙生成同样是阴阳二气感应运动的结果。二程说："阴阳之气，有常存而不散者，日月是也；有消长而无穷者，寒暑是也。"⑤ 无论是那些聚而有形之物，还是化而无形的存在，都是由一气聚散消长形成。朱熹发展了二程的理学思想，视"理"为形而上者，视"气"为形而下者，同时强调"理"与"气"无法相分。朱熹认为没有"无理之气"，也不存在"无气之理"。如果非要追问理和气谁是第一性的，那么前者毕竟更为根本，有是理才有是气。但是理又只能存在于气之中，离开了气，理也无法表现自身。另外在朱熹看来，理作为形而上者，不会造作，无法生成万物，万物的生成必须借助于气。关于气化宇宙的具体情态，朱熹借用推磨的比喻加以说明：

> 天地初间只是阴阳之气。这一个气运行，磨来磨去，磨得急了，

---

① 《正蒙·太和篇》，《张载集》，第8页。
② 《正蒙·太和篇》，《张载集》，第7页。
③ 《正蒙·太和篇》，《张载集》，第9页。
④ 《河南程氏粹言》卷二，见（宋）程颢、程颐《二程集》，王孝鱼点校，中华书局2004年版，第1227页。以下凡引二程皆出此版本，仅标篇名和页码。
⑤ 《二程集》，第1228页。

便捞许多渣滓；里面无处出，便结成个地在中央。气之清者便为天，为日月，为星辰，只在外，常周环运转。地便只在中央不动，不是在下。①

二程曾经比喻说阴阳二气运行像是两扇磨子相磨，进而生成万物。朱熹采纳了这个说法，认为宇宙万物的生成正是阴阳二气相互感应、磨荡而成。在二气相荡的过程中，逐渐就有了缓急轻重之分，较重的气就结在中央，形成了地，而较轻的便浮旋在外而为天，这样天地便生成了。天气和地气进一步交感作用，就形成了天地间的万物。

二 同类相感和二端之感：本源之气感应作用的形式与原则

本体之气充当具体事物相互作用的中介，其存在及运行的基本法则便是"感应"。②《文言》中较早提出事物之间同类相感的原则：

> 九五曰："飞龙在天，利见大人"，何谓也？子曰："同声相应，同气相求。水流湿，火就燥，云从龙，风从虎。圣人作而万物睹，本乎天者亲上，本乎地者亲下，则各从其类也。"③

"同声相应，同气相求"后来被视为事物同类相感的经典表述。如果细加分析，同声相应也可以视为同气相求的一种形式，因为在中国古人看来，声音同其他信息一样，它们的传播都是以气为中介的。正因为如此，孔颖达才说："各从其类者，言天地之间共相感应，各从其气类。"④

气的同类相感是人们关于气的感应作用最直接的认识，但是气的感应

---

① 《朱子语类》卷一，第6页。
② 早期对气论作专题研究的很多学者都认识到了这一点，并将"感应"作为气论的一个重要内容。程宜山先生专门谈到元气的"自然感应"，认为："自然感应观点是元气论者用来说明万物相互作用的理论。"（程宜山：《中国古代元气学说》，湖北人民出版社1983年版，第145页。）也就是说，气化宇宙中所有事物相互作用的基本方式就是"自然感应"。李申先生进一步指出物与物之间以气为中介相互作用的规则正是"同类相感"。他说："世界上物与物相互作用的方式无非是两种：一种是物与物接触，直接将作用加于他物；一种是不直接接触，而把自己的作用传给他物，原子论认为，这样的作用传递是超距的。气论认为，这样的作用是由气在传递的。……长期的实践使人们发现，物与物以气为中介的相互感应存在着某种规则，这就是同类相感。"（李申：《万法归宗——气范畴通论》，华艺出版社1998年版，第32页。）
③ 《文言传·乾》，《周易正义》，第18页。
④ 《周易正义》，第18页。

作用除了同类相感，还有"异类相感"。唐代孔颖达已经试图从汉代对同类相感的过度关注中走出，他说：

> 各从其类者，言天地之间共相感应，各从其气类。……其造化之性，陶甄之器，非唯同类相感，亦有异类相感者。若磁石引针，琥珀拾芥，蚕吐丝而商弦绝，铜山崩而洛钟应，其类繁多，难——一言也。皆冥理自然，不知其所以然也。感者动也，应者报也，皆先者为感，后者为应。①

他对《系辞》中"方以类聚，物以群分"的注释曰：

> 言方虽以类聚，亦有非类而聚者。若阴之所求者阳，阳之所求者阴，是非类聚也。②

孔颖达所谓的"异类相感"其实是以《易传》中阴阳交感化生万物这种宇宙生成论的基本观点为依据的。

与同类之气的"相应""相求"不同，《易传》还描述了阴阳二气之间的相互感应作用关系，阴阳二气作为相互对立统一的双方，它们之间的相互交感才使得天地万物得以产生，这是《易传》构建的基本的宇宙生成模式。

> 咸，感也。柔上而刚下，二气感应以相与。……天地感而万物化生，圣人感人心而天下和平。③

> 天地絪缊，万物化醇；男女构精，万物化生。④

天地和男女只是阴阳的不同表现形式，阴阳二气的交感作用化生了天地，天地交感产生了万物，而男女构精则产生了人类。异类相感甚至可以说是一种比同类相感更加根本的感应关系，它最基本的表现形式就是阴阳二气絪缊相感从而产生出天地万物。中国古代思想家在磁铁吸针这样的自

---

① 《周易正义》，第18页。
② 《周易正义》，第145页。
③ 《象传·咸》，《周易正义》，第84页。
④ 《系辞下》，《周易正义》，第173页。

然现象中获得了阴阳二气絪缊相感的具体事例，后来科学表明磁铁或者电子之间相互作用的规则是"异类相吸，同类相斥"，这同《易经》及《易传》中"玄学"的想象是一致的。所以，阴阳二气的相互感应首先表现为二者必然相互吸引成为一体，形成"二气絪缊"的状态，并最终形成天地万物。

阴阳二气之间的异类相感，不只是表现为相互吸引的关系，也存在着相互对抗的关系，后者也是阴阳二气交相感应的重要形式。西周末年的伯阳父正是以此来解释地震现象的。《国语·周语》记载：

> 幽王二年，西周三川皆震。伯阳父曰："周将亡矣！夫天地之气，不失其序，若过其序，民乱之也，阳伏而不能出，阴迫而不能烝，于是有地震。今三川实震，是阳失其所而镇阴也。"①

伯阳父认为阴阳二气按照各自的本性应该有各自的位置，阳气应该在上，阴气应该在下，阴阳二气各得其所，则天地运行有条不紊。阳气本该在上却伏于下，阴气本该在下却迫于上，阴阳失序，便会有地震。

就《周易》整体而言，阴阳二爻共同构成了完整的宇宙符号体系，但是就具体的卦或爻而言，阴和阳既有可能相互交感而天下和泰，也有可能不相交感致使天地闭塞；有可能阴阳各得其正位，也有可能发生激烈的冲突。比如《乾》卦初九爻辞为"潜龙勿用"，《象辞》的解释是"潜龙勿用，阳在下也"②。《坤》卦上六爻辞为"龙战于野，其血玄黄"，《文言》说："阴疑于阳必战，为其嫌于无阳也，故称龙焉。"③ 所以就《周易》符号系统来看，阴阳二气之间"异类相感"的形式也是多种多样的。

可见，在《易经》和《易传》中，"同类相感"和"异类相感"两种作用方式是并存的。其中，异类相感更多的是作为宇宙生成论的构建而被提出的，随着阴阳二气相互感应化生万物的模式被确立下来，从战国后期开始，人们关注的焦点逐渐放到了同类相感上，特别是在汉代灾异、祥瑞盛行的情况下，气的同类相感更是作为理论基础而备受关注。从唐代开始，人们又逐渐关注异类相感，而这种关注在宋代理学家那里达到了顶点。在理学家那里，由异类相感发展出"二端之感"，表明一体之气由于

---

① （战国）左丘明：《国语》，上海古籍出版社 2015 年版，第 17—18 页。
② 《周易正义》，第 15 页。
③ 《周易正义》，第 24 页。

其本性（内在之理）必然呈现为二端之间的相互感应，也最终将一体之气的确定为生生不息、相互感应的存在整体，构建了一个介于自然感应和天人感应之间的生机世界。

中国传统的气论都把感应作为基本原则，无论这种感应是同类相感还是异类相感，是天人感应还是自然感应。张载的气论也不例外，在《横渠易说》中，张载就对各种感应关系进行了总结：

> 感之道不一：或以同而感，圣人感人心以道，此是以同也；或以异而应，男女是也，二女同居则无感也；或以相悦而感，或以相畏而感，如虎先见犬，犬自不能去，犬若见虎则能避之；又如磁石引针，相应而感也。①

《横渠易说》是张载早年的作品，当时他对感应的思考尚未形成自己独特的理解，而是试图通过罗列各种感应现象来说明感应之理。

在《正蒙》中，张载抛弃了早期庞杂的理解，集中以"二端之感"来说感应。《乾称篇》谓：

> 感即合也，咸也。以万物本一，故一能合异；以其能合一，故谓之感；若非有异则无合。天性，乾坤、阴阳也，二端故有感，本一故能合。天地生万物，所受虽不同，皆无须臾之不感，所谓性即天道也。②

只有当原初太虚一体之气分化为各种对立统一的二端的时候，"感应"才会出现，而太虚之气作为原初的统一体在其自身内便必然要分为各种对立的二端，张载说：

> 两不立则一不可见，一不可见则两之用息。两体者，虚实也，动静也，聚散也，清浊也，其究一而已。③

作为原初统一体的太虚与各种对立的二端之间是相互依存、相互转化

---

① 《横渠易说·下经·咸》，《张载集》，第125页。
② 《正蒙·乾称篇》，《张载集》，第63页。
③ 《正蒙·太和篇》，《张载集》，第9页。

的，如果没有各种相互对立的二端，那么整个世界始终是一个毫无规定性的纯粹的"一"，因其不具有任何的规定性，这样一种纯粹的存在也就是"无"。

太和之气起初便含有沉浮、动静之类的二端，二端之间的感应作用是天地万物运动变化的根本形式。张载说：

> 天道不穷，寒暑也；众动不穷，屈伸也；鬼神之实，不越二端而已矣。①

由于寒暑交替，所以才有天道的无穷；由于屈伸交替，才有一体之气生生不息的运行。同样，也正是由于二端之间的感应作用，才使得"存在者整体"（海德格尔语）呈现出来。《正蒙》曰：

> 感而后有通，不有两则无一。故圣人以刚柔立本，乾坤毁则无以见易。②

作为统一体的太和状态是二端之间感而后通的结果。张载解《易》，独具一格以"一"解"易"，认为"易"具有标示宇宙统一状态的含义，并以此来解释《系辞》中"乾坤毁则无以见易"，认为如果没有乾坤这一对对立统一的二端，那么便无法窥见作为整体的宇宙。因为二端之间的差异与对立，才可能会相感；因为二端之间的统一，相感的结果才是"相通"，即又重新合而为一。所以就其动作而言，为感应；就其结果而言，则为感通。宋明儒学自张载开始，对感应关系的理解逐渐从"同类相感"转移到"二端之感"，把感应关系看作相互对立统一的"二端"之间的相互作用。如果按照体、相、用来分的话，"二端"主要有阴阳、屈伸和聚散三种。阴阳二气是感应的主体，屈伸是二气相感的两种状态，聚散则是阴阳二气的两种作用。

（一）阴阳二气：感应之主体

感应的主体（载体）是阴阳二气，张载说得很明确："太虚者，气之体。气有阴阳，屈伸相感而无穷。"③ 阴阳二气相互感应，一方面化生出天

---

① 《正蒙·太和篇》，《张载集》，第9页。
② 《正蒙·太和篇》，《张载集》，第9页。
③ 《横渠易说·系辞上》，《张载集》，第184页。

地万物，另一方面二气感通，又可以复归于一。阴阳二气是由太虚本体之气到可形可象散殊万物的中间阶段，之所以如此，正是因为阴阳二气作为对立统一的"二端"能够屈伸相感。《太和》篇第一段话，熊刚大注曰：

> 其中涵具二气，阳浮而阴沉，阳升而阴降，阳动而阴静，交相感应之性。絪缊，阴阳合气也。由是而生一往一来，交相摩荡。阳升则阴负，阳伸则阴屈，自此始也。①

熊刚大认为太和涵具阴阳二气，沉浮、升降及动静之感应正是以阴阳二气为主体的。所以张载说："阴阳言其实，乾坤言其用。"②

既然感应只能发生在"二端"之间，所以必须说清楚一个问题：阴阳二气是否为两种性质的实体性存在？张载说道：

> 太虚之气，阴阳一物也。然而有两体，健顺而已。③

根据这句话，有学者认为，"在张载看来，阴阳不是构成宇宙的两种基本的质料，而是充塞宇宙间的气的功能"，"宇宙间真实存在的只有氤氲不息的气化过程，阴阳是在这唯一的气化过程中解析出来的两种基本的功能和作用"。④ 阴阳二气确实同太虚之气或健或顺的两种功能相一致，因其乾健有为，称之为阳；因其坤顺谦柔，称之为阴。但是由此认为阴阳二气就是太虚之气的两种功能，则是抹消了体和用之间的区别。张载说"阴阳言其实，乾坤言其用"，已经明言阴阳具有实体的性质。体用虽是一源，离开了健顺、动静、刚柔，便无法去分阴分阳，但如果完全以用解体，也肯定是不妥的。其实阴阳二气和太虚之气之间的关系正是张载所谓的一和二之间的辩证关系，"二不立则一不可见，一不可见则二之用息"，不可因一废二，也不能因二废一。

一体之气和阴阳二气的辩证关系确实较为难言，阴阳二气虽然是一体之气刚柔、健顺、屈伸的不同状态，但是不能因此无视阴阳二气之间的相互对待。反之亦然。所以朱熹对当时浙中一些学者一味强调阴阳二气统一于一体之气的做法进行了批评，他说：

---

① 林乐昌：《正蒙合校集释》，第 7 页。
② 《横渠易说·系辞上》，《张载集》，第 177 页。
③ 《横渠易说·系辞下》，《张载集》，第 231 页。
④ 杨立华：《气本与神化——张载哲学述论》，北京大学出版社 2008 年版，第 215 页。

阴阳之理，有会处，有分处，事皆如此。今浙中学者只说合处、混一处，都不理会分处。①

朱熹认为阴阳二气具有流行义和对待义，二者不可偏废：

阴阳做一个看亦得，做两个看亦得。做两个看，是"分阴分阳，两仪立焉"；做一个看，只是一个消长。②

阴阳有个流行底，有个定位底。"一动一静，互为其根"，更是流行底，寒暑往来是也；"分阴分阳，两仪立焉"，便是定位底，天地上下四方是也。……魂魄，以二气言，阳是魂，阴是魄；以一气言，则伸为魂，屈为魄。③

儒家宇宙生成论的基本图式就是阴阳二气相感而化生万物，所以如果不承认阴阳二气的"定位义"，也就是说阴阳二气确确实实是两种相互对立的不同性质的气，那么就无法谈及阴阳二气之感应。但是另一方面，从气本论的角度看，通天下一气，那么阴阳二气又确实只是一体之气的两种不同相状。张载说的"二不立则一不可见，一不可见则二之用息"已经深刻揭示了阴阳二气同一体之气之间的辩证关系，这种关系在宋儒看来是"说无可说"的。朱熹说：

天地只是一气，便自分阴阳，缘有阴阳二气相感，化生万物，故事物未尝无对。天便对地，生便对死，语默动静皆然，以其种如此故也。④

一体之气自然就要分阴分阳，阴阳相感而万物化生。伊川也说：

"一阴一阳之谓道"，此理固深，说则无可说。所以阴阳者道，既曰气，则便是二。言开阖，已是感，既二则便有感。所以开阖者道，

---

① 《朱子语类》卷六十五，第1602页。
② 《朱子语类》卷六十五，第1602页。
③ 《朱子语类》卷六十五，第1602页。
④ 《朱子语类》卷五十三，第1286页。

开阖便是阴阳。①

后来程朱发明"内感",才进一步将气之流行同气之对待、一和二统一起来,一体之气分为阴阳二气,或者说一体之气之所以有动静、屈伸,是由于理之必然。

总体而言,在宋儒看来整个宇宙都是阴阳二气氤氲相感的产物,而气化万物的运行,同样以阴阳感应作用为根据。虽然具体事物作为气的凝结形态,无法像本体之气那样自由运行,因而表现出"机械"的特性,但是它们依然以缓慢的、渐变的方式体现出了阴阳二气的感应作用。程颐在解释钻木取火现象时说:

> 钻木取火,人谓火生于木,非也。两木相戛,用力极则阳生。今以石相轧,便有火出。非特木也。盖天地间无一物无阴阳。②

朱熹也说:

> 大而天地万物,小而起居食息,皆太极阴阳之理也。③

所以在上面所举的理学家看来,所有事物的存在、运行都可以看作阴阳二气的相互作用。反过来说,感应关系从根本上说就是指阴阳二气的相互感应,正是由于天地万物都是由气构成的,并且万物在"一受其成形"之后,阴阳二气的屈伸消息依然贯穿于其存在、运动、变化的始终,所以天地万物之间的相互作用关系都可以看作感应关系。

(二) 聚散:感应的作用

太虚之气动而为阳,静而为阴,而阴阳二气的感应作用主要就表现为二气或聚或散,气之聚散又从根本上决定了有形万物的生成和毁灭。《太和》篇谓:"太虚不能无气,气不能不聚而为万物,万物不能不散而为太虚。"④ 就万物生成变化之整体来说,由太虚之气化成天地万物,或天地万物复归于太虚之气都是由于气之聚散。聚散两种作用直接导致气之升降沉浮等运动,"浮而上者阳之清,降而下者阴之浊,其感通聚结,为风雨,

---

① 《河南程氏遗书》卷十五,《二程集》,第160页。
② 《河南程氏遗书》卷十八,《二程集》,第237页。
③ 《朱子语类》卷六,第104页。
④ 《正蒙·太和篇》,《张载集》,第7页。

为雪霜"①。因为气之聚结，所以重而下沉；因为气之发散，所以轻而上升。这样一种气的"感通聚结"，最终形成风雨、雪霜乃至山川品物等。二程和朱熹也都认为具体事物都是由气的凝聚形成的。二程说："物生则气聚，死则散而归尽。"② 朱子也说："气聚则生，气散则死。"③ 可以说阴阳二气之间的感应正是通过聚散两种作用表现出来的，气之聚散并非按照一机械的力学作用进行，而是阴阳二气依照本性的感应运动。这点在宋儒各自的宇宙论中有非常具体的表现。

（三）屈伸：感应之相状

两端故有感，感应的相状表现为对立统一的双方之间势的推行和转换。阴阳二气的沉与浮、升与降、动与静等各种运动，是以一种相互感应的方式表现出来的。这样一种相互感应，并非如现代物理学中作用力和反作用力相互之间的机械作用关系，而是一种"阳升则阴负，阳伸则阴屈"的状态。阴和阳之间沉浮、屈伸的转化，并非依据一种必然的机械法则，而是一种在具体时间中，根据具体的情势，所做的具体的"选择"。《系辞》说日月相推而明生，寒暑相推而岁成，认为昼夜交替以及四季变化并非由于地球因无法抗拒的引力而进行的自转和公转，而是阴（月、寒）、阳（日、暑）二气屈伸相感造成的。阴阳二气，或屈或伸，或动或静，并无绝对的定势，而是根据具体的情势。当阳气伸之时，阴气便有所感，便自然采取屈之姿态。

与张载相比，二程对宇宙生成论没有特别的兴趣，他们更加注意对现实世界自身存在及运动规律（理）的体察，而现实事物的运行同样表现出"屈伸相感"的特性。

> 往来屈伸只是理也。盛则便有衰，昼则便有夜，往则便有来。④

此屈伸往来之感，不仅表现在盛衰、生死、寒暑、昼夜等"宏大"现象中，在一呼一吸之间同样也能体现。程颐进一步指出，这种屈伸相感就是所谓"感应"：

> 此以往来屈信明感应之理。屈则有信，信则有屈，所谓感应也。

---

① 《正蒙·太和篇》，《张载集》，第8页。
② 《河南程氏遗书》卷二下，《二程集》，第56页。
③ 《朱子语类》卷三，第36页。
④ 《河南程氏遗书》卷十五，《二程集》，第148页。

故日月相推而明生，寒暑相推而岁成，功用由是而成，故曰屈信相感而利生焉。感，动也，有感必有应。凡有动皆为感，感则必有应，所应复为感，感复有应，所以不已也。①

朱子也以屈伸来说明二气的感应运动：

> 屈则感伸，伸则感屈，自然之理也。今以鼻息观之：出则必入，出感入也；入则必出，入感出也，故曰："感则有应，应复为感，所感复有应。"屈伸非感应而何？②

气之聚散与事物的成坏相关，就现存事物相互作用的关系而言，感应关系表现为"屈伸"不同状态的转化。屈伸转化源于气的感应作用的必然之理，阴阳二气的运行是一个相互摩荡的过程，双方的力量总是呈现此消彼长的态势，阴阳之气一刻运行不息，则此屈伸消长永远持续。小到鼻端的一呼一吸，花草的一荣一枯，大到昼夜的更替，四季的轮转，历史的兴衰等，表现的都是二气的屈伸相感。阴阳二气屈伸相感并不是一方派生出另一方，因而决定了另一方，也不是二元论中对立双方绝对的斗争，而是一种在一个统一体中，双方力量此消彼长，相互推荡。明道说："一阴一阳，一善一恶，阳长则阴消，善增则恶减。"③ 伊川说："君子小人之气常停，不可都生君子，但六分君子则治，六分小人则乱，七分君子则大治，七分小人则大乱。"④ 阴阳、善恶、君子小人之间的势力都是此消彼长的，一方不可能完全消灭另一方，在一方势力看似最强盛的时候，其实另一方的力量已经慢慢积蓄而起。所以，如果同西方思想作比较，感应关系是非决定论的，同时也非"阳性中心主义"（Phallocentrism）的。

三 本源之气感应作用的特征

万物皆由太和之气所涵两端相互作用而生成，两端的相互作用在张载看来正是二气的"屈伸相感"。作为万物本源的太虚无形之气的运行之道，张载称之为"神化"。张载说："一物两体，气也；一故神，两故化，此天

---

① 《周易程氏传》卷三，《二程集》，第858页。
② 《朱子语类》卷七十二，第1813页。
③ 《河南程氏遗书》卷十一，《二程集》，第123页。
④ 《河南程氏遗书》卷十五，《二程集》，第161—162页。

之所以参也。"① 在张载看来，气是"一物两体"的，既有太虚之气的一体状态，又有阴阳二气摩荡、相感的状态。又曰："神，天德，化，天道。德，其体，道，其用，一于气而已。"② 作为气之本体的清虚一大状态，其根本特性便是"神"。张载说：

> 太虚为清，清则无碍，无碍故神；反清为浊，浊则碍，碍则形。③

> 凡气清则通，昏则壅，清极则神。故聚而有间则风行，声闻具达，清之验与！不行而至，通之极与！④

神之特性可以说恰是世间有形万物的否定式表述，具有"不可象""不可测""不可知"的特点。

首先，神作为对气之本体存在状态的描述，表明此状态没有固定形象。张载说：

> 散殊而可象为气，清通而不可象为神。⑤

太和絪缊之气作为整体之"大一"，不限定于任何有限的空间，也不表现为任何有限的形象。

其次，神作为对本体状态之气运动特征的描述，表明此状态是难以测算的。张载说：

> 气有阴阳，推行有渐为化，合一不测为神。⑥

> 虚明照鉴，神之明也；无远近幽深，利用出入，神之充塞无间也。⑦

---

① 《正蒙·参两篇》，《张载集》，第10页。
② 《正蒙·神化篇》，《张载集》，第15页。
③ 《正蒙·太和篇》，《张载集》，第9页。
④ 《正蒙·太和篇》，《张载集》，第9页。
⑤ 《正蒙·太和篇》，《张载集》，第7页。
⑥ 《止蒙·神化篇》，《张载集》，第16页。
⑦ 《正蒙·神化篇》，《张载集》，第16页。

最后,"神"因为其"不可象""不可测"的特性,因而也是人类一般的理智无法认知的。

《易》谓"穷神知化",乃德盛仁熟之致,非智力能强也。①

神虽"不可象""不可测",但并非气之一非理性的特征,我们只能说它是"超理性"的。非理性是对理性的一种反动,而超理性则表明太虚之气单纯依靠理性是无法认识的。张载以神为"圣而不可知"②,乃是"天德良能"。因为一体之气的感通流行一任其"天德良能","寂然不动,感而遂通",虽然无思无虑,但是万物自然化生,太虚一体之气因其无心而无计度,利用出入而不落方所,也无片刻停滞。这样一种"大而化之"的境界,是人强用智力求索不得的。一旦试图以智力求认识,心便有所计度,有所计度便无法体认"天德良能"了。这种"神化"之妙,智力无法强求,必须通过"存神过化",在"德盛仁熟"之时方能体知。

太虚之气虽然具有不可象、不可测、不可知的特征,但是在张载思想中却没有丝毫神秘主义的气息。一方面,本体之气的运行并不受必然的因果关系支配,气作为世界的本原也没有古希腊哲学中蕴含的"命运"之义,认为万事万物必然由某种本原生成,毁灭后又必然回归本原。本体之气的根本特征就是其神而难测。另一方面,本体之气"神"的特性绝不是神秘主义的,张载虽然把本体之气的运行称为"神化",但是"神化"本身真实无妄,有其不可变易之"理"。在张载看来,太虚之气的运行是"神"和"常"的辩证统一:

天之不测谓神,神而有常谓天。③

与气化有形之物相比,气之本体状态更多地表现出不可象、不可测、不可知的"神"的特征,张载本人由于对气本体状态的重视,因而也更加关注"神化"的一面。这种"神"之状态并非虚妄的、杂乱无章的气之运行,而有其内在之理。反向来看,太虚本体或天的运行有其内来之理,这种理并非机械的、僵死的运动规律或法则,不可以平常知性去认识和把握。

---

① 《正蒙·神化篇》,《张载集》,第17页。
② 《正蒙·神化篇》,《张载集》,第17页。
③ 《正蒙·天道篇》,《张载集》,第14页。

这种认为本体之气的运行是"神"和"常"的辩证统一的观点，为当时理学家普遍接受，只是他们强调的重点有所不同而已。二程兄弟中，明道更注意事物运行之"神"。在二程语录中涉及"神"的一些条目多为程颢所言：

> 冬寒夏暑，阴阳也；所以运动变化者，神也。神无方，故易无体。①

> "穷神知化"，化之妙者神也。②

同张载一样，程颢也认为阴阳二气运行的根本特征是"神"，无法用理性去规范，是事物运动变化最为精妙之处。但是与张载过于强调"神化"不同，二程都更加强调"神化"的内在规律性和必然性。

早在关、洛之前，周敦颐就已经区分了事物的两种运动方式。周敦颐说：

> 动而无静，静而无动，物也。动而无动，静而无静，神也。动而无动，静而无静，非不动不静也。物则不通，神妙万物。③

周敦颐在张载之前就做出了物和神的区分，认为物的运动方式是动静截然分开的，"动而无静，静而无动"；而神则超越感性事物动静相分的状态，"动而无动，静而无静"。之所以如此，是因为有形物体是凝结不通的，所以或静或动，存在状态是固定的、受限的。而神则超出了形象的限定，因而表现为动静不测的特性。

朱子担心周敦颐物和神的区分有可能导致将形上和形下分离乃至对立的倾向，所以强调神不离于有形事物，而又超出于有形事物。朱子对这段话的解释是："有形，则滞于一偏。神则不离于形，而不囿于形矣。"④ 有形事物相对来说总是凝滞的，在一定的时间里总是占据一个与自身相符的空间，而神则不受时空的限制。一体之气运行的"神"的特征在朱子那里进

---

① 《河南程氏遗书》卷十一，《二程集》，第121页。
② 《河南程氏遗书》卷十一，《二程集》，第121页。
③ （宋）周敦颐：《周敦颐集》，陈克明点校，中华书局2009年版，第27页。（以下凡引周敦颐皆出此版本，仅标篇名和页码。）
④ 《通书》，《周敦颐集》，第27页。

一步淡化，但是没有被否认。朱熹继承了张载和二程的思想，从鬼神、屈伸来谈气的感应作用。神者伸也，指气化自微至显，自散至聚，万物逐渐成长、壮大的过程；鬼者归也，指反向的自聚至散，自显至微，万物由盛而衰的过程。万物之聚散、盛衰皆有迹可循，但其中又有神妙而不可测之处。同张载一样，朱子也承认气的屈伸相感具有不可测、不可知的特性。

> 问"以功用谓之鬼神，以妙用谓之神。"曰："鬼神者，有屈伸往来之迹。如寒来暑往，日往月来，春生夏长，秋收冬藏，皆鬼神之功用，此皆可见也。忽然而来，忽然而往，方如此又如彼，使人不可测知，鬼神之妙用也。"①

在朱子看来，一体之气屈伸往来一方面表现为寒来暑往、四季更替这样可见的运动；另一方面也存在"忽然如此，忽然不如此"，"忽然而来，忽然而往"，"忽然在这里，忽然在那里"等不可预测的形式。为其不可测，因而也不可知，因此朱子说："鬼是一定底，神是变而不可知底。"②

总的来说，宋儒普遍承认气的屈伸相感造就了昼夜、寒暑、四季更替这些合乎规律的自然现象，同时又具有不可象、不可测、不可知的"神妙"的特点。从张载等人的思想理路来看，一体之气越是趋向本原状态，越是神妙莫测，而现实存在的具体事物就其本原而言都是由太虚之气构成，所以即便具体事物合乎规律的运动也并非机械式的运行，只是表现为总体的合规律性。比如说春夏秋冬的更替，就季节的变更而言必然遵循这样的次序，但是各个时节的长度，每一天具体气温如何都是不定的。但是尽管气的屈伸感应具有神妙的特性，并不因此意味着它是任意的、偶然的，这种"神妙"的特点恰恰是宇宙生机的表现，是天地生生不息的表现。这样一种"生生"之宇宙排除人类理智认识（闻见之知）的可能，直接导向伦理的需求（德性之知）。

第二节 气化万物的感应作用

张载进一步发展了传统气论，在气的"同类相感"原则之外，专门

---

① 《朱子语类》卷六十八，第 1685 页。
② 《朱子语类》卷六十八，第 1685 页。

提出"二端之感"。二端之感以阴阳二气为感应主体,通过聚散、升降等感应运动生成宇宙万物。万物皆阴阳二气凝聚所成,其所秉之性不离阴阳,或为纯阳,或为纯阴,或为阳中有阴,或为阴中带阳。散殊万物因其所秉之性,相感而动。阳速而阴缓,星体依此法则运行;阴阳相感各有升降,四季、昼夜、日食、月食等现象因此出现。张载以"二端之感"为核心,构建起了完整的宇宙本体论、生成论以及运行论,形成了具有特色的宇宙感应图式,同近代科学以因果律为基础的宇宙图式以及董仲舒的天人感应图式相区分。这些理论为程颐和朱熹进一步完善、发挥,遂成为理学宇宙论的主流形态。朱子采纳了张载关于事物因性而动的主要观点,不过随着宋代天文观察及经验知识的积累,朱子对有些现象的解释越来越"科学化"。

一 万物与物性

每个事物都在宇宙中占据一定的位置,并因其本性而运动,这种观点并非理学家所特有。放眼世界思想史,这种观点甚至可以说是前科学时代一种普遍的认识——虽然每种理论都会对具体事物到底具有怎样的本性给出不同的答案。宋代理学家活动的时代正是西方中世纪经院哲学发展、兴盛之际。中世纪哲学关于自然的一般理解,吉尔松(Gilson)在《中世纪哲学精神》中概括说:

> 在中世纪哲学里,自然存有者即如古代哲学中的自然存有者一般,乃一活动的、带着种种出自其本质的运转的实体,而此自然存有者则必然为此本质所决定。至于"自然界",它只是种种"自然本性"之总和,而它的特有属性亦因此与"自然"相同。这些属性就是丰富性和必然性。[①]

吉尔松认为中世纪哲学把事物的存在和运动看作出自事物自身的本质,虽然事物的自然本性从根本上来说依然是来自上帝的创造和赋予。我们在较早时期奥古斯丁(Saint Aurelius Augustinus)的神学世界观中,能够获得关于事物因各自本性运动的具体说明:

> 物体靠本身的重量移向合适的地方。重量不一定向下,而是向合

---

① 〔法〕吉尔松:《中世纪哲学精神》,沈清松译,上海世纪出版集团2008年版,第292页。

适的地方。火上炎，石下堕。二者各受本身重量的推动，各从其所。水中注油，油自会上浮，油上注水，水必然下沉；各为其本身的重量推动而自得其所。任何事物不得其所，便不得安宁，得其所便得安宁。①

上述观念总体上来说认为每个事物都有其特定的本性，事物的存在及运动都是依据各自的本性，而非由于外力的作用。这种观念在古希腊思想中已经有其根源。在亚里士多德的物理学理论中，他把事物分为两种，一种有其自然本性，一种没有自然本性。前者是自然存在物，后者主要是人造物。亚里士多德说：

> 凡存在的事物有的是由于自然而存在，有的则是由于别的原因而存在。……一切自然事物都明显地在自身之内有一个运动和静止（有的是空间方面的，有的是量的增减方面的，有的是性质变化方面的）的根源。……因此，"自然"是它原属的事物因本性（不是因偶性）而运动和静止的根源或原因。②

亚里士多德认为除了人造物品外，凡自然存在的事物的运动和静止都是发自其自然本性。当然，亚里士多德思辨的思维特点使得他并没有停留在类比思维中，而是以"四因说"来进一步分析"自然"。

事物遵循各自的本性运动、变化的观点是前科学时代较为普遍的思维方式，但是各个流派对于事物"自然""本质"或者"本性"的理解却各不相同。就理学来说，二程和朱熹关于"性"的讨论既深入又烦冗，事实上，从孟子和告子争论开始，关于"性"的讨论就一直是儒家争论的中心话题。我们只能选择与主题相关的部分来展开论述。前文已经说明，理学家都坚持气化宇宙的理论，将气视为构成宇宙万物最原始的"质料"，后来逐渐形成了一体之气分而成为阴阳二气，阴阳二气又导出五行，二气五行相互作用最终构成宇宙万物的宇宙生成模式。周敦颐在《太极图说》中描述了这个模式：

> 无极而太极。太极动而生阳，动极而静，静而生阴。阳变阴合，

---

① 〔古罗马〕奥古斯丁：《忏悔录》，周士良译，商务印书馆1997年版，第294页。
② 〔古希腊〕亚里士多德：《物理学》，张竹明译，商务印书馆1997年版，第43页。

而生水、火、木、金、土。五气顺布，四时行焉。五行，一阴阳也；阴阳，一太极也；太极，本无极也。五行之生也，各一其性。无极之真，二五之精，妙合而凝。"乾道成男，坤道成女"，二气交感，化生万物。万物生生，而变化无穷焉。①

然而这个模式依然是一个粗略的模型，无法有效解释一体之气如何最终形成各具其性的纷纭万物。另外，理学家在气之外又添加了一个"理"，就使得问题变得更加复杂。这个问题在朱熹那里演变为"理同气异"和"气同理异"之争，朱子索性认为两种解释都有其合理性。

比较而言，张载的气一元论思想就较为清晰。就世间万物都是由一体之气构成而言，事物与事物之间并无本质的区别。张载也从未试图去寻求事物的"定义"或"本质"，寻求使得一个事物不同于另一事物最根本的规定性。气一元论构建起的是"民吾同胞，物吾与也"的万物一体境界，其中具体事物之间的差异只是气的"通蔽开塞"的差别。

凡物莫不有是性，由通蔽开塞，所以有人物之别，由蔽有厚薄，故有智愚之别。塞者牢不可开，厚者可以开而开之也难，薄者开之也易，开则达于天道，与圣人一。②

张载认为人和其他事物的区别是由气的"通蔽开塞"造成的，因闭塞的厚薄程度的差异，人们也就产生了智愚的差别。"通蔽开塞"是由于气的清浊性质的不同，塞者牢不可开，只能"蠢然而动"，厚者可开但是要花大量的工夫，薄者则较为容易，而开的状态就是合于天道，成为圣人。性之"通蔽开塞"从根本上说和气的感应作用相关，气因其清，从而能感，能感而后方能通；气因其浊，从而难感或不可感，因此造就闭塞之性。天道和圣人最重要的特征就是充分表现了感应之神，张载说："圣人有感无隐，正犹天道之神。"③

二程和朱子在气之上又体悟出"理"，并将"性"与"理"相等同，认为二者是形而上的存在。即便如此，理学家并没有像柏拉图那样将理念世界和感性世界对立起来，他们都认为离开了气，理便无所依托，从而也

---

① 《太极图说》，《周敦颐集》，第 3—5 页。
② 《张载集》，第 374 页。
③ 《正蒙·天道篇》，《张载集》，第 15 页。

就无法认识。二程也赞成事物之间的差异由各自所秉之气的不同所造成,就人和其他事物而言,最重要的区别是人能"推",而物由于气昏,不能"推"。所谓能不能推也就是张载所谓的"通蔽开塞"之别,人之气清,气清则能流通无碍,故能由己及他。而物之气昏,昏则窒碍,只能限于特定的时空范围之内,所以不能推。

张载的观点也为朱子所继承,在回答人物之性同源,那么差异何来时,朱子直接借用了张载的说法:

> 或问:"人物之性一源,何以有异?"曰:"人之性论明暗,物之性只是偏塞。暗者可使之明,已偏塞者不可使之通也。横渠言,凡物莫不有是性,由通蔽开塞,所以有人物之别。而卒谓塞者牢不可开,厚者可以开而开之也难,薄者开之也易。是也。"①

上面的解释同二程的解释一样,是从"理同而气异"的角度,认为物性的差别在于所秉之气的不同。《语类》中还有很多类似的对话:

> 问:"性具仁义礼智?"曰:"……虽寻常昆虫之类皆有之,只偏而不全,浊气间隔。"②

> 人物之生,其赋形偏正,固自合下不同。然随其偏正之中,又自有清浊昏明之异。③

可以看到,张载、二程和朱熹都认为物性的差别来自构成事物之气的性质不同。气有清浊之别,物性因此具有"通蔽开塞"之别。"通蔽开塞"之别也就是每个物体感通能力的区别,在二程看来,人和其他事物的区别在于人"能推",而其他事物"推不得","能推"即意指人具有较强的感通能力,能够由己及人,而物则不能。圣人又是众人当中感通能力最强的,所谓"圣人有感无隐",而众人由于物欲之蔽,气禀浑浊,因此他们同外部世界、同他人的感应作用就会有许多障碍。

从张载的区分出发,我们按照气之清浊以及相应的感通能力将事物分

---

① 《朱子语类》卷四,第57页。标点有改动。
② 《朱子语类》卷四,第56页。
③ 《朱子语类》卷四,第56页。

为三个"等级"：天、人和物。物是"塞者牢不可开"，其运动也只是"蠢然而动"；人无论贤愚都是"可开"的，只是因其气禀的偏正而有难易之别。但是朱子又认为如果人积习太深，也终会"不可开"，从而沦为一物。相反，如果人能够消除物欲之私，就能成为圣人，而圣人则与天相仿。可见，人处天与物之间，天之体即是气的本原状态，清通不可象，从而"有感必通"；物是气化的具体产物，它们的运动无法做到有感必通，只能是"蠢然而动"。"蠢然而动"即是按照各自的本性而动，而气化万物具体的本性只有借助阴阳二气才能进一步说明。气分化为阴阳五行进而生成具体的事物，事物因此各具不同的本性，在运动中也就表现出不同的性状。西方近代科学认为物体的运动是因为受到外力的推动，这点通过牛顿第一运动定律表达出来。而在理学家看来，事物的运动首先是根据各自的本性而动，在这里与其说理学考察的是事物运动的动力来源，毋宁说考察的是事物运动方式的根据。关于事物运动动力来源的问题在气论中并不成为问题，因为气就其本身而言就是运动的。由气凝聚而成的具体事物虽然不能像气之本体一样自由感应，但是它们自身也可以运动，只不过是一种相对机械化的"蠢然"运动。另外，事物虽然各自循其本性而动，但是也同其他事物发生相互作用。理学家也注意到了事物之间的相互作用，但是他们没有把这种相互作用看作力的相互作用，而认为是相互感应的关系。关于事物因各种本性而运动的具体情状，在理学家们关于天体运行特质的考察中得到了尤为集中的展现。

二 因性相感：气化万物感应作用的形式与原则

张载在气论的基础上构建了较为完整的宇宙图式，其基本架构为程朱所采纳。张载认为气最基本的运动方式就是聚散和升降，也正是由于气的聚散升降，才最终形成天地万物。有形的物质世界是气化的糟粕，同气之本体相比，表现出惰性。这个有形的物质世界从表面上看是一惰性的世界，但由于它究其本质而言依然是由气凝聚而成，虽然自己不能"化"，但气依然会"体而化之"。也就是说，气化万物从根本上也要遵循感应的原则。

（一）阴阳聚散相感与风雨雷电的形成

阴阳二气的感应作用主要就表现为二气聚散相感，阳气主发散，而阴气主凝聚，所谓"阴性凝聚，阳性发散。阴聚之，阳必散之，其势均散"[①]。气之聚散从根本上决定了有形万物的生成和毁灭。就万物生成变化

---

① 《正蒙·参两篇》，《张载集》，第12页。

之整体来说,由太虚之气化成天地万物,天地万物复归于太虚之气,都是由于气之聚散。因为气之聚结,所以重而下沉;因为气之发散,所以轻而上升。阴阳二气相感凝聚便成为地,浮散者便成为天。地凝聚于中,天则浮运于外。张载说:"地纯阴凝聚于中,天浮阳运旋于外,此天地之常体也。"① 天地的形成也标志着宇宙生成的完成。在张载那里,天和地不仅仅是纯粹宇宙论意义上的两种物事,更是作为两种象征符号,代表着两个系统。张载说:"地,物也;天,神也。物无逾神之理,顾有地斯有天,若其配然尔。"② 张载以阴阳二气为基石,构建了一个由天和地两大体系共同组成的宇宙整体,其中天之体系包含所有的恒星,而地之体系包括日、月、五星(五大行星)。天和地同阴和阳的关系一样,是一对并生共存的统一体("有地斯有天"),但是其中天却处在一个更高的地位("物无逾神之理")。张载关于天和地两大系统的划分是和这两大系统中星体的运行特性以及各种自然现象的特性紧密相关的。

除了这两大体系中的星体,天地之间的风雨雷电等现象同样是阴阳二气聚散所形成的。阴阳二气在其推行变化的过程中,阳之发散作用与阴之凝聚作用必然要相互对抗,这样的话,因双方的势力之不同,便会形成各种不同的自然现象。张载说:"阳为阴累,则相持为雨而降;阴为阳得,则飘扬为云而升。故云物班布太虚者,阴为风驱,余聚而未散者也。凡阴气凝聚,阳在内不得出,则奋击而为雷霆;阳在外不得入,则周旋不舍而为风。"③ 张载关于各种气象的分析广受好评④,事实上其解释依据无非是阴阳相感之理。华希闵说得明白:"此明风雨云雷之属,总不外乎阴阳之相感。"⑤ 阴阳二气的相互感应是造就这些现象的总体原因,而二气相感也就是阴阳二气此消彼长、此屈彼伸的运动。在阴阳相交之时,阳气主发散,如果碰到阴气势力较强,为其所累的话,那么阴阳二气相持不下,就会化而为雨;如果阳气势力较强,就会发散为云;如果阴气凝聚的过程中,有阳气被困于其中而不得出的话,那么阳气由于其发散的本性,必然要突破阴气的困扰,这样的话就化而为雷霆;如果阳气在外,便会化而为风。气之聚有远近、虚实,就决定了雷和风的小大、暴缓,即所谓"其聚

---

① 《正蒙·参两篇》,《张载集》,第 10 页。
② 《正蒙·参两篇》,《张载集》,第 11 页。
③ 《正蒙·参两篇》,《张载集》,第 12 页。
④ 如王夫之说:"此章言雷风云雨之化,精极理势,于篇中尤醇矣。"(王夫之:《张子正蒙注》,中华书局 1975 年版,第 42 页。)
⑤ 转引自林乐昌《正蒙合校集释》,第 150 页。

有远近、虚实，故雷风有小大、暴缓"①。气在发散过程中的不同性状，就分别形成了霜雪雨露或者是戾气、曀霾，即所谓"和而散，则为霜雪雨露；不和而散，则为戾气曀霾"②。

以上是张载关于天和地两大体系以及宇宙中的主要自然现象的解释，对此，张载有一总结："天象者，阳中之阴；风霆者，阴中之阳。"③ 在张载看来，天以及天上之星辰都是阳气散而上浮形成的，其本性是阳性的，但是因为积而成象，又生阴之性，所以总体来说是"阳中之阴"；风和雷都是由阴气聚结而成，如果聚结时，阳气被困于内部的话，就形成了雷霆，如果阳气在外的话，便形成了风，所以风雷是"阴中之阳"。从上述内容可以看出张载宇宙感应图式的一些特性。首先，这个图式具有极强的辩证色彩，阴阳本身即是一对对立统一的矛盾，张载又于其中区分出纯阳、纯阴、阳中之阴、阴中之阳，从而使得感应理论极具解释力。其次，在感应图式中，二端之间互为主体，双方之间力量的转换表现为"势"的推移，而非一方推动、决定另一方。比如在云雨的形成过程中，阴阳二气彼此"屈伸相感"，如果"阳为阴得"，阴主凝聚，就会降而为雨；反之，则升而为云。最后，将伦理价值巧妙内嵌于气的自然运行之中。比如认为气之散有和与不和，和而散，则为霜、雪、雨、露等正常现象；不和而散，则为戾气、曀霾等"不好"的现象。

（二）阳速而阴缓：因性相感与天体运行

散殊万物因气之凝聚而成，同气之本体相比，表现出惰性。虽然如此，散殊万物究其本质而言依然是阴阳二气凝聚而成，因此从根本上也要遵循气的运行规则——也就是感应的方式。张载说："凡物能相感者，鬼神施受之性也；不能感者，鬼神亦体之而化矣。"④ 就天体而言，张载也认识到它们是按照固定的轨道周期性地运行，但是他并没有因此形成天体运行受到严格因果关系支配的观念。在他看来，万物由相应之气便会禀得相应之性，从日月星辰到飞禽走兽，其存在方式和运动规律都是出于各自的"本性"。

万物之性各异，要之不出阴阳二端，张载以天属阳，以地属阴，将天体或归之于天，或归之于地，以此判定天体总体运行规律。张载说："恒星不动，纯系乎天，与浮阳运旋而不穷者也。日月五星逆天而行，并包乎

---

① 《正蒙·参两篇》，《张载集》，第12页。
② 《正蒙·参两篇》，《张载集》，第12页。
③ 《正蒙·参两篇》，《张载集》，第12页。
④ 《正蒙·动物篇》，《张载集》，第19页。

地者也。地在气中，虽顺天左旋，其所系辰象随之，稍迟则反移徙而右尔，间有缓速不齐者，七政之性殊也。"① 这是张载关于天和地两大体系运行总体规律的认识，可以看到，传统的解释大多认为日月五星是"逆天而行"的，也就是说天以及二十八宿恒星是左旋的，而日月五星则是右旋的。张载则提出一个非常重要的观点，认为日月五星也是左旋的，只是由于运行的速度不如天以及恒星快，所以看上去好像是右旋。这段话引起的争议较多，其中明儒刘伂在其《新刊正蒙解》（明嘉靖二十四年刻本）中的解释得较为清楚，我们认为较为符合张载本人的观点。刘伂解释说："纯阴而凝聚不动者，地也；浮阳而运旋于外者，天也；不动而纯系乎天，与浮阳运旋而不穷者，恒星也。是一固定之体，无可疑者。至于日月五星，人皆谓其'逆天而行'。夫日月五星，质本乎地而气行于天，并包乎地气而成者也。而谓之曰'逆天而行'者，何也？地在天中，其气虽顺天左旋，而所系辰象之随者，则有迟速之不同。稍迟则见进者为左，而退者为右矣，非真右运也。然所系之辰象何以有缓速之殊也？由七政之性不同，皆自然之理也。盖凡气之行，阳速而阴缓。"② 阴阳二气由于其本性不同，阴者便凝结成为地系，阳者便上升构成天系。前者包括天自身以及二十八宿恒星，后者包括地自身以及日月五星。恒星应该是绝对阳性的，所以恒星完全与天同体（"纯系乎天"），并且与天的运动速度完全一致。而包括太阳在内的日月五星都非纯阳之体，所以它们的运行同天以及恒星的运行都存在快慢的差别。

其中特别需要说明的是太阳。太阳在现代科学分类体系中是属于恒星的，但张载观察到太阳运行速度同其他恒星相比又存在差别，所以他如此说明："日为阳精，然其质本阴，故其右行最缓，亦不纯系乎天，如恒星不动。"③ 张载这个说法同样不易理解。王夫之曾以《离》《坎》二卦卦象来说明："日，火之精也，火内暗而外明，《离》中阴也；月，水之精也，水内明而外暗，《坎》中阳也。日月不可知，以水火、《坎》《离》测之。"④《离》卦为日、为火，上下都是阳爻，但中间却是阴爻，若按此卦卦象来看，太阳虽然是"阳精"，但是其中心却是阴性的。因此，整个宇宙都是左旋，但是有快慢之分。天及恒星最快，而地系整体都比天系要慢，在地系中，太阳的运行又是最快的，而月亮的运行则最慢。而决定万

---

① 《正蒙·参两篇》，《张载集》，第 10—11 页。
② 林乐昌：《正蒙合校集释》，第 109 页。
③ 《正蒙·参两篇》，《张载集》，第 11 页。
④ （清）王夫之：《张子正蒙注》，第 35 页。

物运行快慢的是各自的"本性",更进一步说,就是各自身上的阴阳元素的构成比例。因为气运行的原则,总的来说就是"盖凡气之行,阳速而阴缓"。"阳速而阴缓"是张载解释天体运行的重要原则。天以及恒星由纯阳之气形成,因此左旋最快。地系"七政"也因其本性,有着不同的运行速度。太阳是"阳精",所以右行最慢,但是因为太阳尚内含阴性,所以不能像恒星那样与天同行。"月阴精,反乎阳者也,故其右行最速"①,月亮是"阴精",所以左旋最慢,因此在人看来也就是右行速度最快。

相比较于太阳和月亮,五大行星的运行就更加复杂。首先是金星和水星,《正蒙》谓:"金水附日前后进退而行者,其理精深,存乎物感可知也。"② 对此,刘玑解释为:"金水附日而行者,金水阴也,日阳也。金,太白水辰星。金,禁也,秋时万物阴气禁止也。水,准也,水在黄泉养物平均有水准也。金即启明,以日未出前能开导日之明,在日之东,日将没则西见。此盖阴阳相感,有如此者,其理不宜精乎?"③ 刘玑认为张载以阴阳相感之理解释金星和水星的运行,张棠、周芳也作此解释,并进一步以母子之感类比金、水附日而行的现象。他们解释说:"金、水阴精,阴感于阳,故其行附日则亦左旋之速者也。所谓前后进退而行者,如金星入地则进而居日之前,出地则退而处日之后也。又水为金子,子随母行,皆所谓物感也,理之至精深者也。"④ 金星、水星总是伴随太阳前后而行,在张载看来,这两颗行星的运行轨迹尤其能够显示物体相互感应的道理,或者说决定着它们运行的其实正是阴阳二气的相互感应。金星、水星都属阴性,阴附于阳,所以总是伴随太阳前后而行。在刘玑以及张棠、周芳二人的解释中,我们可以看到他们赋予了这两颗行星的运行以伦理的内涵。金星总是在太阳未出之前,居太阳之前引导;在太阳将没之际,又附随于太阳之后。而在五行中,金生水,"水为金子",所以水星总是附随金星之后而行。总的来说,星体阴阳特性不同(后来也包括五行相生相克关系)从根本上决定了它们的运行轨迹。

同样,土星、火星和木星的运行轨迹也是由其所属的阴阳以及五行的特性决定。张载说:"镇星地类,然根本五行,虽其行最缓,亦不纯系乎地也。火者亦阴质,为阳萃焉,然其气比日而微,故其迟倍日。惟木乃岁

---

① 《正蒙·参两篇》,《张载集》,第 11 页。
② 《正蒙·参两篇》,《张载集》,第 11 页。
③ 转引自林乐昌《正蒙合校集释》,第 108 页。
④ 转引自林乐昌《正蒙合校集释》,第 111 页。

一盛衰，故岁历一辰。辰者，日月一交之次，有岁之象也。"① 张载在此进一步将阴阳和五行充分结合在一起来解释土星、火星和木星的运动。土星与地球同以"土"为根本，所以在行星中运行最为缓慢，但是作为星体，较之于纯然不动的地球，依然是缓慢运行的。五大行星中，火星从其五行之性来说与太阳最为相似，但是因为"气微"，所以运行较太阳慢了一倍。木星表现出纯粹的"木"之特性，木一年中经历一盛一衰，所以木星岁历一辰，因此也叫"岁星"。

（三）阴阳升降：四季、昼夜以及日食、月食等现象的成因

在天体运行之外，张载利用其感应理论同样解释了四季、昼夜以及日食、月食等自然现象产生的原因。首先是四季寒暑变迁以及昼夜的变化。同西方近现代科学以地球的公转和自转来解释四季与昼夜变化不同，张载依然从阴阳二气的运行来解释这些现象。张载说："地有升降，日有修短。地虽凝聚不散之物，然二气升降其间，相从而不已也。阳日上，地日降而下者，虚也；阳日降，地日进而上者，盈也；此一岁寒暑之候也。至于一昼夜之盈虚、升降，则以海水潮汐验之为信；然间有小大之差，则系日月朔望，其精相感。"② 阴阳二气因其本性的相互作用而产生了日食和月食。张载说："日质本阴，月质本阳。故于朔望之际，精魄反交，则光为之食矣。"③ 在张载看来，日食和月食是由于"日之阴质"和"月之阳质"势力相互"博弈"的结果，结果的"胜负"也可以看作阴阳升降的一种形式。日月在此过程中，好像是两个有感觉的物体，因为内在的"本能"而相互"斗争"，其结果便是日食和月食。

用二气升降来解释四季和昼夜，引起了后世学者的议论纷纷。④ 具体解释的是非对错不是我们需要讨论的重点，我们关注如下两点。

第一，在张载的天和地两大系统中，地作为纯阴之气凝结的产物，本身是静止不动的。地球本身虽然是凝聚不散之物，但是阴阳二气却在地球之中升降不息，并且因此造成了寒暑昼夜等现象。这样的话，在张载的宇宙观中便有隐蔽的二元对立倾向：日月星辰作为气之凝结物，要以固定的（甚至是必然的）规律运行；但是超出凝聚不动的"物"之上，并且行乎其中的却是阴阳二气，气的运行特征是"神"，是一种生动、活泼的相互感应作用。张载说："阴阳之精，互藏其宅，则各得其所安，故日月之形，

---

① 《正蒙·参两篇》，《张载集》，第11页。
② 《正蒙·参两篇》，《张载集》，第11页。
③ 《正蒙·参两篇》，《张载集》，第11页。
④ 详见林乐昌《正蒙合校集释》，第122—125页。

万古不变。阴阳之气,则循环迭至,聚散相荡,升降相求,缊缊相揉,盖相兼相制,欲一之而不能。此其所以屈伸无方,运行不息,莫或使之,不曰性命之理,谓之何哉!"① 北宋时期,天文观察的众多经验知识已经表明,天体有着固定的运行规律,这对儒家建立在感应之上的宇宙观产生了冲击。张载这种隐蔽的二元对立观点,可能是出于保护核心理论的需要。

第二,张载在此段中已经注意到潮汐同月亮的引力之间的关系,但却把引力关系解释为月亮同海水之间的"其精相感"。李约瑟说:"张载说,月的'精'是一种向四周放射的'精',水的'相感'是水的感应。"② 张载认为潮汐从根本上而言是由于阴阳地气的升降,但潮之大小则受潮水和月亮之间的感应作用的影响。月亮的精气之所以会同海水相感,无疑是由于这两个事物都是属于阴性的,它们之间的相互感应遵循的是同类相感的原则。可以看到,张载在解释主要现象时依据二端之感的原则,但在解释一些次要现象时又需要求助于同类相感。张载思想中隐蔽的二元对立倾向以及对同类相感的求助,都显示了感应图式在解释经验现象时面临的压力。正是因为这种压力,后来朱熹主张应该将"内感"(二端之感)和"外感"(事物之间普遍的相互作用联系)结合起来以解释经验现象。③

三 外感:事物之间普遍的相互作用关系

宋代科学的发展与理学的昌盛同步,李约瑟认为"宋代确实是中国本土的科学最为繁荣昌盛的时期"④,并且强调得出这个结论并不牵强,"宋代理学本质上是科学性的,伴随而来的是纯粹科学和应用科学本身的各种活动的史无前例的繁盛"⑤。科学的发展无疑是来自长期观察所得的不断丰富的经验材料,这些经验材料虽然没有对儒家以气论为基础的解释范式的核心理论提出挑战,但是却与其中一些具体的解释发生了冲突,其中无疑包括儒家一直坚守的感应原则。在朱熹的友徒中,蔡元定具有较强的"经

---

① 《正蒙·参两篇》,《张载集》,第12页。
② 〔英〕李约瑟:《中国科学技术史》第三卷,梅荣照等译,科学出版社2018年版,第500—501页。
③ 参见章林《朱熹思想中的经验主义》,《江西社会科学》2017年第11期。
④ 〔英〕李约瑟:《中国科学技术史》第二卷,第526页。
⑤ 〔英〕李约瑟:《中国科学技术史》第二卷,第527页。李约瑟列举了当时的一些重要的科学家,以沈括为代表,在数学、天文、地理、化学以及医学等诸多领域都出现了杰出人物,并形成了丰富的成果。

验主义"倾向,其致思之领域相当开阔,尤其以天文和堪舆见长,与张载相比,蔡元定更具有科学家的气质。朱熹对宇宙现象的解释总体上偏向张载,而对蔡元定则持保留态度,但是作为一个极度审慎的思想家,朱熹同样感受到来自经验观察知识的巨大压力。有学生问他蔡元定历法究竟如何,朱熹的回答相当谨慎:

> 或问:"季通历法未是?"曰:"这都未理会得。而今须是也会布算,也学得似他了,把去推测,方见得他是与不是。而今某自不曾理会得,如何说得他是与不是。这也是康节说恁地。若错时,也是康节错了。只是觉得自古以来,无一个人考得到这处。"①

历法家同哲学家的思维方式有着很大的不同,前者倾向于就事物自身的相互关系来解释事实,而后者则倾向于构建一个本体,然后在此基础上解释所有的现象。比如,张载就完全从阴阳二气相互的感应作用来解释天体的运行、月亮的盈缺以及日食月食等现象,而至少朱熹时代的历法家已经能够从太阳和月亮自身的运行轨迹来解释这些现象了。朱熹采纳了这种解释:

> 月只是受日光。月质常圆,不曾缺,如圆球,只有一面受日光。望日日在酉,月在卯,正相对,受光为盛。天积气,上面劲,只中间空,为日月来往。地在天中,不甚大,四边空。有时月在天中央,日在地中央,则光从四旁上受于月。其中昏暗,便是地影。望以后,日与月行便差背向一畔,相去渐渐远,其受光面不正,至朔行又相遇。日与月正紧相合,日便蚀,无光。月或从上过,或从下过,亦不受光。星亦是受日光,但小耳。②

> 月无盈缺,人看得有盈缺。盖晦日则月与日相叠了,至初三方渐渐离开去,人在下面侧看见,则其光缺。至望日则月与日正相对,人在中间正看见,则其光方圆。③

---

① 《朱子语类》卷二,第 26 页。
② 《朱子语类》卷二,第 17 页。
③ 《朱子语类》卷二,第 19—20 页。

上面两段是朱熹关于月亮阴晴圆缺的认识，他已经能够充分认识到月亮的本身是常圆无缺的，其阴晴圆缺是由于月球和太阳在运行过程中相互位置的不断推移，使人在地上看时而自然产生了朔望之别。

这点同样表现在朱熹对天体运行总体规律的解释上。朱熹根据浑天说，认为日月五星都是附天而行，而他关于日月五星运行的规则大体上都是承自张载的解释。朱熹说："横渠说天左旋，日月亦左旋。看来横渠之说极是。"① 他也认同日月星辰都随天左旋。

> 天最健，一日一周而过一度。日之健次于天，一日恰好行三百六十五度四分度之一，但比天为退一度。月比日大故缓，比天为退十三度有奇。但历家只算所退之度，却云日行一度，月行十三度有奇。此乃截法，故有日月五星右行之说，其实非右行也。横渠曰："天左旋，处其中者顺之，少迟则反右矣。"此说最好。②

关于天体运行的解释，朱熹多从张载，但是如果细比的话，会发现朱子较少"哲学"的解释。在《正蒙》中，张载主要依据"阳速而阴缓"的原则，对日月五星的运行速度一一作出说明。而在《语类》中，相关的对话有十几条，朱熹基本上只对天体自身的运行规律进行"描述"，指出"天行最健，日健次之，月行迟"，以此来证明日月五星都随天左旋的运行规律，并没有进一步寻求超出事物本身的本体论解释。③

关于天体运行的解释，我们认为天文学家同理学家分别代表两个相互抵牾的路径。其一是较为"科学"的解释路径，从观察材料出发揭示事物自身之间的关系；其二是较为"哲学"的解释路径，赋予所有物理现象一个本体论的根据，从本体论层面对宇宙和物理现象作更加根本的解释。罗家伦先生在《科学与玄学》一书中曾对科学与哲学的特点做出概括，把科学称为"描写"，而把哲学称为"解答"。描写和解答在历史上容易混淆，但是二者之间却有本质的差别。描写完全是从事物自身来解释事物，像白描一样直接描写出事物的各种条件，相互之间的作用关系等。而解答则更进一步要去寻求现象或规律背后更为"本质"的原因。罗先生举了一个例

---

① 《朱子语类》卷二，第16页。
② 《朱子语类》卷二，第13页。
③ 其中有一处例外，朱熹附带探讨了一下月亮较之太阳运行为慢的原因，认为是"月比日大，故缓"。这个观点本身虽然站不住脚，但是朱熹试图根据太阳和月亮的质量来解释它们运动速度的差异，同科学的解释思路更加趋同。

子:"譬如讲行星的运行,在力学方面,仅须问星象间互引的关系,而以数学的公式表出,苟能符合,就算尽了科学的责任。至于问到'究竟为什么'有这种关系,那就不属于科学范围,而且科学家因为缺少一种训练,若要强去解说,就会闹笑话。"① 可以看到,同张载相比,朱熹在对天体运行以及月亮盈亏现象的解释上更具有"科学"的特征,只满足于对现象的说明,而悬置现象的更加深层次的原因。但是朱熹的这种科学倾向毕竟是不彻底的,当遇到经验观察材料相对不足的事物和现象时,他就会同样退回到哲学那里寻求帮助。

关于日食和月食,朱熹还有另外的一些解释:

> 日蚀是日月会合处。月合在日之下,或反在上,故蚀。月蚀是日月正相照。伊川谓月不受日光,意亦相近。盖阴盛亢阳,而不少让阳故也。②

> "遇险",谓日月相遇,阳遇阴为险也。③

> 日月食皆是阴阳气衰。徽庙朝曾下诏书,言此定数,不足为灾异,古人皆不晓历之故。④

同张载所谓"日质本阴,月质本阳。故干朔望之际,精魄反交,则光为之食矣"相比,朱熹已经非常"科学"地认识到日食和月食是由于太阳、月亮以及地球三者运行轨迹所决定的,并且星体的运行有着其自身的规律,所以日食和月食也有其常数。在对日食和月食的解释中,朱熹对日食的解释较为"科学",认为月亮在太阳之下挡住了太阳的光芒,而对月食的解释却又回到了传统阴阳二气的解释框架当中,认为月食是"阴盛亢阳,而不少让阳故也"。

可以说,在朱熹宇宙论当中,也包含科学路径同哲学路径的对抗,但是总的来说,哲学路径是朱熹的根本趋向。这点体现在朱熹对历法性质的总体评判中:

---

① 罗家伦:《科学与玄学》,商务印书馆2011年版,第33页。
② 《朱子语类》卷二,第21页。
③ 《朱子语类》卷二,第22页。
④ 《朱子语类》卷二,第22页。

古今历家只推算得个阴阳消长界分耳。①

在朱熹看来，历法推算的其实是事物背后阴阳消长的规律而已，它所指涉的对象正是哲学所思考的阴阳二气运行之道。在朱熹思想中虽然有科学精神的隐约萌芽，但是被消解在其理学体系之中。虽然如此，经验观察材料的不断积累也仍然影响到朱熹的基本思想。同张载强调气之"神化"作用相比，朱熹强调气之絪缊相感作用的内在之理，这就使得感应关系在朱熹理学体系中逐渐失去之前的神化特色，成为对事物相互之间必然联系的一种描述。并且，朱熹开始关注事物本身的相互作用关系，在"内感"之外提出"外感"，从而同西方科学的"因果关系"更为相近。

关于内感和外感，《语类》中有一段对话：

> 问："感，只是内感？"曰："物固有自内感者。然亦不专是内感，固有自外感者。所谓'内感'，如一动一静，一往一来，此只是一物先后自相感。如人语极须默，默极须语，此便是内感。若有人自外来唤自家，只得唤做外感。感于内者自是内，感于外者自是外。如此看，方周遍平正。只做内感，便偏颇了。"②

同张载和二程较多关注"二端之感"不同，朱熹认为必须将内感和外感结合在一起，才能"周遍平正"，才能对感应关系作一全面的考察。在朱熹看来，外感自然包括各种以气为中介的感应作用，但是在其谈话中，我们看到"外感"的另外一种表现形态：

> 林一之问"凡有动皆为感，感则必有应"。曰："如风来是感，树动便是应；树拽又是感，下面物动又是应。如昼极必感得夜来，夜极又便感得昼来。"③

> 问："程子说'感应'，在学者日用言之，则如何？"曰："只因这一件事，又生出一件事，便是感与应。因第二件事，又生出第三件事，第二件事又是感，第三件事又是应。如王文正公平生俭约，家无

---

① 《朱子语类》卷二，第25页。
② 《朱子语类》卷九十五，第2438页。
③ 《朱子语类》卷七十二，第1814页。

姬妾。自东封后，真宗以太平宜共享，令直省官为买妾，公不乐。有沈伦家鬻银器花篮火筒之属，公蹙䩄曰：'吾家安用此！'其后姬妾既具，乃复呼直省官，求前日沈氏银器而用之。此买妾底便是感，买银器底便是应。"①

朱熹在第二段对话中对感应作了最为笼统的概述："只因这一件事，又生出一件事，便是感与应。"这样的话，感应就是一种事物间最为普遍的相互作用关系，在这两段对话中，朱子认为这种感应包括：物体间力的作用关系，比如"风吹树动"；外部环境变化引起动物的反应，比如动物因树动而起的反应；二端之间的相互感应，比如昼夜的更替。第二段对话里所举的王曾的例子似乎指事物的量变质变转化，如《易经》中所言"履霜，坚冰至"这种关系。

这样的话，天地万物的感应作用总的说来就有几个不同的层次。首先是内感。内感表现为"二端之感"，它是由于一体之气的运行必然要分为各种相互对立统一的"二端"，而"二端"之间的相互作用是一种感应关系。其次是外感。外感是相互外在的事物之间的感应作用关系，长期以来传统哲学关注的是以气为中介的事物之间的相互作用关系，而这种关系在很多现代学者看来也是传统感应关系最主要的表现形式。在朱熹的思想中，他进一步把日常经验中的事物之间普遍的相互作用关系纳入感应关系之中，感应关系的外延被进一步扩大，从而成为表示事物运动变化的最普遍的原理。朱熹说"只因这一件事，又生出一件事，便是感与应。因第二件事，又生出第三件事，第二件事又是感，第三件事又是应"，这句话同玻姆（David Joseph Bohm，量子物理学家）所谓的客观世界的最为普遍的原理，即"任何事物都有其来龙，由其他事物演变而来，也有其去脉，它又引起其他事物"②具有相同的含义。在玻姆看来，这条原理作为普遍原理，比与西方科学紧密相连的因果关系更加根本。玻姆说："这个原理还不能算是自然界中因果性存在的陈述。实际上它甚至是比因果性还要更基本的东西，因为它是我们之所以能够理性地理解自然的基础。"③

---

① 《朱子语类》卷七十二，第 1815 页。
② 〔美〕戴维·玻姆：《现代物理学中的因果性和机遇》，秦克诚等译，商务印书馆 1999 年版，第 7 页。
③ 〔美〕戴维·玻姆：《现代物理学中的因果性和机遇》，第 7 页。

四　气化万物感应作用的特征

就气化万物的感应运动而言，在张载和朱熹之间有较大的变化，朱熹开始重视事物与事物之间外部的感应作用，这种外感作用实际上就是事物之间最普遍的相互作用关系。只是儒学最终停留在外感阶段，而西方文明并没有停留在这条普遍的原理上，而是试图从这条最为普遍的原理中提取出"因果关系"，并以此促进了西方近代科学的产生与发展。玻姆说事物的相互作用及其变化发展的情况非常复杂，但是其中却存在着一些"有效地保持不变"的关系，

> 我们把这种不变性解释作它表征着这种关系是必然的，亦即这些关系不可能不是这样，因为它们是事物的固有和本质的方面。某一时刻的客体、事件、条件或其他事物与后来各时刻的客体、事件、条件或其他事物之间的必然关系就成为因果性定律。①

因果关系在牛顿力学定律中得到最经典的体现，从16世纪末到19世纪，随着牛顿定律在各个领域被不断证实，人们逐渐认识到牛顿力学定律具有普遍性，从而将牛顿力学体系转化为哲学的世界观。拉普拉斯最早做了这项工作，由牛顿力学构建了一套机械主义的世界观，认为整个宇宙所有的物体都遵循牛顿力学定律，从而"只要在任一时刻给定了一切物体的位置和速度，那么整个宇宙中每一件事物未来一切时刻的行为就被确定了"②。

在玻姆看来，牛顿力学自身不能被称为机械论，它也并不必然导致机械论，只有当人们超出特定的范围，将其扩大为一种哲学世界观时，它才为机械论提供保障。我们认为感应关系不同于因果关系，甚至恰恰与因果关系相对，二者之间的对立就表现为有机主义和机械主义两种自然观和宇宙观的对立。玻姆认为机械主义有一个根本的假设，即认为人类所有经验都能够归为几个简单的定律作用。简而言之，机械论哲学认为："在所有这些性质上的多样性、差异性和表面随意性底下，存在有一组简单的、可以理解的普适力学过程。这些过程通过一种可以在原则上进行完全的计算和验证（在实际中则至少能计算和验证到一定近似程度）的方式，说明了

---

① 〔美〕戴维·玻姆：《现代物理学中的因果性和机遇》，第7—8页。
② 〔美〕戴维·玻姆：《现代物理学中的因果性和机遇》，第47页。

事物为什么会获取它们所具有的各种不同形式，以及为什么会发生它们所经历的那些变换。"①

机械论后来逐渐成为科学发展的阻碍，直到现代相对论和量子力学的产生，在科学内部才承认牛顿力学定律只具有特定的适用范围。如果说相对论和量子力学的发展只是把牛顿力学定律限制在特定的范围之内的话，那么它们则是将机械论哲学彻底击破。在此，我们不准备也没有必要重述机械论在科学上的破产，我们依然借助玻姆的观点来展开讨论，正是在面对机械论哲学时，玻姆作为量子物理学家的"世界观"才进一步表达出来。在玻姆看来，机械论同新的世界观的根本区别在于有限性和多样性的矛盾——自然界中事物的特性是有限的抑或无限的？玻姆说：

> 物质的任何一组特性和属性，以及通过这些特性和属性来表示的特种定律范围，一般说来只能以有限的近似程度、在有限的条件下适合于有限的范围内，这些"有限"的具体界限将通过进一步的科学研究而愈来愈好地确定下来。实际上，经验数据本身的特征及更详细的逻辑分析的结果都表明：在任何给定理论的有效性的上述种种限制之外，总有可能存在无数种新的属性、特征、实体、系统、层级等等，对它们要相应地应用新型的自然规律。或者，把所有上述各种可能性总结为"事物"这个单一的范畴，我们就会看到，对从实验和观察数据实际上所能得出的结论进行系统而一贯的分析，将使我们得出这一观念：自然界中存在有无限多种不同的事物。
>
> 显然，这个观点把我们完全带出了机械论哲学的视野之外，因为我们还记得，机械论观点包含有这一假设：自然界中所存在的基本属性和特征的可能种类是有限的，因此人们至多只能考虑量的无穷性，这是有限种事物的大小或数量的不断增大所致。②

联系到理学家对天地生物"多样性"的重视，我们有理由认为"多样性"是理学家宇宙论的一个重要特质，而西方中世纪以及近代都还缺少关于"多样性"的认识。玻姆排除了"多样性"可能在哲学上的应用，并以其科学家的严谨认为"进一步的研究很可能会发现关于事物的组织的一幅

---

① 〔美〕戴维·玻姆：《现代物理学中的因果性和机遇》，第49页。
② 〔美〕戴维·玻姆：《现代物理学中的因果性和机遇》，第154页。

更普遍图象"①，而在理学家看来，这种无限多样性的来源只能是宇宙无穷无尽的创生。

朱熹对事物之间"外感"作用的认识突破了儒家认为具体事物因其本性而运动的观点。外感表达的是事物之间最普遍的引起与被引起的相互作用关系，西方近代自然科学正是在这一最基本规律的基础上进一步将其中必然的、固定的相互作用关系剥离出来作为科学研究的对象——后一种关系也就是所谓的因果关系。朱熹对外感的强调很可能是受到当时日益丰富的经验观察材料的影响，开始关注事物之间最普遍的相互作用关系。但是就其思想整体而言，他依然是以二气五行作为解释的基本框架，事物之间的相互作用关系从根本上来说依然是一种感应关系。朱熹没有进一步从普遍的相互作用关系中去寻求其中不变的、固定的因果关系——他也不可能去做这样的尝试，因为在他看来，天地万物的存在和运行本身就是不断创造的、具有开放性和多样性的生生之流，而这又是源于事物存在的内在之理。

西方哲学将事物的本性或本质视为一个事物同其他事物相区分的质的规定性，宋明儒学并没有关注事物特殊的规定性，在他们看来，任何事物都是由阴阳二气的感应作用生成，所以事物的本性从根本上而言也逃不出阴阳二性。天为纯阳，地为纯阴，二者构成宇宙的两极。其他星体都因其阴阳之性在天地之间占据一定的位置，并且按照"阳速而阴缓"的原则以一定的速度运行。恒星在理学家看来同样是纯阳之物，所以它们跟天一道运行，与天同体。太阳虽然被视为"阳精"，却内含阴性，所以运行速度稍慢于恒星。在理学家那里，事物因性相感的运动最终还是回到了阴阳两种不同性质上。除了纯阳和纯阴之物，绝大多数事物都是一身而含阴阳，阴阳的具体构成决定了事物具体的性质。一个事物依其内部的阴阳结构，可以总体上表现为阳性或阴性，比如太阳虽然内含阴性，但是总体上却是阳性的，月亮虽然含有阳性，但是总的性质却是阴性的。这样的话事物与事物之间因其所秉阴阳之性的不同也总是处于相互感应的关系中，比如金星和水星总体上都是阴性的，因此总是附着于太阳相感而动。

第三节 作为天理的感应作用

在理学家中，张载是较为纯粹的"气本论"者。张载关学和二程洛学

---

① 〔美〕戴维·玻姆：《现代物理学中的因果性和机遇》，第162页。

之间的关系颇为复杂，二程对《西铭》称赞有加，而对《正蒙》当中其他一些篇章则有所批评，其中便涉及"气本论"。在二程看来，形而上者只能是"理"或"道"，所谓"有形总是气，无形只是道"①。伊川说：

> "一阴一阳之谓道"，道非阴阳也，所以一阴一阳道也。②

> 离了阴阳更无道，所以阴阳者是道也。阴阳，气也。气是形而下者，道是形而上者。形而上者则是密也。③

明道更是明言：

> 子厚以清虚一大名天道，是以器言，非形而上者。④

二程以气为形而下，可以说是对张载思想的直接批评，同时也是对前人"气论"的一次总批判。在二程之前，人们对形而上之道与形而下之气的规定并不是很明确，更多地把"气"直接视为形而上者。程颢在"气"之上明确提出"理"，并将之视为真正的无形的形而上者。对此，程颢有着强烈的"理论自觉"，他承认自己所学皆有所受，却把"天理"作为自己理论具有标示性的"创新点"，宣称"天理"二字是自己体贴出来的。程颐更是进一步认为："天下物皆可以理照，有物必有则，一物须有一理。"⑤冯友兰先生认为：

> 在道学家中，确立气在道学中之地位者，为张横渠，……至于理，则濂溪《通书·理性命章》已提出，康节《观物篇》亦言物之理。横渠《正蒙》亦言："天地之气，虽聚散、攻取百途，然其为理也顺而不妄。"不过此诸家虽已言及理，而在道学家中确立理在道学中之地位者，为程氏兄弟。⑥

---

① 《河南程氏遗书》卷六，《二程集》，第83页。
② 《河南程氏遗书》卷三，《二程集》，第67页。
③ 《河南程氏遗书》卷十五，《二程集》，第162页。
④ 《河南程氏粹言》卷一，《二程集》，第1174页。
⑤ 《河南程氏遗书》卷十八，《二程集》，第193页。
⑥ 冯友兰：《中国哲学史》，第257页。

虽然对理和天理有着高度的理论自觉,但是正如冯友兰先生所言,二程"虽常言天理或理,然对于天理或理之确切意义,则未明言"①。并且二程兄弟各自对理的理解也有出入,牟宗三先生认为明道所谓之理是"即存有即活动"的,开启后来心学一脉;伊川之理是"只存有不活动"的,开启后来理学一脉。冯友兰先生认为程颐之理同希腊哲学中之概念或形式更为相似,后来理学一系皆有此倾向。而程颢之理,更多表示具体的事物的自然趋势,不可脱离具体事物而存有,后来心学一系则有此倾向。②尽管牟宗三对冯友兰借实在主义的"形式"和"理念"等概念来格义程朱之理表示不满,但二人对二程的分歧的总体判断却是一致的。

一 理之感应与感应之理

冯友兰认为,明道之理"似指一种自然的趋势。一物之理,即一物之自然趋势。天地万物之理,即天地万物之自然趋势"③,并且作为事物自然趋势之理是不离事物而独存的。在理气论的框架内,明道所谓理也即横渠所谓天地之气"其为理也顺而不妄",是指一气运行的自然趋势和内在规律。考虑到明道认为感应是天地万物最基本的相互联系和作用的形式,那么也可以说感应即是理。与明道不同,伊川之理有离物而实存之义,后来朱子进一步发挥了伊川的思想,提出理同气相比是"无情意、无计度、无造作"的"洁净空阔的世界",认为气动而理不动。事实上,在理之动静问题上,理学确实也面临了当时柏拉图理念世界如何产生出具体感性世界的问题。气之所以能够感应而动,是因为有此感应而动之理。针对这个问题,朱子提出"理乘气动",后来韩国儒者李退溪(1501—1570)更是集中讨论了理能否活动的问题。④

理气动静同理气关系一样,本不易言明。比如在答郑可学书中,朱熹说:

> 理有动静,故气有动静,若理无动静,则气何自而有动静乎?⑤

---

① 冯友兰:《中国哲学史》,第257页。
② 冯友兰:《中国哲学史》,第261—262页。
③ 冯友兰:《中国哲学史》,第260页。
④ 关于朱熹理气动静的论述,可以参见陈来《朱子哲学研究》第四章,陈来先生得出的最终结论是:"理自身并不运动。"关于李退溪对朱子理气动静思想的发展的论述,可参见李明辉《四端与七情:关于道德情感的比较哲学探讨》结论部分。
⑤ 朱杰人等主编:《朱子全书》第23册,上海古籍出版社2010年版,第2687页。

陈来认为这是指朱熹认为"理是气之动静的根据"①,所谓"理有动静"其实是指"按照事物存在、运动的道理来说,本来就应该有动有静",也就是说所谓"理有动静"其实是说事物"有动静之理",而非认为理本身也有动静。《语类》中有一处说得更清楚:

> 问:"屈伸往来,气也。程子云'只是理',何也?"曰:"其所以屈伸往来者,是理必如此。"②

所以陈来先生总结说:

> 朱熹认为,所谓"屈伸往来只是理"是说屈伸往来只是理必如此,理合如此,即气之屈伸往来乃是由于其中的内在规律决定其如此运动不已,气的运动完全是合乎规律要求的正常表现。事实上,对二程此语的误解出于记录过简所致,在二程亦以为屈伸往来之所以然者为理,朱熹这个解释是合乎二程思想的。③

联系朱子晚年认为理同气比是一种"逻辑在先"的观点,朱熹关于理气动静的思想其实更加向程颢靠近,理之屈伸相感只是指气的屈伸相感的内在规律,这就与程颢认为理是指事物运行的自然趋势相同了。所以尽管理学内部关于理的认识有差异,但是总体来说,他们都是以天理或理来标示事物存在及运动的内在根据和法则。所谓"理有动静"在宋代理学中还没有发展到李退溪的地步,认为理是动静感应的实体,在程朱思想中,气依然是动静感应作用的实体,而理则是气之动静感应的内在趋势和规律。

程朱在理学的视域内,深入思考了感应的内在之理,一是以"万物莫不有对"为基础,明确解释了万物相感的内在根据;二是将"二端之感"深化至"内感",进一步说明事物感应运动的具体情状和规律。这些都超出了张载气论的理论视域。相对于阴阳二气运行的细缊相感、神而难知的特点,"理"作为阴阳二气运行的规律和根据,更多的是变易之后的"不易"。就感应关系而言,同张载过于强调"神化"不同,程氏兄弟都强调"神化"的内在规律性和必然性。明道说:

---

① 陈来:《朱子哲学研究》,华东师范大学出版社2000年版,第104页。
② 《朱子语类》卷九十五,第2437页。
③ 陈来:《朱子哲学研究》,第105—106页。

《咸》《恒》，体、用也。体用无先后。①

《咸》卦在儒家的解释系统中一直被视为《易经》对感应原理的经典阐述，而二程则将《咸》卦与《恒》卦统一来看，认为后者表示的是事物之间感应关系的永恒性和有序性。明道认为《咸》卦体现的感应原理同《恒》卦体现的永恒性和规律性是体用的关系，并且体用之间没有先后次序之别。

伊川对此作了更为详尽的解释：

> 天地万物之本，夫妇人伦之始，所以上经首《乾》《坤》，下经首《咸》继以《恒》也。天地二物，故二卦分为天地之道。男女交合而成夫妇，故《咸》与《恒》皆二体合为夫妇之义。《咸》，感也，以悦为主；《恒》，常也，以正为本。②

二程将《咸》《恒》两卦对立来看，并认为二者是体用关系。这里面有两层意思：一是指天地间事物的相互感应作用并非虚妄的，而是实有其理；二是说《恒》以《咸》为体，天道或天理指的正是事物相互感应作用的具体形式。就程颢而言，一方面他明确提出"天地之间，只有一个感与应而已"，认为天地万物运行方式的总体特征便是"感应"③；另一方面，程颢的思想又是以"天理"为核心的。可以说"天理"其实就是事物"感应"之理，而"感应"也正是事物存在、运行的根本方式和规律。感应并非原始交感巫术信奉的事物之间神秘的超距作用，而是事物自身存在和运行的规律。二程都强调感应之道的"常"和"正"；感应作为儒家本体论—宇宙论的基本架构，也就是二程所体悟的"天理"的全部内容，它

---

① 《河南程氏遗书》卷十一，《二程集》，第119页。
② 《周易程氏传》卷三，《二程集》，第854页。
③ 程颢的这句具有"标志性"的话竟然被很多人当作程颐所说，几乎可以看作一个解释学事件了。在《近思录》中，这句话很清楚地标明为程颢所说，但是在《宋元学案》中却不知何故就被认为是程颐所言，牟宗三先生竟也不加审视，把这句话作为程颐的一个重要观点详加分析。这句话源于《河南程氏遗书》第十五卷，又名《入关语录》，一般都被视为程颐所说，所以从《宋元学案》开始便把这句话归入程颐名下。但是《入关语录》是否即是程颐所说，或全部是程颐所说，尚难定论。在中华书局《二程集》本中，《入关语录》条目下又注："或云：明道先生语。"而考之吕坚中所记《尹和靖语》中，明确记有："明道尝谓人曰：'天下事只是感与应耳'，先生（引者按，指尹和靖）初闻之，以问。伊川曰：'此事甚大，人当自识之。'"再参考《近思录》中所记，此话当为程颢所说无疑。

表明在二程看来"天之理"是以"感应"为基础的。当我们遭遇到西方现代科学世界观时，才可能进一步理解这种"感应"的真正内涵。

"天理"或"理"意味着事物"实实在在具有的东西"，两者在二程思想中具有"启蒙"意味，这点也同宋代整体的时代精神一致。感应之理在二程看来同样是事物自身实实在在具有的一种关系，并非虚构的、不合"理"的东西，基于此，二程对流行的灾异感应思想进行了批判。《河南程氏遗书》中有一条：

> 又问："汉儒谈《春秋》灾异，如何？"曰："自汉以来，无人知此。董仲舒说天人相与之际，亦略见些模样，只被汉儒推得太过。亦何必说某事有某应？"①

灾异感应之说在汉代盛行，而它作为中国民间的一个重要思维方式，在《春秋》以及孔子本人思想中都能找到苗头。二程在其理学体系中对《春秋》灾异事件做了"理学化"的解释，②认为自汉以来，就没人能识得《春秋》灾异的真正含义。二程语录中关于灾异感应的论述颇多，其中初看又似乎有许多相互抵牾之处，从浅处看是由于记录者理解程度不同，而其深层次原因却是由于二程关于灾异感应思想的"理学化"态度，一方面对灾异感应绝非简单地全盘否定，另一方面又要排除其中的神秘的、不合"理"的因素。所以伊川一方面肯定董仲舒论天人之际"略见些模样"，但是又批评汉儒"推得太过"。从这点来看，"理学化"具有折中主义的色彩，走的是一条中间路线。

关于《春秋》的灾异书写，伊川说："《春秋》书陨石陨霜，何故不言石陨霜陨？此便见得天人一处。"③ 关于"陨石陨霜"，在《河南程氏遗

---

① 《河南程氏遗书》卷二十二下，第304页。
② 出于更为审慎的考虑，我们在这里用了"理学化"而不是"理性化"。在当前的国际化话语体系下，用后者十分容易让人把宋儒的"理学化"进程纳入西方"理性化"的进程之中，从而实现一个世界性的统一的话语系统。事实上，国内很多研究者都无保留地接受了韦伯关于世界历史祛魅化的思想，并将宋代理学的启蒙视为普遍的理性启蒙进程的一部分。如果细加分析的话，就会发现"理学化"和"理性化"还是有重要的区别的，仅举一例，宋儒虽然具有很强的启蒙精神，但是在宋儒的思想中对传统的鬼神、祭祀思想并未完全抛弃，在程颐以及朱熹的谈话中，鬼神或祭祀等甚至是一个非常重要的内容。如果把"理学化"视为"理性化"的一个分支的话，就必然会把宋儒思想中的这些成分视为"异己"的"神秘主义"残留。
③ 《河南程氏遗书》卷二十三，《二程集》，第309页。

书》卷十五中有类似的记录：

> "陨石于宋"，自空凝结而陨；"六鹢退飞"，倒逆飞也。倒逆飞，必有气驱之也。如此等，皆是异事也，故书之。大抵《春秋》所书灾异，皆天人响应，有致之之道。如石陨于宋而言"陨石"，夷伯之庙震，而言"震夷伯之庙"，此天应之也。但人以浅狭之见，以为无应，其实皆应之。然汉儒言灾异，皆牵合不足信，儒者见此，因尽废之。①

这两段记载意思相近，不说"石陨霜陨"，而说"陨石陨霜"，是因为"石陨霜陨"以石和霜为主语，这样的表述更像是对客观物理事件的描述，而"陨石陨霜"，则省略了主语，暗示了一个暗自响应人事之"天"。以此可见，伊川对《春秋》通过对灾异事件的强调来表示天人感应之理是基本上赞同的，并认为只有《春秋》才是真正的"明察秋毫"，普通人认为天人并无响应之处，其实都有响应。但是在后一段记载中，他又特别强调汉儒后来大肆宣扬的灾异感应学说牵强附会，因而应该从儒家思想中完全废除。

上面两段话对于天人相与之道本身并没有给出进一步的说明，在《河南程氏遗书》卷十八中，伊川有关于这个问题的进一步解答：

> 问："'凤鸟不至，河不出图'，不知符瑞之事果有之否？"曰："有之。国家将兴，必有祯祥。人有喜事，气见面目。圣人不贵祥瑞者，盖因灾异而修德则无损，因祥瑞而自恃则有害也。"
>
> 问："五代多祥瑞，何也？"曰："亦有此理。譬如盛冬时发出一朵花，相似和气致祥，乖气致异，此常理也，然出不以时，则是异也。如麟是太平和气所生，然后世有以麟驾车者，却是怪也。譬如水中物生于陆、陆中物生于水，岂非异乎？"
>
> 又问："汉文多灾异，汉宣多祥瑞，何也？"曰："且譬如小人多行不义，人却不说，至君子未有一事，便生议论，此是一理也。至白者易污，此是一理也。《诗》中，幽王大恶为小恶，宣王小恶为大恶，此是一理也。"②

三段对话的问答在逻辑上有着层层推进之义。第一段是问有没有符瑞

---

① 《河南程氏遗书》卷十五，《二程集》，第159页。
② 《河南程氏遗书》卷十八，《二程集》，第238页。

之事，伊川的回答是肯定的，并作了一个生动的比喻，说国家将兴，自会有祥瑞，正如人有喜事便会面有喜色一样。第二段是提问者接着追问，如果符瑞实有其事的话，那么为什么五代时期反而多见呢？伊川直承董仲舒的理论，以气论来回答这个问题，认为"和气致祥，乖气致异，此常理也"。提问者又接着追问，如果这样的话，为何汉文帝天下大治，反而各种灾异的记载比汉宣帝时还要多呢？此时，伊川对天人相感的理论依然没有任何动摇，通过"保护带"对其核心理论进行了很好的保护。

伊川在解释天人相感之理时，并没有提出太多的新见解，依然是通过"气论"来解释灾异现象。但是，他更加注重的是气运行的"自然"之理，这就使得伊川对一些流行的、神秘化的灾异事件进行了坚决的否定。比如说他批判祈雨。祈雨是天人感应信仰下一种典型的行事方式，伊川从气运行的自然之理出发对此进行了批判：

> 又问："如名山大川能兴云致雨，何也？"曰："气之蒸成耳。"又问："既有祭，则莫须有神否？"曰："只气便是神也。今人不知此理，才有水旱，便去庙中祈祷。不知雨露是甚物，从何处出，复于庙中求耶？名山大川能兴云致雨，却都不说着，却只于山川外木土人身上讨雨露，木土人身上有雨露耶？"①

雨既然是气蒸腾而成，有其必然之理，希望通过祈祷而致雨是不可能的。此外，程颐对民间术数也多有批评，尤其是风水之术，认为："地理之书最无义理。"程颐自述他和兄长程颢皆不信风水之术，其祖父葬时仅用昭穆之礼法，风水师说其所选之地为"商音绝处"，但程颐置之不理，"某家至今，人已数倍之矣"。② 程颐不仅在理论上，更是以事实批驳风水之术最无义理。

从感应自然之理出发，伊川批判了灾异感应学说中很多的不合"理"的成分，由于对感应自然之理的重视，伊川思想中甚至出现了人本主义的端倪。在前文所举《河南程氏遗书》卷十八有关于日食的讨论中，伊川的回答似乎还较为模糊，但是在同唐棣的对话中，伊川思想则有非常大的突破：

---

① 《河南程氏遗书》卷二十二上，《二程集》，第 288 页。
② 《河南程氏遗书》卷二十二上，《二程集》，第 290 页。

问:"《春秋》书日食,如何?"曰:"日食有定数,圣人必书者,盖欲人君因此恐惧修省,如治世而有此变,则不能为灾,乱世则为灾矣。人气血盛,虽遇寒暑邪秽,不能为害;其气血衰,则为害必矣。"①

这段话中,伊川明确指出日食有定数,有其客观的规律性,因而是无关灾异的。《春秋》之所以要每遇必书,是因为希望君王能够因此恐惧修省,这些灾异现象其实是正常的,在治世和乱世都会出现,只是在治世,因为人事完备,不会造成灾害,而乱世则反之。又如《春秋》中桓公四年没有记载秋冬,很多人认为是书灾异,但是伊川认为其实是暗讽桓公无道,违背天理,因此不书秋冬。②

在同唐棣的另外一则对话中,伊川的这种思想表现得更加明显:

棣问:"福善祸淫如何?"曰:"此自然之理,善则有福,淫则有祸。"又问:"天道如何?"曰:"只是理,理便是天道也。且如说皇天震怒,终不是有人在上震怒?只是理如此。"又问:"今人善恶之报如何?"曰:"幸不幸也。"③

"福善祸淫"思想是感应思想在民间一个重要的表现形式,在上面的对话中,伊川依然是从"理"来说。不过伊川对于自然现象的解释基本上是以"气论"为依据,而对于人事现象的解释则具有人本主义的色彩,以人自身的行为作为根据。比如关于日食现象,伊川明确说日食并不意味着灾异,灾祸根本的原因还是在于人事。福善祸淫也是如此,并没有一个主宰的上帝对人世间的事情做出审判,福祸都是由自己的行为决定的。善行总能招致福报,淫行总是招致灾祸,这是事物自身必然之"理"。

二 内感:感应之理的形式

前文已经述及,张载在《横渠易说》中把同类相感和异类相感作为感应的两种基本形态,而在《正蒙》中异类相感被表述为"二端之感",成为感应的最基本形态。同类相感是不同事物之间以气为中介发生的相互感

---

① 《河南程氏遗书》卷二十二下,《二程集》,第299页。
② 见《河南程氏遗书》卷二十二下"桓公四年无秋冬"条,《二程集》,第298页。
③ 《河南程氏遗书》卷二十二上,《二程集》,第290页。

应作用，而二端之感则是一体之气自身存在和运动的方式，源于一体之气的内在本性。张载后期对"异类相感"，特别是"二端之感"的强调，应该受到了二程的影响。吕大临《横渠先生行状》记载：

> 嘉祐初，见洛阳程伯淳、正叔昆弟于京师，共语道学之要，先生涣然自信曰："吾道自足，何事旁求！"乃尽弃异学，淳如也。①

《宋史·张载传》记载得更加详细：

> 尝坐虎皮讲《易》京师，听从者甚众。一夕，二程至，与讲《易》，次日语人曰："比见二程深明《易》道，吾所弗及，汝辈可师之。"撤坐辍讲。与二程语道学之要，涣然自信曰："吾道自足，何事旁求！"于是尽弃异学，淳如也。②

对比《横渠易说》中对《咸》卦的解释与《正蒙》来看，张载关于感应的理解有很大的发展，其中最主要的一点就是尽弃《易说》中庞杂的解释，而专主"二端之感"。但是张载在气本论的视域下，将二端之感更多地限定在气之感应的范围内，主要是指阴阳二气之间的屈伸相感。二程则突破了气论的局限，认为万事万物都由相互对立统一的"二端"构成，并且事物的运动、变化也正是源于二端之间的屈伸相感。程颢描述了他体悟、认识到这个思想时的兴奋状态：

> 天地万物之理，无独必有对，皆自然而然，非有安排也。每中夜以思，不知手之舞之，足之蹈之也。③

可以说，天地万物"无独必有对"是二程体悟到的最基本的世界图式，在此图式中，整个世界并不是一个天人同构的整体，而是一个由众多相互对立统一的"二端"构建起来的整体。明道先生又说：

> 万物莫不有对，一阴一阳，一善一恶，阳长则阴消，善增则恶

---

① 《张载集》，第381—382页。
② 《张载集》，第386页。
③ 《河南程氏遗书》卷十一，《二程集》，第121页。

减。斯理也，推之其远乎？人只要知此耳。①

明道先生说"天理"是他自己体贴出来的，可以推断，明道先生体贴出来的"天理"的一个核心内容正是"无独必有对"，"万物莫不有对"。伊川也说："天地之间皆有对，有阴则有阳，有善则有恶。"并以君子小人为例，认为天地间不可都生君子，有君子就有小人，只要君子之势能够压制小人便可。②

前文已提及程颢一方面认为"万物莫不有对"是世界的基本结构图式，另一方面又提出"天地之间，只有一个感与应而已"，认为天地万物运行方式的总体特征便是"感应"，这样的话，各种相互对立统一的二端之间的相互作用正是"感"与"应"的关系。程颐的思想同程颢虽有出入，但是基本观点无疑是一致的。朱熹更是明确把二程"无独必有对"的思想同感应关系直接联系了起来：

> 器之问程子说感通之理。曰："如昼而夜，夜而复昼，循环不穷。所谓'一动一静，互为其根'，皆是感通之理。"木之问："所谓'天下之理，无独必有对'，便是这话否？"曰："便是。天下事那件无对来？阴与阳对，动与静对，一物便与一理对。君可谓尊矣，便与民为对。人说碁盘中间一路无对，某说道，便与许多路为对。"因举"寒往则暑来，暑往则寒来"与屈伸消长之说。③

当二程将对立统一的二端由气论上升到天道的高度时，他们就进一步认为二端之感是一种"内感"，因为它源于事物存在、运动、变化的内在之理。关于内感，二程说：

> "寂然不动"，万物森然已具在；"感而遂通"，感则只是自内感。不是外面将一件物来感于此也。④

> "寂然不动，感而遂通"者，天理具备，元无欠少，不为尧存，不为桀亡。父子君臣，常理不易，何曾动来？因不动，故言"寂然"；

---

① 《河南程氏遗书》卷十一，《二程集》，第 123 页。
② 《河南程氏遗书》卷十五，《二程集》，第 161—162 页。
③ 《朱子语类》卷七十二，第 1814—1815 页。
④ 《河南程氏遗书》卷十五，《二程集》，第 154 页。

虽不动，感便通，感非自外也。①

二程对"寂然不动，感而遂通"的解释更多的是从心物关系视角展开，但是也有宇宙生成论的解释空间。如果"寂然不动，感而遂通"指向宇宙生成论的话，那么可以认为宇宙发端之初是一个"寂然不动"的状态，虽然寂然不动，但是并非空无一物，相反却是万理具备。而由寂然不动状态开始运动，并最终生成天地万物，最初的动力因并非来自一个外部事物的推动，而是由于内在的感应运动。

在二程的基础上，朱熹对内感和外感做了进一步的说明，认为外感是"感于外者"，内感是"感于内者"。外感是两个事物之间外在的相互感应，外感的发生与否是有条件的；而内感则是任何事物因其内在本性必然发生的运动。在下面两段谈话中，朱子详细地解释了事物内在的感应之理：

"《周易传》言'有感必有应'，是如何？"曰："凡在天地间，无非感应之理，造化与人事皆是。且如雨旸，雨不成只管雨，便感得个旸出来；旸不成只管旸，旸已是应处，又感得雨来。是'感则必有应，所应复为感'。寒暑昼夜，无非此理。如人夜睡，不成只管睡至晓，须着起来；一日运动，向晦亦须常息。凡一死一生，一出一入，一往一来，一语一默，皆是感应。中人之性，半善半恶，有善则有恶。古今天下，一盛必有一衰。圣人在上，兢兢业业，必日保治。及到衰废，自是整顿不起；终不成一向如此，必有兴起时节。唐贞观之治，可谓甚盛。至中间武后出来作坏一番，自恁地塌塌底去。至五代，衰微极矣！国之纪纲，国之人才，举无一足恃。一旦圣人勃兴，转动一世，天地为之豁开！仁宗时，天下称太平，眼虽不得见，想见是太平。然当时灾异亦数有之，所以驯至后来之变，亦是感应之常如此。"②

如日月寒暑之往来，皆是自然感应如此。日不往则月不来，月不往则日不来，寒暑亦然。……"屈伸相感，而利生焉"者，有昼必有夜，设使长长为昼而不夜，则何以息？夜而不昼，安得有此光明？春

---

① 《河南程氏遗书》卷二上，《二程集》，第43页。
② 《朱子语类》卷七十二，第1813—1814页。

气固是和好，只有春夏而无秋冬，则物何以成？一向秋冬而无春夏，又何以生？屈伸往来之理，所以必待迭相为用，而后利所由生。春秋冬夏，只是一个感应，所应复为感，所感复为应也。春夏是一个大感，秋冬则必应之，而秋冬又为春夏之感。以细言之，则春为夏之感，夏则应春而又为秋之感；秋为冬之感，冬则应秋而又为春之感，所以不穷也。尺蠖不屈，则不可以伸；龙蛇不蛰，则不可以藏身。今山林冬暖，而蛇出者往往多死，此即屈伸往来感应必然之理。夫子因"往来"两字，说得许多大。又推以言学，所以内外交相养，亦只是此理而已。横渠曰："事豫吾内，求利吾外；素利吾外，致养吾内。"此下学所当致力处。过此以上，则不容计功。所谓"穷神知化"，乃养盛自至，非思勉所及，此则圣人事矣。①

在朱子看来，事物内部的感应是必然要发生的，有其必然之理。为什么二端之感会必然发生？朱子说："有昼必有夜，设使长长为昼而不夜，则何以息？夜而不昼，安得有此光明？春气固是和好，只有春夏而无秋冬，则物何以成？一向秋冬而无春夏，又何以生？屈伸往来之理，所以必待迭相为用，而后利所由生。"如果事物内部没有二端之间的相互感应运动的话，那么这个世界将是不可想象的。我们无法想象一个只有夜晚而没有白昼的情景，也没有办法设想只有白昼而没有黑夜的情形，整个世界的存在都表明其运行法则就是"屈伸相感，而利生焉"，如果没有二端之间的屈伸相感，那么也就不成为一个世界了。②

张载提出"二端之感"后就很少谈论同类相感了，朱熹虽然认识到"二端之感"作为"内感"在事物的感应关系中处于一个更加根本的位置，但是他认为只有将"内感"和"外感"结合在一起，才能描述事物之间完整的感应关系，才能"周遍平正"，如果单单从"内感"来理解感应关系的话，则会失之偏颇。可以说内感和外感是两种不同层面上的感应作用关系，内感是本体论层面上的，源于事物存在结构的内在之理；外感则是形而下的现实层面，是具体事物之间的相互作用关系。内感可以看作外感的基础，它为宇宙万物的生成、变化提供了最根本的动力，并规定了事物运动、变化的整体趋向；外感是内感在具体事物之间的表现。

---

① 《朱子语类》卷七十二，第1815—1816页。
② 朱子的思想带有很强的"描述的形而上学"的特征，而非"建构的形而上学"，也就是说，朱子的"理"建立在对整个世界运行总体特征的描述上，或者如维特根斯坦（Ludwig Wittgenstein）所说，他所惊讶的是"这个世界是如此这般的！"

朱熹区分了内感和外感是对传统感应理论的一次突破，使得感应理论从传统的同类相感中走出，这种转变对整个儒家理论体系都有重要的意义。孔子秉承并发扬了西周人文主义精神，确立了儒家以仁为核心的伦理体系。但是由于孔子总体上对性与天道持"搁置"的态度，所以后世儒者都纷纷试图为儒家思想寻求形而上的根基。虽然思孟学派、《易传》等都已经做出尝试，但是最早建立起完整的宇宙—本体论体系的应属董仲舒。董仲舒以气的同类相感为基础，构建了天人相感的世界图式，并因天具有仁义礼智等特性，而以此作为人的伦理行为的根据。可以说，董仲舒第一次以感应为基础为儒家的仁义等德目确立了根基。董仲舒的天人感应我们称之为"外在感应论"，在董仲舒的天人感应中，天和人之间并不是一种"一贯"的关系，而是一种外在的关系，在天和人之间还没有实现内在的统一。我们通过经验观察得到天具有仁义礼智信等特性，并在天人相感的体系中，反过来要求人的伦理行为要模仿天道。直到宋代儒学复兴，张载构建了"太虚"（气之本体）分为阴阳"二端"，以及"二端"的相互感应最终产生天地万物的宇宙生成模式。二程首先确立了"无独必有对"的世界图式，认为世界是由一系列相互对立统一的"二端"构成，从而取代了董仲舒"天人相感"的世界图式，"二端"之间的相互作用也是一种"感应"关系，因此整个世界成为一个相互感应的有机整体。朱子在洛学和关学的基础上，把"二端之感"定性为"内感"，"内感"是事物由于其本性在自身内部发生的"二端"之间的相互作用。"内感"的提出对儒家理论体系的完善有重要的意义。

　　内感的理论解释了宇宙发生以及事物运动的动力因问题，使得儒家自然观在理论上更趋完备。儒家自然观与机械主义不同，后者以西方近代科学世界观为代表，在牛顿的力学体系中得到最为科学化的表达，而在笛卡尔等人的思想中得到了哲学化的表达。机械主义世界观认为世界由物质构成，而物质的根本特性就是广延。任何一个物体的运动都是由于另外一个物体的推动，整个世界严格受到力与力的相关作用关系的支配。机械主义虽然在西方近代才逐渐占据统治地位，但是在西方文明的两大源头中都可以找到其演化的蛛丝马迹。亚里士多德以"四因说"解释事物存在及运动的根据，在"四因"中，作为事物物质根基的"质料因"本身是不会动的，事物的运动是由于"动力因"。在亚里士多德看来，一个事物的运动也只能是由于另外一个事物的推动，以此类推的话，必然有一个"不动的推动者"作为这个世界运动的最终动力因。这个"不动的推动者"其实也就是"神"。而在基督教信仰中，世界是由上帝创造的，这就化解了世界运动"动力因"的问题。无论是在亚里士多德还是在基督教的信仰中，都认为事物运动的动力有一个外部的来源，纯粹物质自身是不会运动的。

中国传统气论思想默认气本身就是能动的，这种默认的观点使得"动力因"一直没有进入中国思想的视野。而"内感"说实际上回答了为什么气本身就能够运动的问题。因为原初的一体之气必然要分化，如果不分化的话，也就没有整个世界，一体之气必然分化为各种对立统一的"二端"，"二端"之间的相互感应便产生了世界万物。这种"二端之感"就表明原初之气因为其本性（理）就必然要运动，而并非由于外部其他东西的推动。"内感"的提出使得宇宙的产生以及事物的运动彻底摆脱了对一个外在"推动者"的需要，这个世界是非创造的、非机械的，而是一个由于事物内部必然存在的各种"二端"之间相互感应运动而形成的生生不息的世界。

三 感应之理的特征

二程以"无独必有对""万物莫不有对"作为其世界图式的基本结构，对立统一的"二端"之间的关系正是"感应"作用。所以在二程那里，"万物莫不有对"和"天地之间，只有一个感与应而已"两个判断是一致的。如前所述，道家很早的时候就指出了世界的辩证结构模式，但是二者在此基础上却形成了不同的价值指向。事实上，当理学家把对立统一的双方之间的相互作用看作"感应"关系时，他们同道家之间的区别已经初露端倪。但是要更加清晰地洞见二者之间的"毫厘之辨"，我们必须对程朱关于"感应"作用的具体规定进行梳理，这些都表现在他们关于"感应之理"的体察中。

二程在对"天理"的体察的基础上，对上古以来灾异感应思想进行了"理学化"的处理，剔除了灾异感应思想中"不合理"的、荒诞的部分，进一步为其中"合理"的部分提供"哲学"层面的依据。后者又分为两个方面，一是依据传统的"气论"对自然现象进行解释，二是对人事方面"福善祸淫"思想进行了人本主义的解释。这种对感应思想的"理学化"处理，并不是对感应思想的抛弃，而是对事物的本性及其运行规律的更加深入的思考。一方面，感应绝对不是毫无根据的灾异感应、天人感应，而是事物根据其本性而来的实实在在的相互作用关系；另一方面，这样一种作用关系又是以"感应"为基本特征的。这种"理学化"的感应关系虽有对传统感应思想（包含民间思想）的批判，但更多的是继承与发展。也正是在这点上，程朱理学同老子的道家思想区分了开来。张载、二程和朱子都把"万物莫不有对"视为世界的基本结构模式,而普遍的感应作用正是以世界的"二端"结构为基础的。老子也把对立统一的辩证结构视为宇宙存在的模式,在此基础上,道家和儒家的宇宙观和自然观共同表现出"有机主义"的特质,只有当我们把理学家的感应内在之理充分展现之后,儒家和道家在有机主义内部的"毫厘之辨"才会显现出来。

(一) 感应作用具有生生不已之理

张载认为万物由太虚之气凝聚而成,消散之后又复归于太虚之气。一方面以"太虚"为气之本体,以告诫俗学"徇生执有者物而不化";另一方面又认为万物消灭之后,其气不灭,只是复归于太虚而已,因此并不存在所谓的"虚无",并以此来批判佛教。这个说法有效地针对了以山河大地为虚幻的佛教教义,但是在二程看来也一并损害了天地生物不息的特性,倘若天地以消散之气来重新创造新的事物,那就不符合自然生生不穷之理。程颐说:

> 若谓既返之气复将为方伸之气,必资于此,则殊与天地之化不相似。天地之化,自然生生不穷,更何复资于既毙之形,既返之气,以为造化?①

程颐认为天地之气,生生不穷。如人之呼吸,不可能所吸之气全为呼出之气,又如海水之涨涸,不可以为是已经干涸之气生成新涨之水。

所以在程颐看来,气是有聚散消灭的,一个事物消灭了,作为其基本构成元素的气也同样不复存在了,而从"真元"之中自然又会创生出新的气出来,以构成新的事物。就是说,作为构成个体事物的气是要归于虚无的,但是作为气之本源的"真元"却会源源不断地产生新的气。构建一个"真元"作为生生不息之气之源泉,显然是受到了《老子》"谷神不死"章的影响。朱熹对此直言不讳:

> 问"谷神不死"。曰:"谷之虚也,声达焉,则响应之,乃神化之自然也。'是谓玄牝'。玄,妙也;牝,是有所受而能生物者也。至妙之理,有生生之意焉,程子所取老氏之说也。"②

---

① 《河南程氏遗书》卷十五,《二程集》,第148页。
② 《朱子语类》卷一百二十五,第2995页。

朱子本人也肯定了老子的这种自然生物生生不已的思想，认为自有其可取之处，并且更进一步把自然生生无穷的特性同事物的感应作用联系起来：

> 玄牝盖言万物之感而应之不穷，又言受而不先。①

在二程看来，谷神"虚而不屈，动而愈出"说的是化生万物生生不息的过程，谷神、玄牝作为生气之源，正如水之源头一样，自能源源不断地产生出气来。而朱子更侧重于从感应的角度来理解，认为气化生生不息的过程同感应之跌宕无穷一致。二端之间的感应按"理"来说就应无有穷尽，昼夜必然交替，以此构成无尽的时间，单方面的昼或夜都不可能是无穷尽的，昼必然感得夜，夜也必感得昼，唯有昼夜交替才有时间的无尽绵延。同理，众多二端之间也必然都是"迭相为用"的，因此世界万物才会生生不息。

（二）感应作用具有生物不齐之理

二端之感迭相为用，成就生物不息，二气相感生成万物则兼具多样性和开放性，即感应作用具有生物不齐之理。程子说：

> 命之曰易，便有理。若安排定，则更有甚理？天地阴阳之变，便如二扇磨，升降盈亏刚柔，初未尝停息，阳常盈，阴常亏，故便不齐。譬如磨既行，齿都不齐，既不齐，便生出万变。故物之不齐，物之情也。而庄周强要齐物，然而物终不齐也。②

朱子也说：

> 造化之运如磨，上面常转而不止。万物之生，似磨中撒出，有粗有细，自是不齐。③

程朱都以磨为例，认为天地阴阳二气运行恰似两磨相推，磨出来的东西自然有粗有细，形态各异。

---

① 《朱子语类》卷一百二十五，第2995页。
② 《河南程氏遗书》卷二上，《二程集》，第32—33页。
③ 《朱子语类》卷一，第8页。

不但形体有异，人物的秉性、命运也因此各异：

> 性者万物之原，而气禀则有清浊，是以有圣愚之异。命者万物之所同受，而阴阳交运，参差不齐，是以五福、六极，值遇不一。①

阴阳五行交错往来，本身即已参差不齐，人生所禀之气又有其偶然性，有得气之清者，有得气之浊者，自然就有贵贱寿夭之别，命运之参差不齐也是二端相感自然之理。"生物不齐"与"安排不定"相一致，共同表明宇宙万物的运行和生成并不是一个机械的、程序化的过程。"命之曰易，便有理"，"理"正是指感应作用创生万物的过程所具有的多样性和开放性的特质。

（三）感应作用具有运行不测之理

二端之间的感应作用表现出"屈伸相感"的性状。就阴阳二气而言，二者之间的感应运动并不是一方"决定"另一方，一方为主而另一方为客，而更多地表现为屈伸、消长、盛衰等"势"的变化。二端之感有其内在之理，即二端之间必然要相互转化，如伊川所说"盛则便有衰，昼则便有夜，往则便有来"，这是二端相感的必然表现，也是理之当然和必然。但是此理之当然和必然并不是机械式的固定不变的规律。程颐说：

> 盛衰之运，卒难理会。且以历代言之，二帝、三王为盛，后世为衰。一代言之，文、武、成、康为盛，幽、厉、平、桓为衰。以一君言之，开元为盛，天宝为衰。以一岁，则春夏为盛，秋冬为衰。以一月，则上旬为盛，下旬为衰。以一日，则寅卯为盛，戌亥为衰。一时亦然。如人生百年，五十以前为盛，五十以后为衰。然有衰而复盛者，有衰而不复反者。若举大运而言，则三王不如五帝之盛，两汉不如三王之盛，又其下不如汉之盛。至其中间，又有多少盛衰。如三代衰而汉盛，汉衰而魏盛，此是衰而复盛之理。譬如月既晦则再生，四时往复来也。若论天地之大运，举其大体而言，则有日衰削之理。如人生百年，虽赤子才生一日，便是减一日也。形体日自长，而数日自减，不相害也。②

---

① 《朱子语类》卷四，第76页。
② 《河南程氏遗书》卷十八，《二程集》，第199—200页。

后世虽有作者，虞帝不可及也。犹之田也，其初开荒莳种甚盛，以次遂渐薄，虞帝当其盛时故也。其间有如夏衰，殷衰，周衰，有盛则有衰，又是其间之盛衰，推之后世皆若是也。如一树，方其荣时，亦有发生，亦有凋谢。桑榆既衰矣，亦有发生，亦有凋谢。又如一岁之中，四时之气已有盛衰，一时之中又有盛衰，推之至如一辰，须有辰初、辰正、辰末之差也。今言天下之盛衰，又且只据书传所有，闻见所及。天地之广，其气不齐，又安可计？譬之一国有几家，一家有几人，人之盛衰休戚未有齐者。姓之所以蕃庶者，由受姓之祖，其流之盛也。①

在程朱看来，二气的屈伸运动是盛衰交相感应的，有盛必有衰，衰也必将转而为盛，这是二气感应的必然之理。但是盛衰相感的具体情状却并非预定的、可以预测的，在不同的时间、历史情境中，或盛或衰乃是不确定的。就历史发展而言，一个朝代总体而言必然有盛有衰，这是屈伸相感的必然，但是就每个具体朝代而言，"有衰而复盛者，有衰而不复反者"。不单是历史发展，生物体的生长发育也是如此，比如一棵树，必然有生荣枯死的过程，但是"方其荣时，亦有发生，亦有凋谢。桑榆既衰矣，亦有发生，亦有凋谢"。在朱子看来，甚至是自然界的运行，比如四季的轮转也表现出同样的特征。

参照西方现代哲学家对西方形而上学传统的批判，便会发现儒家思想同前者有巨大的差异。关于西方形而上学的特性，我们首先通过恩格斯的经典表述来做一简单的回顾：

在形而上学者看来，事物及其在思想上的反映即概念，是孤立的、应当逐个地和分别地加以考察的、固定的、僵硬的、一成不变的研究对象。他们在绝对不相容的对立中思维；他们的说法是："是就是，不是就不是；除此以外，都是鬼话。"在他们看来，一个事物要么存在，要么就不存在；同样，一个事物不能同时是自身又是别的东西。正和负是绝对互相排斥的；原因和结果也同样是处于僵硬的相互对立中。②

---

① 《河南程氏遗书》卷二下，《二程集》，第55页。
② 《马克思恩格斯选集》第3卷，人民出版社2012年版，第396页。

恩格斯这段话后来被凝练成"形而上学是一种静止的、孤立的、片面的思维方式",它把事物看成是一成不变的、个别的、孤立的东西来加以研究。形而上学思维方式在哲学史上的具体表现就是"必须先知道一个事物是什么,尔后才能觉察这个事物中所发生的变化"①,从苏格拉底寻求事物的"定义"开始,西方形而上学一以贯之的传统——致力于探索事物是什么,通过"定义""理念""形式"等来规定事物的"本质",从而忽视了不断生成、变易的具体事物。

恩格斯明确指出形而上学同西方近代科学之间的亲缘关系,认为形而上学从自然科学把无论是生物还是非生物都当作"既成事物"的思维方式而来。培根和洛克首先将这种自然科学的方法移植到哲学之中,最终造就了西方近代形而上学的思维方式。② 形而上学思维在马克思主义看来具有僵化和片面等特征,因为形而上学究其本性而言就是试图从变动不居的现实事物当中寻找到"绝对不动者",在形而上学家们看来绝对不动者才是绝对"真实"的存在。所以在西方形而上学传统中,与形而下的变动不居的现实世界相比,形而上的"理"的世界——无论"理"表现为"定义""理念"还是"形式"等——长期以来被视为一个静止不动的存在。这样一种形而上学的思维方式同西方近代科学之间具有内在的联系,在恩格斯看来,形而上学脱胎于科学,而在后来许多西方哲学家看来,却是科学脱胎于形而上学。无论如何,两者之间有着本质的联系是确凿无疑的。这样的话,当二程认为作为事物所以然的"理"本身便意味着"变易",这种变易本身又包含着多样性和不可预见性,我们便会意识到儒家感应思想即便在其最"理性化"的阶段,也同科学思维大相径庭。

尼采(Friedrich Wilhelm Nietzsche)随后也对形而上学进行了猛烈的批判,他批判的重点也是指出形而上学把现实活生生的世界理念化、静止化了。从苏格拉底开始,形而上学家们即在现实的感性世界之外寻求不变的、永恒的真实存在,追寻事物的"定义""理念"或者"形式",这些东西是人类通过感觉无法认识的,而是"理性"认识的对象。自此以后,西方思想陷入了后现代批判的"理性中心主义",认为人类的理性能够认识到"真实的存在",因而理性同样也是人类最为本质的特征,使得人同其他物种区分开来。尼采在批判形而上学的时候就直接把矛头对准了"理性":

---

① 《马克思恩格斯选集》第4卷,第251页。
② 《马克思恩格斯选集》第3卷,第791页。

> 它们（引者按，指感官）根本不说谎。只是在我们对它们的证据进行加工时，才在其中塞进了谎言，例如统一的谎言，物性、实体、持续的谎言……"理性"是我们篡改感官证据的根源。只要感官显示生成、流逝、变化，它们就没有撒谎……存在（Sein）是一个空洞的虚构。①

通过西方现代思想家的批判，可以看出形而上学思想中的作为事物本质或根据的"理念""形式"等，更多的是作为现实存在事物的"对立面"，具有"静止""永恒"的特性。尼采认为西方传统对"真理""科学"的推崇表现为"求真理的意志"，而其背后是更为根本的"求权力的意志"。"真理"和"科学"的目标是让事物"如其所是"地"臣服"在作为主体的人面前，以便实现主体对客体更为便捷的掌控。所以在尼采看来，"真理""科学"总是在变动不居的事物之上、之中去探求事物不变的"本质"。尼采从此走向了西方传统哲学和科学的反面，认为事物的本质、规律和真理都是虚构的，世界的本原乃是"混沌"，是"非理性"的力的运动与相互作用。海德格尔继承并发扬了尼采的思想，对西方科学和哲学的关系进行了更进一步的论述，两人的思想对西方后现代思潮产生了深刻的影响，这种影响甚至超出了哲学的领域，对科学本身也产生了作用。我们在西方科学家当中也发现了尼采思想的回响，他们在长期的科学研究中也曾对那个始终受到必然因果律支配的世界感到迷惑。

在否定了西方传统哲学和近代科学的世界观后，尼采本人把世界的本质规定为"权力意志"，权力意志就其本质而言是"追求更多权力的意志"，是一个不断创造、不断生成又不断毁灭的意志。在海德格尔看来，权力意志摆脱了所有的规定性，是一种极端的"主体化"。现在我们回过头来便会发现，权力意志是对西方科学所构建的机械的、冰冷的世界的批判和否定，甚至是其截然相反的对立面。若以西方哲学为参照，理学似乎介于科学与反科学之间。理学把"理"作为世界存在的根据，但是"理"并不是机械的规律，而是大化流行、生物不息之道。另一方面，儒家所说的"天地生物之心"，同毫无规定性的"权力意志"的创造性也有本质的区别。虽然事物的感应作用具有多样性、开放性和不定性，但绝非盲目的非理性，而有其内在之理。

---

① 〔德〕尼采：《偶像的黄昏》，周国平译，光明日报出版社2001年版，第21页。

第三章　心之感应

宋明儒学以气之感应为基础，构建了一个生机主义的宇宙图式。但是就感应作用而言，无论是气化万物因性相感，还是太虚之气二端之感都不能与心之感应作用相比，后者可以说是感应作用的更为高级的样式。心之感应作用超出了纯粹现成"物质"领域的感应作用的范围，实现了主体同客体、有与无、古与今之间的感通，更重要的是，心之感应超出了气的"无意识"感应作用，使得感应作用达到自觉、自由的状态。程颐在解释《咸》卦时，首提男女夫妇之感，尔后才提阴阳二气之交感，这点同张载对此卦的理解有很大的不同。程颐说：

> 咸，感也。不曰感者，咸有皆义，男女交相感也。物之相感，莫如男女，而少复甚焉。凡君臣上下，以至万物，皆有相感之道。物之相感，则有亨通之理。君臣能相感，则君臣之道通；上下能相感，则上下之志通；以至父子、夫妇、亲戚、朋友，皆情意相感，则和顺而亨通。①

可见，程颐更愿意从人伦之感去谈感应，认为事物之间的感应关系最显著地表现在男女两情相悦、相感之中，其中又以少男少女二情之感最为突出。人伦之感，无论是男女、夫妇，还是父子、君臣之感，其实都是"情意相感"，是情感之感通，而情感无疑发端于人心，是人心的一种功用。

心之感应总是与某个外物的感应，以此出发，我们将考察心与气、心与物理以及心与心等三种类型的感应作用。我们在前面章节中考察了本体之气与气化万物感应作用的相状和特征，在对心之感应作用的考察中，我们完全在同一意义上使用气、物以及理的概念，气是指本体状态之气，物

---

① 《周易程氏传》卷三，《二程集》，第854—855页。

是指由气所凝聚而成的具体有形事物。在宋明儒学中，心与不同层次的存在者相感，心之感应作用便具有相应的不同的性状。本体之气至精而神，而在宋明儒学看来人心同样是气之精爽者，所以心与本体之气之间的感应关系就是一种实实在在的相互作用。这种感应作用在哲学层面表现在气与志的相互感应中，在祭祀和卜筮中同样可见。在祭祀之感中，朱熹认为今人之心可以因其虔敬实实在在地感格祖先已经消散之气。

与本体之气相比，由气凝聚而形成的有形事物同心的感应作用则呈现为另一种形态。心不可能像感召精气那样去感召有形物体，使得有形物体的存在及运行发生改变。此时心与物之感应转变为认识关系，知觉之心通过各种感官获得关于事物的知识。虽然说是一种认识关系，但是同西方近代认识论却有着根本的区别。在西方近代认识论中，心灵是纯粹的思维，心灵和外物的关系是主体同客体之间"镜式"的反映与被反映关系。而儒家心与外物依然是以气为中介的感应关系，只是心因其知觉功用在此感通过程中能够知觉、认识事物。当心与理相感时，心知觉的对象为形而上之理，这个阶段类似于理性认识。但是同西方认识论视域中的理性认识不同，心对理的知觉是通过心的虚静实现心与理的自由感通。除了与气、物、理相感之外，心还与他人之心相感，此所谓"圣人感人心而天下和平"。心与心相感是儒家最为重视的一种感应关系，其道德情感和道德实践都是基于此。孟子从恻隐之心来谈仁，恻隐之心可以说就是心同心之间的一种感通，由此心与心之间的自发感通出发，儒家强调道德实践工夫，要求道德主体主动与他人相感，由己及人，最终实现天下和平。

第一节　心与气之感应

心的感应作用首先表现为心同本然状态的精微之气的感应，在早期儒家关于气的论述中，就已经强调心和气的相互感应作用。《论语》中"气"字共出现6次，集中在4处。

1. 曾子有疾，孟敬子问之。曾子言曰："鸟之将死，其鸣也哀；人之将死，其言也善。君子所贵乎道者三：动容貌，斯远暴慢矣；正颜色，斯近信矣；出辞气，斯远鄙倍矣。笾豆之事，则有司存。"[①]

[①] 《论语·泰伯》，《四书章句集注》，第103—104页。

2. 入公门，鞠躬如也，如不容。立不中门，行不履阈。过位，色勃如也，足躩如也，其言似不足者。摄齐升堂，鞠躬如也，屏气似不息者。①

3. 食不厌精，脍不厌细。食饐而餲，鱼馁而肉败，不食。色恶，不食。臭恶，不食。失饪，不食。不时，不食。割不正，不食。不得其酱，不食。肉虽多，不使胜食气；唯酒无量，不及乱。②

4. 孔子曰："君子有三戒：少之时，血气未定，戒之在色；及其壮也，血气方刚，戒之在斗；及其老也，血气既衰，戒之在得。"③

在这四段材料中，"气"字都同其他字组合在一起使用，分别为"辞气""食气""血气"与"屏气"，前面三个为名词词组，后面一个是动宾结构，"气"当指"气息"。《论语》中孔子及其弟子尚未在抽象的意义上使用"气"，而是使用当时的日常用法，其中"辞气"和"食气"在现代人生活中已经较少使用，但是现代汉语有"语气""口气"之类的相似表述，而"血气"和"气息"则依然普遍使用。

四种"气"虽然是日常语境中的用法，并且散见于对话或描述当中，但是细加分析，《论语》对"气"的使用也有内在统一性。"辞气"相当于现代汉语中的"语气""口气"，是指说话的相状。"食气"相当于现代汉语中的"食量"，是指人饮食的"气量"，这段文字后面就是"唯酒无量"，可见"食气"和"酒量"中的"气"和"量"含义相当，所以后来有"气量"一词。"血气"一词为西语中所无，超越精神—肉体二分的思维，既非肉体的，也非灵魂的，而是介于两者之间的东西，是同人的肉体状态相伴的容貌、行动方面的特征。四种用法都是就人身切近之事而言，用后儒的话语来说就是只谈工夫，而不涉本体。孔子及其弟子在"克己复礼"的修身工夫实践中，已经认识到这样一种"气"的重要性，按照固定的礼仪来说话、饮食、行动并非难事，而要在个人的容貌、呼吸等最细微、最不易控制的方面都做到合乎礼仪就非常困难了。

一　气志之感应

孔子完全按日常生活话语来使用"气"，不过带有鲜明的道德倾向，

---

① 《论语·乡党》，《四书章句集注》，第118页。
② 《论语·乡党》，《四书章句集注》，第120页。
③ 《论语·季氏》，《四书章句集注》，第173页。

他把对人身体各种细微状态的控制视为道德实践的一个重要内容，已经含有通过心来控制气的思想。《论语》中虽然认识到"气"在礼仪中的重要性，但是"气"尚未成为"主题"，孟子则进行了进一步的发挥：一方面将"气"从各种具体情境中抽象出来，形成了直塞天地、统贯人身的一体之气；另一方面则讨论了志和气的关系。在二程看来，孟子对孔子思想的发展主要有两个方面，一是将"仁义"并提，以同杨墨之学分开；第二便是其"养气"之说，提出了志与气的关系。① 孟子对"气"的重视确实是他区别于孔子的一个重要方面，但是如果把同时代的儒家所关注的"气"同道家思想中的"气"相比，便会发现从孔子到孟子，儒家思想中的"气"概念的发展是一脉相承的。和孔子一样，孟子所言"养气""浩然之气""夜气"等都同道德修养相联系，而不涉及本体论层面。孟子对《论语》中讨论的各种日常生活中的"气"进行了抽象，超越"辞气""食气""血气"发展出一般性质的"浩然之气"，其实"浩然之气"也是"集义所生"，而"义"存于"旦昼之所为"，也就是说"浩然之气"正是通过日常生活中的众多的小事汇集而成。如果说在《论语》中，"辞气""食气""血气"中"气"仅仅表示说话、饮食以及整个身体的一种状态，其性质尚且不明确的话，那么孟子思想中的"气"已经有实体化的倾向了。孟子谓"浩然之气"，"其为气也，至大至刚，以直养而无害，则塞于天地之间"②。这种直塞于天地之间的"气"肯定有其实体性。但是另一方面，孟子又没有将气上升到宇宙论或者是本体论的层面，浩然之气可以通过"集义"而产生，可以通过主观的道德实践活动而产生，因此，此"气"很难说是一种物质性的存在。

在二程看来，孟子思想中非常重要的一点就是"养气"说，所谓"存夜气""养浩然之气""居移气"都表示同样的意思，他认为贯穿人身之气可以培养，而且必须要培养。因为在孟子看来气和人的心志之间能够互感，所谓"志壹则动气，气壹则动志也"③。也就是说如果人的心志凝一，则能够改变人身之气；同样如果能够使人身之气凝一不暴的话，也能够改变人的心志。孟子关于心和气之间互感的思想，同孔子对人之食气、辞气、血气的关注一脉相承，构成了儒家道德修养工夫中的重要内容，最终

---

① 《河南程氏遗书》卷十八记曰："孟子有功于圣门不可言。如仲尼只说一个仁字，孟子开口便说仁义；仲尼只说一个志，孟子便说许多养气出来；只此二字，其功甚多。"见《二程集》，第221页。
② 《孟子·公孙丑上》，《四书章句集注》，第232页。
③ 《孟子·公孙丑上》，《四书章句集注》，第232页。

形成了最能够直接表现一个人道德修养境界的"气象"。二程及其弟子也非常关注孟子的志气互动说，二程说：

> 志壹则动气。然亦不可不思气壹则动志。非独趋蹶，药也，酒也，亦是也。然志动气者多，气动志者少。虽气亦能动志，然亦在持其志而已。①

二程认为志动气多，而气动志的情况则较少，并且认为志气互动只发生在尚未成德者身上。"若成德者，志已坚定，则气不能动志。"②
朱熹也对志气互感表示赞成：

> 人当持其志。能持其志，则气当自清矣。③
> 气若并在一处，自然引动着志，古人所以动息有养也。④

朱熹认为人若能持志，则气可由浊而清，从而变化气质；而古人"动息有养"则是力图通过养气来达到动志的目的。志能动气在实际道德实践中也有很多表现。朱熹说：

> "心定者，其言重以舒"两句。言发于心，心定则言必审，故的确而舒迟；不定则内必纷扰，有不待思而发，故浅易而急迫。此亦志动气之验也。⑤

这就是说心志能够引动人的"辞气"，心定则辞气舒缓，内心纷扰则语气急迫。同一行为既有志能动气，也有气能动志的情况：

> 内有私意，而至于迁怒者，志动气也；有为怒气所动而迁者，气动志也。⑥

---

① 《河南程氏遗书》卷一，《二程集》，第9—10页。
② 《河南程氏遗书》卷一，《二程集》，第11页。
③ 《朱子语类》卷五十二，第1239页。
④ 《朱子语类》卷五十二，第1240页。
⑤ 《朱子语类》卷九十六，第2472页。
⑥ 《朱子语类》卷三十，第766页。

总体来说，宋明儒家都是在孔孟的框架内理解心和气的互感作用。气都具有身体性，表现为说话的"辞气"，喜怒哀乐等情感表现在外的"喜气""怒气""血气"，等等。这些不同类型的气都是人的精神性状态直接显示于物质性身体时的性状，介于主客、有无之间。能动气之心，主要是"志"，相当于现代心理学中的意志力。在这种类型的心气互感中，心志要能感得动气的条件是心志必须"专一"，它同我们现在日常所说的"集中注意力""一心一意"具有相似的含义。宋明儒学对于心志与气之间的互感基本都承续孔孟来说，并无太多理论上的发展，但是他们却在当时气论的框架中，把道德性的心志与气的互感推广至对祭祀和卜筮的解释，认为祭祀和卜筮的根据同样是心和气的交感。

二 祭祀之感应

祭祀仪式上古三代已有，若不作更深层次的探究，我们可以说它源自原始的祖先崇拜。商周之时，祭祀仪式已经非常成熟，是整个礼仪制度非常重要的一部分。从对"礼"字作字源学的考察，可以推测后来的礼仪正是以祭祀仪式为基础而逐步发展起来的。在商周祖先崇拜中，祖先会"宾于上帝""以德配天"，也因此会对后人的生活产生实际的影响。到了孔子那里，由于对"上帝"和"鬼神"的存在持"搁置"的态度，祭祀之礼被道德化和主体化。《礼记》中关于祭祀的理解应该可以代表儒家的基本观点：

> 天下之礼，致反始也，致鬼神也，致和用也，致义也，致让也。致反始以厚其本也，致鬼神以尊上也，致物用以立民纪也，致义则上下不悖逆矣，致让以去争也。合此五者以治天下之礼也，虽有奇邪而不治者，则微矣！[①]

祭祀是为了表达"厚本""尊上"之情，其最终目的是现世的，是教化天下，并最终实现天下大治。

儒家在较早的时候就不再把鬼神视为实存，而是从气之聚散来解释，认为所谓鬼神只是意味着气之聚散。《礼记》借孔子之口作出了这样的

[①] 《礼记·祭义》，见（汉）郑玄注，（唐）孔颖达正义《礼记正义》，吕友仁整理，上海古籍出版社 2008 年版，第 1831 页。标点有改动。以下凡引《礼记》皆出此版本，仅标篇名和页码。

解释：

> 气也者，神之盛也。魄也者，鬼之盛也。合鬼与神，教之至也。①

《礼记》中这段对话同《系辞》中所言如出一辙，《系辞》谓："精气为物，游魂为变，是故知鬼神之情状。"② 张载对此的解释是：

> 精气者，自无而有；游魂者，自有而无。自无而有，神之情也；自有而无，鬼之情也。自无而有，故显而为物；自有而无，故隐而为变。显而为物者，神之状也；隐而为变者，鬼之状也。大意不越有无而已。物虽是实，本自虚来，故谓之神；变是用虚，本缘实得，故谓之鬼。③

所谓鬼神不过是一体之气的有无、幽明之变化而已。神是事物自无而有，是精气之盛；鬼是事物自有而无，是游魂之变。张载一直强调，自有而无并非完全化为虚无，只是返回气的太虚本体状态。

这个观点同样为二程和朱子所秉承。二程同孔子一样，都没有否认鬼神的存在，只是他们将世俗的鬼神信仰"理学化"了。朱熹说：

> 二程初不说无鬼神，但无而今世俗所谓鬼神耳。古来圣人所制祭祀，皆是他见得天地之理如此。④

朱熹对鬼神的认识同《系辞》《礼记》以及张载的理解并无不同。朱熹说：

> 鬼神不过阴阳消长而已。亭毒化育，风雨晦冥，皆是。在人则精是魄，魄者鬼之盛也；气是魂，魂者神之盛也。精气聚而为物，何物而无鬼神！⑤

---

① 《礼记·祭义》，《礼记正义》，第1832页。
② 《系辞上》，《周易正义》，第149页。
③ 《横渠易说·系辞上》，《张载集》，第183—184页。
④ 《朱子语类》卷三，第34页。
⑤ 《朱子语类》卷三，第34页。

朱子也认为鬼神不过是"阴阳消长而已"。所有事物都是由气构成的，也就必然有一个聚散的过程，当气聚而为物的时候，可以说是"神之盛"，当气散而物尽的时候，可以说"鬼之盛"。所以，"神"就是"伸"，指事物产生、发展乃至壮大的过程；"鬼"就是"归"，是事物衰老乃至消亡的过程。这样的话，不但人有鬼神，任何事物也都有其鬼神。

虽然祭祀的对象是鬼神，但是孔子较少从鬼神方面来谈祭祀，而是从祭祀者的主体情感出发，强调祭祀的道德含义，并最终落实到社会教化上。《礼记》也认为祭祀主要是后人致其敬意，抒发追思之情，不忘其所由生。朱子秉承孔子"未知生，焉知死"的思想，强调鬼神是"第二义"。《语类》"鬼神"章首先就表明了朱子的基本立场：

> 因说鬼神，曰："鬼神事自是第二着。那个无形影，是难理会底，未消去理会，且就日用紧切处做工夫。子曰：'未能事人，焉能事鬼！未知生，焉知死！'此说尽了。此便是合理会底理会得，将间鬼神自有见处。若合理会底不理会，只管去理会没紧要底，将间都没理会了。"①

可见，朱熹在其思想的最基本和最核心的地方力求和孔子保持一致，在上面对话中，朱子认为鬼神是"第二着""未消理会"，但是在朱子被记录下来的谈话中，却可以发现大量关于鬼神的解释。在这些解释中，朱熹走出了"搁置"鬼神的原则，突出了鬼神的实有义。鬼神虽然无形无影，但却非一"迷信"之杜撰，因为鬼神是确确实实可以用诚敬之心来感格的。

（一）祭祀感格的基础：天地"同此一气"

在祭祀和卜筮中，感应关系突破了现存事物之间的相互作用，成为联通有和无、今和古的通道。祭祀之感格和卜筮的感通构成了感应关系中非常重要的一部分，并且是其中最为"玄妙"的部分。在朱熹看来，祭祀和卜筮的感应关系依然是以一体之气的屈伸往来为基础，一体之气不限于特定时空，无远近、古今，发用流行无穷。朱子在一次谈话中详细阐明了他关于祭祀、鬼神的观点：

> 人所以生，精气聚也。人只有许多气，须有个尽时；尽则魂气归

---

① 《朱子语类》卷三，第33页。

于天，形魄归于地而死矣。人将死时，热气上出，所谓魂升也；下体渐冷，所谓魄降也。此所以有生必有死，有始必有终也。……然人死虽终归于散，然亦未便散尽，故祭祀有感格之理。先祖世次远者，气之有无不可知。然奉祭祀者既是他子孙，必竟只是一气，所以有感通之理。然已散者不复聚。①

朱熹认为祭祀自然有"感格之理"，这种"感格之理"说明祭祀并非纯粹出于主体心理或情感的需求，更有其内在之理。人之形体由气聚结而成，也终有消散之时。当其亡时，人之形体归于地，而凝聚之气散而归于天。气虽消散，但非化为虚无。子孙与祖先，其气本自相通，故祭祀有其感格之理。后人之气同祖先之气在弥漫天地的一体之气中因其同源从而更为相近，所以才有感有应。

祭祀的对象除了祖先之外，还有天地山川，前者是个人的活动，后者多是国家（天子、诸侯）层面的行为。二者在祭祀的主体以及祭祀的对象方面都有差异，但是祭祀之理并无二致。

如"天子祭天地，诸侯祭山川，大夫祭五祀"，虽不是我祖宗，然天子者天下之主，诸侯者山川之主，大夫者五祀之主。我主得他，便是他气又总统在我身上，如此便有个相关处。②

天地、山川与祖先，皆为公共之物而有范围之差等。天子祭祀天地，诸侯祭祀山川，大夫祭祀五祀，而百姓只能各自祭祀先祖。朱熹借助感应理论对祭祀礼仪中的等级制度进行了"合理化"的阐释。朱熹认为祭祀之所以可能，是因为今人与天地、山川以及祖先都是"同此一气"，祭祀的一个重要的目的是实现祭祀者同祭祀对象之间的感格，每个人只有按其不同的身份祭祀相应的对象，才有可能实现祭祀的感格。否则，祭祀就没有"相关处"，感格也就无从发生，祭祀的效果也就无法达到。朱子具体的解释是："天子统摄天地，负荷天地间事，与天地相关，此心便与天地相通。不可道他是虚气，与我不相干。如诸侯不当祭天地，与天地不相关，便不能相通。"③ 天地之气以及山川之气并非虚气，而是同每个人息息相关的，

---

① 《朱子语类》卷三，第37页。
② 《朱子语类》卷三，第47页。
③ 《朱子语类》卷三，第46页。

但是只有天子负责天地间的全体事务，因而天子之心时刻与天地相通，所以只有天子祭祀天地，才可能实现与天地的感格。诸侯则只能祭祀他所管辖领地内的山川。

（二）祭祀感格的两种情形："以有感有"与"以有感无"

各种祭祀感格皆以天地一体之气为基础，但是具体情形却有差别。天地山川可以长存，天地山川之气因而屈伸不已。祖先之气则不同，人死后其气也就消散殆尽。这样的话，天地山川祭祀感格同祖先的祭祀感格就有不同的情状。祭祀天地山川，是"以有感有"；子孙祭祀先祖，是"以有感无"。天地山川的祭祀祈祷是今人现有之气同天地山川现有之气之间的感应作用，是"以我之有感彼之有"；祖先的祭祀则是今人现有之气同祖先业已消散之气之间的感应作用，是"以我之有感他之无"。我们来看一下朱子同门人之间的这段谈话：

> 用之云："人之祷天地山川，是以我之有感彼之有。子孙之祭先祖，是以我之有感他之无。"曰："神祇之气常屈伸而不已，人鬼之气则消散而无余矣。其消散亦有久速之异。"①

在另外一处对话中，同样有门人作了类似的总结，认为祭祀天地山川是"以有感有"，而祭祀祖先是"以有感无"：

> 问："鬼神恐有两样：天地之间，二气氤氲，无非鬼神，祭祀交感，是以有感有；人死为鬼，祭祀交感，是以有感无。"曰："是。所以道天神人鬼，神便是气之伸，此是常在底；鬼便是气之屈，便是已散了底。然以精神去合他，又合得在。"②

在这段谈话中，朱子更是对"以有感有""以有感无"的说法表示了肯定，认为天地山川之神，是"气之伸"，因而也是持续的现存（"常在底"）；而鬼则是"气之屈"，因而并非持续的现存（"已散了底"）。

可以看到，在祭祀感格中，感应作用以一体之气为中介，发生于现实之人同天地之气、山川之气，甚至祖先之气之间。这样的话，祭祀之感格同汉儒的"天人感应"作用就非常相近。朱熹在某些场合下也认为鬼神不

---

① 《朱子语类》卷三，第39页。
② 《朱子语类》卷三，第49页。

仅仅是气，而与"神灵相似"。

> 问："鬼神便只是此气否？"曰："又是这气里面神灵相似。"①

董仲舒认为天积精气而成，并非纯粹物理之天，而内含神明。从上述引文也可以看到朱熹并未完全摒弃"天人感应"，只是在朱子看来，祭祀之感应仅仅止于"感格"，天地、山川、祖先之气感而后至，使得祭祀者心有所感，并不会表现为灾异、祥瑞等形式。

在天地、山川以及祖先祭祀感格中，朱子及其门人都更加关注后者。祭祀天地山川是"以有感有"，因而也是一种较为"寻常"的感应作用，而祭祀祖先则是"以有感无"，感应作用的范围有了本质的拓展。感应作用不仅表现为现存事物之间的相互作用关系，更加表现为非现存之物之间的作用关系。祭祀之感格同卜筮之感应都是现存事物（在场者）同非现存者之间的相互作用，感应作用最终将现存事物和非现存事物联系了起来。联系到《系辞》所谓"是以君子将有为也，将有行也，问焉而以言，其受命也如响。无有远近幽深，遂知来物。非天下之至精，其孰能与于此"②，可知儒家的君子人格和智慧也同样要求打通"远近幽深"，能够"受命如响""遂知来物"。

气的聚散有无本不易细说。张载认为气不能言有无，当一个事物毁灭之后，形成事物的气虽然消散了，但是不能说它化为虚无，只是归于气的本然太虚状态。就人而言，朱子非常确定人死后魂魄都要消散，但也不排除一些例外情况，比如僧人和道士，由于他们生前专注于练气，可能死后其气不会很快散去。即便如此，也终归是要消散的。已经消散之气虽然不可说它是"无"，也绝非"常有"，复归于太虚本原的气也就丧失了其凝聚为个体事物时的"规定性"。这样一种作为纯粹存在的，没有任何规定性的原初太虚之气在某种程度上即可称之为"无"。事实上，在朱熹看来，具体事物消散之后的气不可能一下子，也不可能完全丧失其聚结为个体事物时的规定性，而是一个随着时间和空间的推移而逐步丧失的过程。这也是朱熹认为鬼魂不单是气，里面也有"神灵相似"的原因了。鬼魂消散为气，但是并不就是毫无规定性的质料之气，而是保留了曾经之人的某些特性，这种特性，或者叫规定性，朱熹称之为"神灵"。但是不管怎么说，

---

① 《朱子语类》卷三，第34页。
② 《系辞上》，《周易正义》，第156页。

鬼魂作为消散之气是不常在的,是混同于天地一体之气中的,只有在祭祀仪式中才有可能感到。

关于朱熹的祭祀鬼神观,尚需补充一点。《语类》"鬼神"章开篇即表明,朱熹认为对待鬼神最恰当的态度就是孔子的"敬鬼神而远之""未能事人,焉能事鬼""未知生,焉知死"之说,鬼神无形无影,没有必要花费太多气力去探究。但是"鬼神"章后面几乎都在谈论鬼神的性质以及鬼神祭祀的感格。如前文所述,我们认为孔子强调祭祀的道德和教化含义,主要从生者内心情感出发说明祭祀,而不是从鬼神出发来说明。孔子之时,去古未远,人们大体是迷信鬼神的,孔子从祭祀者主体的情感出发,强调祭祀的道德和教化含义,让人们理解礼仪背后的道德本性,具有启蒙的意义。不过孔子也并没有否定鬼神的存在,只是说"祭如在,祭神如神在"[1],对鬼神的存在采取了一种"搁置"的态度。

相比而言,朱子却在某种程度上强调鬼神的"客观性",以及今人和先祖感格的客观性。朱子从气之聚散来谈鬼魂,其中一个非常重要的旨向是告诉人们作为祭祀对象的鬼神并非虚构的、假想的存在。从气论的角度来看,鬼神的存有是实有其理的。下面一段对话可以表明朱子鬼神思想的主旨:

> 问:"祭天地山川,而用牲币酒醴者,只是表吾心之诚耶?抑真有气来格也?"曰:"若道无物来享时,自家祭甚底?肃然在上,令人奉承敬畏,是甚物?若道真有云车拥从而来,又妄诞。"[2]

在这段对话中,朱熹明确反对将祭祀仅仅看作表示祭祀者主体之诚心,并且较为严厉地指出:"若道无物来享时,自家祭甚底?肃然在上,令人奉承敬畏,是甚物?"朱子强调祭祀对象的"客观存在"也有其时代背景。其时民风渐开,民智渐启,人们已渐不信鬼神,这时朱熹强调祭祀中人和先祖交感的可能性和客观性,使得祭祀不至于沦为无"客观"根据的摆设,或者完全成为"主观心理"的表达。

三　卜筮之感应

(一)现代西方思想家对《周易》卜筮感应的认识

西方学者在面对中国文明时,很多人都对《周易》产生了浓厚的兴

---

[1] 《论语·八佾》,《四书章句集注》,第64页。
[2] 《朱子语类》卷三,第51页。

趣,在他们看来《周易》作为中国最古老、最神秘的文本蕴藏着中国文化的密码。同样《周易》所呈现的感应思想,也同西方科学思维针锋相对,展现了另一种形态的自然观和宇宙观。李约瑟在《中国科学技术史》第二卷中专门讨论《易经》的体系,以科学家的敏锐直接下了如下断语:

> "感"和"应"是中国自然主义的基本概念。①

关于这种感应关系,李约瑟更多将其视为"超距离作用"(action of a distance),他说:"所谓超距作用,就是在宇宙之中,彼此不同的事物,会互相发生共振的现象。"②并且举了《世说新语》中关于《易经》的一段对话:

> 殷荆州曾问远公:"《易》以何为体?"答曰:"《易》以感为体。"殷曰:"铜山西崩,灵钟东应,便是《易》耶?"远公笑而不答。③

事实上,在李约瑟集中论述中国古代科学观之前,一大批西方汉学家都已经注意到了中国传统思想同西方科学文明之间的巨大不同,他们从不同的角度用"关联性思维""联想式思维""机体主义""内在超越论"等标签标示中国传统思想或思维的特质。

在现代西方科学世界观的冲击下,若要理解《周易》则需面对一个问题:《周易》中的感应思维同原始巫术的交感思维之间的区别。前文我们已经详述了西方现代人类学关于原始思维的论述,在人类学的考察中,原始思维以"相似律"和"接触律"为基础,而现代科学思维恰恰是在摆脱了这种原始思维的基础上才发展起来的。李约瑟并不赞成把《周易》的思维方式等同于西方人类学家所描述的原始思维方式。在他看来,《周易》中体现的关联式思维方式究其实质而言是一种不同于西方科学思维的另一种类型的思维方式,这种"另类"的思维方式并不比科学思维低级、原始:

---

① 〔英〕李约瑟:《中国科学技术史》第二卷,第329页。
② 〔英〕李约瑟:《中国科学技术史》第二卷,第329页。此处采用陈立夫译本,见《中国古代科学思想史》,江西人民出版社1999年版,第381页。
③ 《世说新语·文学》,(南朝宋)刘义庆著,(南朝梁)刘孝标注,余嘉锡笺疏:《世说新语笺疏》,中华书局2011年版,第210页。

在协调的思维中，各种概念不是在相互之间进行归类，而是并列在一种模式之中，而且，事物的相互影响不是由于机械原因的作用，而是由于一种"感应"（inductance）。……中国思想中的关键词是"秩序"（order），尤其是"模式"（pattern）。象征的相互联系或对应都组成了一个巨大模式的一部分。事物以特定的方式运行，并不必然是由于其他事物的居先作用或者推动，而是因为它们在永恒运动着的循环的宇宙之中的地位使得它们被赋予了内在的本性，这就使得那种运动对于它们成为不可避免的。如果事物不以那些特定的方式而运行，它们就会丧失它们在整体之中相对关系的地位（这种地位使得它们成其为它们），而变成为与自己不同的某种东西。因此，它们是有赖于整个世界有机体而存在的一部分。它们相互反应倒不是由于机械推动或作用，而毋宁说是由于一种神秘的共鸣。①

李约瑟作为科学家和科学史家，更多地考察事物之间的相互作用，而不涉及人类心灵在其中的作用。在李约瑟看来，《周易》以其囊括万有的符号体系构建了一个相互关联的有机整体，在其中，支配物体运动的并非外部的作用力，而是事物间相互感应的作用。这种感应作用，在李约瑟看来具体表现为事物间可以发生超距离的"共振"。

比李约瑟更早的时候，卫礼贤（Richard Wilhelm）已经开始研究并译介《周易》，西方学者能够对这部中国人自己都不易理解的经典产生兴趣并有一定的了解，卫礼贤的努力功不可没，李约瑟在其著作中也专门谈到了卫礼贤对这部经典的理解。荣格（Carl Gustav Jung）也受到卫礼贤的影响，他将《周易》同心理学研究结合起来，从而超出了单纯的物质运动的领域，进一步考察有人类心灵活动参与其中的"感应"现象。在《共时性：非因果性联系原则》这篇文章中，荣格认为以《易经》卜筮为代表的非因果性关系遵循共时性原则。在这篇文章中，荣格将焦点首先对准了西方现代科学思维中的"因果关系"范畴，他说：

我们自然规律概念的哲学基础是因果关系。但是如果原因和结果之间的联系只是在统计学上有效，而且是相对确定的，那么我们解释自然过程时，就只能相对地使用因果原则，而且必须假定存在一个或几个其他因素。也就是说，在某些情况下，事件之间的联系并非是因

---

① 〔英〕李约瑟：《中国科学技术史》第二卷，第304—305页。

果的，因而要求其他的解释。

  科学实验的目的是发现那些可重复的有规律的事件。所以，那些唯一的或者偶然的事件都被排除在外了。另外，实验也给自然设置了某些限制条件，因为其目的就是让自然回答人类设计的问题。因此，自然给出的任何答案都或多或少地受到了所问问题的影响，都是自然和问题的混合产物。建立在这一基础之上的所谓的"关于世界的科学观点"只不过是带有心理片面的观点而已，这一观点忽略了那些绝非不重要，只不过不能被统计地描述的事实。①

在荣格看来，现代科学的目的就是寻求事物之间普遍的因果关系，在这一过程中，所有的偶然事件以及一次性发生的事件都被排除在科学实验和研究之外，作为无意义的事件而被摒弃。而这些看似无意义的偶发事件并非就其自身而言是无意义的，只是对于科学研究来说是无意义的，因为众多的偶发和独发事件无法纳入科学的因果关系的法则之下。所以在荣格看来，这并不表明它们是无意义的，而是表明这些事件受到与因果关系完全不同的法则的支配。荣格在文章中列举了很多具体的事例，作为精神分析家，这些事例很多都指向梦的预兆功能。梦的预兆功能是中国古代关于梦的一个最普遍的认识，但是在弗洛伊德将其视为"欲望的达成"之后，梦的神秘性的功能几乎被摒弃了，荣格却又重新回到古老的话题中。在二程和朱熹的对话中可以看到很多与荣格所举相似的例子。

荣格虽然认为这些偶然性事件超出了科学因果关系的范畴，但是他以及同他具有相同抱负的心理学家还是试图通过现代科学实验的方式来对这些超科学的现象进行解释。其中一个非常重要的实验来自 J. B. 赖因（Rhine, Joseph Bannks，美国心理学家，又译为"莱因"）和他的同事。实验的设计也并不复杂，受试和主试隔着一个屏幕，主试手拿25张的卡片（按图案分为5组，每组5张），随机翻动，让受试同时猜测卡片上的图案。多数受试猜中结果不超过随机概率，但是有少数受试总是能超过随机概率，并且其结果不受空间距离的影响。通过这样的实验，赖因深信有超感觉能力的存在。而荣格则认为，赖因他们"没有意识到从他们的实验研究中能够得出多么深刻的结论"②。在荣格看来，这些实验更为深刻地揭

---

① 〔瑞士〕荣格：《共时性：非因果性联系原则》，《荣格文集》第四卷，关群德译，国际文化出版公司2011年版，第288页。

② 〔瑞士〕荣格：《共时性：非因果性联系原则》，《荣格文集》第四卷，第295页。

示了事物之间的"共时性"联系。这种联系不受距离和时间的限制，同时又不是纯粹的"力量或能量现象"①，而是心理和物理的相互影响。

在赖因著名的骰子实验中，可以发现实验者的主观心理对实验结果有着重要的影响。受试在掷骰子时，心里想着一个数，并且希望总是出现这个数，而实验的结果总是肯定性的。但是在第一次实验之后，由于实验者新鲜感的降低，后面猜中的机会会减少；而当他们的兴趣被重新激发起来之后，数据值就会相应地提升。荣格认为这样的实验表明：

> 没有兴趣和厌倦是否定性的因素，而热情、乐观的预期、希望以及坚信实验会成功似乎是出现肯定性结果的关键。②

这点与中国人关于卜筮的要求相一致，在卜筮中，卜筮者的心理、身体状态都会直接影响卜筮结果的准确性。所以在正式的卜筮之前都要求洁净其身，诚敬其心，也就是民间所谓的"心诚则灵"，这个要求后来被儒家发展为"《易》为君子谋"，认为只有心怀坦荡、仁爱无私的人才能通过《周易》卜得关于未来正确的预断。

荣格说当他开始关注共时性问题以及直觉方法的时候，以《周易》为基础的中国特色的思维方式逐渐引起他的关注，他发现《周易》不是建立在西方科学所重视的因果关系之上，而恰恰建立在他尝试称之为"共时性"的原则之上。荣格说：

> 很长时间以来我就知道，存在一些直觉的或"预知的"方法，它们始于心理因素，并且把共时性的存在当作是自明的。我于是开始关注直觉方法，即领悟整个境况的方法，这种方法非常具有中国特色，非常像《易经》的方法。不像受希腊思想影响的西方人，中国人不是要看细节，而是将细节看做整体的一个部分。很显然，要想把握整体，仅仅只有认识的活动是不够的。所以要想进行判断，我们就要更多地依靠意识的非理性功能，也就是感觉和直觉（无意识的知觉）。《易经》是最古老的把握整体的方法，它将细节放在整个宇宙的背景之上来考虑，置于阴和阳的相互作用之上来考虑。我们可以把它视为

---

① 〔瑞士〕荣格：《共时性：非因果性联系原则》，《荣格文集》第四卷，第296页。
② 〔瑞士〕荣格：《共时性：非因果性联系原则》，《荣格文集》第四卷，第296页。

中国古典哲学的经验基础。①

在这段话中，荣格关于《周易》的理解可以分为几个方面：第一，同西方哲学从细节（实体、个体、本质等）考察事物不同，《周易》是把个体放到整体当中来把握，个体从来不是可以脱离整体而存在的。第二，事物整体运动可以视为阴和阳之间的相互作用。第三，从整体出发来思考细节问题在方法上就表现为"非理性"，不是通过条分缕析的知性，而是以"直觉"来直接洞察事物的本性或关系。所谓的整体性思维，不单单是把整个外部世界看作一个有机的整体，而是认为主体和客体、精神和物质共同构成一个整体。主体和客体的关系并非认识和被认识的关系，也不是改造和被改造的关系，因为就其本质而言，认识关系和实践关系背后还是力的作用关系（尼采和海德格尔已经很好地证明了这点）。在"感应"关系中，感应作用的双方没有主动和被动之分，从而也就没有主体和客体之分，双发处于一种"共在"的感应关系之中，更多是一种响应、呼应、协调的关系。

荣格认为《周易》作为中国文化特质的代表，体现中国古人与西方主流的思维完全不同的"共时性"思维特质，但是从本质上说同西方小传统或者民间神秘文化并没有不同，比如说，荣格认为西方的占星术甚至可以更好地用来说明他的"共时性原则"。在西方科学由经典物理学向量子物理学转变，由以数学—物理学模型为基础的世界图式向以生物学为样本的世界图式转变的过程中，西方科学家和人文学者都开始关注中国传统思想中的世界图式，在他们看来，中国传统的世界观虽然没有能够发展出科学，但是却同西方科学在现代的发展越来越合拍。在他们不同阶段的比较研究中，逐渐将"感应"关系突出出来，作为中国传统自然观的最根本观念，同西方科学建立于其上的"因果关系"并峙。而且这些科学家和人文学者很快都将目光集中到《周易》之上，认为恰恰是在《周易》中集中表现了一个与受到严格因果关系支配不同的相互感应的世界图式。

（二）朱熹向作为卜筮的《周易》的回归

西方近现代学者对《周易》的关注，基本上都集中在卜筮上面，而不是《周易》文本可能具有的意义，而儒家学者更多地关注后者，不断对《周易》进行义理化的解释。也就是说，《周易》所构建的世界模式又包含两个相互影响的"意义体系"：一是由《周易》内部的象、数、辞所构

---

① 〔瑞士〕荣格：《共时性：非因果性联系原则》，《荣格文集》第四卷，第307页。

成的意义体系，类似于静态的世界观体系；二是在具体的卜筮活动中，以《周易》文本为中心所构建的天—文本—人互感的意义体系。《系辞》说："易有圣人之道四焉。以言者尚其辞，以动者尚其变，以制器者尚其象，以卜筮者尚其占。"① 在《系辞》所说的"易之四道"中，辞、变、象都来源于文本自身，而卜筮则超出文本，必须同卜筮者、卜筮时的具体时空联系起来才能生成特定的意义。这两种不同的意义系统从某种程度上刚好对应大传统和小传统，尚辞、尚变和尚象更多地局限在统治—文化阶层，他们对《周易》文本中所含义理的强调也越来越突出。而尚占则更多在普通百姓的小传统中流行，并且《周易》只是作为多种卜筮方式中的一种，而并非像在大传统中那样享有"正典"的待遇。

在强调义理的理学家看来，小传统对《周易》作为卜筮的崇尚无疑是追求"小技"而忽视了"大道"，这点从程颐批评邵雍看重"数"而忽视"理"便可窥见一斑。但是正如《周易》所言"物极必反"，在伊川等人对《周易》做完全的理学化处理后，朱熹便开始从理学内部对《周易》的"真实"性质进行反思。朱熹关于《周易》一个基本的也是他一再强调的观点便是《周易》原本是为卜筮而作，这是朱熹在历代大传统对《周易》进行不断的义理化阐释之后的一次"拨乱反正"。《语类》卷六十六中有朱熹关于这个问题的集中表述：

> 《易》本为卜筮而作。古人淳质，初无文义，故画卦爻以"开物成务"。②

朱熹的历史意识使得他能够回到卜筮的原初境遇中，从后人以义理解说《周易》的氛围中走出。他认为上古之人民智未开，由于缺乏对外部世界的认知，所以凡事不得已以卜筮来代替自己做决策。在此基础上，朱熹进一步梳理了《周易》义理化的过程：

> 《易》本卜筮之书，后人以为止于卜筮。至王弼用老庄解，后人便只以为理，而不以为卜筮，亦非。想当初伏羲画卦之时，只是阳为吉，阴为凶，无文字。某不敢说，窃意如此。后文王见其不可晓，故为之作《彖辞》；或占得爻处不可晓，故周公为之作《爻辞》；又不可

---

① 《系辞上》，《周易正义》，第156页。
② 《朱子语类》卷六十六，第1620页。

晓，故孔子为之作《十翼》，皆解当初之意。今人不看卦爻，而看《系辞》，是犹不看《刑统》，而看《刑统》之《序例》也，安能晓！今人须以卜筮之书看之，方得；不然，不可看《易》。①

朱熹对《周易》一书的意义系统在大传统和小传统之间的变化历程作了梳理，在朱熹看来，《周易》本是为了卜筮而作，这点是毫无疑问的。因为就《周易》制作之时代而言，民智未开，事理未明，作《易》只能是为了断疑惑、定吉凶，而不是为了说明万物之理。如果圣人要说明万物之理，大可以直接说明，完全没有必要通过这么一套曲折而晦涩的体系来说明。《周易》本来是卜筮之书，在小传统中人们也仅仅将其视为卜筮之书，虽然经过孔子作《十翼》以说明其义理，但是一直到秦代焚书之时，依然将其视为卜筮之书。《周易》虽然为卜筮而作，但是它所表现的世界模式却为大传统中的统治—文化阶层所接受，在这些人看来，仅仅将其视为卜筮之书就会使得它所含的义理流失，所以自王弼用老庄来解释《周易》之后，各家各派都专注于阐释《周易》背后的义理，而儒家的解释在程颐的《周易程氏传》中形成了一个较为完整的体系。而在漫长的义理解释的过程中，人们越来越忽视《周易》作为卜筮之书的本性。在朱熹看来，对《周易》义理的解释必须建立在它作为卜筮之书的基础上才可能正确。也就是说，我们前面说的《周易》的两大意义系统中，从《周易》文本自身出发的辞、变、象系统是以卜筮系统为依据的，或者说是囊括在后一个系统之中的。

（三）卜筮之感的基础：一气流通与神明之知

就《周易》文本自身来说，它认为宇宙由阴阳二气感应而成，人类社会由男女二性感应而生。而就其作为卜筮之书来看，则超出了文本自身，展现的是"天—文本—人"相互感应的关系。可以说，这两个体系一起构建了一个天地万物相互感应的整体。儒家更为关注的是前一个意义系统，即文本本身所具有的解释学的意义，但是只有将两个意义系统结合起来考察时，才能全面认识卜筮之感。朱熹同时关注《周易》卜筮的第二个意义系统，并试图对其进行解释。

朱子认为卜筮之感同祭祀之感一样，首先是卜筮者之心意与一体之气的感通。朱子曾将祭祀之感和卜筮之感放到一起说明：

---

① 《朱子语类》卷六十六，第 1622 页。

人之气与天地之气常相接,无间断,人自不见。人心才动,必达于气,便与这屈伸往来者相感通。如卜筮之类,皆是心自有此物,只说你心上事,才动必应也。①

祭祀之感源于祭祀者心意发动,以同祖先之气、山川之气相感通。卜筮之感同样是卜筮者心意发动,同作为媒介的蓍龟之气、作为卜筮之知来源的天地之气相互感通。

但是同祭祀之感有所不同,卜筮之感因为寻求的结果是对某一事件的预知,所以除了一气流通之外,尚需天地作为一神明之天,具有"天地之心"和"神明之知"。《周易》是在主宰之帝权威的衰落中产生的,代之以天人互感的体系。对《周易》卜筮的理解必须放到其产生的历史背景中考察,离开了周代关于"天"的一般性认识,就无法真正了解《周易》以及其中的感应思想。而在这一点上,我们要提及唐君毅先生的洞见。唐君毅先生认为《周易》卜筮总体上来说是由无思无为到有思有为的过程,用《系辞》中的话来表达就是由"寂然不动"到"感而遂通"的过程。在未卜筮前,卜筮者之心理、蓍草以及神明都处于一寂然不动的状态,随着卜筮者一念发动,本来无思无为的神明和蓍草便会感而遂通,本无意义的卦象才会被赋予意义。在唐君毅先生看来,《周易》卜筮之道与天地万物生成之道一致,都是由"寂然不动"的形而上世界"感而遂通"化生为有形有象有意义的形而下世界。在这一感而遂通的过程中,《周易》文本的意义因此感通而呈现,人之心灵因此感通而有所知,天地万物因此感通而生成。所以说"易道广大",而此广大悉备之易道正是以"感应"为体。

就作为卜筮之《周易》而言,人心能与蓍草、《周易》文本相感通,而这种感通的结果(表现为卜筮的卦象以及相对应的卦辞爻辞的含义)如果并非迷信或者荒谬的结合的话,那么必须有一个"神明"的存在。从这点上说,任何对《周易》的"现代化"解释,如果没有将其置于天人关系的视域中,遗忘、否定了"天""神"的话,都是缺乏坚实根据的。所以《系辞》说:"神以知来,知以藏往"②,唐君毅先生进一步将此"神"解释为"神明之知",认为卜筮必然预先设立一"神明之知":

---

① 《朱子语类》卷三,第34页。
② 《系辞上》,《周易正义》,第158页。

故一卜筮之心灵，一方是人必自藏其所已知之往者于密，以归于无知无思无为；一方是信有神明之能知其他时空中之事物，而本其所知，以答吾人之问于卜筮之结果之中；而使不同时空中之事物之象，得显于此卜筮所得之结果之中，亦即显于"居此当下之时空之心"中者。故在此卜筮之心灵中，人信有神明之知，亦同时信一时空之事物之象，能遍显于其他时空，而无所不在。人之所以可在任何时空中卜筮，以求知其他任何时空中之事物，亦正以人先信任何时空中之事物，其象皆原为能遍显于一切时空，而无所不在之故也。①

在朱子对"天地之心"的理解中同样含有唐君毅先生提出的"神明之知"的内涵。朱子以为："天地之心不可道是不灵，但不如人恁地思虑。"② 可见天地在朱子看来绝非一按照客观规律运行的物质宇宙，天地自有天地之心，此天地之心虽然不像人心一样具有主观意识，但是却也不能说是全无主宰。朱子的天地之心同唐君毅的神明之知具有相同的含义。

四 心与气感应作用的特征

（一）能感之心为气之精者

"心"是最平常的一个词，但是它在哲学中的含义却并非一目了然。在西方哲学传统中，关于"心"的理解发生过"范式"的转化，古希腊和近代关于"心"的理解有着根本的区别。古希腊人谈"心"是和"灵魂"联系在一起的，吴寿彭先生为其所翻译的亚里士多德《灵魂论》写的绪言中，对亚氏灵魂一词的所指进行了概括。他认为亚里士多德体系之中灵魂共有三类功用，第一类是"营养灵魂"，指生物生存和生殖的本能；第二类是"感觉灵魂"，为所有动物所共有，使得动物具有感觉并能够运动；第三类是"理知灵魂"，为人类所特有，指人类具有的思想、计算等理性思维的能力。③

关于灵魂和身体的关系，前苏格拉底哲学家之间有着很大的差异，亚里士多德总结了三种观点。第一种认为灵魂属于身体；第二种认为灵魂并不属于身体，而是属于精神的（纯理）；第三种则持折中的观点，认为灵魂介于物与非物之间。

---

① 唐君毅：《中国哲学原论·原道篇》，第409页。
② 《朱子语类》卷一，第4页。
③ 〔古希腊〕亚里士多德：《灵魂论及其他》，吴寿彭译，商务印书馆1999年版，"译者绪言"第6页。

关于灵魂的第一原理（要素）的性质与计数（质与量），诸家互有异论，而主以灵魂属于物性（身体）的，和主以灵魂属于非物性（纯理）的两家，于这方面，分歧尤甚；以属物与不属物为别的两家，和主于灵魂要素该混合两性兼及物与非物的人们之间，这又是有争论的。①

亚里士多德对这个问题的看法是：灵魂是世界上的一个实际存在，但是它却不能脱离具体的生物体而存在。这是一个折中的观点，因而也具有很大的模糊性。虽然如此，亚氏之灵魂绝不类于西方近代思想之"心灵"，心灵以"思维"为特性，从而同以"广延"为特性的物质绝对区分。

另外，同后来唯物主义者把"思维"视为"大脑"的机能不同，"灵魂"则是同"心脏"联系在一起的，寓于心脏之内，是心脏的功能。亚里士多德明确阐发了这个观点，他认为心脏像个火炉，为身体的运动提供热量。同样心脏还是灵魂的寓所，是营养灵魂的中枢。吴寿彭先生总结说：

这样慎重说明心脏即灵魂寓著的区域，运用"生命原热"以行其消化作用，故为（甲）营养（生存和蕃殖）机能的中枢，在《灵魂论》和《自然诸短篇》中也各有与之相应的章节。《构造》卷四章五，678^b1-4，又讲"一切动物必须于全身中的某个中枢统制部分，安置灵魂的（乙）感觉［和运动］部分，与生命的本原"。这个中枢部分，在一动物的上下段（或上下身）之间，也就是一切有血动物的心脏。……位于动物界最上的人类灵魂之有（丙）"思想"或"心识"或理知机能，亚里士多德也以属之于心脏区域。……于是灵魂在物身中所寓著的心脏，正该受到特别的重视与保护，保护心脏，正也就是保护生命，保护灵魂。②

亚里士多德的观点与现代科学常识也不同，亚氏认为灵魂的寓所是"心脏"，是动物身体中可以跳动、供血的物质器官，而灵魂不单包含动物

---

① 〔古希腊〕亚里士多德：《灵魂论及其他》，第 54 页。
② 〔古希腊〕亚里士多德：《灵魂论及其他》，"译者绪言"第 8—9 页。

灵魂，也包括人类的思想和理性。现代科学则认为思想和理性是大脑的功能。①

　　站在现代科学的视角，我们可以批评以亚里士多德为代表的古希腊人的观点都是"前现代"的，但是如果我们考虑到海德格尔、维特根斯坦、杜威（John Dewey）等人对西方近现代思想的批评的话，可能就会倾向于认为事实并非那么简单。无论如何，西方哲学以及科学从近代开始便走上了一条与古希腊和中世纪不同的路径。在笛卡尔（René Descartes）、洛克（John Locke）、贝克莱（George Berkeley）、休谟直至康德的思想中，灵魂转化为"心灵"（mind），灵魂的各种感受和知觉都转化为"观念"，最终形成了具有思维能力的心灵同具有广延的物质之间的二元对立，以及建立在此之上的具有"镜式本质"的心。罗蒂（Richard Rorty）在《哲学和自然之镜》中论述了西方传统心的概念在近代的转变，认为只是在西方近代哲学中，"心"才成为镜子一样的存在。在罗蒂看来，心的"镜式本质"最先由培根（Francis Bacon）提出来。培根就曾把人心比作镜子，并且是一面不怎么明净的镜面，所以人心对事物的反映总是会出现各种各样的扭曲，充满迷信和欺骗，这也是人类认识中诸多假象的来源。当"心"成为一面镜子的时候，哲学也就开始转向以"认识论"为中心，并将自身作为其他文化领域的基础，为各种知识领域的主张进行辩护。罗蒂说：

　　　　它能够这样做，因为它理解知识的各种基础，而且它在对作为认识者的人、"精神过程"或使知识成为可能的"再现活动"的研究中发现了这些基础。去认知，就是去准确地再现心以外的事物；因而去理解知识的可能性和性质，就是去理解心灵在其中得以构成这些再现

---

① 但是即便亚里士多德认为灵魂同身体不可分离，他也还是保留了灵魂的实体性，也就是说灵魂是一个不同于身体的实存。罗蒂非常准确地把握了这点，他说："这样，甚至一生都在向其前人漫无节制的形而上学大泼冷水的亚里士多德都提出，这样的观念也许有某种重要性，即理智是'可分离的'，即使灵魂的其他部分都不可分离。赖尔和杜威都称赞亚里士多德抵制了二元论，把'灵魂'不看成在本体论上不同于人的身体，正如蛙捕捉飞蝇和蛇虫的能力与蛙的躯体在本体论上没有什么不同一样。但是这种'自然主义'的灵魂观并未阻止亚里士多德论证说，既然理智有能力接受（例如）蛙性（froghood）这种形式（从明确了解的个别蛙中撤出来普遍因素）并将其看作独立存在而又并不因此成为一只蛙，理智（努斯）必定是某种极特殊的东西。"（〔美〕罗蒂：《哲学和自然之镜》，李幼蒸译，商务印书馆2003年版，第36—37页。）也就是说，虽然灵魂是寓于心脏中的，但是灵魂具有其自主性，它可运动、可感知、可思想，特别是作为可以思考事物普遍形式的理智灵魂，是独立于身体而存在的。

表象的方式。①

认为心的主要功用就是认识，而认识对象则是独立于心的外部事物，罗蒂认为这个观点是近代哲学的产物，洛克、笛卡尔以及康德都是这个观点的支持者。这样一个以"再现"外部事物为主要功用，具有镜式本质的心同希腊人所理解的心大相径庭。"镜式本质"之心以思维为特质，同以广延为属性的外部事物完全不同，二者之间的关系因而只能是反映与被反映的认识关系，二者是平行的，心灵如同镜子一般接受事物的影像。

如同血肉之心处于一身之中，儒家认为知觉之心在存在者整体中也是位于枢纽的位置。此心并非作为主体与客体相对立，而是连接形上和形下、有和无、理和气的枢纽，并且因其感知和主宰的功用，能够进一步贯通对立的双方。朱熹认为心同性相比"则微有迹"，同气相比，"则自然又灵"②。基于气论的宇宙观和自然观，宋明儒家最终将这样一个起到枢纽作用的心规定为"气之精爽"。③ 即认为心是气之精爽者，是宋明儒家一个共同的看法。王阳明多谈良知，此良知作为心之灵明，是"造化的精灵"④。良知作为造化的精灵，是与天地万物一体的，而非一与天地万物具有不同性质的认识"主体"，王阳明一再强调这点：

> 盖天地万物与人原是一体，其发窍之最精处，是人心一点灵明。风雨露雷，日月星辰，禽兽草木，山川土石，与人原是一体。故五谷禽兽之类皆可以养人，药石之类皆可以疗疾。只为同此一气，故能相通耳。⑤

也就是说，在王阳明心学体系中，也把心看作气之精者，是一体之气的"发窍之最精处"，而非将良知之灵明与天地万物分离，如西方近代哲学那样，认为作为认识的心灵以思维为根本属性，而心灵之外的物质世界以广延为根本属性，心灵仅仅是像镜子一样去认识、反映外部世界。王龙

---

① 〔美〕罗蒂：《哲学和自然之镜》，第1页。
② 《朱子语类》卷五，第87页。
③ 《朱子语类》卷五，第85页。
④ 《传习录下》，（明）王阳明：《王阳明全集》，上海古籍出版社2011年版，第119页。以下凡引《传习录》及阳明书信、著作皆出此版本，仅标篇名和页码。
⑤ 《传习录下》，《王阳明全集》，第122页。标点有改动。

溪也在多个场合表示良知是气之灵，认为良知是"气之灵""造化之精灵"①，"贯彻天地之灵气"②，"天地之灵气结而为心，心之灵明谓之知"③。欧阳南野也说："夫一阴一阳之道，在天曰命，命之流行曰气，气之凝聚曰质，质之虚灵曰心，心之生理曰性，性之发动曰情，情之作止反复曰习，本末一原者也。"④ 由此可见，即便在良知学中，也未离气而谈心，只是因其思想之进向，有所淡化而已。

儒家坚持气论，气之本体状态以及气化万物的存在和运动都表现为一种感应的作用关系。涉及"主体"领域，儒家也认识到人的思维和认知的独特性，但是儒家并没有如同西方近代哲学那样，把认识之心看作纯粹思维的主体，同具有广延性的客体具有截然不同的性质。儒家没有将"心"完全思维化，而是创造性地将心规定为"气之精爽者"，作为一体之气的发窍最精处，指涉人的感觉和认知能力。同时，作为"气之精爽者"的心对事物的感觉和认知同样也遵循气之感应的原则，心之感觉和认知从根本上来说是一种心同物的感应。

在物理领域，儒家认为事物之间是相互感应的关系。就心之作用而言，儒家同样认为心与外物之间是一种感应的作用关系。儒家心之知觉作用同心灵的思维作用之不同之处在于，心之知觉并不是主体对客体的镜式反映，而是心同知觉对象之间的相互感应，心作为气之精爽者，使得心同对象之间始终保有一种物质性的感应作用关系。也就是说，心作为气之精爽者同气化万物之间的作用，从根本上来说依然是一种以气为基础的感应关系。也正是在这个意义上，儒家之心始终是一个"具体而生动"的心，始终保有其物质性的一面。心之知觉和主宰功用从根本上说都是心同外物之间不同方式和不同层次的感应作用，感应关系是心之知觉和主宰功用的基础，并且决定了知觉和主宰功用的"儒学"特质。

（二）心与气的感应需要心的专一、诚敬

孟子认为"志壹则动气，气壹则动志"，人的心志要能够使得身体之气发生变动，就必须要保持专一，这点是心与气感的一个重要特征。在祭祀之感中，今人之气同祖先之气、有和无之间的感应作用，无法自然发生，而必须以人心为纽带才能实现。也就是说天地同此一气本身并不能保证祭祀感格必然发生，只是为祭祀感格的可能性提供了基础。只有祭祀者

---

① 吴震编校整理：《王畿集》，凤凰出版传媒集团、凤凰出版社2007年版，第85页。
② 《王畿集》，第12页。
③ 《王畿集》，第386页。
④ 陈永革编校整理：《欧阳德集》，凤凰出版传媒集团、凤凰出版社2007年版，第307页。

其心至诚至敬，才能真正实现对其先祖业已消散无余之气的感格。

> 毕竟子孙是祖先之气。他气虽散，他根却在这里；尽其诚敬，则亦能呼召得他气聚在此。①

今人和先人之间之所以能够感应，是因为子孙是祖先"一气之流传"，是子孙现有之气同祖先消散之气之间的感应。但是子孙之气要真正能够感格祖先之气，就要求子孙在祭祀时，其心理状态必须"诚敬"。只有"尽其诚敬"，才能将祖先既散之气召聚回来。并且祖先精神只有在祭祀中，当子孙诚敬之心洋溢时，才倏然而聚；一旦祭祀完毕，子孙诚敬之心松懈，"则又忽然而散"②。可见，祖先之精神的感格同祭祀者诚敬之心密切相关，甚至可以说后者在祭祀感格中起到决定性作用。而在卜筮中，我们同样看到主体的心理状态对感应作用的决定性影响。这点因此也成为感应关系的一个重要特征。

在《周易》卜筮中，人之所以能够获得对未来的预知，是由于人和天具有一致的道德本性，这样的话，卜筮者卜筮时虚静、诚敬之心自会感动上天。在荣格所举的实验中，实验数据也表明测试者主观的心理状态对于测试结果的重大影响。朱熹说：

> 圣人于卜筮，其斋戒之心，虚静纯一，戒慎恐惧，只退听于鬼神。③

可以看到，卜筮同祭祀一样，也对卜筮者自身的德行提出要求，要求卜筮者"聪明睿智、神武不杀"，并且要求卜筮者在卜筮开始之时要斋戒其心，使其心达到"虚静纯一""湛然纯一"的状态，如此才能"退听于鬼神"，从而实现心与卜筮之物之间的气之感通。

祭祀和卜筮中的感应可以说是事物感应作用中的两种特殊情况，它们超出了现实时空的范围，是古和今、现在和未来、远和近，乃至有和无之间的相互感应，此感应作用同近现代科学世界观表现出了根本的差异。在这两种感应作用中，沟通古今、远近和有无的正是人之心灵活动，是立足

---

① 《朱子语类》卷三，第47页。
② 《朱子语类》卷三，第50页。
③ 《朱子语类》卷七十五，第1927页。

于心与气之间的感应。

第二节 心与物理之感应

心与气相感主要是心志同本体状态之气的相互感应,当心与有形的气化万物相感时,心无法使具体事物改变其存在状态,此时心与物的感应转为认知关系,心也转化为"知觉"之心。在儒家思想体系中,人同天一样是由精气构成,而人心又是精气中的"发窍最精处",具有"知觉"。朱熹说:"知觉便是心之德。"① 在朱子看来,宇宙间的事物都有其心,整个天地也有个"天地之心",而"知觉"则是人心的功用。朱熹说:

> 天下之物,至微至细者,亦皆有心,只是有无知觉处尔。且如一草一木,向阳处便生,向阴处便憔悴,他有个好恶在里。至大而天地,生出许多万物,运转流通,不停一息,四时昼夜,恰似有个物事积踏恁地去。天地自有个无心之心。②

朱熹所举的例子,比如草木向阳处就会生机勃发,向阴处就会憔悴枯槁,表明一草一木也有心,此处草木之心相当于亚里士多德所谓的植物的"营养灵魂",一种获得生存所必需的阳光和营养的运动表征,而知觉则特指感觉和认识。陈来先生认为"在朱熹哲学中心的主要意义是指知觉",广义的知觉"不仅指人的知觉能力,而且包括人的具体知觉,即知觉能力的具体运用。作为思维活动,既包括感觉,也包括思维,人的心理活动统被视为'知觉'"③。

二程和朱熹都把心的知觉功能再分为"知"和"觉"两个层次,所谓"知是知此事,觉是觉此理"④。"知"相当于感知,是对于事物性状与关系的感觉和感受;而"觉"则更进一步,能够以"知"为基础,进而觉察事物性状及其内在之理。知与觉的区分,同"见闻之知"和"德性之知"的区分一致。心与物之间的感通,最原初的阶段是心通过各种感官与事物直接相感,这时心的功能就转化为感觉。感觉一般来说又有外在感觉和内

---

① 《朱子语类》卷二十,第465页。
② 《朱子语类》卷四,第60页。
③ 陈来:《朱子哲学研究》,第213页。
④ 《河南程氏遗书》卷十八,《二程集》,第196页。

在感觉之分，前者是对外部事物的感知，后者则是心因对外部事物的感受而产生的内在的情感。儒家对于这种直接的感觉经验并未给予特别的重视，相对于这些源于耳目的"闻见之知"，宋明儒家更加重视"德性之知"，后者则超越直接的感性经验，通过与事物的深层次融合，去体悟事物和事物之理，进而体悟天理。就儒家思想的特质而言，无论是对外物的感知还是对天理的觉悟，都表现为一种感应的作用关系。感觉是由物质性的感官同事物直接接触、相感而产生，自然可以将其视为一种感应作用；即便是对形而上的天理和天道的认知，也同样是一种感应作用。①

一 感觉与感受：心对物的直接感知

（一）外在感觉

宋明理学多以孟子为正宗，重视先天的道德情感和经验。在理学德性之知和闻见之知的区分中，心之感觉能力没有得到足够的重视，反倒是荀子对其作过细致的分析。《荀子·正名篇》说：

> 然则何缘而以同异？曰：缘天官。凡同类、同情者，其天官之意物也同，故比方之疑似而通，是所以共其约名以相期也。形、体、色、理以目异，声音清浊、调竽奇声以耳异，甘、苦、咸、淡、辛、酸、奇味以口异，香、臭、芬、郁、腥、臊、洒、酸、奇臭以鼻异，疾、养、沧、热、滑、铍、轻、重以形体异，说、故、喜、怒、哀、乐、爱、恶、欲以心异。然而征知必将待天官之当簿其类然后可也。②

心通过统摄各种感觉器官来获得知识，这实际上是心与外部事物相感应的一种最基本的方式。心依靠各种感觉器官来认识外部事物，感觉之获得，需要感觉器官和事物直接相接、相感。这些感觉器官，荀子称之为"天官"。所谓"天官"，荀子在《天论篇》中有过说明："耳目鼻口形能，各有接不相能也，夫是谓之天官。"③ 耳、目、鼻、口等感觉器官和事物

---

① 不少学者都关注到这点，如沈顺福认为在德性之知中，主体对天理的体知和理解即为感应，"在理解中，读者不仅要获得载体所内含的绝对天理，而且会产生气质变化。这种变化便是感应，其表现便是动心或动情。天理的获得必然伴随着气质的变化、进而成仁。这也是儒家理解的最终目的，即理解不仅使人获得天理或真理，而且能够让人变化气质、提高道德。理解即知道。知道即真知。真知即感应。"［沈顺福：《理解即感应——论传统儒家诠释原理》，《北京大学学报》（哲学社会科学版）2020年第4期。］
② 王先谦：《荀子集解》，中华书局1988年版，第415—417页。
③ 王先谦：《荀子集解》，第309页。

"相接"就能够产生性质各异的种种感觉认识。

荀子是儒家中极少关注感性活动并加以分析之人,他强调通过感性经验获得关于外部事物的知识的重要性。尽管劳思光先生认为荀子的知识论并未强调任何具体的感性活动①,但是我们从荀子的"只言片语"中还是能够获得他关于感性活动的基本思想。荀子认为感知活动的基本方式是"凡同类、同情者,其天官之意物也同",也就是说耳目鼻舌等感官只能感受到与其性质相同的事物的性质。可以看到,荀子将同类相感的原则带进了感知活动中,认为感官同事物之间的感通也同样遵循同类相感的原则。此心依据同类相感原则获得的经验又可以分为两大类:一类可以称为外感官经验,是由眼耳鼻舌对事物的相应的属性的感知,荀子称之为"同类";另一类是内感官经验,是由心对相应的情感的感知,荀子称之为"同情"。

就感觉的同类相知原则而言,我们在古希腊恩培多克勒(Empedocles)那里发现了类似的观点。泰奥弗拉斯多(Θεόφραστος)记载下了珍贵的思想片段:

> 恩培多克勒以同样的方式讲一切感觉,他说知觉是那些适于进入各种感官的孔道的"流射"所造成的。因为这个缘故,一种感官是不能判别另一种感官的对象的,因为有些感官的孔道太宽,有些感官的孔道太窄,不适合某一种感觉对象,它要么一穿而过,毫无接触,要么根本进不去。②

恩培多克勒充分表达了感觉的"物质性",感觉器官同物体发出的细小微粒的"流射"相感,这种物理的作用引起了感觉。恩培多克勒还对由流射造成的视觉现象的原理进行了详细的解释,他把"四根"作为构成世界的物质元素,认为感觉是四大元素共同作用的结果。荀子并没有对感觉

---

① 劳思光先生认为,荀子虽然认为心之征知必须以各种感官经验为基础,但他对各种感性活动并未十分强调,他所强调的是获得各类事物的性质,或者说是对事物类的认识。这点事实上也是西方经验主义者较为普遍的看法,所谓经验主义或经验论是相对于唯理论而言的,虽然它强调的基本点是人类所有的知识都来源于感性经验,但是他们也认为人类知识虽然来自感性经验,但是不可能停留在这个阶段,而必须上升为理性知识。荀子的经验论的特质是他并没有把由心之征知活动得到的关于事物类的知识作为最终的目的,或者说荀子根本没有把认识作为重点,认识的目的是要"正名",而"正名"的目的又是为其政治理想服务的。见劳思光《新编中国哲学史》,广西师范大学出版社 2005 年版。
② 北京大学哲学系外国哲学史教研室编译:《西方哲学原著选读》,商务印书馆 2002 年版,第 44 页。

活动的具体过程进行说明，但是却有着同恩培多克勒相类似的观点，认为每个感觉器官只能认识同类的事物的性质或情感。

荀子说感官与外物相接的原则是同类相感，但是并没有明确说同类相感是以气为中介发生的。在恩培多克勒的"流射说"中，事物发射出来的"流射"则类似于气这样的微小的物质元素。在宋明儒学中，心对物的感觉已基本被确立为以气为中介的感通作用。《语类》中有一段话：

> 横渠曰："一故神。譬之人身，四体皆一物，故触之而无不觉，不待心使至此而后觉也。此所谓'感而遂通，不行而至，不疾而速'也。"发于心，达于气，天地与吾身共只是一团物事。……自家心下思虑才动，这气即敷于外，自然有所感通。①

张载认为知觉作用具有神妙的特点，并且强调知觉是"不待心使至此而后觉也"，也就是说感觉是身体各个感官与外物相感所直接产生的最原始的经验。另外，朱熹认为心与物的感通过程是"发于心，达于气"，而之所以能够由心达气，由心达物，是由于天地万物和我的身体都是"一团物事"，所以人心才动，气即发于外，就能跟事物相感通。

（二）内在感觉或感受

感觉既包括对外在事物的感知，也包括在此基础上产生的内心的各种感受，黑格尔（G. W. F. Hegel）将二者区别为外在感觉和内在感觉。在汉语传统中，我们可以用"感觉"和"感受"来表示二者的差别，感受更倾向于标示主体内在的好恶等自然情感。近现代道德哲学进一步区分了"自然情感"和"道德情感"，在儒家语境中，二者又分别被称为"七情"和"四端"。无论是西方道德哲学抑或儒家伦理学，它们关注的焦点都是道德情感，对自然情感仅有零星的论述。《礼记·礼运》总结了人类喜、怒、哀、惧、爱、恶、欲七种基本的情感，在现代语境中，这样的区分还有进一步讨论的空间，比如欲望同情感就有着很大区别，但是总体来说"七情"的划分成为中国人对情感分类的基本认识。《乐记》还对情感的产生作了说明，认为："人生而静，天之性也；感于物而动，性之欲也。"② 人之情感和欲望都是人心感物而动而生发的，但是这种心与物感的情境和性质到底如何，还没有得到进一步的规定。

---

① 《朱子语类》卷九十八，第2511页。
② 《礼记·乐记》，《礼记正义》，第1459页。

宋明儒家直接讨论自然情感的地方不多，而是在性与情、四端和七情对比的情境下理解人类的自然情感。作为道德情感的"四端"同作为自然情感的"七情"之间究竟是何种关系？朱熹将"四端"对应于"理"，而将"七情"对应于"气"，认为前者是"理之发"，后者则是"气之发"。① 但是在另外的一次谈话中，朱熹认为七情也有性上的根源，并试图把"七情"分别归于"四端"之下。可是朱熹对于这个区分又显得较为迟疑：

> 问："喜怒哀惧爱恶欲是七情，论来亦自性发。只是恶自羞恶发出，如喜怒爱欲，恰都自恻隐上发。"曰："哀惧是那个发？看来也只是从恻隐发，盖惧亦是怵惕之甚者。但七情不可分配四端，七情自于四端横贯过了。"②

可见，朱熹对于四端和七情的关系并没有形成一个较为成熟的思想，但这却是一个非常重要的问题，因为它涉及儒家伦理德目所根源的"四端"同人类其他的普通情感之间的关系。可惜这个问题在后来的宋明儒学中一直没有得到足够的重视，后来韩国朝鲜时代的儒学以"四端七情"为中心，进一步发挥了朱子学说。在李退溪和奇高峰的论辩中，前者秉承朱子"四端是理之发，七情是气之发"的思想，认为："四端之发纯理，故无不善；七情之发兼气，故有善恶。"③ 而奇高峰认为四端之情也属于七情，"非七情之外，复有四端也"。四端只是七情发而中节，"盖性之乍发，气不用事，本然之善得以直遂者，正孟子所谓'四端'者也。此固纯是天理所发，然非能出于七情之外也，乃七情中发而中节之苗脉也"④。

李退溪和奇高峰的不同观点在朱熹本人的思想中其实都有表现，只是韩国儒学将朱熹关于这个问题引而未发的内容充分展现了出来。后来李栗谷和成牛溪之间的争论也仍然是在朱熹理气论的框架中展开的，其中唯有李退溪秉持"理气不杂"的观点，主张"四端"是"理发而气随"，而朱

---

① 《朱子语类》卷五十三，第 1297 页。
② 《朱子语类》卷八十七，第 2242 页。
③ 李退溪：《退溪集》卷十六，《韩国文集丛刊》第 29 辑，第 404 页。
④ 李退溪：《退溪集》卷十六，第 409—410 页。关于李退溪"四端"和"七情"的思想，可参考罗安宪《李退溪与奇高峰关于四端七情的论辩》，《孔子研究》2009 年第 4 期；成中英、伍至学《李退溪的"四端七情"说与孟子、朱熹思想》，《学术月刊》1988 年第 1 期。

熹本人从未如此断然下此判断。针对李退溪的观点，成中英先生有一个评价：

> "四端"应于心之内感，"七情"发自气禀之外在触动。这个论证也许预设了笛卡儿式对心之主动活动与形躯之激情的区别。解释心之内在感应，主要以其主动原理为基础，此主动原理即心之理；而形躯对外界刺激的生理反应，主要是建立在形躯的激情原理上来解释的。这点再度假设了"四端"之为"精神"或"理性"的，有别于"生理"与"形躯"的"七情"。①

事实上，在韩国儒学中，无论是奇高峰还是李栗谷都没有把"四端"视为脱离"气"的纯粹之"理"，也就是说，"四端"同"七情"一样，都是源自人心对外境的真实的"切身"感受。在理气论的框架中，他们或者把"四端"视为"七情发而中节之苗脉"，或是视为"气发理乘"，认为"四端"和"七情"在内涵上并没有本质的区别，"四端"只是"七情"的合理表达而已。但是就"恻隐"之情而言，我们会发现它同喜、怒、哀、惧、爱、恶、欲中的任何一种都有区别，其他三端也同样如此。也就是说，"四端"同"七情"之间，并非同种情感的不同形式的表达，而是就其"内容"来说有着根本区别。

退溪认为四端和七情的区别在于前者是"心之内感"，而后者则是气与外物相感而动。表面上看来，这同康德对道德情感和自然情感的认识较为相似。李明辉作过这样的比较：

> 众所周知，后期的康德哲学预设了一个"现象"与"物自身"的二元间架，而在其伦理学中，此一间架则成为情感与理性二分的间架。在这个间架之中，道德主体是作为实践理性的"意志"（Wille），与一切情感（包括道德情感在内）均无涉。所以，他一方面指出：道德情感与自然情感均是感性的。但在另一方面，他又强调这两种情感的本质差异：道德情感是道德法则在感性层面上产生的结果，自然情感则是由我们对意志对象的爱好所引发。……换言之，自然情感是被动的，是出于外在对象之触发（affizieren）；道德情感则是由"理性概

---

① 成中英、伍至学：《李退溪的"四端七情"说与孟子、朱熹思想》，《学术月刊》1988年第1期。

念"(指道德法则)所引发,而就道德法则为道德主体所指定而言,道德情感并非被动的,而是"自生的"。①

康德关于道德情感和自然情感区别的认识,很重要的一点就是二者产生的方式不同,自然情感是心与外界对象触发而被动产生的,但是道德情感则是由道德法则引起的。但是李明辉先生同时提醒退溪和康德之间的一致只是表面的,深入来看,二者还是有着重要的区别。②

以上关于四端和七情的讨论包含两个不同的层面:一是同样作为人类的情感,四端和七情的关系;二是四端作为道德情感同仁义礼智本身的关系。如果借助于康德伦理学或现象学伦理学的术语确实能够有助于我们更好地理解争论的话,我们也许可以把七情看作自然情感,把四端看作道德情感,而被理学家视为性或理的"仁义礼智"则是道德法则。我们认为内向和外向只是四端和七情之间表面的差异。喜、怒、哀、惧、爱、恶、欲之"七情"作为人类心灵依外界事物而自发产生的情感,始终是指向个体生命自身的,是心因外物及具体情境而生发的不同的情感感受。而以"恻隐之心"为首的"四端"却始终指向他者的存在,是心与心之间的感通。

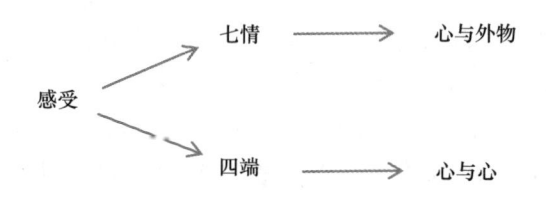

```
                  七情  ——→  心与外物
感受  ⟨
                  四端  ——→  心与心
```

总之,感觉和感受是心的同一层面的活动,都是心通过感官同外部世界的自发感通,但是二者之间又有着重要的区别。如果以心为里,感官为表,事物为外的话,感觉是一个向外的活动过程,以外部事物的性质为主,此即荀子所谓"知有所合谓之智";感受则是一个向内的活动过程,以心的内在情感为主,外部事物之情状仅为此情感产生之机缘。而就感觉

---

① 李明辉:《四端与七情:关于道德情感的比较哲学探讨》,第193—194页。
② 李明辉说:"对康德而言,道德情感毕竟不属于道德主体本身的活动,而仅是道德法则在感性层面上产生的结果。道德主体本身的活动是道德法则之制定,而道德法则仅是形式原则,其自身并不包含自我实现的动力。反之,当退溪赋予理以活动性时,他无异承认理是发自本心,而四端即是本心之活动。这样一来,四端上提到本心的层面,而非如后期康德所理解的'道德情感',属于感性层面(尽管其动因出自理性)。"见氏著《四端与七情:关于道德情感的比较哲学探讨》,第195页。

和感受同为心与物事之感通而言，二者之情形同样有别。感觉同认知之心相关，其目的是获得关于外在事物具体的、"客观的"性状的经验。感受同道德之心相关，由感受而得的各种情感是此心对外物之情状有所感动而生，而此心之感动，无非此心对生命与外物感通情状之明觉。感受发之于外部事物，而指向生命本身，是生命之感触与感动。

（三）"感觉"的特质

我们在最广义的层面来理解"心"，把心看成是亚里士多德思想中的"灵魂"概念，是欲望、情感、意志和理智的统一体。当心通过感官与事物相感时，心的功用表现为感觉和感受。宋明儒学中感觉作用具有如下特征。

第一，感觉是身体性的而非观念性的。儒家关于心的感觉功能的认识接近于古希腊哲学而与西方近代哲学有很大的差别。在西方近代哲学中，对感觉的认识发生了根本的变化。霍布斯（Thomas Hobbes）把感觉当作一种影像，"由感觉器官向外的反应及努力所造成，为继续存在或多或少一段时间的对象的一种向内的努力所引起"[1]。洛克进一步区分了"外感觉"和"内感觉"，但无论是"外感觉"还是"内感觉"，都是"观念"。"外感觉"是指感官在接受外物刺激的基础上，将关于事物的"知觉"传达给心灵，从而形成关于外部事物的颜色、声音、气味、形状、运动等"一切可感性质的观念"[2]；"内感觉"又称为"反省"，是指那些不可能从外部获得的观念，诸如"知觉、思想、怀疑、信仰、推论、认识、意欲以及心灵的一切作用"[3]。罗蒂对洛克把怀疑、信仰以及意欲同知觉、思想放在一切，共同隶属于"内感觉"的做法进行了重点的分析，在洛克的思想中，主体的欲望和信念都成为"观念"，从而成为理智进一步加工的对象，以便进一步形成各种知识。

在儒家和古希腊思想中，感觉总体来说具有"身体性"的特征，是物质感官同事物之间的一种独特的感应作用关系。但是在西方近代表象思维中，感觉被转化为"思想"或"观念"，以"再现"外部事物为主要功用，从而成为具有镜式本质的心灵的一种功用。罗蒂介绍了麦特松关于古希腊哲学和近代哲学在身心问题上的主要不同之处的认识：

---

[1] 北京大学哲学系外国哲学史教研室编译：《西方哲学原著选读》，第396页。
[2] 转引自张志伟主编《西方哲学史》，中国人民大学出版社2010年版，第300—301页。
[3] 转引自张志伟主编《西方哲学史》，第301页。

希腊人并不欠缺一种心的概念,甚至不欠缺可与身体分离的心的概念。但是从荷马到亚里士多德,心身分界线如果划出了的话,其方式是感性知觉过程被划到身体一边。这是希腊人几乎没有身心问题的一个理由。另一个理由是,很难或几乎不可能把"感觉与心(或灵魂)的关系是什么?"这样的句子转译成希腊文。困难在于找到"感觉"的希腊文对应词,如果按照哲学家赋予它的意义来理解的话。……**"感觉"被引入哲学正是为了使人们能够谈论一种意识状态,而无需涉及外来刺激的性质甚或其存在**。①

在我们标粗的最后一句话中,麦特松指出了近代哲学中"感觉"一词含义的重大变化,即感觉不再涉及他者的刺激甚至是他者存在本身,完全变为主体的一种意识状态,成为主体认识过程的一个组成部分。在古希腊人看来,感觉是外部事物的刺激,同时也同物质性的身体的感受不可分,感觉与其说是一种"思想",还不如说与物质性的身体更为相近。而在笛卡尔那里,情况发生了转变。"笛卡尔使用'思想'一词来包括怀疑、理解、肯定、否定、意愿、拒绝、想象和感觉"②,也就是说在笛卡尔那里,感觉连同怀疑、理解、意愿等都共同变成了"思想",从而从外在事物以及作为感受主体的身体中摆脱出来,成为纯粹主观的东西。在此基础上,洛克进一步把感觉转变为"观念"。这样的话,人心成为一个抽象的纯粹思维之心、认知之心,也就出现了认识着的主体同客体之间的二元对立:

> 一旦笛卡尔发明了"感觉"的"准确意义",即它"只不过是思想",我们就开始脱离了亚里士多德在理性和生命机体之间所作的区别,前者是对普遍事物的掌握,后者掌握感觉和运动。人们需要一种新的心身区别,我们称其为"在意识和非意识之间的"区别。它不是诸人类机能间的区别,而是两套事件系列之间的区别,这样,在一个系列中的很多事件与另一个系列中的很多事件具有很多共同的特征,虽然极其不同,因为一个是有广延的实体,另一个是无广延的实体。它更像是两个世界之间的区别,而不大像是人的两端,甚至两个部分之间的区别。③

---

① 〔美〕罗蒂:《哲学和自然之镜》,第41页。
② 〔美〕罗蒂:《哲学和自然之镜》,第41页。
③ 〔美〕罗蒂:《哲学和自然之镜》,第42页。

我们同样可以看到，西方近代哲学不仅仅把知识性的感觉转化为观念，同样也把情感性的感受转化为观念。休谟认为"印象"就包括喜好、厌恶以及由欲求而产生的情感，而印象和观念的区别仅仅在于前者更为生动。耿宁（Iso Kern）也认为近代西方哲学将情感感受"观念化"了，使得感受成为主体的思想和观念，从而完全失去了"肉身性"。同西方近代哲学将感觉和感受"观念化"，将其视为思维或思想的组成部分不同，儒家对感觉和感受的理解同古希腊更加接近。感官同事物之间的相互作用并不是一种镜式的反映与被反映的关系，感觉和感受都并非思维，而是属于身体的，它们同事物之间毋宁是一种直接的、现实的感应作用关系。在朱熹看来，心和物之间的感应关系依然是以一气流通为基础的，所谓"发于心，达于气"。

第二，感觉是直接的而非间接的。这是感觉、感受同知觉相比具有的特性。感觉、感受是心和物之间直接的感通，是感官跟外物相感形成的最直接的经验，随机而发，神感神应。比如对颜色的感知，虽然幼儿无法用语言表达出他所看到的颜色，但却有着对颜色直接的感知。朱熹就是以用东西刺手，手马上就感觉到疼，用东西刺脚，脚立即就感觉到疼为例说明感觉的直接性的，这也就是张载说的"故触之而无不觉，不待心使至此而后觉也"。感觉是受到外物的触动自然、直接产生的，不需要知觉之心和主宰之心参与。但是反过来，知觉之心就是间接的，荀子认为心的征知要以天官为基础，朱熹也认为格物致知要以对事物的直接感觉和感受为基础，知觉之心只能在感觉和感受的基础上才能够实现对事物内在性理的认知。

二 体物与格物：心对物理的体知

一物有一物之理。中西方都不满足于对事物的感性认识，而将事物之"理"作为更高的认识对象。心同有形物体直接相感知时，心的作用表现为感觉和感受，当心同形上之理或性相感时，心的作用就转而表现为知觉。同感觉和感受相比，儒家更为重视心的知觉功能。如果说感觉为人和动物所共有的话，那么知觉则是人所特有，是人之感觉和感受同动物相比具有不同意义的原因。知觉建立于感觉和感受之上，含有两种不同的路向：一是进一步认知事物内在之理，一是进一步认识人性。这也就是成中英先生说的一是以荀子为肇端的"心能知道"论，一是以孟子为肇端的"心能尽性"论。成中英说：

就心能实现人的潜能而言，心乃与性相提并论成为"尽心知性论"的主题；就心能认知真理之能力而言，心乃与道并举，成为"心知道论"的张本。先秦哲学对心的理论可分别为此二者，各以孟子与荀子为代表。①

在儒家看来，要获得对事物固有之理以及人心内在本性的根本性认识，最终只能通过"体悟"的方式，它们共同要求通过系列"工夫"达到知觉之心的"虚静"，只有如此方能使得此知觉之心与道或性相感通，从而心与道（性）合。

（一）超越感觉的方式：西方近代观念化、表象化的路径

感觉源于感官对事物的直接感知，因此原初的感觉是身体性的，而非观念性的。在西方哲学传统中，古希腊和中世纪皆承认感觉和灵魂的身体性，但这个传统在近代却被打破，灵魂成为"镜式"灵魂，感觉也就成为一种"观念"。罗蒂在现代哲学语境中对此进行了批判，而黑格尔则在近代哲学传统中对此表示肯定。黑格尔认为精神的发展必须要超越这种原始的感觉，通过将感觉"观念化"，也即上升为"意识"，才能进一步走向普遍和自由。不过需要注意的是黑格尔并不否认感觉最初的"形体性"，他认为感觉活动"最初是形体性的（眼的，等等，一般地身体的任何部分的）规定，这规定由于在灵魂的自为存在里被内在化并被回忆起而成为感受"②。五种感官的形体性是有区别的，其中触觉最为"具体"，直接"与物体东西的坚固的实在性有关"，味觉也"必须与对象有某种直接的接触"，而在嗅觉那里则无需这种直接的接触，"这种接触在听觉那里更加没有必要，在视觉那里就完全不发生了"③。由触觉、味觉、嗅觉、听觉再到视觉，感觉的"形体性"逐渐削弱。黑格尔称视觉为"光的有形的观念东西的官能"，视觉已经基本摆脱物体的物质性，并且"由于视觉对本来的物体性的这种独立性，我们可以把它称为最高贵的官能"④。

可见，黑格尔仅承认感觉有限的"形体性"，虽然感觉（感受）离不开物质性的身体感官，但这些感官是无法离开"灵魂"而独立工作的，感官统摄于灵魂。黑格尔更是明确强调灵魂和物质性的对立，"灵魂不仅就自身说是非物质的，而且是自然界的普遍的非物质性，是自然界的简单

---

① 成中英：《论中西哲学精神》，东方出版社1991年版，第162页。
② 〔德〕黑格尔：《精神哲学》，杨祖陶译，人民出版社2006年版，第100页。
③ 〔德〕黑格尔：《精神哲学》，第105页。
④ 〔德〕黑格尔：《精神哲学》，第103—104页。

的、观念化的生命"①。感觉和感受是灵魂的独特能力,因此,物质性的感官统摄于观念性的灵魂:

> 我们的这个身体的生命性在于,它的物质性不能独自地存在,不能对我进行抵抗,而是服从于我,处处为我的灵魂所渗透,并且对于我的灵魂来说是一个观念的东西。②

对黑格尔来说,感觉和感受的形体性、物质性都意味着它们是精神的最低层级,也是"最坏"的形式。在黑格尔精神哲学体系中,精神是世界的真理,是物质性自然界的真理。

通过感官和外物接触而起的感觉,只是人类经验的一种低级形态,中国和西方都试图超越对事物的直接感知,从而更加深入地认识和把握事物。黑格尔更是认为"感受是精神东西的最坏的形式",它为人和动物所共有,只有思维才是"人借以和牲畜区别开来的最自己的东西"③。感受之所以是一种"最坏的形式",是因为感受还仅仅是一种"自然的主观性",这是一种"受外部决定的、被束缚于这个空间和这个时间的、依偶然的情况为转移的主观性。因此,一切内容由于置于这种主观性中就成为一个偶然的东西,并得到只属于这个个别主体的种种规定"④。所以,感受和思维(精神)的区别在于:

> (精神)是一个自在自为的普遍的东西、必然的东西、真正客观的东西,而感受则相反地是一个孤立的东西、偶然的东西、片面主观的东西。⑤

感受总是受制于具体的时间、空间等偶然情况,因而总是孤立的、偶然的和片面的东西,而精神则以普遍的、必然的和客观的东西为目标。

同样儒家也认为因与物交而起的"见闻之知"具有狭隘性,要超越这种狭隘性,就需要"不萌于见闻"的德性之知。同狭隘的见闻之知相比,德性之知则能够"体天下之物",因此具有更高的普遍性。同样要超越感

---

① 〔德〕黑格尔:《精神哲学》,第39页。
② 〔德〕黑格尔:《精神哲学》,第110页。
③ 〔德〕黑格尔:《精神哲学》,第98页。
④ 〔德〕黑格尔:《精神哲学》,第99页。
⑤ 〔德〕黑格尔:《精神哲学》,第98页。

觉和感受的局限性，不过在如何超越这个问题上，分歧开始出现。黑格尔认为感受必须上升为"意识"，表象性的观念必须取代物质性的形体，精神才能有进一步的发展。所以黑格尔实际上认为西方近代表象性思维（镜式比喻、观念论）是精神发展的一个高级形态。黑格尔认为，无论是作为感受的自然灵魂，还是感觉灵魂，都属于主观精神的第一个阶段——"灵魂"，精神必然要超出这个阶段，显示出第二种形式：

> 使自然成为自己的对象，反思它，把它的外在性纳回到自己的内在性里，观念化它，并这样地在自己的对象里成为自为的。①

这种将自然作为自己的对象进行反思，从而使自然成为观念化的表象的精神即为"意识"。精神只有通过观念化才能将杂多的感性材料上升为普遍性的知识。在意识中，"当自我抓住这个材料时，它就为自我的普遍性所毒化和理想化，而失去了它的孤立的、独立的持存并得到一种精神的定在"②。

（二）儒家的"格物"与"体物"

儒家同样要求超越狭隘的见闻之知，而以事物内在之"理"以及更高层次的"天理""天道"作为认知对象。荀子在儒家中相对来说更加重视感觉经验，不过他也认为感官"各有接不相能"，只有经过心的"征知"，才能形成真正的知识。冯友兰先生说："若无征知，则耳目等天官，对于所知之事物，只能感觉其形态，不知其为何物也。"③ 所谓"征知"就是指心能够从个别的、杂多的感觉经验中获得关于事物类和理的知识。宋明理学中，程颐、朱熹一系特别拈出"格物致知"。程子说："格，至也，穷理而至于物，则物理尽。"④ "格犹穷也，物犹理也，犹曰穷其理而已也。"⑤ 朱熹《大学章句》释格物致知，谓："格，致也。物，犹事也。穷至事物之理，欲其极处无不到也。"⑥ 朱熹对格物致知的解释与程颐一脉相承，二人都认为事物皆有其内在之理，认识的目的就在于穷尽事物之理，获得对事物内在根据和内在规律的认识。

---

① 〔德〕黑格尔：《精神哲学》，第24—25页。
② 〔德〕黑格尔：《精神哲学》，第15页。
③ 冯友兰：《中国哲学史》，第251页。
④ 《河南程氏遗书》卷二上，《二程集》，第21页。
⑤ 《河南程氏遗书》卷二十五，《二程集》，第316页。
⑥ 朱熹：《四书章句集注》，第4页。

与程颐和朱熹喜言"格物"稍有不同,张载更多地说"体物"。张载同样认为由耳目等感官而来的知识具有局限性,因此我们不能局限于见闻之知。

> 天之明莫大于日,故有目接之,不知其几万里之高也;天之声莫大于雷霆,故有耳属之,莫知其几万里之远也;天之不御莫大于太虚,故必知廓之,莫究其极也。人病其以耳目见闻累其心而不务尽其心,故思尽其心者,必知心所从来而后能。①

闻见之知的局限在于只能认识特定时间和空间内的事物,此即如黑格尔认为感受总是受到特定时空的限制。张载认为要超越见闻之知的局限,需要"大其心"来"体物",所谓"大其心则能体天下之物,物有未体,则心为有外"②。大其心,方能成就德性之知;大其心,方能抛弃"成心",而"成心忘然后可与进于道"③。在张载那里,体物即是体道:

> 体物体身,道之本也,身而体道,其为人也大矣。道能物身故大,不能物身而累于身,则蔑乎其卑矣。④

体物、体身和体道一体相关,不过张载在《正蒙》中没有更进一步明确说明"体物""体道"之"体"究竟为何意,以至于后来朱熹和他的弟子专门对这个字的含义进行了讨论。

> 问:"'物有未体,则心为有外',此'体'字是体察之'体'否?"曰:"须认得如何唤做体察。今官司文书行移,所谓体量、体究是这样'体'字。"或曰:"是将自家这身入那事物里面去体认否?"曰:"然。犹云'体群臣'也。伊川曰'"天理"二字,却是自家体贴出来',是这样'体'字。"⑤

朱熹和他的弟子都认为"体"是"体察""体量"之义,具体来说就

---

① 《正蒙·大心篇》,《张载集》,第25页。
② 《正蒙·大心篇》,《张载集》,第24页。
③ 《正蒙·大心篇》,《张载集》,第25页。
④ 《正蒙·大心篇》,《张载集》,第25页。
⑤ 《朱子语类》卷九十八,第2518页。

是"将自家这身入那事物里面去体认",所以"体物""体道",也就是将人的全部身心投入事物中去,以期获得对事物最全面、最细微的认知。

粗略来看,程颐和朱熹更喜用"格物",而张载偏好"体物",但格物和体物实际上是相通的。如程颐就说"天理"二字是他自家"体贴"出来的,体贴与体察皆可谓之体。而关于格物和体物,朱熹在另一处回答"体物"之"体"的内涵曰:

> 此是置心在物中,究见其理,如格物、致知之义,与"体用"之"体"不同。①

朱熹认为体物是"置心在物中",以穷究物理,并且明确表明"体物"之义"如格物、致知之义"。朱熹非常清楚体物是将自家身心投入事物之中以穷究事物之理,并且认为格物致知也有相同的含义,那么格物同样也是一种身体性的认知,而非纯观念的表象思维。

张载认为体物就是体道,程朱一系格物致知的最高理想也是希望通过即事而穷理,有朝一日能够豁然贯通,进而认识到天理之大全。在儒家思想中,天理或天道是比理、性和心更为高级的一个概念,它也是心所能认识的最高对象,类似于海德格尔所谓的"存在者整体"。孔子有"朝闻道,夕死可矣"之说,孟子提出"尽心知性则知天",其所知之天同样是天之道。荀子也区分了"精于物者"与"精于道者",要通过"虚壹而静"来"知道"。张岱年先生将中国传统哲学的致知方法归结为"验行""体道""析物""体物或穷理""尽心""两一或辩证"六大类。其中"体物或穷理","即由对物的考察以获得对于宇宙根本原理之直觉,兼重直觉与思辨,可以说是体道与析物两法之会综。此方法可谓导于荀子及《易传》,后来邵子、张子及小程子、朱子的方法,都是此种"。"尽心"之法"即以发明此心为方法,亦是一种直觉法。这是孟子及陆王的方法"。②

荀子主张通过对个别的感性事物的观察,上升到对天理的认识。后来程颐和朱熹也基本上遵循这个路径。程颐释"格物致知":

> 或问:"格物须物物格之,还只格一物而万理皆知?"曰:"怎生

---

① 《朱子语类》卷九十八,第2518页。
② 张岱年:《中国哲学大纲——中国哲学问题史》(下册),昆仑出版社2010年版,第594页。

便会该通？若只格一物便通众理，虽颜子亦不敢如此道。须是今日格一件，明日又格一件，积习既多，然后脱然自有贯通处。"①

朱子基本上延续了程颐的解释，《大学章句》谓："所谓致知在格物者，言欲致吾之知，在即物而穷其理也。盖人心之灵莫不有知，而天下之物莫不有理，惟于理有未穷，故其知有不尽也。是以《大学》始教，必使学者即凡天下之物，莫不因其已知之理而益穷之，以求至乎其极。至于用力之久，而一旦豁然贯通焉，则众物之表里精粗无不到，而吾心之全体大用无不明矣。此谓物格，此谓知之至也。"② 在程颐和朱熹看来，对具体事物性理的认识，最终是为了能够"豁然贯通"，从而获得对宇宙整体（"众物"）的认识。

心学则主要从人的内在感受经验开始，而最终认识人的"本心""良知"。感受指向人的内心，心缘物而发各种情感，在心学看来这些情感来源于人之"本心""良知"，心之知觉向外能够认识外在事物之理，向内则能够认识自身本原之体。后者一般被视为心学的特征，它强调通过所发的情感认识人之本心或本性。陆九渊说："仁即此心也，此理也。"③ 他认为恻隐、羞恶之情都是理之所发，而理也即是仁，也即是心之本体，所谓"仁义者，人之本心也"④。换句话说，各种道德情感都是本心之所发，本心之所发即是理。对于心学来说，对本心的体知便具有重要的意义。可以说对本心的体知是知觉之心的自我认知，是心之自觉和自知。

王阳明继承并发扬了孟子的良知以及陆九渊的本心概念，形成了完备的良知学说。他说："知是心之本体。心自然会知：见父自然知孝，见兄自然知弟，见孺子入井自然知恻隐，此便是良知，不假外求。"⑤ 良知是恻隐、孝悌等道德情感的根本和根据，此良知便是天理，所谓"天即良知""良知即天"⑥；也可以说（良知）就是道，"道即是良知，良知原是完完全全"⑦。良知本体是自然天则，但是就个体而言却容易为私欲所蔽，所以认识或回复此良知天则的第一步工夫就是去除蒙蔽在良知上的蔽障。"致

---

① 《河南程氏遗书》卷十八，《二程集》，第188页。
② 朱熹：《四书章句集注》，第7页。
③ 《陆九渊集》，中华书局1980年版，第5页。
④ 《陆九渊集》，第9页。
⑤ 《传习录上》，《王阳明全集》，第7页。
⑥ 《传习录下》，《王阳明全集》，第125页。
⑦ 《传习录下》，《王阳明全集》，第120页。

知"对朱子来说是由感性经验出发获得事物的内在之理,对于阳明来说则是由情感感受的扩充而获得对良知本体的认识和确信。① 良知是人心的本体天则,各种情感感受是良心的发用,但是由情感感受上升至良知需要致良知的工夫。王阳明说:"孩提之童,无不知爱其亲,无不知敬其兄,只是这个灵能不为私欲遮隔,充拓得尽,便完完是他本体。"② 可见,无论理学还是心学,都认为心之知觉的主要功用是从感性经验上升到性理或本心的层面。

(三)虚静、大心、存敬以体道

理学和心学在格物致知的方法上存在差异,程朱一系强调对外在事物的认识,并且主要以一种类似于经验归纳的方法,从个别逐渐上升到一般性的认识。从表面上看,程朱一系与科学的方法较为接近,其实却不然。就方法本身来说,程颐对天理的认识并非基于观察与测验,而是基于体会与觉悟。就认识目的来说,科学试图从事物自身来认识事物,事物被简化为具有广延的客观存在,事物之间的关系是一种力与力的相互作用关系。二程和朱子也都强调研究物理,但是他们对物理的研究并非指向事物自身,而是为其道德理想服务。③ 二程说"物理最好玩"④,但是他们"观察"鸡雏是为了"体仁";他们观察节气的变化,最终体悟到的是阴阳二

---

① 杨国荣先生说:"从意识层面看,感性存在总是涉及经验内容,心不能离身(无身则无心),决定了心无法与经验内容绝缘。王阳明在谈到心与情的关系时,便肯定了这一点;'喜、怒、哀、惧、爱、恶、欲,谓之七情。七者俱是人心合有的。'相对于理性的灵明觉知,情感属于感性经验的序列,王阳明将七情视为人心的题中应有之义,同时即意味着对先验的心体与经验的内容作了沟通。"(杨国荣:《心学之思——王阳明哲学的阐释》,生活·读书·新知三联书店1997年版,第74页。)
② 《传习录上》,《王阳明全集》,第39页。标点有改动。
③ 不少学者都已指出理学和科学在认识论上的差别。就方法而言,张岱年先生说:"伊川的方法,表面看来,似颇近于科学的方法。科学是由观察特例以获得通则,伊川也是由观察特例以获得通则。但伊川的观察特例,并非如科学家以感官及器具对于外物作精密的观察与测验,而主要是用思维与体会。伊川虽然也讲考察天地草木之理,而其所注重的实在于读书。伊川之由特例达到通则,又非由特例归纳出通则,而是观察事物既多后,乃觉悟到通则;不是精密的归纳,而是恍然的觉悟。所以伊川的方法,实际上与科学不同。"(张岱年:《中国哲学大纲——中国哲学问题史》,第617页。)就认识目的来说,陈来先生认为:"朱熹的格物穷理的方法论充分地肯定了人学习知识和研究外部事物的必要性,然而也应看到,理学的注重知识学习,提倡研究事物,与培根以来近代西方哲学重视知识以自然科学为基础,以实际应用为目的的指导思想不同。他们之重视知识主要不是为了促进科学发明与学术进展,增进人类福利,而是为了个人修身和国家治理。……这就决定了理学的方法论和知识论不是为科学研究提供指导方法,以寻求发现人们还不了解的客观世界的新知识、新规律。"(陈来:《朱子哲学研究》,第303页。)
④ 《河南程氏遗书》卷二上,《二程集》,第39页。

端相继不息,从而表现出天地生生之仁。

就儒家整体精神而言,无论是心学还是理学,心之知觉都不意味着对一外在的"客观"世界的认知,而是始终指向伦理道德领域。但是同心学相比,理学毕竟又更加注重感觉经验,并在此基础上进一步认识事物内在之理。这点从理学家们对天文、物理知识的重视可见一斑,而天文、物理总体而言又从属于更高的道德法则。宋明儒家所谓的天理或天道是事物感应运动的全体之理,与西方近代科学宇宙图式相比,儒家认为宇宙并非受到严格因果关系支配的、力与力的相互作用的体系,而是一个相互感应的、生气流行的有机整体。一体之气屈伸相感既非受必然的因果律支配,也非混沌无序的盲动,而是"神"和"常"的统一。此大化流行的宇宙,二端及各个事物之间的相互感应因时、因势而动,具有"神而难测"的特点,因此是一般的人类理智无法认识和把握的;但是宇宙运行之神妙又具有其内在之理,这种神妙莫测的宇宙内在之理并非超离人类之外的客观事实,而是同人的存在紧密相关的,需要人在充分涵养其德行之后,才能够知而合于此神化之道。在解释《系辞》"尺蠖之屈,以求伸也"时,程颐说:

> 尺蠖之行,先屈而后信,盖不屈则无信,信而后有屈,观尺蠖则知感应之理矣。龙蛇之藏,所以存息其身,而后能奋迅也,不蛰则不能奋矣。动息相感,乃屈伸也。君子潜心精微之义,入于神妙,所以致其用也。潜心精微,积也;致用,施也。积与施乃屈信也。……既云"过此以往,未之或知",更以此语终之,云穷极至神之妙,知化育之道,德之至盛也,无加于此矣。[①]

屈伸相感是天地万物感应运动的相状,事物动息相感,或屈或伸,神妙无穷。此屈伸相感之道是无法强行认识的,只能"潜心精微之义,入于神妙",才能穷神知化。这就要求人自身的德行修养达到一定的境界,才能与天地参。

在儒家看来,天理或道并非独立于人之外的客观规律,而是包含人的存在于其中的"大全",所以人对道的认知就不可能是主体对客体的对象化的认识,人只能身处天理流行之中去体悟天理。要认识"道"之全体,仅仅依靠积累对具体事物之理的认识是无法完成的。认识全体之道,就必

[①] 《周易程氏传》卷三,《二程集》,第858—859页。

须要"体道"。所谓"体道",如朱熹所言,就是要"投身"到事物中去,用自己的全部精神去体察事物。而要实现对天地万物的体察,需要做的是道德上的功夫,需要通过"涵养""立志"来"大其心"或使得心"虚壹而静"。在对事物的体察中,体物之心并非要将事物化为观念性的表象,从而将其统摄到作为主体的自我之中,形成普遍的知识;体察毋宁是剔除成见的虚寂之心与事物之间没有任何罅隙的完全感应,通过对事物的体知,最终成就事物。

以虚寂之心体道,乃儒家之传统。荀子认为若要知道,必须达到一种"虚壹而静"的状态。

> 人何以知道?曰:心。心何以知?曰:虚壹而静。……知道察,知道行,体道者也。虚壹而静,谓之大清明。①

心以其既有的感知能力是无法认识全体大道的,而必须发挥其"自禁、自使、自夺、自取、自行、自止"的功能,使自己达到"虚壹而静"的状态,方能"知道"。我们在《易经》的《咸》卦,甚或是在传统祭祀和卜筮的实际操作中,都能追溯其渊源。在祭祀或卜筮中,行为的主体都要求处于一种诚敬或虚静的意识状态,只有如此才能实现同祖先或神明之知之间的感应。

宋明儒家同样承续了这个传统,强调"主静""存敬""大其心"以认识天理。周敦颐提倡"主敬"以"立人极"②。张载区分了"见闻之知"和"德性之知",将对道的体悟归于后者,它和以感官为基础的经验性的见闻之知有本质的区别。人之所以有关于事物的知识,是由于人有耳目等感官,这些感官能够通达于外物,从而获得关于外物的知识。人所有的知识都必须依感官而起,但是真正的知识则超出于耳目等感官。如果人只限于自己的感官之知,将人之心仅仅视为感官之知的主宰,那么就无法真正认识到人心的本性。要通达于大道,就必须"大其心",使心从"见闻之知"中解放出来,只有大其心,才能体天下之万物,只有体天下万物,才能够"合天心",达大道,而获得不同于见闻之知的德性之知。《正蒙》批判两端,一端是世俗的思想,一端是佛教教义。佛教"以心法起灭天地""以我视物",将认识主体作为整个世界存在的根据,世界因而成为

---

① 《荀子·解蔽篇》,《荀子集解》,第395—397页。
② 《太极图说》,《周敦颐集》,第6页。

"妄幻"。张载主张"以道体物我",即站在宇宙大道的角度来看物和我,那样的话才能正确认识物、我以及道。宇宙大化流行诚而不妄,此真实无妄恰恰就体现在整个世界生生不息的变化中。要认识此生生之道,就不能局限于耳目等感官经验,必须"大其心",才能范围天地之化。"大其心"就需要从日常的感官经验的狭隘视域中超脱出来,摆脱固有的"成见""成心"。张载说:"成心忘然后可与进于道。(成心者,私意也。)"① 所谓"成心",也就是孔子说的"毋意"之"意",此"意"指的就是人的"私意"。只有抛弃因成见而产生的私意,此心才能坦荡无私、廓然大公,此心才能呈现一种自由、澄明的状态,才能感通于生生不息、神妙莫测的天地之化。

程颐也认为体悟感通之道当摈除私心,因为"夫以思虑之私心感物,所感狭矣"②。同时因为担心濂溪"主静"之说可能会流于枯寂,他提倡"主敬"以补救之。"主敬"之说后来为朱子所发扬,他认为如果能"敬"自然能"静",自然能体物不遗。他说:

> "圣人定之以中正仁义而主静",正是要人静定其心,自作主宰。程子又恐只管静去,遂与事物不相交涉,却说个"敬",云:"敬则自虚静。"须是如此做工夫。③

就体认天道所需涵养的具体德性而言,儒家内部的说法并不固定,但"虚心"是诸家说法中的普遍之义。荀子提出"虚壹而静",程颐提出"虚中无我",张载提出"大其心",均在使心摆脱见闻之知和私意的束缚。摆脱私心也是同"虚心"相连的,在对《咸》九四的解释中,张载说:"大抵咸卦六爻皆以有应不尽咸道,故君子欲得虚受人,能容以虚,受人之道也。"④

不单理学强调只有保持虚静之心才能认识全体之道,心学一系也持相似的观点。心学家认为道、理、性、情等都是本心之体或用,所以他们倾向于通过对本心的体认来达到对全体之道的认知。心学对本心的体认不仅仅停留在理论上,更多的是通过静坐的方式去直接体悟。静坐正是要使得此心实实在在地达到虚静的状态。陈白沙自叙为学经过,他二十七岁才开

---

① 《正蒙·大心篇》,《张载集》,第25页。
② 《周易程氏传》卷三,《二程集》,第858页。
③ 《朱子语类》卷九十四,第2385页。
④ 《横渠易说》,《张载集》,第126页。

始发奋求学，遍阅群经，但是茫然未知入处，"于是舍彼之繁，求吾之约，惟在静坐，久之，然后见吾心之体隐然呈露，常若有物。日用间种种应酬，随吾所欲，如马之御衔勒也"①。王阳明龙场悟道也是来自静坐，"日夜端居默坐，以求静一"，忽悟格物致知之旨。② 心学一系中以静坐体认心体和天道似成惯例，从陆象山教人"澄坐内观"到道南一派教人体验未发，再到明代陈白沙、王阳明，乃至阳明后学莫不如此。③

心学强调通过静坐体悟本心同理学主张以虚静之心去认知天道可谓殊途同归，并且正如前文所说，心学所体认的本心或天道的特质同理学关于天道的认识同样具有高度的一致性。不过阳明悟道之后，认为心即理，以良知范围天地，专提"致良知"，阳明后学辨析的重点也集中到良知自身的寂感作用，较少提心对天道的体悟，因为说悟道，依然有将心与道相析离之病。而在白沙和甘泉一系中，依然主张体认天理。我们以白沙的观点为代表。关于道之性状，白沙说：

> 或曰："道可状乎？"曰："不可。此理妙不可言，道至于可言则已涉乎粗迹矣。""何以知之？"曰："以吾知之。吾或有得焉，心得而存之，口不可得而言之。比试言之，则已非吾所存矣。故凡有得而言，皆不足以得言。"

> 曰："道不可以状，亦可以物乎？"曰："不可。物囿于形，道通于物，有目者不得见。""何以言之？"曰："天得之为天，地得之为地，人得之为人。状之以天则遗地，状之以地则遗人，物不足状也。"④

白沙认为道不可状、不可物、不可言，具有"妙不可言"的特征。可以看出，这些特征与理学关于天道特征的认识一致，白沙本人也直接承认这种一致性。他认为关于有形有象之物的知识可以通过积累而获得，因此可以言传；而关于道体的知识则不可以通过积累而获得，因此也无法言传。白沙说："夫动，已形者也，形斯实矣。其未形者，虚而已。虚其本

---

① 《复赵提学佥宪一》，《陈献章集》，孙通海点校，中华书局1987年版，第145页。
② 《年谱一》，《王阳明全集》，第1354页。
③ 陈来：《心学传统中的神秘主义问题》，载氏著《有无之境——王阳明哲学精神》，北京大学出版社2013年版。
④ 《论前辈言铢视轩冕尘视金玉》，《陈献章集》，第56页。

也，致虚所以立本也。"① 动而有形，有形则实；未形为虚，虚者为本。而要认识虚寂之本体，就必须"致虚"。致虚以体道，白沙说："斯理也，宋儒言之备矣。"②

可见，虽然心学和理学对道（理、性）和心的关系的认识有差异，但是两者对道体的性质以及心如何通达道体的认识却是一致的。他们都认为道体"妙不可言"，此道超出了各种名相的限制，所谓"至无而动，至近而神"，但是又不是不可认识的，对此不可言传者的认识就需要"不由积累而至"的体悟式认识，而要实现这种体悟，就需要"戒慎恐惧"以"虚其本"。这一点上，心学和理学没有区别，白沙也认识到这点，在他看来，理学唯一的失误在于失之太严，因其戒慎恐惧之严而失之烦琐和桎梏，所以白沙强调回归一己之自得，由繁归简。

三 心与物理感应作用的特征

（一）体物穷理与西方形而上学思维

在儒家思想中，无论是对物理和天道的体认，还是对事物的感觉经验，都不同于主体对客体的表象化认识。③ 其中，对天道的体认作为人类知识的最高层次，其性质尤为特别。此天道作为"存在者整体之存在"，

---

① 《复张东白内翰》，《陈献章集》，第131页。
② 《复张东白内翰》，《陈献章集》，第131页。
③ 儒家认为心只有"虚静"才能"知道"，单就这点来看，心对道的认识同罗蒂所说的西方近代哲学"镜式"的认识完全不同，在主体对客体的反映中，并不需要认识主体具有"虚静""公正"之心。客体的存在以及运动都受到客观的规律的制约，认识主体只需要通过大量的经验观察，进而归纳出一般规律。正如罗蒂所言，客体同主体是相互平行的关系，主体的心理状态不会对客体的存在状态和性质产生任何影响，只需如实地反映客体。有学者通过对荀子"知道"特征的分析展示了儒家对道的认知的总体特征。温海明认为荀子所谓"知道"并非符合论，人对道的认识并非人作为主体客观地反映作为客体的"道"，而是心"合"道。他说："符合是主观跟客观相符，但二者之间只是相符而已，并没有发生什么本质性的变化。可见，单纯的'符合'并不必然产生智慧和才能。只有心与物真正相'合'，也就是心物融合成一体才有所谓的智慧和才能的出现。这就是说，智慧或才能都是心通于物以后的表现，是一种心灵通达世界运化之后的'慧'和'能'，而不仅仅是与事物符合的知觉或本能的认识状态。否则，尽管'禽兽有知'（《王制》），如动物出于生存的需要，其知觉和本能也能与其生存环境相符合，但我们不认为动物具备智慧和才能。可见，要有'智'和'能'，单纯靠'符合'是远远不够的，荀子所谓'合'不是简单的'符合'之意，而是心'合'于物，也就是心通达万物，并与万物相融合之意。"（温海明：《荀子心"合"物论发微》，《中国哲学史》2008年第2期。）事实上，对个别事物的认识，只需要通过感觉和心的征知作用就可以了，而对全体之道的认知，确实只能以"虚壹而静"之心去"合"道，也就是说并不是简单地"反映"一个作为外物的"道"，而是"心通达万物，并与万物相融合"。

在西方文化中是哲学——更确切地说是形而上学所思考的对象，而非科学的任务。这也是科学和哲学一个根本的差异，如海德格尔所言，科学只是以某个特定领域的存在者为研究对象，而形而上学则思考存在者的整体以及存在本身。海德格尔所谓的"存在者整体"相当于儒家所谓的宇宙、天地或天等概念，而"存在者的存在"则相当于"天道"或"天理"等概念。同有形的感性事物不同，存在者整体的存在是人的感性无法感知的，只能通过人的理性才能认识；而在儒家话语中也有类似的表述，张载认为天理或天道是见闻之知无法认识的，而只能通过德性之知去体察。从表面上看，见闻之知可比于感性，德性之知可比于理性，但是事实上二者之间有着很大的区别。如前所述，儒家身体性的感觉和感受同西方认识论中观念性的感觉和感受有着重大的区别，而德性之知和理性之间的差别则更为突出。在儒家话语体系中，人们更多用"体悟""体证"以及"体贴"等词来表示主体同天道或天理的关系。同西方对形而上学对象的认识相比，儒家对天理的体悟有自身的特点。

第一，理性是纯粹思维性的，而体悟带有身体性。当代学者对中国哲学的"身体性""根身性""具身性"特点已有大量的阐发。就认识行为而言，身体性的体悟同思维性的理性有着很大的区别。杜维明提出了"体知"概念，将其作为儒家独特的知识类型。他用英语"knowledge form inner experiences"（内在体验的知识）与"embodied knowledge"（具身性的知识）来解释儒家体知概念的内涵，非常充分地显示了体知的身体性维度。杜维明说："体知概念笼罩下的'身体'，含有'以身体之'的意思。凡是真有实感的内在经验，都与体知有关：体验、体会、体味、体察、体究和体证，都是体知的面向。"① 因此，在儒家，从对外物最直接的感觉到更高层次的审美、道德和宗教行为都具有身体性的特点。张再林认为身体性的体知是中国哲学的特质，是一种"比纯思维之知更为可靠也更为真实的知"②。杨儒宾考察了《管子》之《心术下》和《内业》两篇中的"全心论"，认为其代表了中国哲学的典型形态。"全心"是圣人与物交通的一种方式，"它是前意向、前思虑的一种物我交通之模式。所以'圣人'与物交通，并不是'认识'的关系，也没有主客的格局可分，他是以'全身思考'——不，应当说：全体存在——的模式，与物同流，彼此一同呈

---

① 杜维明：《杜维明文集》第五卷，武汉出版社2002年版，第361页。
② 张再林：《根身性：中国哲学研究的一个新的论域》，《孔子研究》2018年第4期。

现"①。圣人将其全部身心投入到事物当中去呈现事物以及全体之道。

儒家的身体性同西方近代观念论相对。虽然黑格尔也承认感觉与感受的身体性，不过黑格尔认为必须摆脱这种原始的感受性，在表象性和观念性的思维中才能获得普遍性的知识。黑格尔其实道出了西方哲学的一个传统：形而上之道只能通过思维去把握。西方形而上学较为复杂，海德格尔认为主要有三种形式：古希腊的存在论、中世纪的神学、近代的逻辑学。我们分别以柏拉图、托马斯·阿奎那（St. Thomas Aquinas）和黑格尔为例。柏拉图认为真实存在的是理念，最高的理念则是至善。理念只能为理性所认识，这种理性是纯粹思维性的。灵魂甚至在同一个人的身体结合之前就已经具有了关于理念的知识了，它所要做的只是回忆起它曾经认识的东西罢了。可见在柏拉图那里，对理念的认识同身体没有任何关系，或者仅仅有负面的关系。托马斯·阿奎那认为可以通过理性去理解作为最高存在者的上帝，并且认为上帝的存在也完全可以通过后天的方式即思维的方式来证明，他说：

> 虽然上帝超越一切可感觉事物以及感觉之上，但是他创造的结果是可感觉的事物，我们可借此推导上帝存在的证明。这也就是说，我们的知识的起源于感觉，即使我们对事物的认识超越于感觉之上也是这样。②

黑格尔认为世界的本质是绝对精神，或者说是绝对精神不断运动的过程的整体，绝对精神的运动遵循着"逻辑"法则，此逻辑法则也是先天的，对它的认识也是纯粹思维的。

而在儒家看来，天道或天理是无法用纯粹的思维去"认识"的，它需要人之身心（"体"）的全部投入才能感悟得到。朱子明确说"体道"是"以自家身体去体那道"，是要将自身放入到事物当中去，而不是站在事物之外。只有将自身放入到天道之中，才能够真实地体察天道的性状。它需要人充分涵养其德性，虚壹其心，消除心之私意，此心廓然大公，才能无感而不通。

第二，理性对存在者整体的认识是一次性的，而儒家对天理的体悟却

---

① 杨儒宾：《儒家身体观》，上海古籍出版社2019年版，第253页。
② 〔意〕托马斯·阿奎那：《神学大全》，I, 2, 2，转引自北京大学哲学系外国哲学史教研室编译《西方哲学原著选读》上卷，第261页。

是生生不已的。在西方哲学和科学的话语系统中，对真理的认识虽然需要经过多次的实验和反复的思辨，但是此真理一旦获得，就不会更易。柏拉图认为感性认识不可靠，就是因为感性认识的对象本身是不断变易的，而理念则是绝对不变的，所以理性一旦认识到理念就不会更改。黑格尔认为智慧是密涅瓦的猫头鹰，只在黄昏时起飞，因而只能在绝对精神的运动全部结束之后才能认识到它的全貌。而绝对精神一旦完成自身的运动，就会固定在历史中，从而成为智慧把握的对象。但是在儒家思想中，心对天道的体证并非一次性的行为，而是在时间序列中同天道不断地相互感通，天道生生不已，对天道的体悟也是不间断地持续地进行的过程。此感通并非对天道的真实的"反映"，而是能够体悟并顺应天道的大化流行，从而始终能够保持"时中"。

第三，理性认识的最终目的是获得"真理"，而儒家体悟天理的目标则是"时中"。"时中"既可以说是一种道德实践境界，也可以说是一种认识的最高境界，究竟而言，儒家的知识和道德领域始终是一个相互关联的整体。德性之知所达到的"时中"之境，并非对事物的本质或者事物运行的不变的法则的认识。儒家虽然也有形上和形下、道和器、理和气之分，但儒家从未试图在一个感性的、不断生成变化的世界之上建立起一个不变的、永恒的形而上学的世界。儒家形上之道是指天地万物存在及运行的特征和规则，形上和形下、理和气是绝不可分的。即便程颐和朱熹一脉倾向于"理在气先"，此理也是指化生万物生生不息之理，始终具有不可测性和多样性的特点。

一些哲学家们将变动不居的感性世界视为假象，而把一个超感性的、永恒静止的世界视为真实存在，对前者的认识是"意见之路"，对后者的认识则是"真理之路"。意见裹杂着感性，真理则只能依靠理性。自巴门尼德（Parmenides of Elea）划分出两条道路，西方形而上学就在真理之路上越走越远——直到尼采的出现。尼采将形而上学对真理的寻求称为"求真理的意志"，而"真理意志"则是"权力意志"的变形，其目的就是要"事物如其所是那般臣服于人的脚下"。以理性求得关于事物永恒真理的过程即是主体征服客体的过程，它要求客体静止不动，如其所是那样呈现自身。儒家则肯定我们生活于其中的不断生成变化的世界，世界的生成变化又绝非处于非理性的无序状态——如尼采所言，仅仅是"力与力的嬉戏"——而有其内在之理。这样一种事物运动变化的内在之理，规定着感性事物的存在及变化但又同感性事物不可分离，并因其生动、活泼必将逃离理性的规制，逃离强力意志的征服。

此大化流行的宇宙既非一机械的物质世界，亦非一盲目冲创的非理性的存在，而是具有内在之德性的，儒家称之为"天地之心"或"天地之德"，天地之心无他，以生物为心耳；天地之德无他，其大德曰生耳。天地生物不息，故在儒家看来具有"诚"德和"仁"德；天地生育万物、覆载万物，无心而成化，又有"公正""无私"的品德，其他诸多德目也可一一依次类推。所以，要完全认识天地运行之理，生物之道，只能通过主体不断涵养自身德性，"德盛仁熟"之后"穷神知化"，最终"与天地合其德"，此时才能够真正认识天地之大道。所谓认识并非指获得关于"道"的客观知识，而是指能够在具体的时间对天地运行、变化做出合理的判断，也即所谓的"知几"，也即"时中"。

在儒家思想中，自然和道德、主体和客体相一贯，儒家之自然既是物质运动之自然，又是道德之自然，因此要认识天地之道，就不能把天地作为一客观的对象来加以研究，而必须要认识主体通过道德修养和实践，使得自身德性合于天地，才能够认识天地之道。圣人在"德盛仁熟"中对天地之道的认识，儒家更愿意称其为"合"，这种状态与其说是主体对客体的认识，不如说是人以其同天地相合的德性涵养，实现同天地运行变化不息之道的"感通"，因此"感通"才能使得人同天地之运行具有内在的一致性，才能摆脱具体事物和时空的限制，"无感而不通"，才能达到"时中"的境界。

儒学和西学都有其内在的逻辑。当世界是受严格因果关系支配的客观实在的集合体，人同世界之间就是一种主体同客体的反映和被反映（以及改造与被改造）的关系，主体对客体的反映就以获得"客观真理"为最高目标，此真理正是事物的不变的本质以及其运动变化的必然的规律。而当世界是一个相互感应的、生生不息、大化流行的生机体，那么天地运行之道就并不是一个超出于时间之外的必然的规律，而是在时间中不断生成、变易的过程，这个不断生成、变易的过程无法用不变的法则去规范，人类理智也无法把握和认识，只能将自身投入到大化流行之中，与时偕行，才能体悟天理和天道。这种体悟绝非要"认识"天道，把天道简化为几个公理或公式，而是在具体时间、具体空间中同天道相互感通。此感通需要人充分涵养其德性，使得人心虚壹而静、大公无私，才能"德合天地"，"无感不通"。

（二）体悟与"顿悟""玄览"

这样一种合道或体道的方式在中国传统思想中很常见，儒释道三家都有类似的观点。赖永海先生认为："中国佛教讲'顿悟成佛'，儒家讲

'体认天理'，道家讲'与道合一'、儒、释、道三家在修行理论上都注重'顿悟'、'体证'。"① 不仅是中国传统思想，在印度教和基督教中，在叔本华的思想中，我们都可以看到这样的观点。叔本华认为要认识物自体本身，不能通过知性和理性的方式，而只能通过直觉体悟。赖永海先生认为这是同认识对象紧密相关的：

> 只要他们所要认识或把握的对象是那种既无形无象又无处不在的"大全"、"本体"，就必然会（或者说必须）采用这种突发性、跳跃式和整体性的"顿悟"、"体证"的思维方法。②

哲学以及宗教所要认识的恰恰是"存在者整体以及存在者的存在"，或者叫作"大全""本体""神"，等等。对这些对象的把握，是无法通过感知或理性来达到的，只能通过"顿悟""体证"的方式。

同西方科学思维和理性思维相比，顿悟、体证和直觉的思维方式具有很强的"东方"色彩，而在西方这些思维方式只是在一些具有神秘主义倾向的思想流派中作为"亚文化"存在。比如叔本华就因对黑格尔哲学的厌恶，借鉴印度教和佛教的思想，提倡以直觉的方式去把握"本体"。与西方理性思维相比，这些思维方式无疑具有一些共同的特征，但是如果细加分析的话，在它们之间实际上也存在着差别。在比较学的视域中，我们会发现无论是知觉之心的性质、知觉之心体证天道的过程与性状，抑或知觉之心所能达到的目标，都具有儒家自身的特质。我们且以道家和佛教为比较对象。

首先，体悟与"玄览""顿悟"有认识方式上的差别。道家的"涤除玄览"同"绝圣弃智"相连，佛教之顿悟更是强调"言语道断，心行处灭"，要求完全抛弃理性认识才能去参悟真理。儒家对天理或天道的体悟虽然并非以理性来认识客观对象，但是却并没有否认知觉在认识天理中的作用，只是儒家体悟天道之"知觉"同西方哲学思想中的"知性"和"理性"具有不同的性质。如前所述，西方之知性和理性对事物的认知更多的是一种主体对客体的"镜式"反映，而儒家之"知觉"同事物之间则是一种感应关系。但是儒家并不否认知觉在认识天理或大道中的作用，儒家之"体悟"更多的是要求此知觉之心在认识天道的过程中，要达到"虚

---

① 赖永海：《对"顿悟"、"体证"的哲学诠释》，《学术月刊》2007 年第 9 期。
② 赖永海：《对"顿悟"、"体证"的哲学诠释》，《学术月刊》2007 年第 9 期。

静"的状态，不为纤毫私欲所隔，从而能够实现同天道之间的自由感通，并在此基础上进一步把握天道之变化。后来禅宗以"参话头""打机锋"等方式，希望参禅者能够当下顿悟，认识到此由知性和理性所构建的世界的空性。在儒家看来这个世界是一个生生不已的有机世界，是真实无妄的。

其次，各种直觉体验本身也不相同。虽然我们把体悟、玄览、顿悟等都看作直觉式的思维方式，但是这三者当下之体验各不相同。道家"涤除玄览"达到的是一种"嗒焉似丧其耦"式的与物无对、物我两忘的状态；禅宗顿悟后的体验则被普遍描述为"虚空粉碎、大地平沉"；儒家体悟之境界则被普遍描述为"天地万物一体"的感觉。虽然各派都非常重视由体悟或顿悟等直觉方式而来的深刻的精神体验，特别是在佛教中，获得这种体验甚至被看作真正开悟的一种标志。但是我们却不得不承认，这种看似极端深刻的体验却同各种思想体系密切相连，因而他们各自的内在体验都无法作为普遍的真理。刘宗周比较了儒家体物之知与佛教圆寂之觉的不同，他说：

> 释氏之学本心，吾儒之学亦本心，但吾儒自心而推之意与知，其工夫实地，却在格物，所以心与天通。释氏言心，便言觉，合下遗缺意，无意则无知，无知则无物。其所谓觉，亦只是虚空圆寂之觉，与吾儒体物之知不同；其所谓心，亦只是虚空圆寂之心，与吾儒尽物之心不同。①

儒家心学一系以心为宗，理学一系斥之近禅。不过如刘宗周所言，儒家体物是为了"尽物"，为了让事事物物各得其所，不同于佛教纯粹的虚空圆寂之觉。

比较而言，儒学对于天理的体悟处于西方理性认识同佛教顿悟之间。同西方认为世界受严格因果律支配，因而可以通过知性和理性来认识不同，儒家认为世界是一个因其无限的创生性而包含多样性与差异性于自身的有机整体，此生机之世界无法通过既定的知性范畴去认识；另一方面，同佛教之顿悟不同，儒家并不否定和排斥，甚至可以说是非常重视知觉的作用，只是儒家之知觉同西方认识论之知性和理性具有不同的性质，儒家之知觉不含有任何"先天"的范畴，知觉对此生机世界的体悟恰恰是通过

---

① （清）黄宗羲：《明儒学案》，沈芝盈点校，中华书局2008年版，第1516页。

使得自己变得极端虚静来实现的。在同西学的比较中，我们往往重视东方思想内部的共同面，从而忽视了其内部的差异。在直觉式思维内部，儒家同佛教（以及道教）的差异一度使得朱熹的思想同西方近代认识论非常接近。

我们在此要顺带指出朱熹思想在儒家思想整体坐标中的歧出，这种歧出使得朱熹思想偏向西方科学的路向，但是整体上依然没有超出儒家传统思想的轨道。如前文所述，朱熹已经把现存事物之间的相互作用全部纳入感应作用的范围之内，从而使得感应关系同因果关系靠近。在朱熹的认识理论中，我们也屡屡发现"镜式"比喻，这无疑使得朱熹的认识理论同西方的认识理论更为相近。① 这种"镜式"比喻，将心灵比作一面镜子，而心与物的关系就是照与被照的关系，即反映与被反映的关系。对此，陈来先生评论说：

> 朱熹关于心体虚明的思想，首先是从重视人的道德实践出发的。如果不能正确地了解对象及对象与主体的关系，在应接和处理事物的时候就会产生失误。但是，不可否认，以心为镜，以认识为照物，包含了认识论的意义特别是反映论的观点。②

另外，朱熹"格物"虽与张载"体物"总体一致，但"格物"理性化色彩更强。在张载的思想中，见闻之知仅具有启发的作用，要认识天道只能通过德性之知。朱熹则强调通过认识的不断积累，最终实现认识的飞跃，所有的知识贯通起来，从而形成关于天道整体的认识。这就非常接近于通过经验积累，实现由感性知识到理性知识飞跃的观点了。所以陈来先生认为朱熹是自觉的"理性主义"的道路，"摆脱那种与内省反观联成一体的纯粹体验"，"因而与佛教顿悟说及理学中讲究内心体验的派别显示出了很大的不同"。③

事实上，无论是"镜式"比喻还是通过格物来穷理的思想，都同儒家

---

① 朱熹多次使用"镜式"比喻，如《语类》记曰："致知乃本心之知。如一面镜子，本全体通明，只被昏翳了，而今逐旋磨去，使四边皆照见，其明无所不到。"（《朱子语类》卷十五，第283页。）"人心如一个镜，先未有一个影象，有事物来，方始照见妍丑。若先有一个影象在里，如何照得！"（《朱子语类》卷十六，第347页。）《答王子合》书信中说道："心犹镜也，但无尘垢之蔽，则本体自明，物来能照。"（《朱子全书》第22册，第2257页。）

② 陈来：《朱子哲学研究》，第218页。

③ 陈来：《朱子哲学研究》，第309页。

主流传统有着较大的差别。就我们所探讨的主题而言，朱熹的思想扩展了感应作用的范围，感应作用不仅仅是指"二端"之间的相互感应，也包括气化万物之间普遍的相互作用。与对感应作用范围的扩展相一致，朱熹也提出心具有反映外部世界的能力以及认识天道的理性主义方法。这可以说是一种"歧出"，也可以说是一种发展，是一种理论视野的拓展。在朱子思想那里之所以会出现此"理性主义"之歧出，同儒家"知觉"的性质密切相关。

第三节　心与心之感应

前文提及"七情"和"四端"，即自然情感和道德情感的区别。我们认为自然情感是心与物相感而引起的主体的情感和情绪，"物"通指客体化的对象，既包括外物，也包括对象化之人。而道德情感则是主体之心和作为另一个主体的他者之心相感而产生的情感，是心与心之间的感通。道德情感中最基本的一种情感就是"同情感"，孟子称之为"恻隐之心"，同情感更是人心与心之间的自发的感通。同情感被康德形式伦理学排除到理论体系之外，但却是儒家伦理学的基础。儒家伦理学正是在心与心自发感通而生的同情感的基础上，更进一步要求心与心之间的自主感通，主动将仁之发端不断扩充，以期最终实现万物一体之仁。

一　同情与感动：心与心的自发感通

东西方哲学家都注意到同情感对于人类道德行为的重要性。孟子并未对人类的情感进行专门的考察，而只是关注以恻隐之心（即同情感）为核心的几种"道德情感"。所以同情感也是我们分析的起点。就西方哲学而言，其在近代陷于经验论和唯理论之争，以哈奇森（或译为赫其森，Francis Hutcheson，1694—1747）为代表的苏格兰"道德感"学派始终关注人类的"道德情感"（moral sense），也正是在道德感学派理论的基础上，休谟才以"有限同情心"为基础构建出其仁爱的道德体系。虽然休谟和苏格兰道德感学派都对同情感表示了足够的关注，但是在逻各斯中心主义和理性中心主义的传统中，情感同所有的感性事物一样始终没能成为西方哲学关注的重点，当时处于主流的是康德建立在理性之上的纯形式的伦理学。一直到现代，一些现象学家才开始逐渐关注情感现象。当舍勒（Max Scheler）试图建立一个质料的伦理学时，他依然能够感受到康德伦理学的巨大威力。① 直到西方形而上学耗尽了其全部的可能性之后，一直被理性压抑的东西才逃逸出来。首先是欲望和意志，它们通过叔本华和尼采的思想展现了自身的力量。随后才是情感，在胡塞尔（Edmund Gustav Albrecht Husserl）和舍勒的现象学中，在梅洛·庞蒂（Maurice Merleau-Ponty）的后现代主义中，情感逐渐成为思考的重点。

当西方现当代思想家试图从西方传统中走出时，他们便很自然地遭遇中国传统思想，因为在理性中心主义之外，中国传统思想中有着大量关于道德情感的论述。耿宁先生从20世纪80年代便开始关注儒家思想，并试图借助现象学的方法来研究儒学，他关注的一个焦点便是"情感"，说得更明确一点，是情感中的"同情感"。在《孟子、亚当·斯密与胡塞尔论同情与良知》一文中，耿宁考察了西方思想中关于同情的一些主要理论，并同孟子进行了深入的比较。在把孟子的恻隐之心同休谟、亚当·斯密（Adam Smith）及胡塞尔关于同情感的认识作比较时，他发现每个人的理解都不相同。在现象学看来，休谟是在西方近代表象思维之内来理解同情感的，他认为同情感的产生是主体"将他人的感受注入"我们自己之中。在休谟的表述中，"感受"变成了"感受观念"，而同情感则是由他人表情或语言传达的"观念"在我们心灵中留下的"印象"引起的。这与中国传统中的理解显然有重大差异。

结合罗蒂对西方近代哲学"镜式"本质的反思，可以看到当近代把"感觉"转化为"观念""思想"的同时，"感情"也同样被转化为"观念"。耿宁发现不单孟子对恻隐之心的理解同休谟有很大的差别，在西方传统内部，古希腊和希伯来文化对同情感的理解也同以休谟为代表的近代观点有本质的差别。他举了《路加福音》中一个关于耶稣的故事为例，故事说耶稣看到一个撒玛利亚人被强盗抓住，强盗狠狠地殴打了这个撒玛利亚人，这时耶稣起了恻隐之心。引起耿宁注意的是"起了恻隐之心"的希腊语表达。他说"起了恻隐"希腊语（esplangchnisthe）对应的实词意思为"内脏"（splangchnon），而在希伯来语中"恻隐"一词也与内脏相关。耿宁认为：

---

① 舍勒说："我试图阐释一门建立在现象学经验之最宽泛基础上的质料的价值伦理学。针对这样的一部著述，迄今仍在起效用的康德伦理学会提出异议。……所以我想在这里通过对整个伦理学中形式主义的批判，尤其是对由康德所提出的论据的批判，在某种程度上为我的那部肯定性的著作开辟一条无障碍的通道。"（〔德〕舍勒：《伦理学中的形式主义与质料的价值伦理学》，倪梁康译，商务印书馆2011年版，第31页。）

这些恻隐与同情语境中的希腊与希伯来表达式有趣的一面,即是被动式以及作为活生生的身体内脏这一名称的词源。这显示出用被动性动词所描述的撒玛利亚人的恻隐的意思是"贯穿肚腹"的被动情感,即因身体感受而触动,而不是对他者立场下的感情与感知的一种主动想象性的再呈现或理解。①

放到整个西方哲学史中来看这个转变的话,西方近代哲学的"表象性"思维把感觉和感情都看作"观念",从而排除了二者的基本的"物质性"因素,将其全部转化为主观性的观念。而在古希腊和希伯来人看来,同情是肉身的感受,而并非对他人的感情的"想象性的再呈现"。在《圣经》中,"同情"以"内脏"作为词根,充分表示此情感的物质性来源。也就是说,同感觉一样,感情并非主体对他者情感的想象性的再现,而是主体对他人或外物境遇的一种感应,它会引起物质性的器官特别是心脏的真实的感动或触动。

休谟对于同情的理解,耿宁是不赞同的。除了休谟,亚当·斯密还提供了一种关于同情的较为典型的观点,他把同情视为"与受苦者易地而处"。② 亚当·斯密的这个观点耿宁也是不赞成的,他举了一个身边的例子,一个母亲看到自己的小孩在飞快地滑雪时,心里感到很害怕,这种害怕也可以看作一种恻隐之心,因为母亲不"忍心"看到孩子处于危险之境,但是这种同情却并非产生于设身处地感受受苦者的处境,事实上,正在滑雪中的小孩自己却是非常开心的。耿宁对亚当·斯密的批评是中肯的。亚当·斯密把同情看作"与受苦者设身处地",本质上是"在想象中将自身置于他人或生灵的处境之中,并且在想象之中从他或它的角度感受其处境"③。更进一步而言,将自身置于他人的处境,最终是将他人的处境还原为"我"的感受,但是耿宁先生正确地指出:"我们这样担惊受怕,不是因为这个处境被体验为对我们是危险的,而是因为它是对另外一个人而言是危险的。"④ 同情是我对他者的处境的真实感应,并不需要把他者的处境还原为我的处境之后,同情感才会发生。

耿宁对休谟、亚当·斯密,甚至是后来胡塞尔、舍勒关于同情的解释

---

① 〔瑞士〕耿宁:《心的现象——耿宁心性现象学研究文集》,倪梁康编,商务印书馆2012年版,第427—428页。
② 〔瑞士〕耿宁:《心的现象——耿宁心性现象学研究文集》,第421页。
③ 〔瑞士〕耿宁:《心的现象——耿宁心性现象学研究文集》,第421页。
④ 〔瑞士〕耿宁:《心的现象——耿宁心性现象学研究文集》,第423页。

都不甚满意。在对休谟和亚当·斯密观点的细致分析后,耿宁似乎也放弃了对同情的本质做进一步的分析,但是他也得出了一个基本的认识:同情并非对他者危险处境的再现,通过再现,主体获得了较为生动的心灵的"印象"。我们认为,同情感并不来自"观看",而是一种真实的肉体的感受。此感受来源于生命存在的相互感通。同情感是心与心的感通,来源于我作为有生命的存在同其他的生命之间的感通,同情感同生命本身联系在一起。在众多的同情的事例中,母亲因小孩滑雪而揪心,路人看到小孩入井而起恻隐之心,因他人丧失至亲而哀伤,或者是正面的因朋友的成就而喜悦等,所有的同情感产生之处,其共同点只能是生命与生命之间的感通。作为同样具有生命的存在者,一个生命因为其他生命的死亡、悲惨而怵惕、哀伤,因为其他生命的兴盛勃发而欢喜。

在儒家语境中,恻隐之情是生命与生命、心与心之间的感通。王庆节将这种基于感受、感动、感通的伦理学称为"示范伦理学",同西方"规范伦理"相区别。他说:

> 儒家伦理的生命力,过去、现在以及未来,首先并不在于外在强加的义务,命令或规则般的普遍性规范,而是在起于和源自原初生命与生活世界中的人心感受、感动与感通。道德基于人心,成于示范、教育与自我修养。因此,儒家伦理学究其本质而言,首先是一种"示范伦理学"而非"规范伦理学",也就是说,它作为情感本位的德性伦理学,更多的是倾向于德性的"示范"而非规则的"规范",德性的"教化"而非规则的"命令",德性的"范导"而非规则的"强制"。说到底,规则、规范、律令的强制力量和命令力量首先还是来源于示范的感染力与影响力。[1]

各种形式的规范伦理学以"超验论"或"实在论"为其形而上学基础,儒家情感本位的德性伦理则以"感动论"为其形而上学的基础。"感动"为汉语以"感"为核心的系列家族词汇之一,其中"感应"即为其最本源的本体论概念。王庆节说:"感应是世界的最本源状态。在哲学上讲,这是一个存在论或本体论的概念。"[2] 感应包含一系列的家族词汇,从事物之间的感应到人之感觉和感情。王庆节认为感觉同样是感应,不同于

---

[1] 王庆节:《道德感动与儒家示范伦理学》,北京大学出版社2016年版,第2—3页。
[2] 王庆节:《道德感动与儒家示范伦理学》,第3—4页。

自然界事物的无意识的感应，感觉是一种"意识感应"，不过在感觉中，意识还处于一种"前概念""前范畴"甚至"前语言"的原初状态。王庆节也将感觉进一步分为"外感觉"和"内感觉"，前者指感官感觉，后者指内心的感受和感触。除此之外，广义上的感觉也包括感想和感知。感知是对感觉材料的初步的理性化整理，已逐渐超出意识的原初状态，构成了人类知识的基础。①

意识感应的另外一种形式是"感情"。他说："感情乃人和某些高等动物在感应活动中，对于或者伴随某些感应活动而生发的一种心理情绪状态，其本质也是一种感应。这些情绪状态包括喜怒哀乐，爱恶痛惜，悔恨羞愧等。同情和怜悯也属于这些情感状态。"② 感情从本质上说也是一种感应，是人和高级动物的一些情绪状态。在原初的感应和意识感应（感受和感情）之间有一个"连接点"，即王庆节重点讨论的"感动"，"感动源于感应，并将感应引向某种感情和感觉的方向"③。即是说，感动是由无价值、无情感的自然界向人类的道德和价值存在飞跃的中心环节。"通过感动和不断感动，感觉与感情被注入道德的色彩和成分"④，感动生成价值世界，因此它是属人的感应，不同于自然感应，这也就是我们说的以心为基础的感应。感动对人的道德感知和情感来说是基础性的，它是"人类道德意识的起点"⑤。感动连接感应与感觉，是自然界之感应作用（用儒家自身的话语来说即为"气之感应"）向人类情感之感应（即我们所谓"心之感应"）过渡的中点和动力，在此基础上，通过"感召"和"感染"，便会出现"感通"和"感悟"。所有这一切之所以能够发生，"完全因为与之相通的自然、生命和人类历史本身，就是一日新月异、生生不息的感应过程"⑥。

王庆节同样指出这些以"感应"为核心的家族词汇都具有身体性的特质，这种特质甚至可以用来标识中国传统思想自身，以与西学"智性认知"相区别。如同我们之前所作的分析，王庆节也认为感动、感觉乃至感悟都是"借助于身体的感应为中介而发生、发动和生长起来"⑦，而智性认

---

① 王庆节：《道德感动与儒家示范伦理学》，第4页。
② 王庆节：《道德感动与儒家示范伦理学》，第4页。
③ 王庆节：《道德感动与儒家示范伦理学》，第4—5页。
④ 王庆节：《道德感动与儒家示范伦理学》，第5页。
⑤ 王庆节：《道德感动与儒家示范伦理学》，第5页。
⑥ 王庆节：《道德感动与儒家示范伦理学》，第6页。
⑦ 王庆节：《道德感动与儒家示范伦理学》，第6页。

识则是从身体性的感应活动中生成的,是其后续阶段。王庆节承认后续的智性认知活动对于人类来说越来越重要,但这并不意味着它更高级,因为"它们在获得外在的形式普遍性与可理解性力量的同时,往往丧失其充满个别性、特殊性和具体情境的丰富内涵"①。在此我们似乎听到黑格尔反对的声音。黑格尔同样将智性认知行为看作比感应、感受更为高级的阶段,特别是认为在意识摆脱了同外部事物直接的联系,进入到"表象"思维阶段时,人类精神就完全发展到一个更为高级的阶段。所以,黑格尔认为人类精神的发展是从感受开始,不断进步的过程。大家都认为具有身体性的感受活动更为原始,争执的关键之处在于:后续的智识性的认识活动和原始的身体性的感受活动之间究竟是何种性质的关系?王庆节用了"生长"一词,抛开此词所含的隐喻意味(特别是在中国思想传统中),"生长"意味着两者之间的一贯性,后者是从前者之中生长而出的。但在黑格尔的体系中,智识性的认知是通过"否定"而实现发展的。

王庆节将道德感动作为儒家伦理的基本特色,并称其为"情感本位的德性伦理"。道德感动揭示了我们道德行为的动力和起源,王庆节说:"道德行为是从道德感动开始的。这样就回答了'伦理道德是如何可能'这一哲学伦理学的根本问题。作为情感本位的德性伦理,儒家坚持,道德不在于外在的强加义务、命令或律则般的普遍性规范,而是起于和源自于原初生活中人心的感受和感动。"②道德感动虽然可视为道德行为的起源,但是即便是王庆节先生也认识到道德感动本身可能尚不足称为道德行为,而只是道德德性的"见证","引导""激励"道德行为的产生。③ 因此"示范伦理"即是以道德感动为基础的,建立在亲身性的示范之上进而感化他人的过程。王庆节说:

> 儒家仁爱的核心首先是"有血有肉、有情有欲和实实在在"的从身体性开始的人间之爱。正是从这种人间之爱出发,儒家伦理的以身体人心间感应互动和情感感染为核心的示范伦理才成为可能。④

示范伦理以道德感动为"核心",但是道德感动,如果我们将其视为儒家伦理的一个"特色"是没有问题的,若以其来解说儒家伦理的全貌,

---

① 王庆节:《道德感动与儒家示范伦理学》,第6页。
② 王庆节:《道德感动与儒家示范伦理学》,第46页。
③ 王庆节:《道德感动与儒家示范伦理学》,第27页。
④ 王庆节:《道德感动与儒家示范伦理学》,第92页。

肯定就不合适。道德行为虽然基于道德感动，但道德感动实际上仅仅是一种自发的、无意识的人心之感应作用。情感和感觉一样，作为感性形式，不具有普遍性，因此不适合作为道德的根据。康德伦理学正是基于这一点才将情感排除在外，朱熹也批评以爱言仁，以觉言仁，始终紧扣恻隐之心仅仅是"仁之端"，而非仁之本体，仁只能是"理"，而不是"情"。无论是康德还是朱熹都认识到道德法则（且不论其具体内容）必须具有普遍性，而感情——即便是恻隐之心这样的道德情感，也不具有有效的普遍性。后来，王夫之也认为恻隐之情"其存不常，其门不启"①，即是说同情感不具有普遍性和客观性。同情感存在着个体的差异，即是常说的有人富有同情心，有人则比较冷血、麻木不仁；就同一个体而言，不同的处境下同情心也有差别。我们的同情心可能会受到关系的亲疏、地缘的远近以及年龄、性别甚至容貌的影响。因此建立在道德感动之上的示范伦理同样也只是道德实践的一种初级形式，道德实践需要从无意识的自发状态走出，达到一个更高的层次。

二 主宰和推：心与心的自主感通

同情感等道德情感是心与心的自发感通，儒家要在此自发感通的基础上，实现心与心的自主感通。此心与心的自主感应就是道德自觉和自律，即宋明儒学所谓的"主宰之心"。朱熹认为心兼具知觉和主宰两大功能，陈来先生认为知觉是心的认识作用，而主宰则是心的道德实践功用，心的主宰作用又有狭义广义之分，狭义是指"心对个体形体的器官、肢体的支配作用"，这是中国人一般性的看法；广义是指"心作为意志具有选择的自由，具有高度的自主性和能动性"。② 主宰之心对应于心之意志能力，主宰之心因其自主性和能动性，超出了知觉之心的范围，由"知"的领域上升到"行"的领域。心之主宰功用主要表现在儒家道德实践的具体工夫之中，此道德实践工夫具有向内和向外两种不同路向：对内主敬，对外推己。主宰之心具有道德自律的特征，但是并非以意志自由为基础的自我立法，而是以仁德为旨归的推己及人式的自主感应行动。

（一）主宰之心的两种路向

进入心与心自主相感的领域，才算真正进入宋明儒学道德实践的领域，心的感知作用也由被动的、自发的感知和感通转而成为自主的感通，

---

① 《船山全书》第十二册，岳麓书社2011年版，第401页。
② 陈来：《朱子哲学研究》，第215页。

道德主体在具体的道德实践行为中实现自己之心同他人之心的感通。在心与心自主感通的领域，心的功用也就由感觉、感受及知觉上升为主宰功用。心的主宰作用在理学和心学中都被视为最重要的功用。王阳明继承了朱子关于心具有知觉和主宰两种作用的观点，认为："心不是一块血肉，凡知觉处便是心，如耳目之知视听，手足之知痛痒，此知觉便是心也。"①"心者身之主宰，目虽视而所以视者心也，……主宰一正，则发窍于目，自无非礼之视。"② 陈来先生认为王阳明也"主张心涵盖主宰和知觉的意义"，继承了传统哲学对心的定义，"却又没有把本心和知觉加以明确分疏"③，心学的整体倾向是肯定和塑造"道德主体"概念。心体或本心更多指涉主宰之心，此主宰之心是道德主体得以挺立的根基，因为此心能够自作主宰，统摄性情。朱子在主宰之心外，则非常强调知觉之心，甚至认为格物致知是实现心的主宰作用的重要路径之一。

在朱熹道德体系中，主宰之心具有三个不同的层次。主宰之心首先是指心的一种潜在能力，即心具有主宰一身、统摄性情的"自主性和能动性"。朱熹说：

> 今说求放心，说来说去，却似释老说入定一般。但彼到此便死了；吾辈却要得此心主宰得定，方赖此做事业，所以不同也。如《中庸》说"天命之谓性"，即此心也；"率性之谓道"，亦此心也；"修道之谓教"，亦此心也；以至于"致中和"，"赞化育"，亦只此心也。致知，即心知也；格物，即心格也；克己，即心克也。非礼勿视听言动，勿与不勿，只争毫发地尔。……盖此心本自如此广大，但为物欲隔塞，故其广大有亏；本自高明，但为物欲系累，故于高明有蔽。若能常自省察警觉，则高明广大者常自若，非有所增损之也。④

率性、修道、格物、致知都是此心自觉要这样去做，此心具有统摄之能力，具有道德之本性。此主宰之心本能主宰一身，统摄性情，所谓"心本自如此广大"。人心虽然具有主宰、统摄之自发能力，但是却并不必然在现实中就能做得主宰，因为人同时是一个欲望的动物，经常会为"物欲所蔽"，无法真正做得主宰。所以主宰之心在朱熹那里就具有第二

---

① 《传习录下》，《王阳明全集》，第138页。
② 《传习录下》，《王阳明全集》，第135页。
③ 陈来：《有无之境——王阳明哲学的精神》，第29页。
④ 《朱子语类》卷十二，第202页。

层含义——主宰之心的道德实践工夫，即时刻秉此道德意识之自觉，发挥此心的主宰能力。朱熹说：

> 人之一心，本自光明。常提撕他起，莫为物欲所蔽，便将这个做本领，然后去格物、致知。……但只要自家常醒得他做主宰，出乎万物之上，物来便应。①

事实上，朱熹充分认识到人心是欲望、知觉以及主宰三种功能的统一体，只是他强调后二者，因为欲望无论如何都是理学要克服的对象。因为有欲望，人心虽然具有主宰之能力，但并非总是能够自作主宰，也有可能会不作主宰，完全受欲望的支配。朱熹说：

> 今忘前失后，心不主宰，被物引将去，致得胶扰，所以穷他理不得。②

作为"潜能"的主宰之心只有通过长期的向内和向外的道德实践工夫，此心才能常做主宰。有朝一日达到圣人境界时，此心之主宰能力完全发挥，不为外物所蔽，才可以称为真正的"主宰之心"。

> 又问："圣人亦有人心，不知亦危否？"曰："圣人全是道心主宰。"③

主宰之心通过一系列的内外工夫，完全实现了自作主宰，这是心之主宰功用的第三层含义。这三者其实统一于主宰之心统摄下的道德实践工夫中，心之主宰能力也集中表现在具体的道德实践活动中，表现为心能够自作主宰，道德主体依照天理而非私欲去行动。心之主宰也即心之自律。

在程朱一系伦理体系中，心之主宰作用主要是在第二个层次上来说的，指的是在具体的道德践履活动中心之自作主宰。与心学不同，朱子肯定了知觉之心对主宰之心的积极意义。他说：

---

① 《朱子语类》卷十五，第292—293页。
② 《朱子语类》卷五十九，第1416页。
③ 《朱子语类》卷七十八，第2010页。

主敬以立其本，穷理以进其知，使本立而知益明，知精而本益固。①

格物穷理能够对事物的情状有明确的了解，从而有助于分别取舍，能够更好地自作主宰：

格物时是穷尽事物之理，这方是区处理会。到得知至时，却已自有个主宰，会去分别取舍。初间或只见得表，不见得里；只见得粗，不见得精。到知至时，方知得到；能知得到，方会意诚，可者必为，不可者决不肯为。到心正，则胸中无些子私蔽。洞然光明正大，截然有主而不乱，此身便修，家便齐，国便治，而天下可平。②

就主宰之心的第二个层次而言，又包括向内和向外两个不同路向的道德践履工夫：对内主敬，对外推己。首先，主敬是程朱都非常强调的心的主宰工夫。朱子曾对儒家先贤工夫论作出总结：

圣贤言语，大约似乎不同，然未始不贯。只如夫子言非礼勿视听言动，"出门如见大宾，使民如承大祭"，"言忠信，行笃敬"，这是一副当说话。到孟子又却说"求放心"，"存心养性"。《大学》则又有所谓格物，致知，正心，诚意。至程先生又专一发明一个"敬"字。若只恁看，似乎参错不齐，千头万绪，其实只一理。③

朱子认为先贤工夫，从孔子到程子其实一贯，而尤其激赏程颐"主敬"之说。

因叹"敬"字工夫之妙，圣学之所以成始成终者，皆由此，故曰："修己以敬。"下面"安人"，"安百姓"，皆由于此。只缘子路问不置，故圣人复以此答之。要之，只是个"修己以敬"，则其事皆了。或曰："自秦汉以来，诸儒皆不识这'敬'字，直至程子方说得亲切，学者知所用力。"④

---

① 朱熹：《河南程氏遗书后序》，见《二程集》，第6页。
② 《朱子语类》卷十五，第312页。
③ 《朱子语类》卷十二，第207页。
④ 《朱子语类》卷十二，第207—208页。

对于"敬"字，朱熹屡屡击节叹赏，如谓："程先生所以有功于后学者，最是'敬'之一字有力。人之心性，敬则常存，不敬则不存。"①"'敬'字工夫，乃圣门第一义，彻头彻尾，不可顷刻间断。"②"'敬'之一字，真圣门之纲领，存养之要法。一主乎此，更无内外精粗之间。"③ 朱熹认为"敬"是儒家为学工夫第一要义，也是程颐最为有功于后世之处，并认为孔子所说非礼勿视听言动、"出门如见大宾，使民如承大祭"等，其实也只是一"敬"字。而"敬"之根本，朱子说：

敬，只是此心自做主宰处。④

此心做主宰也就是此心常敬，能够不为外物所动，中心有主。主敬就是要求此心时刻自作主宰，这是向内的工夫。事实上以主宰之心之为根据的道德践履工夫不仅仅是向内主敬的工夫，同样也包含向外推己及人的工夫，向内主敬和向外推己合在一起才构成儒家道德践履工夫的完整路径。

同向内主敬一样，推己的工夫同样是主宰之心的表现，它要求在同他人的伦理关系中，主动实现道德主体同他人的感通。孟子已有"推恩"之说：

老吾老，以及人之老；幼吾幼，以及人之幼。天下可运于掌。《诗》云："刑于寡妻，至于兄弟，以御于家邦。"言举斯心加诸彼而已。故推恩足以保四海，不推恩无以保妻子。古之人所以大过于人者无他焉，善推其所为而已矣。⑤

发自孝悌的仁爱之心必须推扩出去，达之天下，才具有普遍性。二程进一步将能不能推视为人和他物的根本区别，他们认为万物本来一体，而人和其他存在者不同之处就在于人能"推"。

所以谓万物一体者，皆有此理，只为从那里来。"生生之谓易"，

---

① 《朱子语类》卷十二，第210页。
② 《朱子语类》卷十二，第210页。
③ 《朱子语类》卷十二，第210页。
④ 《朱子语类》卷十二，第210页。
⑤ 《孟子·梁惠王上》，《四书章句集注》，第209—210页。

生则一时生，皆完此理。人则能推，物则气昏，推不得，不可道他物不与有也。①

在此基础上，二程更是将向内主敬同向外推己同孔子的忠恕之道联系起来，认为主敬即是忠，推己即为恕。明道说："以己及物，仁也。推己及物，恕也。"② 可见，所谓人能推，正是指人能够推己及物、推己及人，因而明道才把恕视为"人道"，此推己及物（及人）之恕正是人的自主性和能动性得以发挥之处。

朱熹已经明确把由致知涵养所达到的亲亲、长长视为"尽之于内"，认为在"尽之于内"的基础上还必须推之天下，从而尽之于外。内外兼具，方是道德践履的完满境界。他说：

> 知至，谓如亲其所亲，长其所长，而不能推之天下，则是不能尽之于外；欲亲其所亲，欲长其所长，而自家里面有所不到，则是不能尽之于内。须是其外无不周，内无不具，方是知至。③

在朱子看来，只有推己，才能够以爱及物，才能亲亲仁民爱物，才会不溺于自爱。朱子说：

> 仁之发处自是爱，恕是推那爱底，爱是恕之所推者。若不是恕去推，那爱也不能及物，也不能亲亲仁民爱物，只是自爱而已。若里面元无那爱，又只推个甚么？如开沟相似，是里面元有这水，所以开着便有水来。若里面元无此水，如何会开着便有水？若不是去开沟，纵有此水，也如何得他流出来？爱，水也；开之者，恕也。④

朱子以仁为爱之发，恕为爱之推，似乎将爱、推与仁割开，实际上推应为仁的一部分，如朱子所言，如果不将仁爱推开去，也就无法仁民爱物，始终只是自私自利之自爱。

程子将能推与否视为人和他物的重要区别，物不能推，因为物由普通之气构成，而人有心，心为气之精爽者，人能推正是基于精爽之气所成之

---

① 《河南程氏遗书》卷二上，《二程集》，第33页。
② 《河南程氏遗书》卷十一，《二程集》，第124页。
③ 《朱子语类》卷十五，第296页。
④ 《朱子语类》卷九十五，第2453页。

人心具有感通的功能。朱子将仁与推相连，认为仁若推不开去，则无法成就大公无私、万物一体之仁，始终只是自私自利之自爱而已。实际上，"推"在儒家伦理学中的地位比人们理解的可能更加重要，特别是在同西方近代思想的对比中，"推"成为儒家伦理能够有效实现现代转化的关键。我们知道黑格尔将精神的发展看作不断摆脱自然状态的历程，同情共感被视为一种自然的，因而就是原始的、低级的状态。这种声音在当代依然有着回响，如阿伦特（Hannah Arendt，1906—1975）强调公与私、政治与社会以及城邦与家庭的区分，前者是发展了的状态，而后者则是自然的、低级的状态，需要被超越。她说：

> 根据希腊思想，人结成政治组织的能力不仅不同于以家庭（oikia）和家族为中心的自然联合，而且与后者直接对立。城市国家的出现意味着人得到了"在他私人生活之外的第二种生活，他的政治生活。现在每个公民都属于两种存在秩序，而且在他私有的生活和他公有的（koinon）生活之间存在一道鲜明的分界线"。这不仅仅是亚里士多德的意见或理论，而且还是一个简单的历史事实：先于城邦的奠基的是所有建立在血亲关系之上的组织单位的解体，例如族氏（phratria）或宗族团体的解体。①

阿伦特因此主张，人作为"政治"的动物，必须完全摆脱自然血亲关系以建立公共的政治生活体系。

阿伦特认为人只有完全摆脱私人性的家庭生活才能走向公共性的政治领域，或者说公共生活是建立在对私人生活否定的基础上的。而对儒家推己及人、家国天下的"差序格局"来说，这种由私及公的外推的路径在西方看来是值得怀疑的。费孝通先生首先从社会学的视域对儒家的差序格局进行了批评。他将西方社会描述为"团体格局"，将乡土中国描述为"差序格局"。"团体格局"以一超越性的上帝观念作为支撑，树立起普遍性的公的观念。"差序格局"则以儒家"差等之爱"为基础，主张由对亲近之人的仁爱不断外推至对他人之仁爱。费孝通认为"差序格局"如同池塘里的波纹，由内而外层层外推，其波纹渐推渐远，而其势力必然也越来越弱。基于此，费孝通认为中国传统道德和社会皆未能真正推而远之、推而

---

① 〔美〕汉娜·阿伦特：《人的境况》，王寅丽译，上海人民出版社2017年版，第15—16页。

广之,最终束缚于差序格局的圈子。费孝通"团体格局"和"差序格局"的区分同阿伦特"城邦"和"家庭"的区分一致,他们都对由私及公、由近及远的差序格局持不同程度的批评态度。这种批评持续至今,赵汀阳先生直接指出:"由家伦理推不出社会伦理,由爱亲人推不出爱他人,这是儒家的致命困难。"①

对于上述批评,王庆节给予了回复,他认为儒家走的是一条在没有绝对超越的上帝信仰的世俗国度里,构建合理的公共性生活之路。而就差序格局能否达成这个目标,他说:

> "爱"就其本性而言,也许就是不需要"推"的,它更应该是一种在互感互动中相互"影""响","唱""和",并在这种影、响、唱、和之中引起共鸣,荡漾开去的过程,这里或许不像是出于实现某种世俗目的的推波助澜,而倒更像是自然而言的天籁妙音,竽瑟相和,盘旋绕梁,余韵久远。这里牵涉到对儒家伦理学的本性的理解,究竟是"规则""规范"伦理学,还是"德性""示范"伦理学。如果是后者,那么"推"不推得,以及"推"得远不远,出不出序,大概就不是那么重要的事情。②

前述批评者关注的焦点是儒家能不能从私推出公,能否将仁爱从家庭推至国家、天下,即自然的家庭血亲之爱如何能够推向普遍性的仁爱。大家认为"推"这个过程非常重要,关键是如何有效地"推",或者能否有效地"推"?王庆节则以道德感动为基础,认为建立在道德感动基础上的示范伦理自然会在情感的相互影响、激荡中感化他人,所以就此而言,"推"对于儒家来说并非那么重要了。

我们在前文已经论证,因感动而生的感情和感觉皆为自发的感应,若将全部伦理之基础建基于此自然之感应,既无现实之可能,也不符合儒学之事实。在程朱理学中,"推"在伦理道德实践中无疑占据非常重要的位置。程朱皆已认识到"推"在由己及人、由私及公、由家及国中的枢纽作用,这种枢纽作用还不仅是一种简单的连接,更是一种转换,即由自然性存在向人道世界的转换。后人批评的核心问题,朱子实际上早有深刻的认

---

① 赵汀阳:《坏世界研究——作为第一哲学的政治哲学》,中国人民大学出版社2009年版,第129—147页。转引自王庆节《道德感动与儒家示范伦理学》,第100页。
② 王庆节:《道德感动与儒家示范伦理学》,第101—102页。

识。朱子说："以己，是自然；推己，是著力。"① 具体而言：

> "以己及物"，是大贤以上圣人之事。圣人是因我这里有那意思，便去及人。如未饥，未见得天下之人饥；未寒，未见得天下之人寒。因我之饥寒，便见得天下之饥寒，自然恁地去及他，便是以己及物。如贤人以下，知得我既是要如此，想人亦要如此，而今不可不教他如此，三反五折，便是推己及物，只是争个自然与不自然。②

朱子认为以己及物是仁之自然发用，而推己及人则有"转折义""反思义"，需要"著力"，而非如前者一任仁爱之自由流行。"著力""反思"皆离不开心之主宰，是贤人以下必须要做的工夫。朱子认为对于普通人来说，推己是一个"不自然"的、需要"著力"的行为，恰恰是因为推己要打破人血缘之亲的自然倾向，使之不得蔽于一家之私。在此可以看到朱熹和孟子之间的差异，孟子也强调推恩，但还是将推这个环节看得太过"自然"，将工夫重点放在"求放心"上，认为以不忍人之心即可行不忍人之政，尚未考虑到推恩过程之艰难。朱子则特别强调推的"著力义"和"转折义"，承认推之艰难，这也是朱子对千余年间儒家仁爱学说推行现状的反思。

同自发性的感动相比，"推"并不是一个自然的过程，它需要发挥心的主宰作用，打破自然倾向，因此我们将外推的行为称为"自主感应"。首先我们要看到外推的自主感应不同于自发的情感之感动，后者虽然可被视为道德行为的发端之处，但顺应这种原始的、自发的感动，无法成就仁德，无法最终实现万物一体之仁。在这个过程中，必须发挥人自身的作用，自作主宰，推己及人，方能成就圣人之境。另一方面，儒家外推的过程虽然要通过自作主宰，主动打破情感的自然倾向，但也并非如西方规范伦理学那样，直接以普遍的、绝对的道德规范来取代自然之情感。"推"依然具有感应作用的基本特质，推己以自发的情感感动为基础，以圣人自然感应为鹄的，依朱子之谈话，主要为具有一定道德意识的普通人（贤人）主动感物践仁的工夫。③

---

① 《朱子语类》卷二十七，第690页。
② 《朱子语类》卷二十七，第691页。
③ 朱子认为圣人之忠恕同普通人推己之恕不同，在于圣人已至一自然之境，其"著力"之"推"同自然之仁之间并无质的区分。朱子说："恕之得名，只是推己，故程先生只云：'推己之谓恕。'曾子言：'夫子之道忠恕。'此就圣人说，却只是自然，不待勉强而推之，其字释却一般。"（《朱子语类》卷二十七，第691页。）

三 心与心感应作用的特征

（一）主宰与自律

儒家心之主宰功用同康德伦理学中的道德自律具有很多相似的地方，借用"自律"来理解儒家伦理思想是中西哲学思想交流的自然生发，以一个新的视角增进了我们对儒家传统的知解，但同时也产生了非常大的纷争。牟宗三先生以康德"自律"和"他律"对儒学进行"判教"，产生了极大的影响。[①] 牟先生的一个基本判断是以伊川和朱子为"他律"，明道和阳明心学一系方可称为真正的"自律"。牟先生的理由是：

> 因其将超越之理与后天之心对列对验，心认知地摄具理，理超越地律导心，则其成德之教固应是他律道德，亦是渐磨渐习之渐教，而在格物过程中无论是在把握"超越之理"方面或是在经验知识之取得方面，一是皆成"成德之教"之本质的工夫，皆成他律道德之渐教之决定因素，而实则经验知识本是助缘者。[②]

恰恰在这个问题上，李泽厚先生持完全相反的观点。他的一个基本判断是"以朱熹为代表的理学确实在理论类型上有近乎康德处"，因为二者都谈及绝对命令、意志自律以及立法的普遍性。[③] 李泽厚显然也认识到朱子思想中认识问题和成德问题的纠缠，不过在李先生看来这种纠缠问题不大，朱子格物致知，他对宇宙、道以及经验性知识的追寻，实际上都是为构建伦理学服务的，李先生称之为"伦理本体"，或者也可以称为"伦理本位"。[④] 因此，宇宙之理即为个体应该服从的"绝对命令"，李先生认为朱子说理"与其说是在讲有关宇宙自然的共相具相，不如说是在为了证实

[①] 李明辉先生对牟先生的思想作过总结："牟宗三借用康德哲学的概念与架构来诠释并分判由先秦至宋明的儒学。在其三巨册的《心体与性体》中，他根据康德的'自律/他律'（Autonomie/Heteronomie）判准，将先秦的孔、孟《中庸》、《易传》的伦理学系统判归为自律形态，将荀子的判归为他律形态。他又根据这个判准来分判宋明儒学内部的义理系统：北宋的周濂溪、张横渠、程明道三家，其后的陆象山、王阳明一系，以及胡五峰、刘蕺山一系，继承孔、孟、《中庸》、《易传》的义理方向，代表自律道德；而程伊川、朱子一系则为歧出，代表他律道德。所以，他判定朱子是'别子为宗'。"（李明辉：《儒家、康德与德行伦理学》，《哲学研究》2012年第10期。）

[②] 牟宗三：《心体与性体》，上海古籍出版社1999年版，第44页。

[③] 李泽厚：《中国古代思想史论》，生活·读书·新知三联书店2008年版，第248页。

[④] 李泽厚：《中国古代思想史论》，第244页。

伦理道德的普遍立法，然而也正是把这种立法高扬到本体论宇宙论的高度来论证的"①。

基于伦理本位的断定，李泽厚先生认为朱子之伦理学恰恰追求"自律"，反对"他律"。他说：

> 宋明理学强调在实践行动中而不是在思辨中来实现这个普遍规律（"理"）。这种实现又必须是高度自觉的，即具有自我意识的。在某种意义上，它是在追求伦理学上的"自律"，而反对"他律"。即把"绝对命令"当作自我完成的主动欲求，而不是外在神意指令，当然更不是外在的物质功利、幸福了。朱熹要求"知"先于"行"，反对伦理行为的盲目性、自发性，都是为了建立这种"自律"而要求自觉意识。②

牟宗三、李泽厚对康德哲学皆有深入研究，在这个问题的判断上却针锋相对，确实让人较为疑惑，由此也可见这个问题的晦涩之处。康德说他律，主要也是就功利论、幸福论来说，同这两种外在的物质、感性因素相比，朱子"存天理，去人欲"的道德实践无疑具有"自律"的特征。但是牟先生却将朱子和心学一系相比，认为朱子斥心理为二，执只存有而不活动之理为道德实践之准则，因此只能算是"他律"的道德。可以看到，问题的关键是在朱子思想中，心和理究竟是何种关系。

陈来先生后来对这个问题进行了总结，在他看来，以心学为自律形态的伦理学完全没有问题，但是如果把理学同心学相对立，认为后者是他律形态的伦理学就并不恰当了。③ 在他看来，无论是心学还是理学都是自律形态而非他律形态的伦理学，如果用康德的自律之法则来评判的话，程朱陆王的伦理思想在此点上并无差别。问题在于西方哲学和中国哲学每个范畴都有各自的思想史背景，因而有不同的内涵和意义，在用康德道德哲学

---

① 李泽厚：《中国古代思想史论》，第247页。
② 李泽厚：《中国古代思想史论》，第247页。
③ 陈来先生说："至于'他律'是否适合于与心学对立的理学，更一直是一个争议问题。事实上，对自律—他律用于宋明儒学诠释的疑问，主要也在他律上，而不在自律上。这个问题不必在此详加讨论，只需指出，康德伦理学包括自律原则主要讨论的是'法则'即如何确定道德法则，而不是'心体'，更不是'工夫'。……从这点看，康德所谓的他律与程朱伦理学显然有很大距离。从另一个角度说，自律与他律的分别用另一种形式表达，就是定言式与假言式的分别，而在用定言式方面，朱子学显然是为康德所肯定的。"（陈来：《有无之境——王阳明哲学的精神》，第36页。）

格义儒家伦理学说时,虽然二者都强调道德主体的自律,但是他们关于自律的认识却是大相径庭的。陈来反思说:

> 由此可知,对于康德的自律来说,只说心自立法度是不够的。……正因为自律是指理性以其自身的"单纯普遍的立法形式"决定选择,所以才说"这种自律本身就是一切准则的形式方面条件"。在规定自律原理的整个定律四中,康德注意的核心仍然是如何以普遍立法形式取代感性自然法则。因而简单地说,他律即遵从感性法则,自律即由普遍立法形式以建立义务。普遍立法形式既被看作理性自身的结果,所以康德认为理性应当遵从的不过是理性自己的法则,这个演绎过程的脉络下才有自律的说法,而不是说一切主张心提供道德法则的就是自律。①

陈来已经清楚地认识到康德的道德自律有着独特的含义,其核心是"以普遍立法形式取代感性自然法则",也因此舍勒等人将康德的伦理学称为形式主义伦理学,因为在康德看来,道德主体自律所依据的法则只能来源于理性的普遍的立法形式,而不能有丝毫的感性内容掺入其中。

事实上,牟宗三也并非简单地用康德道德哲学来格义儒家伦理思想,他同样认识到了二者之间的巨大差异。在《心体与性体》中,牟先生提到了儒家"道德理性之二义",说:

> 这"具体清澈精诚恻怛之圆而神之境",如果想把它拆开而明其义理之实指,便是在形而上(本体宇宙论)方面与道德方面都是根据践仁尽性,或更具体一点说,都是对应一个圣者的生命或人格而一起顿时即接触到道德性当身之严整而纯粹的意义,(此是第一义)同时亦充其极,因宇宙的情怀,而达至其形而上的意义,(此是第二义)复同时即在践仁尽性之工夫中而为具体的表现,自函凡道德的决断皆是存在的、具有历史性的、独一无二的决断,亦是异地则皆然的决断(此是第三义)。②

在牟先生看来,康德的道德哲学仅仅彰显了第一义,也即完全以道德

---

① 陈来:《有无之境——王阳明哲学的精神》,第35页。
② 牟宗三:《心体与性体》,第100页。

主体的自觉和自律为基础和根据。但是康德道德哲学却没能进一步通达第二义和第三义，使得人作为道德主体的自觉和自律同存在者整体贯通起来，并因此能够达到"时中"的境界。康德仅仅强调实践理性的绝对律令，这种道德法则和道德自律在牟宗三先生看来是抽象的应然状态，缺少具体的道德实践的"工夫"，因而使得其绝对命令始终处于抽象的当然状态。[1] 而儒家同康德不同，他们的道德自律都表现在具体的、日常的、细节的工夫上面，所以儒家强调"即本体便是工夫"，同样"即工夫便是本体"。儒家的道德实践工夫是具体的，因此连带他的道德自律的要求也是具体的，而非抽象的理性的"绝对命令"。

牟先生认为，康德道德哲学不仅缺失工夫论，还彻底抛弃了道德情感。牟宗三先生认为康德伦理体系中的道德情感，是从实然层面上说的，是指由人性的特殊构造所引起的实际的情感，类似于董仲舒所言由人的材质之性产生的仁爱之情。这样的情感无疑是私人的、后天的，不具有普遍性，所以康德认为这样的情感无法作为道德的基础。但是在牟宗三看来，人类道德情感实际上也可以上下贯通，就其作为个人的情感而言，自然不能作为道德实践的法则。但是这样的道德情感又可以向上提升，去除其中的私人的、特殊性的"杂质"，使之成为具有普遍性的道德法则。而如何从人类自然的、多样的、差异的道德情感中上升至普遍的、统一的道德法则，这就正需要具体的道德实践工夫。牟先生认为这一点康德的伦理学一直没有察觉到，但却是儒家伦理学的主要课题。工夫论的缺失使得康德将道德情感排除在道德法则之外，从而也使道德法则成为与感性生活隔绝的抽象律令，其结果是人成为自由、自律的道德主体，却同感性世界相隔绝。儒家通过具体的道德实践工夫，将道德法则建立在道德情感之上，其结果是道德主体始终同感性世界联系在一起，同他人联系在一起。牟先生说：

> 在此关节上，道德感、道德情感不是落在实然层面上，乃上提至超越层面转而为具体的、而又是普遍的道德之情与道德之心，此所以宋、明儒上继先秦儒家既大讲性体，而又大讲心体，最后又必是性体心体合一之故。此时"道德感"不是如康德所说的那"设想的特别感觉"，而"道德情感"亦不是如他所说的"在程度上天然有无限地差

---

[1] 实际上康德伦理学中并不缺少工夫论，在《实践理性批判》中，康德确实没有顾及工夫论的问题，但是在《单纯理性限度内的宗教》中，康德谈及了工夫，不少要点与儒家工夫论暗合。

别变化，它对于善与恶不能供给一统一的标准"这实然的纯主观的道德情感，而是转而为既超越又内在、既普遍又特殊的那具体的道德之情与道德之心。①

所以，在牟先生看来，康德伦理学同儒家的区别具体来说有如下几点。首先就其最直接的表现来看，康德坚决反对将道德建立在情感之上，而认为道德只能建立在理性自身的纯粹法则之上。而儒家之伦理学恰恰是以自然的道德情感为基础的。其次，在牟先生看来，康德之所以排除道德情感在伦理学中的位置，是因为康德的伦理学缺少"工夫论"，在儒家伦理思想中，正是具体的道德实践工夫，才使道德主体从自然的道德情感中逐步升华，进而达到纯粹道德理性的境界。最后，儒家伦理最终的境界是不离日常经验世界，而时时刻刻都能圆满无碍的状态，儒家称之为"时中"，而非康德所谓对纯粹的无上命令的普遍形式的遵循。正如牟先生所言，在儒家道德中，最重要的是工夫的环节，此道德实践的工夫，是儒家认为道德主体实现由最基本的道德情感超越至一"时中"的理想道德境界的本质环节。此道德实践的工夫就其心之来源而言，无疑是源于心之主宰功用。

（二）心之自主感应的特点

从上述问题中我们也可以看出以西方哲学术语来阐释中国传统思想的困境。实际上无论是伊川、朱子一系，抑或陆王心学一脉都未将"自律"作为思想的主题，虽然在诸如义利、君子小人、心性等主题中会遇到类似"自律"和"他律"的问题，但若用"自律""他律"来看待问题的话，总会产生隔阂。如果如牟先生所言，阳明心学为纯粹的"自律"道德的话，按照康德的观点，自律为理性自我颁布法令，排除所有感性之因素，就此点而言，凡儒学必不能称为"自律"之道德，因为儒家之道德实践从未脱离情感而专言理性纯形式的"绝对命令"。回到儒家话语本身，无论是理学或是心学都不谈"理性"，甚至也难找到一个与之相近的词汇，儒家在一个囫囵的意义上说"心"，在朱子那里，心具有"知觉"和"主宰"两大功用。朱子常说"主宰"和"自作主宰"，心之主宰功用同理性之自律有相近之处，也有不同之处。其一，心之主宰并非皆源于"自律"，也可源于"他律"，心之主宰作用指的仅仅是具体的道德实践行为的特征，而并不涉及行为之动机和根据，而自律和他律则恰恰强调后者。不过除了

---

① 牟宗三：《心体与性体》，第108页。

"主宰"之外，朱子也谈"自作主宰"，"自作主宰"则与"自律"非常相近，它强调此心并不因为其他外在因素而勉力主宰，而是因此心自身内在之要求而自作主宰。其二，理性之"绝对命令"是一静态的形式要求，而心之主宰作用则内含行动之动力。为了解决道德实践动力问题，康德方才提出他的"良知"概念。

在宋明儒学中，心之主宰功用同康德的自由意志的道德自律具有一致的地方，它们都要求人摆脱所有外在的限制，成为一自觉、自主的道德主体。尽管如此，宋明儒学同康德伦理思想在核心的道德法则以及所希冀的理想道德境界上都有巨大的差别。这种差别突出表现在儒家道德实践的推己工夫同康德道德律令的对比之中。

首先，推具有自主性。"推"是具有道德意识的主体通过心之反思和主宰，主动推己及人的过程。与自发的情感的感动和感通相比，这种主动的、自觉的外推行为方才具有真正的道德意味。康德认为本能的、自发的行为不可视为道德行为，自由才是道德的基石。基于此，我们将"推"称为"自主感应"，以同自发的情感、感受相区分。另外一点，我们也要看到，在康德那里自由和必然、理性和感性是截然相分的，自由的道德生活以一种决绝的方式取代了必然性的感性生活；而在儒家思想中，主宰性的外推环节虽然较之基于自发的情感感受而来的"原始"行为要高级、更具道德意味，但是儒家之"推"却并非通过对原始的自发感应的"否定"来实现的，而是以之为基础，从自发感应当中实现主宰。所以，儒家之"推"以"感"为基础，要借助"感"来实现。儒家之推己及人，实现万物一体之仁，并非执一普遍道德法则之"仁"去规范所有的行为，而是以自发的感动为基础，层层外推。推是一个柔性的、渐进的、以心及心、以身及身的过程，是一种主动的感应。

其次，推具有层次性。儒家推己是从自身仁爱之心出发，推己及人。因为所推之内容是一己之仁爱，所以推己之"推"就表现为一种由己及彼、由里及外、由近及远的层次性推进。朱熹说：

> 且如仁，能尽父子之仁，推而至于宗族，亦无有不尽；又推而至于乡党，亦无不尽；又推而至于一国，至于天下，亦无有不尽。若只于父子上尽其仁，不能推之于宗族，便是不能尽其仁。能推之于宗教，而不能推之于乡党，亦是不能尽其仁。能推之于乡党，而不能推之于一国天下，亦是不能尽其仁。能推于己，而不能推于彼，能尽于

甲，而不能尽于乙，亦是不能尽。①

推仁尽仁是一个层层扩进的过程，而非树立一个一劳永逸的准则。在推己及人的过程中，儒家也并非手执普遍有效的道德法则或者绝对命令去要求"所有有理性的存在者"，而是试图以自己内在仁爱之情去"感化"他人，从而达到推己及人的目的。所以，无论在儒家的道德实践还是政治实践中，都非常强调感化的作用。朱子认为为政以德就是为政者要通过涵养自身德行从而"感化"他人，并且指出这种政治实践就其根本而言其实也是道德实践，因为感化重点不在政治统治上，而是在道德实践上。② 感化是以己之心推及人之心，朱子认为"天下人人心都一般"③，所以这种以自己之仁爱去感化他人的道德实践活动同样植根于心与心、生命与生命之间的感通。只是在这里，是道德实践的主体主动与他人相感通，去感化他人。

最后，推具有感通性。康德伦理学中，人通过"道德自律"成为自己的"主人"，从而最终实现了自身的自由，这种自由在"为自然立法"的知性中都是无法获得的；而儒家的"自作主宰"绝非要做自己或万物的主人，而是要人能够提起精神，消除私欲，并且主动实现与他人、他物的感通，从而实现与天地万物为一体的境界。朱子说："推得去，则物我贯通，自有个生生无穷底意思，便有'天地变化，草木蕃'气象。天地只是这样道理。"④ 在朱熹看来，主敬和推己的道德实践工夫的目的是实现"物我贯通"，只有物我感通，此天地一体之气才能流通不息，才有生生无穷之意，才是仁之景象。

---

① 《朱子语类》卷六十四，第1567页。
② 有学生问朱熹"为政以德"的含义，朱熹解释说："'为政以德'，不是欲以德去为政，亦不是块然全无所作为，但德修于己而人自感化。然感化不在政事上，却在德上。盖政者，所以正人之不正，岂无所作为。但人所以归往，乃以其德耳。故不待作为，而天下归之，如众星之拱北极也。"（《朱子语类》卷二十三，第533—534页。）
③ 《朱子语类》卷十八，第427页。
④ 《朱子语类》卷二十七，第690页。

第四章 良知感应

按照传统的观点，朱熹和王阳明代表宋明儒学中"理学"和"心学"的两座高峰。就感应概念而言，朱熹理学一脉以一体之气的流通为基础构建了一个生生相感的世界，其中，在气本和气化状态中的感应作用是一种"无意识"的相互作用关系。而心作为"气之精爽者""发窍最精处"，其感应作用是在气之感应作用基础上发展出来的一种更为"高级"的感应样式，由后者的"无意识"状态上升为有意识的自觉状态。心之感应是气之感应作用的最高级形态。同理学相比，心学直接以道德本心为基础，较少涉及气本及气化状态，甚至也较少关心心对外物的认识功用。所以总的来说，心学之心主要是指道德本心。黑格尔认为至少表现在西方历史和思想中的各种精神现象并非杂乱无章的，而是依据精神自身运动发展的逻辑呈现出来的，并且在精神发展的更为高级的阶段，世界也会随着呈现出不同的显像。如果对黑格尔理论的借鉴不至于使我们走得太远的话，我们也许可以得出，当心学将本心或良知作为起点来看待世界和人自身时，整个世界因其处于良知光亮的照映而具有了不同的色彩。陈来批评心学没有能够对心的概念作出分疏，仅从道德主体意义上来理解心，从而同心的其他功用，诸如欲念和认识等完全分离。事实上，本心或良知是无法独立于欲念之心和知觉之心的，也同样无法独立于世界和人伦。只是在良知的光亮中，无论是自然、人伦抑或道德主体的感知都不同于它们的"自在存在"的状态了。

在理学体系中，特别是在朱子的思想中，"心"同样处于理论体系的枢纽地位，对理学之"心"同心学之"良知"的关系的认识以及二者内涵的分疏则更为不易。在朱子那里，心之功用主要为"知觉"和"主宰"，就道德实践而言，主宰义尤为突出。而在心学一系中，良知或本心首先表现为"与物无对"义，陆九渊谓之"宇宙便是吾心，吾心即是宇宙"，王阳明谓良知"生天生地""与物无对"。此"与物无对"之义是心学良知（或本心）同理学之心重要的不同，心学之思的起点也正是自觉地认识到此心原本与物无对，为一普遍之"精神实体"，生成全体之意义世界。因为认识到良知与物无对，所以在心学中，心之主宰义逐渐隐退，此心也从格物致知、主敬涵养的紧张的道德实践工夫中走出，追求自然—自由之境。

同样，良知作用的方式同理学之心相比也发生了变化。在理学中，心在其知觉和主宰活动中，始终与外物相对，要求此心认识外物、主宰情欲。在心学中，良知已经从一个异己的世界中返回自身，认识到全部意义世界皆从己出，在这种"与物无对"的情况下，良知作用的重点就不再是同外物之间的感应活动，而是良知在其自身之内的"内在感应"。阳明心学一系通过对"寂然不动、感而遂通"的创造性阐释来说明良知的感应作用。良知寂感作用是良知在其自身之内展开的，整个意义世界的生成皆为良知之发散、流行，此即"感而遂通"，良知要真正能够实现感而遂通，就必须回归其"寂然不动"之体（且不论此虚寂之体是若有一物式的实体还是指良知的本来状态）。良知运动就是寂感、体用之间的感应运动，愈是能回复寂然之体，愈能感而遂通，在具体的道德实践中愈能"发而中节"。

阳明一系皆以寂感来谈良知，但阳明后学在良知寂感作用的具体方式上产生了分歧，以聂双江为代表的归寂派主张自寂而感，认为只有先致得良知寂然之体，然后才能实现感而遂通。而以王龙溪为代表的现成派则主张即寂即感，反对将寂和感隔离，于感应之外别求寂然不动之体，认为良知感应之中，一念自返即归于寂。归寂派和现成派虽然争执不休，但两派皆以自然—自由之境界作为良知寂感的鹄的。只不过聂双江强调先通过主宰工夫回复寂然之体，然后才能实现良知自然—自由的感应，王龙溪则主张于感应当下，一念自返即得自由。心学一系普遍将自然之境作为道德实践的最高境界，这种自然之境是对理学时刻警惕、紧张的主宰状态的超越。这种自然之境既有自由之意蕴，又不同于西方近代建立于主体性之上的自律式自由，所以在行文中我们也会使用"自然—自由"来表述心学的良知感应。

第一节 良知的特质

心学与理学之间的差异从表面看非常分明，人们用心与理、尊德性与道问学、心即理与性即理等多种标签来标示二者的分野。但随着研究的进展，人们发现"心学"和"理学"这两个简单的标签所作的标示可能并不准确。人们逐渐认识到在程朱理学——特别是朱熹的思想中，"心"同样处于枢纽的地位。刘述先先生将"心"视为朱熹思想的最核心的概念，认为在"心统性情"的架构中，"心"实际上是朱子整个思想体系的枢纽。刘先生进而认为："如此则谓朱子思想的一个中心是对于心的问题的关注，是绝不为过的。如果以上解析无误的话，那么世称朱子之学为'理学'，以对立于陆王所谓'心学'，就不能说是没有问题了。"① 同样，由于认识到"心"在朱子思想体系中的地位，陈来先生认为理学和心学之间的分野在于"心含理"抑或"心即理"，二者都承认心的重要性，但是理学还是视心、理为二，强调通过心的认知和涵养工夫最终通达于理，心学则认为人心本身即是理，理并非心外之物。他说："朱子哲学严于心性之辨，只承认'性即是理'，不能承认'心即是理'是可以普遍有效的命题。"② 实际上，在"心含理"和"心即理"的表述中，心学和理学的分野已经较小了。

除了静态的考察，还有动态的历史的考察，现有研究或者将二者的区别视为两种不同的思想路向，并试图在某个发端处追溯分歧的发生学起源（将二程思想的差异视为理学和心学不同路向的发端已成为思想史的常规操作）；或者从现实的变迁角度，将心学视为对理学日渐烦琐化的反动，以易简工夫进行道德实践。这样的思路虽然能提供理解理学和心学分歧的特殊视野，但就思想史的发展而言，心学在何种意义上突破、发展了理学，这个问题依然晦暗不明。在这种历史意识的光亮中，人们认识到心学和理学在思想发展的进程中有着内在联系，心学是对理学的合乎逻辑的继承、发展与突破。其中又有两种不同的观点，一种认为心学是对理学合乎逻辑的发展，强调二者之间的一脉相承；另一种则认为心学是对理学的突破，二者之间存在着思想的"转向"。

一 心与良知

唐君毅先生持第一种观点，他认为朱子也并未将心与理分为二截，心与理一，是程、朱、陆、王思想之共同点。其区别在于朱子认为只有通过格物穷理的工夫才能实现"心即理"，而心学则认为"心即理"是本心当

---

① 刘述先：《朱子哲学思想的发展与完成》，吉林出版集团有限责任公司2015年版，第225页。
② 陈来：《有无之境——王阳明哲学的精神》，第19页。

下呈现。① 基于此，唐先生才认为理学的终点恰恰是心学的起点。唐先生说：

> 然朱子之教，虽立有种种之条目学规，就其归趣而言，亦不外使此心不善之人欲净尽，而天理纯全，人心化同于道心，此身通体是一道心主宰，以成己成物。……故吾人今论象山之学，亦可说其不外就此朱子所归趣向往之至纯一至简易者，直下加以标出，以为学者当下所立之志之始向，而即以此"志向之定立"为根本之工夫。则朱子之所归所终，即象山教人为学之始，而朱子所言一切复杂的义理与工夫，亦即可摄在一简易直截之工夫下，而由此开始一点定立之志向之"逐步实现，所加以贯彻，以归纯一"者。②

唐君毅认为朱子哲学所归所终之处正是象山"教人为学之始"，这个判断亦可扩大为"理学所归所终之处正是心学开始之处"。唐先生认为朱子种种设教，最终目的是"人心化同于道心，此身通体是一道心主宰"，为了实现此道心的完全主宰，朱子才做出种种义理上的分解和说明。就其形成而言，此主宰之心是气化宇宙"进化"过程的"最高点"，是气之"精爽者"和"发窍最精处"。作为朱子教化和理论之归属的"主宰之道心"却恰恰是心学教化和理论的起点，无论是象山的"本心"还是阳明的"良知"，都是"道德主体"意义上的"主宰之心"。此处涉及唐君毅先生关于宋明儒学分系的独特见解，同传统将心学和理学分为平行的两系或三系不同，唐先生认为心学同理学之间并非平行的关系，而是一种纵向递进的关系。心学以本心和良知为出发点，而这两者却是理学希冀最终能够到达之地。

第二种观点以杨国荣先生为代表，他认为阳明心学相对于程朱理学发生了"本体论转向"。这种"本体论转向"并不在于理学将"理"作为形

---

① 唐君毅说："实则求心之合乎理，以使心与理一，亦程朱陆王共许之义。心不与理一，则心为非理之心，而不免于人欲之私。必心与理一，然后可以入于圣贤之途，儒者于此固无异辞也。今谓象山以心与理为一，乃要在自象山之视'满心而发，无非是理'，而教人自发明此即理即心之本心上说。朱子果有以心与理为二之言，则初是自人之现有之心，因有气禀物欲之杂，而恒不合理；故当先尊此理，先有自去其气禀物欲之杂之工夫，方能达于心与理一上说。此工夫所达之心与理一，是否即此心与理合一之本心之呈现，而外无其他，又在此现有之心尚未能达心与理一之情形下，是否此心与理一之本心未尝不在，故可为朱陆之异同之所在。"（唐君毅：《中国哲学原论·原性篇》，中国社会科学出版社2005年版，第349页。）
② 唐君毅：《中国哲学原论·原性篇》，第269页。

而上学存有论的根据,而心学将良知作为存有论的根据。就朱熹而言,他提出"心统性情""心具众理",也始终把"心"当作思想体系的核心。良知最根本的一点是生成和构建了一个意义世界,所谓"意之所在便是物""心外无物",是主体赋予对象以意义的过程。心学相对于理学发生的"本体论转向"在于良知是"意义世界的根据",而非"形而上学的存有论之根据"。① 在这点上,杨国荣同牟宗三发生了"争执":

> 牟宗三认为,在王阳明那里,良知"亦是一切存在之存有论的根据,由此,良知亦有其形而上的实体之意义"。这一看法似乎未能将意义世界的根据与形而上的存有论之根据区分开来,从而亦未能真正把握王阳明在本体论上实现的转向。②

从比较哲学的视域看,对阳明心学的解释发生了范式的转化。如果说牟宗三先生更多是通过同康德的道德形而上学的比较来凸显宋明儒学的特征及内涵的话,那么当代学者(其中包括不少西方学者)更多以现象学以及存在主义的视角来理解心学,以此凸显心学同理学之间的差别。

历史的考察是一种合理的方式。心学既是对理学的发展,也是对理学的突破,所以上面两种倾向可能要结合在一起才能完整考察心学对理学的突破与发展。实际上,唐君毅代表的第一种观点在历史上早有先声,而发此先声的恰是阳明本人。阳明编辑《朱子晚年定论》,认为朱子晚年思想已同心学无异,"及官留都,复取朱子之书而检求之,然后知其晚岁固已大悟旧说之非,痛悔极艾,至以为自诳诳人之罪,不可胜赎。世之所传《集注》《或问》之类,乃其中年未定之说,自咎以为旧本之误,思改正而未及,而其《语类》之属,又其门人挟胜心以附己见,固于朱子平日之

---

① 杨国荣说:"可以看到,意之所在即为物,并不是意识在外部时空中构造了一个物质世界,而是通过心体的外化(意向活动),赋予存在以某种意义,并由此构建主体的意义世界;而所谓心外无物,亦非指本然之物(自在之物)不能离开心体而存在,而是指意义世界作为进入意识之域的存在,总是相对于主体才具有现实意义。不难发现,这种意义世界不同于形而上的本体世界:它不是超验的存在,而是首先形成并展开于主体的意识活动之中,并与人自身的存在(existence)息息相关。王阳明将存在的考察限定于意义世界,与程朱从宇宙论的角度及理气的逻辑关系上对存在(being)作思辨的构造,确乎表现了不同的思路:它在某种意义上可以看作是一种本体论的转向。"(杨国荣:《心学之思——王阳明哲学的阐释》,生活·读书·新知三联书店1997年版,第97—98页。)
② 杨国荣:《心学之思——王阳明哲学的阐释》,第98页。

说犹有大相谬戾者,而世之学者局于见闻,不过持循讲习于此"①。就理学和心学之间的逻辑演变而言,《朱子晚年定论》是阳明自己给出的结论,认为朱子晚年思想已经迈向心学,其中自有阳明的洞见,不可简单认为阳明以乡愿做派拉朱子入心学之阵营,以求"推销"自己的思想。在晚年答陆九渊一封信中,朱熹写道:

> 熹衰病日侵,去年灾患亦不少。此数日来,病躯方似略可支吾,然精神耗减日甚一日,恐终非能久于世者。所幸迩来日用工夫颇觉有力,无复向来支离之病。甚恨未得从容面谕,未知异时相见,尚复有异同否耳!②

李绂认为:"此书在淳熙十三年,朱子年五十七岁。书末所云,渐趋于同。"③ 朱子在此信中痛斥自己早年"支离"之病,而这也正是陆九渊批评朱子理学的核心点。朱子在信中说:"道理虽极精微,然初不在耳目见闻之外,是非黑白,即在面前。此而不察,乃欲别求玄妙于意虑之表,亦已误矣。"④ 这段话实际上同心学核心命题"心即理"已相当一致。

心学和理学同样重视"心"的作用,但二者之思想特质又有着明显的差异,因此"心"和"良知"本身的差别理应加以考察。阳明晚年始提良知之说,其良知承自孟子,后者以恻隐、羞恶、辞让、是非四心为良知之发端,但若细加考察,"心"和"良知"这两个概念的内涵尚且晦而不明。阳明以良知为心之虚灵明觉本然之体,就此而言,良知不离于心,又不同于心。良知发用离不开知觉之心,但又不可将其等同于知觉之心。阳明后学内部已经关注这个问题,以聂双江为代表的"归寂派"和以王龙溪为代表的"现成派"曾就孟子所举的乍见孺子入井而自然生发的恻隐之心是否就是良知产生了激烈的争论。当代思想界因西方哲学话语的传入,关于这个问题的争论更加复杂。若要认清心学和理学发展的内在脉络,厘清二者之间的分野与联系,就必须要面对这个问题。我们认为就其差异而言,良知大致具有四重不同的面相,现略作分疏如下。

---

① 《传习录下》,《王阳明全集》,第145页。
② 李绂:《朱子晚年全论》,段景莲点校,中华书局2015年版,第27—28页。
③ 李绂:《朱子晚年全论》,第28页。
④ 李绂:《朱子晚年全论》,第27页。

二 良知的四重面相

（一）良知的意义生成义

在象山、白沙和阳明的思想中，人心从外物中认识并自信其自身，认识到种种物理皆由心发，这样的话，此心才从一个异己的世界中回归家园，也只有在一个自己所创造的家园中，精神才能摆脱烦琐，获得自由。在程朱理学那里，知觉之心以外部事物"客观"之理为认识对象，而心学则认为不存在心外之理，全部的意义世界都是由此心（良知）所创生的。象山起初只是强调本心同宇宙的一体相关性，后来王阳明则以良知作为意义世界生成的基石，只有在此心的感应和观照下，这样一个气化万物的世界才有"意义"。

> 朱本思问："人有虚灵，方有良知。若草、木、瓦、石之类，亦有良知否？"先生曰："人的良知，就是草、木、瓦、石的良知。若草、木、瓦、石无人的良知，不可以为草、木、瓦、石矣。岂惟草、木、瓦、石为然，天地无人的良知，亦不可为天地矣。"①

比象山更进一步，阳明直接点破人心（良知）的意义，认为草木瓦石乃至天地万物都离不开人的良知，草木瓦石离开了人心一点灵明并非就不"存在"了，而是"不可以为草木瓦石"了。也就是说，阳明认识到正是人心的灵明觉知，才能对天地万物进行观照，天地万物在良知的光亮中，才能相互区别，各具其性。在阳明思想中，存在主义的意蕴总是呼之欲出。海德格尔极力反对西方传统哲学主客二分的思维方式，从而放弃将人视作"主体"，而用"此在"（Dasein）一词来称呼，关于此在，海德格尔说：

> 人是这样成其本质的：人"此"在，也就是说，人是存在的澄明。这个此"在"，而且只有这个此在，才有生存的基本特质，这就是说，才有绽出地立于存在的真理之中的基本特质。②

在海德格尔看来，人同其他存在者不同，人的生存是存在的"澄明"，

---

① 《传习录下》，《王阳明全集》，第122页。
② 孙周兴编：《海德格尔选集》，上海三联书店1996年版，第370页。

能使存在的"真理"和"意义"呈现。

> 生物就是生物，生物完全没有从它们的这样的存在中来处于存在的真理中而在这样的处中保持住它们的存在的本质的东西。……因为植物和动物诚然总是被绑在它们的环境中的，但却从来不是自由地被摆进存在的澄明中去的，而只有存在的澄明才是"世界"。①

海德格尔用了"澄明"一词，此在的存在才使存在澄明起来，而只有存在的澄明，世界才是世界。阳明认为人为天地之心，而人心只是"一点灵明"，人心的灵明的功用正是使得世界进入"澄明"之中。良知所生成和构建的意义世界事实上是一个意义世界的整体，从而超出单纯道德的领域。从这点上来说，阳明所谓的"意之所在便是物""心外无物"中的"物"也就并非单纯地指伦理道德行为、意识和情感，而是包含自然之物和道德之事。②

虽然在阳明及其后学思想中，良知主要指向伦理道德领域，但是不可否认的是，良知就其原始意涵而言无疑具有存在主义的倾向。良知在其最基础的层面指向广义的"存在"，因而不仅仅是一种"道德主体"，它作为人心一点灵明，同样关涉事物的存在及其内在之理。当王阳明说"心外无物"时，此"物"也就并不是狭隘的人伦道德中的"物"，而是一般意义上的"物"。在阳明关于花与心并开的对话中，心并非道德主宰之心，花也非人伦物事。阳明的确认为只有心的观照，世界才能"绽出"，存在者的存在方能"澄明"，此山花之绽放才有"意义"。

（二）良知的自知义

如前所述，心具有知觉和主宰二义。良知"不学而能、不虑而知"，自然具有知觉之能力；良知能够"自作主宰"，同样具有主宰之能力。实际上，良知"不虑而知""自作主宰"无疑较之"普通"的心之知觉和主宰要更为高级。良知之教为阳明学之精髓，但因其简易、笼统，内涵丰富，阳明后学对良知的理解已有各种分歧。在中西交流中，因以"良知""良心"对应西方相关术语，遂使此词之内涵更显模糊。耿宁即秉承胡塞

---

① 孙周兴编：《海德格尔选集》，第370—371页。
② 杨国荣先生也认为："意义世界当然不仅仅是一个伦理的世界，它有着更广的内涵。"同样王阳明关于岩间花树的例子，在杨先生看来表明良知同样是审美意义的基础，并且"意义关系中的存在，当然不限于花的审美形式；广而言之，它也显示于人与天地万物的关系之中"（杨国荣：《心学之思——王阳明哲学的阐释》，第99—101页）。

尔现象学研究意识的传统,对心学良知概念进行剖析,在学界产生了较大的影响。根据耿宁的梳理,欧洲语言中关于"良心"的哲学思考有三个重要的内容。第一,"良心"在欧洲语言中的原始意义都有"知"之义,而非指一种单纯的情感;第二,"良心"一词从其希腊语和拉丁语词源上来看,具有"与知"或"共知"(Mitwissen)之义,指与别人一起知晓某件事,后来逐渐发展为"自知"或"关于自己的知",同那种关于"物"和"他人"的知相区别;第三,欧洲语言中的"良心"皆与"意识"密切相关。当使用"良心"一词时,更为侧重一种关于自身道德上的知;如果使用"意识",则更多指未必具有道德意味的关于自己的知。①

耿宁认为从哲学领域来看,托马斯·阿奎那和康德的良心学说"似乎是在欧洲哲学中产生出来的最重要和最具有影响的良心概念"②。耿宁认为托马斯的良心只"关系到我自己的行为而并不关系到其他人的行为,也并不关系到其它的对象"③,这点同上面关于良知的第二点相一致。此一自知之良心能够做出事实和价值两个层面的判断,即托马斯认为良心有两大作用:首先是对自己做什么和不做什么,过去做过什么和没有做过什么的"事实",它"知道"和"确信"。耿宁认为这个层面的良心概念"十分接近于意识概念",如前面第三点所述,良心和意识在拉丁语中是同一个词。良心的第二个作用是能够对我的行为在道德上是否正当作出价值判断。它既能对已做的行为进行评判,也能对未来的行为进行指引,告诉我们应该做什么和不应该做什么。

托马斯的良心概念同耿宁所得出的关于良知的三点结论完美匹配,康德的良心概念则有些不同。康德同样认为良心是我们心中的法官和劝告者,这点和托马斯没有区别,后者也认为良心能够对人行为之善恶作出评判,并引导人向善。二者的区别在于良心究竟对什么进行评判和裁决,托马斯认为良心会对我们行为之道德与否直接进行判断,但康德认为对行为之善恶进行评判是知性的职责,而良心则对知性进行评判,负责评判知性是否尽职尽责,是否对每个行为之善恶进行了细致的检查。所以在康德那里,知性评判道德行为,而良心则评判知性的行为。耿宁认为康德的良心概念过于狭隘,尽管如此,康德的良心概念仍然"揭示了一个动力中心,一个真正的、本源的良心的发动机"④,因为"按照康德的说法,良心要求

---

① 〔瑞士〕耿宁:《心的现象——耿宁心性现象学研究文集》,第189—190页。
② 〔瑞士〕耿宁:《心的现象——耿宁心性现象学研究文集》,第192—193页。
③ 〔瑞士〕耿宁:《心的现象——耿宁心性现象学研究文集》,第193页。
④ 〔瑞士〕耿宁:《心的现象——耿宁心性现象学研究文集》,第198页。

我们认真检查我们要做的行为是道德的还是不道德的,那么他同时也指出,在我们的心中有某些东西要求我们努力寻求我们如何才能道德地生活"①。

耿宁在他自己梳理出来的西方良心概念传统的基础上,将王阳明成熟时期的良知视为现象学的"自知"。耿宁对阳明良知一词内涵的演变进行了细致的梳理,认为在早期(大约1518年之前),阳明尚是从孟子的意义上来谈良知,将其视为一种自发萌动的恻隐、辞让、是非、善恶之情。在1518年后,阳明形成了他的新的良知观,耿宁提出:

> 王阳明根据他的新概念并不将良知、因此也不将伦理学的基础理解为自发的情感萌动,而是理解为其它的东西。他在前引文字之后写到:"凡意念之发,吾心之良知无有不自知者。其善欤,惟吾心之良知自知之;其不善欤,亦惟吾心之良知自知之;是皆无所与于他人者也。"(《大学问》)因此,良知(本原知识)不是一种像怜悯、羞耻、道德义愤等等那样的情感萌动,而是对我的所有意念之善恶的知识,即对我的所有包括情感萌动在内的心灵追求之善恶的知识。②

在这段引文中,良知确实表现为一种"自知",而非原始的自然情感的萌动,这样的话,表现为"自知"的良知终于同欧洲话语中良心的内涵相一致了。另外,为了证明以自知说良知的可行性,耿宁还提出了阳明"意念"和"良知"的区分。阳明说:"意与良知当分别明白。凡应物起念处,皆谓之意。意则有是有非,能知得意之是与非者,则谓之良知。依得良知,则无有不是矣。"③ 这样的话,意应是应物而起,似乎具有"意向性"的结构。耿宁还举了阳明其他的一些表述,如事物是"意之涉着处""意未有悬空的,必着事物"等。耿宁因此将"意念"等同于现象学的"意向",后者始终与事物或对象相关联;将"良知"对应于"自知",是一种内在的、原初的道德之知。但无论如何,耿宁是在现象学之"意识"的视域内理解心学之良知的。耿宁说:

> 我想,王阳明在这里所说的"良知"基本上接近于笛卡尔用来定

---

① 〔瑞士〕耿宁:《心的现象——耿宁心性现象学研究文集》,第198页。
② 〔瑞士〕耿宁:《心的现象——耿宁心性现象学研究文集》,第277页。
③ 《答魏师说》,《王阳明全集》,第242页。

义"思维"（cogitare）或"思想"（penser）的东西，亦即"意识"（conscientia）或"统觉"（apperception），或者接近于布伦塔诺不幸地用"内感知"（innere Wahrnehmung）、胡塞尔用"内意识"（inneres Bewuβtsein）、"原意识"（Urbewusstsein）、萨特用"意识"（conscience）等等所指称的东西。①

良知无疑具有意识之功能，并且如耿宁所说，良知作为意识还不同于指向事物的意向性之意识，而是"本原意识"或者"本原的自身意识"，因而同西方思想传统中良心观念相一致，后者也认为良心是自我对行为是否合乎道德的内在判断。在阳明及其后学对良知的认知中，良知最重要的一个功用正是它能够"时时知是知非"。此前，陈来即已指出阳明的"良知"就是西方伦理学中的"良心"范畴，认为阳明良知主要就是是非之心，"在阳明看来，良知是人的内在的道德判断与道德评价体系，良知作为意识结构中的一个独立的部分，具有指导、监督、评价、判断的作用"②。在比较学的视域中，良知作为自知之道德意识的一面呈现于光亮之中，这对于我们更好地理解良知无疑具有积极意义。但是如果仅仅局限于现象学意识的视域来谈良知，则无法把握心学良知的全貌，良知，从某种程度上说，恰恰超出了心的意识之功用，超出了纯粹的是非之心，成为一种精神实体式的存在。此即如牟宗三所说："良知不但是道德实践之根据，而且亦是一切存在之存有论的根据。由此，良知亦有其形而上的实体之意义。"③

（三）良知的实体义

在1993年的一次演讲中，耿宁坦承自己尚不了解王阳明的良知和致良知到底指什么，认为自己不能把握良知这一概念的基本意义，并且认为之所以如此，是因为自己只能从熟悉的范畴去了解，而他自己所掌握的心学概念同王阳明的概念可能有较大的出入。④ 可能正是基于这种时刻相伴的不相契感，2008年耿宁反过来站在中国哲学的立场，向胡塞尔的现象学提出了三个与良知有关的问题，其中第三个问题涉及心学"寂然不动，感而遂通"这一核心的话题，耿宁称良知寂然不动之本体状态为"寂静意识"，并试图探讨这种寂静意识的意向性问题。在2010年出版的《人生第

---

① 〔瑞士〕耿宁：《心的现象——耿宁心性现象学研究文集》，第278页。
② 陈来：《有无之境——王阳明哲学的精神》，第155页。
③ 牟宗三：《从陆象山到刘蕺山》，上海古籍出版社2001年版，第157页。
④ 〔瑞士〕耿宁：《心的现象——耿宁心性现象学研究文集》，第126页。

一等事：王阳明及其后学论"致良知"》（德文版）中，耿宁超出"自知"之义，认为阳明良知还具有"良知本体"的含义，但对此本体义之良知究竟为何种性质未能给出"清晰"的说明。在同年一篇文章中，耿宁区分了良知"本体"的两种含义：一是"某种类似基质和能力的东西，它可以在不同的行为或作用中表现出来"，二是"某个处在与自己相符的完善或'完全'状态中的东西"①。耿宁在《人生第一等事》中从后者来谈良知本体，而在 1997 年之前发表的《论王阳明"良知"概念的演变及其双义性》一文中，他则从第一种含义来谈良知本体。②

在《人生第一等事》第三章中，耿宁论证了良知实体之义。阳明常用"良知本体"这样的表述，这种"本体"有两个方面的含义，耿宁说：

> 首先，王阳明用这两个词来表达那些我们译作一个实事的"本己本质"或"本己实在"的东西。它是其完成了的、真实的形态。对此的对应概念是这个实事的非本己的、有缺陷的、尚不完善的、不纯粹的、被模糊了的形态或显现。一个实事的"本己本质"也被王阳明称作"本色"（本己形态、本己特征）。对于这个观念，王阳明大都使用"本体"的表述，但有时也只使用"体"。其次，王阳明也用这两个词来表达我们称之为一个实事的"实体"（"根本实在"）的东西。"实体"的对应概念是这个"实体"的"发用"、"作用"，中文是"用"。③

阳明心学"良知本体"是否具有"基质"义的问题，在阳明后学内部同样存在争论（在后面我们会涉及这点），但有一点耿宁先生肯定已经注意到——良知不仅仅是一个意识层面的东西，它作为本体具有精神实体的性质。④ 当我们并列使用"意识"和"精神"这两个词时，我们确实向着黑格尔的节奏而去。有一件令人感觉奇怪的事情，耿宁将托马斯和康德的良知概念视为西方哲学史中最重要的两大内容，却忽略了黑格尔关于良心

---

① 〔瑞士〕耿宁：《心的现象——耿宁心性现象学研究文集》，第 474 页。
② 参见李明辉《耿宁对王阳明良知说的诠释》，《哲学分析》2014 年第 4 期。
③ 〔瑞士〕耿宁：《人生第一等事：王阳明及其后学论"致良知"》，倪梁康译，商务印书馆 2014 年版，第 274 页。
④ 吴震等人也认识到阳明学中良知实体化的意味，他说："的确，对阳明而言，良知首先是一种道德的自身意识，但它同时又必然是某种绝对的、自在的永恒存在，犹如'千古一日'（阳明语）一般，在此意义上，良知甚至就是天地万物的根源。"（吴震、刘昊：《论阳明学的良知实体化》，《学术月刊》2019 年第 10 期。）

的重要论述。黑格尔将良心视为绝对精神发展历程的一个重要环节予以了精彩的论述，这种忽视可能是受到了胡塞尔现象学研究视域的限定。良知的实体义是良知同理学之心相比重要的不同之处，它将良知的特性凸显出来，我们将在后文对此进行专门的论述。

（四）良知的个体义

阳明良知之学之所以能风靡一时，同其内含的启蒙和解放的力量密不可分。儒家传统伦理具有群体中心主义的特点，赋予群体性生活以积极的、正面的意义，认为在群体生活中能自然生发出道德意识和道德行为，可以说这是儒家乃至中国传统社会非常普遍的意识形态。与之共生的另一面便是对个体性存在（主要指脱离群体生活的独居状态）的焦虑和警惕，这种焦虑和警惕有一个专门的表述——"慎独"。这种群体中心式的伦理构建起一个盘根错节的伦理关系之网，使得中国传统社会具有超稳定的社会结构，也使得个体在巨大的、繁复的伦理关系之网中难以伸张和发展。阳明心学的主体性是这张巨网上破开一道隙缝，阳明之后，以王畿和王艮为代表的王学左派将其思想中张扬的、解放性的一面发展到极端，其后以李贽为中心的"狂禅派"更是进一步将王学左派的思想推向极致，表现为一种"极端的自由主义，极端发展的个性主义"[1]。

王龙溪屡次告诫罗念庵的一点便是后者为"世情"羁绊太深，从而难以悟得真良知。所谓"世情"，无非就是世俗的伦理人情关系以及世俗（他人）的看法。念庵在《东游记》中详细记述如下：

> 龙溪曰："如今为性命不真，总是摈世界不下。如今说着为善，不是真善，却是要好心肠皆随人口吻，总是打毁誉得失一关不破。若是真打破之人，被恶人埋没一世，更无出头，亦无分毫挂带，此便是真为性命。能真为性命，时时刻刻只有这里着到，何暇陪奉他人？如此方是造化，把柄在我，横斜曲直、好丑高低，无往不可。如今只是依阿世界，非是自由自在。"因叹曰："今世所谓得失，不知指何为得失？所谓毁誉，不知他毁誉个什么？便说打破，已是可叹矣。"余因此有省曰："此一句，吾领得，原来日用工夫皆是假作。"龙溪喜曰："如此，不是不知痛痒矣。"[2]

---

[1] 参见嵇文甫《晚明思想史论》，中华书局2017年版，第68页。相关论述可参见该书第二章"王学的分化"、第三章"所谓狂禅派"。
[2] 徐儒宗编校整理：《罗洪先集》，凤凰出版传媒集团、凤凰出版社2007年版，第61页。

龙溪之良知有和世俗对举义,日常生活中,人们从既定的礼仪风俗入手,常常要考虑、附和他人的看法,所谓"依阿世界""陪奉他人""随人口吻",因此无法窥见真性命,因此良知在龙溪那里另一个重要功用就是打破世情的羁绊,使人获得"真性命"。

李贽深受王畿的影响,进一步延续了这种个体主义的思路,强调"为己"的个人主义,他说:

> 士贵为己,务自适。如不自适而适人之适,虽伯夷、叔齐同为淫僻;不知为己,惟务为人,虽尧、舜同为尘垢秕糠。此儒者之用,所以竟为蒙庄所排,青牛所诃,而以为不如良贾也。①

同对个体自我的肯定一致,李贽对个体内在良知的积极肯定也达到一个极端,也正是在李贽的思想中,传统慎独的含义实现了由消极向积极真正的反转。李贽说:

> 人之德性,本自至尊无对,所谓独也,所谓中也,所谓大本也,所谓至德也。然非有修道之功,则不知慎独为何等,而何由致中,何由立本,何由凝道乎!故德性本至尊无对也,然必由问学之功以道之,然后天地之间至尊、至贵、可爱、可求者常在我耳。故圣人为尊德性,故设许多问学之功;为慎独、致中,故说出许多修道之教。②

所谓"独"在李贽看来是人的"德性",而"慎独"无疑就是"尊德性"。此德性是"至尊无对"的,并且此德性同样具有高度的个体性特征,即李贽所谓"可爱、可求者常在我耳"。

以郑玄为代表的"慎其闲居之所为"的解释,表达的是在一个以群体为中心的道德世界中,人们对个体道德行为和道德意识的高度警惕;而以李贽为代表的解释,表达的则是在个体意识觉醒的心学思想中,人们对个体自我意识的高度推崇,恰恰要批判群体性生活的"沉沦"和"异化"。李贽说:

> 夫所谓丑者,亦据世俗眼目言之耳。俗人以为丑,则人共丑之;

---

① (明)李贽:《焚书 续焚书》,中华书局2013年版,第258—259页。
② 《李贽文集》第7卷,社会科学文献出版社2000年版,第360页。

俗人以为美，则人共美之。世俗非真能知丑美也，习见如是，习闻如是。闻见为主于内，而丑美遂定于外，坚于胶脂，密不可解，故虽有贤智者亦莫能出指非指，而况顽愚固执如不肖者哉！然世俗之人虽以是为定见，贤人君子虽以是为定论，而察其本心，有真不可欺者。既不可欺，故不能不发露于暗室屋漏之中；惟见以为丑，不得不昭昭申明于大庭广众之下，亦其势然耳。夫子所谓独之不可不慎者，正此之谓也。故《大学》屡言慎独则毋自欺，毋自欺则能自慊，能自慊则能诚意，能诚意则能出鬼门关矣。人鬼之分，实在于此，故我终不敢掩世俗之所谓丑者，而自沉于鬼窟之下也。①

我们用"沉沦"和"异化"这两个词语，是因为能够很明显地看出李贽对群体生活的批评同海德格尔对"常人"沉沦状态的分析如出一辙。同样，二者都强调从日常生活人云亦云的沉沦状态中挣脱出来，二者都诉诸良知或本心——在海德格尔叫作"良心的呼声"，在李贽即是"慎独"。在"慎独"观念含义的演变中可以看到，随着历史和思想自身的发展，原先强调群体和社会内在规范性力量，因而警惕个体意识的道德心理最终转向了反面——开始强调个体的良知的决断，批评群体生活的异化。其原因在于群体和社会虽然能够给个体提供道德规范，但是它同样可能导致常人的沉沦状态，海德格尔比李贽更为细致地为我们描述了这种常人的危机——也是群体生活所带来的危机。② 在中国传统社会中，不仅表现为常人的沉沦，更多表现为"伪善"和"乡愿"等愈演愈烈的异化的道德行为。③ 随着心学的发展，特别是在王畿一系中，良知的个体义凸显出来，预示着传统社会的超稳定结构出现危机，个体义之良知要求一种超出世情的新的自

---

① （明）李贽：《焚书 续焚书》，第261页。
② 关于慎独观念内涵的演变及其与"沉沦"的比照，作者曾另文论述。见章林《沉沦与慎独：观念史变迁中的群己关系研究》，《中南大学学报》（社会科学版）2020年第1期。
③ 李贽痛恶伪道学和乡愿，其中以直斥耿定向为乡愿最为人知。在《答耿司寇》中，李贽说："试观公之行事，殊无甚异于人者。人尽如此，我亦如此，公亦如此。自朝至暮，自有知识以至今日，均之耕田而求食、买地而求种、架屋而求安、读书而求科第、居官而求显、博求风水以求福荫于子孙。种种日用，皆为自己身家计虑。无一厘为人谋者。及乎开口谈学，便说尔为自己，我为他人；尔为自私、我为利他；我怜东家之饥也，又恩西家之寒难可忍矣。某等肯上门教人矣，是孔孟之志矣。某等不肯会人，是自私自利之徒也。某行虽不谨，而肯与人为善；某行虽端谨，而好以佛法害人。而此以观，所讲者未必公之所行，所行者又未必公之所讲。其与言顾行，行顾言何异乎？"（李贽：《焚书 续焚书》，第30页。）李贽对耿定向的批评，同时也是对世人的批评，也是对他自己的批评。

由，而这些，如黄宗羲所言，不再是名教所能范围了的。

三 良知"与物无对"及其意涵

以上所说良知四重面相中，"个体义"在阳明后学主要是王畿一系中凸显出来，是阳明良知之教的发展。除此之外，前面三种面相具有内在的一致性。良知之"自知义""实体义"和"意义生成义"皆与良知一重要特性相关，此特性即阳明所谓良知"与物无对"，良知"生天生地"，而更为人熟知的表达则是"心外无物"。良知所生之天地无疑是一意义之世界，而非物质之宇宙，人类只能生活于意义的世界之中，人类的存在照亮了宇宙的黑夜。意义世界的每点光亮都源于意识或良知的照耀，正如物质世界之可见源于太阳之照耀，在此意义上，心学才说良知"与物无对""范围天地"。

心学一系普遍以对"与物无对"的"良知"或"心"的确认为开端。陆九渊幼时即"思天地何所穷际（而）不得"，后来听人解释"宇宙"二字字义而发心学最初之悟（绍兴二十一年辛未，象山十三岁，朱熹二十二岁），谓"宇宙内事乃己分内事，己分内事乃宇宙内事"，并谓"宇宙便是吾心，吾心即是宇宙。"① 在朱熹看来，整个世界由气构成，并且因气的不同存在状态而具有不同的"等级"，人之心无疑处于最高等级，是"气之发窍最精处"，因而此心能够统摄性和情、理和气，使人具有了摆脱气禀之偏而复归天理之正的可能和自由。象山则直接从气化世界的顶点的"心"出发，认为宇宙中发生的任何事情都同人心相关，宇宙并非一与人相隔绝的"客观"的存在，而是吾人之心所及万物的整体。

王阳明以其著名的"心外无物"的命题表达了和陆九渊完全一致的心学原则。阳明有很多相似的论述，诸如："心者，天地万物之主也。心即天，言心则天地万物皆举之矣。"② "心即理也。天下又有心外之事，心外之理乎？"③ "这些精灵，生天生地，成鬼成帝，皆从此出，真是与物无对。"④ 阳明后来多从良知来谈心，显示出在心学一系中，良知和普通意义上的"心"有着区别。⑤ 孟子的良知是不学而知、不虑而能的良知、良能，

---

① 《年谱》，《陆九渊集》，第483页。
② 《答季明德》，《王阳明全集》，第238页。
③ 《传习录上》，《王阳明全集》，第2页。
④ 《传习录下》，《王阳明全集》，第119页。
⑤ 陈来认为阳明之心同样含有"知觉"之义，但是"阳明主张的心即理，其本意并不是指知觉而言。心即理这一命题并不适合于知觉意义的心，'心即理'的心只是指'心体'或'本心'"（陈来：《有无之境——王阳明哲学的精神》，第29页）。这也意味着在其最核心的意义上，心学之心并非指知觉而言，甚至也不是指主宰而言。

孟子从心善来谈性善，从而挺立道德之主体。孟子尚未将良知视为涵遍万有、生天生地之"本体"。在朱子那里，心主要为"知觉之心"和"主宰之心"，知觉之心以认知外物之理为目的，主宰之心以统摄性情为目的。朱子之心处于内外、性情之间，陆九渊斥其支离。阳明批评朱子"人之所以为学者，心与理而已"，曰："心即性，性即理，下一'与'字，恐未免为二。"① 牟宗三先生说：

> 故良知之心即是存有论的创发原则，它不是一认知心。它不是认知一客观而外在的理，它的明觉不是认知地及物的或外指的，它是内敛地昭昭明明之不昧，它这一昭昭明明之不昧即隐然给吾人决定一方向，决定一应当如何之原理（天理）。当其决定之，你可以说它即觉识之，但它觉识的不是外在的理，乃即是它自身所决定者，不，乃即是它自身底决定活动之自己，此决定活动之自己即呈现一个理，故它觉此理即是呈现此理，它是存有论地呈现之，而不是横列地认知之。②

由朱子之心过渡到心学之良知，类似于黑格尔在考察绝对精神自我发展的历程中，由"意识"进展到"精神"的过程。意识以认识为目的，但是当意识最终发现在外部事物中所认识的东西恰恰是自己原先放进去的，从而在世界万物之中认识到自身时，"意识"就转化为"精神"。③ 如前所述，心学觉醒之处正在于认识到"宇宙内事乃己分内事"，认识到"心外无物"。《传习录》有阳明一段对话：

> 爱昨晓思"格物"的"物"字，即是"事"字，皆从心上说。先生曰："然。身之主宰便是心，心之所发便是意，意之本体便是知，意之所在便是物。如意在于事亲，即事亲便是一物；意在于事君，即事君便是一物；意在于仁民爱物，即仁民爱物便是一物；意在于视听

---

① 《传习录上》，《王阳明全集》，第17页。
② 牟宗三：《从陆象山到刘蕺山》，第154—155页。
③ 同朱熹将"心"视为"气之发窍最精处"一样，阳明也将良知视为"造化的精灵"，因此确如陈立胜所言，在阳明思想中同样有气的面向。不过如陈立胜所言，良知之"灵气"不同于人之"血气"，已是一种"精神力量"。陈立胜说："就人我、人物关系看，精灵、灵气乃是感通、感应的枢机，'灵气'不是'血气'，'血气'乃是每个生命体之内流通的，它有着明确的界限，而'灵气'则是普遍的、弥漫于天地之间的精神力量。由于人是'天地清明纯粹气'所聚，故能与天地万物触类旁通、同感共振。"（陈立胜：《良知之为"造化的精灵"：王阳明思想中的气的面向》，《社会科学》2018年第8期。）

言动，即视听言动便是一物。所以某说无心外之理，无心外之物。"①

在阳明看来，忠孝仁义等人伦物理皆是心之所发。良知生发天地万物，而当良知在天地万物中终于认识到自身时，此时良知方回到自身，之前与物相对之"心"才转化为与物无对的"良知"。

这点同黑格尔关于精神发展历程的论述非常相似。黑格尔说：

> 当理性之确信其自身即是一切实在这一确定性已上升为真理性，亦即理性已意识到它的自身即是它的世界、它的世界即是它的自身时，理性就成了精神。②

在黑格尔看来，精神是由理性发展而来的，理性起初是一种"观察的意识"，它通过对自然界、有机界和生命的观察，逐渐认识到自己才是世界的本质。同心学相比，理学无疑重视对事理的观察，如二程常说"物理最好玩""观雏最可体仁"之类，朱熹即物求理、格物致知等，确实具有观察理性的特征。

理学之心作为"认知之心"具有"观察理性"的特征，执心以求理；另一方面，在道德领域，此心作为"主宰之心"，又需执心以统摄性情。总的来说，理学之心是一个与物相对之心，以认识外物、主宰物欲为用，始终在异己的外物中活动。理学之心的特点一方面导致认知和道德的支离，如阳明早年欲格竹求理而不得；另一方面在道德实践领域也会出现外在礼制同内在心性之间的隔离，陈白沙对理学的反动正是基于这一点。在《论学书》中，白沙自述从学于吴聘君经年无所获，方才静坐以见心体。白沙说："所谓未得，谓吾此心与此理未有凑泊吻合处也。"③"此心与此理未有凑泊吻合处"意味着此心在一个异己的世界中难以继续安顿，各种事理虽然为心之所知，各种道德行为受心之所主，但此心与此理尚未统合，此心陷于支离和繁复之中。朱子晚年也渐觉此病，在答吕祖谦的一封信中，朱子说道：

> 今老矣，而旧病依然，未知所以药之也。不唯如此，近日觉得凡

---

① 《传习录上》，《王阳明全集》，第 6—7 页。
② 〔德〕黑格尔：《精神现象学》下卷，贺麟、王玖兴译，商务印书馆 1979 年版，第 1 页。
③ 《复赵提学佥宪一》，《陈献章集》，第 145 页。

百应接，每事须有些过当处，不知如何整顿得此身心四亭八当，无许多凹凸也。"耐烦忍垢"之诲，敬闻命矣。今大纲固未尝敢放倒，但不免时有偷心，以为何为自苦如此？故事有经心而旋即遗忘者，亦有不敢甚劳心力而委之于人者，亦有上说不从，下教不入，而意思阑珊，因循废弛者。此两月来，既得不允指挥，不敢作此念，又为狂妄之举，准备窜谪，尤不敢为久计。身寄郡舍，而意只似燕之巢于幕上也。言事本只欲依元降指挥，条具民间利病，亦坐意思过当，遂杀不住，不免索性说了，从头彻尾，只是此一个病根也。狱讼极不敢草草，然人说亦多过处，乃与塾子所论诸葛政刑相似。然欲一切姑息，保养奸凶，以扰良善，而沽流俗一时之誉，则平生素心，深窃耻之，亦未知其果如何而得其中也。所论荆州从游之士，多不得力，此固当深警。然彼犹是他人不得力，今自循省，乃是自己不曾得力，此尤为可惧也。①

李绂考订此信写于朱子五十一岁时，朱子一生主敬持守甚严，此时在处理日常事务时尚有繁复之感，感叹难免过当，难以整顿身心"四亭八当"。基于此，如果说朱子晚年逐渐有舍繁归简之心也就不足为奇了。

所以在我们看来，心学之良知和理学之心的区别，重要一点在于良知具有"与物无对""范围天地"之特性，而理学中认知之心和主宰之心始终与外部事物或自我之物欲相对。良知"与物无对"方能为道德之自由提供基础，良知从外物中回到自身，它在天地万物中认识到的也正是自身，只有在一个由自己所创造出来的世界中，在一个消解所有异己物的世界中，精神才能实现自由。在道德实践中达到自由的境界一直是儒家的理想，孔子说自己"七十而从心所欲不逾矩"，其最终达成的正是一自然—自由之境。孔子在日常道德实践中谨言慎行，动必合礼，但这种自由之境却一直是其追求的目标。在他的弟子中，曾点之志可以说是对此自由之境的生动描述，孔子也直言"吾与点也"。在后来的儒家中，也不断有人引曾点为同道，如邵雍等人，但真正将自由凸显出来，需要等到心学。只有经过理学天理人欲、天命气质之辩明，格物致知、主敬涵养之功毕，一种"随处体认天理""良知自然天则"的自由身段方显。从主宰到自由，我们认为是理学向心学进展的一个重要内容，也是我们分析良知感应作用围绕的基点。

① （清）李绂：《朱子晚年全论》，第3页。

第二节 良知寂感作用

在阳明心学中，良知生发出意义和价值的世界，善恶美丑皆由良知生发。如此，在理学那里心的主宰意味也逐渐淡去，摆脱了烦琐之后，道德践履走向自由之境。良知生发意义和价值，同样以"感应"为原则。但心学关注的焦点并非意义世界具体如何由感应而生成，而是良知的感应作用本身如何发生。良知的感应即为良知的发用，即为整个意义世界的生成与存有，感应如何发生即为此存有之世界如何发生。感应联通有和无。阳明心学以"寂然不动，感而遂通"来阐发良知感应自身的发生。牟宗三说："'寂然不动，感而遂通'是先秦儒家原有而亦最深之玄思（形上智慧）。"① 耿宁专门从意识的角度来看良知，所以将"意向性"视为良知作用的基本原则，以至于感叹"虚寂意识"的意向性问题不易理解。黑格尔虽将良心视为"精神"，但他的精神遵循辩证的原则，在辩证否定的劳作中获得自由，而心学良知则是在虚寂之感中获得自由。

一 寂然不动，感而遂通：良知感应的方式

理学以一体之气的流通、感应作为基础，构建了一个由散殊万物到灵明之心的世界整体；阳明则以良知感应为基础，描述了意义世界的生成。阳明并未否定传统气论，只是其致思的方向发生转变。良知作为"气之精爽者"，同事物之间同样是一种"感应"关系，只有当良知同具体事物相感时，此事物的存在方能"澄明"，恰如山间之花只有在人心的观照下，才能"一时明白起来"。阳明有一段经典的对话：

> 问："人心与物同体，如吾身原是血气流通的，所以谓之同体。若于人便异体了，禽兽草木益远矣，而何谓之同体？"先生曰："你只在感应之几上看，岂但禽兽草木，虽天地也与我同体的，鬼神也与我同体的。"请问。先生曰："你看这个天地中间，什么是天地的心？"对曰："尝闻人是天地的心。"曰："人又什么教做心？"对曰："只是一个灵明。""可知充天塞地中间，只有这个灵明，人只为形体自间隔了。我的灵明，便是天地鬼神的主宰。天没有我的灵明，谁去仰他

---

① 牟宗三：《心体与性体》，第 285 页。

高？地没有我的灵明，谁去俯他深？鬼神没有我的灵明，谁去辨他吉凶灾祥？天地鬼神万物离却我的灵明，便没有天地鬼神万物了。我的灵明离却天地鬼神万物，亦没有我的灵明。如此，便是一气流通的，如何与他间隔得？"又问："天地鬼神万物，千古见在，何没了我的灵明，便俱无了？"曰："今看死的人，他这些精灵游散了，他的天地万物尚在何处？"①

阳明强调从"感应之几"来理解万物一体，人心作为气之发窍最精处，因其与天地万物之间的感应作用，赋予天地万物以意义，使得整个世界成为一意义的整体。离开了人心的灵明，就没有谁去"仰天之高，俯地之深"了，因而天无法为天，地无法为地，吉凶灾祥也都无从谈起。

就意义世界的生成来说，需要良知和事物之间的感应。良知缘事而发，才能生成意义。所以阳明说："天地鬼神万物离却我的灵明，便没有天地鬼神万物了。我的灵明离却天地鬼神万物，亦没有我的灵明。"离开良知的灵明觉照，天地鬼神万物无法成为一有意义之世界；同样，良知也不能离开天地鬼神万物，离开具体事物，良知则为一空寂之觉照。无论是自然事物存在之"澄明"，抑或人伦物理的生成都是因良知感应而起。所以阳明才说良知"生天生地，成鬼成帝"，才说良知"与物无对"。阳明心学确实如唐君毅先生所说，以理学之终点为起点，以一体之气"发窍最精处"为基础，重新构造了一个完整的意义世界。心之虚灵明觉是良知，良知感物而动就是意，意之所之，即有相应的意义领域的生成。阳明说：

> 心者身之主也，而心之虚灵明觉，即所谓本然之良知也。其虚灵明觉之良知，应感而动者谓之意。有知而后有意，无知则无意矣。知非意之体乎？意之所用，必有其物，物即事也。如意用于事亲，即事亲为一物；意用于治民，即治民为一物；意用于读书，即读书为一物；意用于听讼，即听讼为一物：凡意之所用无有无物者，有是意即有是物，无是意即无是物矣。物非意之用乎？②

以感应为良知运动的原则为阳明后学所遵循，聂双江曾说：

---

① 《传习录下》，《王阳明全集》，第140—141页。
② 《传习录中》，《王阳明全集》，第53—54页。

> 夫天下之事，感与应而已矣，故父子相感而后有慈孝之应，君臣相感而后有仁敬之应，昆弟相感而后有友恭之应，感于朋友，感于夫妇而为信、为别，要皆吾性之灵之所发，性所同也。宜其感物而神应者无不同，而乃有不同者，人有学不学。①

天下事唯感与应语出程颢，不过程颢总体而言还是在"二端之感"的框架中理解感应。双江则认为慈孝忠信等"要皆吾性之灵之所发"，良知感于父子，自然有孝慈之应；感于昆弟，自然有友恭之应。此伦理之世界完全因良知感于各种具体之物事而展开。

良知是一虚灵明觉之心，以虚寂为体。阳明常以明镜为喻来说明良知之虚寂。

> 问："圣人应变不穷，莫亦是预先讲求否？"先生曰："如何讲求得许多？圣人之心如明镜，只是一个明，则随感而应，无物不照，未有已往之形尚在，未照之形先具者。……只怕镜不明，不怕物来不能照。讲求事变，亦是照时事，然学者却须先有个明的工夫。学者惟患此心之未能明，不患事变之不能尽。"②

良知正因其虚寂，才能具众理而应万物。阳明说："虚灵不昧，众理具而万事出。心外无理，心外无事。"③ 就此而言，良知显现出其与黑格尔精神的分野。精神通过艰辛的劳作从外化世界中返回自身，认识到自己就是世界的真理，以此显示其与物无对之义。精神通过劳作塑造世界，进而将世界纳入自身之内；良知则通过致其虚寂，让世界成为世界，以此涵括万物。阳明说：

> 目无体，以万物之色为体；耳无体，以万物之声为体；鼻无体，以万物之臭为体；口无体，以万物之味为体；心无体，以天地万物感应之是非为体。④

良知生成意义世界并非一"创造"活动，而是以其虚寂明觉，让万物

---

① 吴可为编校整理：《聂豹集》，凤凰出版传媒集团、凤凰出版社2007年版，第91页。
② 《传习录上》，《王阳明全集》，第14页。
③ 《传习录上》，《王阳明全集》，第17页。
④ 《传习录下》，《王阳明全集》，第123页。

之声色、性理、是非"自我呈现"。

良知因其明觉，有觉照之功用，正如太阳的照耀使万物之形色"呈现"，良知之觉照则让存在之意义和价值"澄明"。良知因其明觉，也有自知之能，能够时时知是知非，知善知恶。因此若要为善去恶，就需良知明觉不可有污，就需回到良知寂然本体。徐爱说：

> 心犹镜也。圣人心如明镜，常人心如昏镜。近世格物之说，如以镜照物，照上用功，不知镜尚昏在，何能照？先生之格物，如磨镜而使之明，磨上用功，明了后亦未尝废照。①

消除私欲，回复良知自然天则，便是"寂然不动"，因其寂然不动，便自能感而遂通。阳明告诫弟子说：

> 汝若于货色名利等心，一切皆如不做窃盗之心一般，都消灭了，光光只是心之本体，看有甚闲思虑？此便是"寂然不动"，便是"未发之中"，便是"廓然大公"。自然"感而遂通"，自然"发而中节"，自然"物来顺应"。②

若要为善去恶，工夫只能在良知本体上做，良知本体越是虚寂，越能感物而通，越能明觉万物之是非而救正之。正如以镜照物，物之不明，源于镜之不明。正是在此意义上，心学一系皆通过对"寂然不动，感而遂通"的阐释来表达他们对良知感应作用的认识。

"寂然不动，感而遂通"出自《系辞》，后人又或简称为"寂感"。牟宗三说寂感是先秦儒家最深的形上之思。关于寂感，陈来有过简短的概述：

> "寂""感"的说法出自《易·系辞》"寂然不动，感而遂通天下之故"，以寂感论心，始自中唐李翱。北宋儒学继其后，二程都把"寂感"从描述宇宙过程的范畴发展为意识活动的规定，以描述意识主体与外部现象相互作用的关系。③

---

① 《传习录上》，《王阳明全集》，第23页。
② 《传习录上》，《王阳明全集》，第25页。
③ 陈来：《朱子哲学研究》，第235页。

陈来有个大致的判断，认为"寂感"一词直到李翱之前基本上都是用来描述宇宙过程的范畴，但是自此之后，特别是在宋儒那里，更多成为关于意识活动的规定。

周敦颐对"寂感"的解释是："寂然不动者，诚也；感而遂通者，神也。动而未形，有无之间者，几也。"① 在濂溪这里，寂感尚未明确指人心发用，此寂然不动之诚既可以说是宇宙创生之初无极的状态，也可指人之心不动于欲的本体状态。二程和朱熹相对而言对宇宙生成论的兴趣较小，更多从道德伦理谈寂感。二程说：

> "寂然不动，感而遂通"者，天理具备，元无欠少，不为尧存，不为桀亡。父子君臣，常理不易，何曾动来？因不动，故言"寂然"；虽不动，感便通，感非自外也。②

二程主要从理上说寂感，此理寂然不动，无形无象，但有感便通，发之父子君臣，父子君臣当然之理便会显现。

朱子接着二程，从"心统性情"的角度来说寂感：

> 性以理言，情乃发用处，心即管摄性情者也。故程子曰"有指体而言者，'寂然不动'是也"，此言性也；"有指用而言者，'感而遂通'是也"，此言情也。③

朱子认为"寂然不动"是性，"感而遂通"是情，寂然不动之性是此心未发之中，感而遂通则是此心缘物而发之情。性和情原非二物，只是此心两种不同的状态。陈来先生通过和吕大临的对比，总结朱子以寂感说性情的特点：

> 在吕子约的提法中，认为"出入无时"指感应之心，即经验意识活动，又认为在感应之心之外另有一个寂然无出入的本体之心。朱熹则反对把心之本体理解为与现象的、经验的意识不同层次的东西。他认为，"心"只是经验意识层次的心，不能说在经验意识之外另有一

---

① 《通书》，《周敦颐集》，第17页。
② 《河南程氏遗书》卷二上，《二程集》，第43页。
③ 《朱子语类》卷五，第94页。

个不同层次的本心。所谓本心或心之本体并不是隐蔽不发的东西，而是指经验意识的合理状态，当意识自觉地主敬而使其活动保持于善，这种状态就是心之本体（的表现）。所以他强调心之本体就是感应之心的合道德状态，"存者此心之存也"、"非操舍存亡之外别有心之本体也"。①

朱子虽然更多从心之体用来说寂感，但是依然不脱理气论的框架。此心之寂感联通性和情，寂然不动者是性，因而是理；感而遂通者是情，因而是气。寂感在朱子那里虽然归摄于此心，但是不同于心学中使得意义世界呈现的心的寂感活动。

良知寂感是阳明心学的核心话题。良知感物而动则为意，意有是非善恶而意义和价值世界生成。良知感应具体如何呈现意义世界并非阳明学关注的重点，其重点是如何为善去恶，通过回复良知寂然不动之本体，达到感而遂通的效果。良知寂感更像是良知的自我运动，是良知自身由寂而感、由翕聚而发散的运动。可以说寂感是良知自身的有无、动静之感，良知因其翕聚感得发散，在此基础上方有良知感于具体物事而生发具体的意义和价值。不过阳明关于良知寂感的论述前后期有所不同，因此也存在多维阐释的空间。阳明晚年在《答陆原静书》（嘉靖三年，公元1524年）中强调良知不能以寂感、动静来分别：

"未发之中"即良知也，无前后内外而浑然一体者也。有事无事，可以言动静，而良知无分于有事无事也。寂然感通，可以言动静，而良知无分于寂然感通也。动静者，所遇之时，心之本体固无分于动静也。理无动者也，动即为欲，循理则虽酬酢万变而未尝动也；从欲则虽槁心一念而未尝静也。……有事而感通，固可以言动，而寂然者未尝有增也。无事而寂然，固可以言静，然而感通者未尝有减也。②

阳明关于良知体用、寂感的思想在其后学那里成为思考和争论的主题，特别是良知寂然不动之体同感而遂通之用之间的关系更是成为焦点，阳明后学之间的分歧同他们对这个问题的不同理解密切相关，从而也规定

---

① 陈来：《朱子哲学研究》，第237页。
② 《传习录中》，《王阳明全集》，第72页。

了心学发展的方向。阳明去世后，王学便开始逐渐分化。① 按照冈田武彦的划分，现成、修证和归寂三系之间都有理论上的分歧，其中争论较为激烈者当属现成派代表王畿和归寂派主干聂豹。无论关于良知本体性质有何不同理解，三系实际上都强调良知本体之寂与其感应发用之间的统一，并且都承认日常酬酢的感应发用须以寂然不动之体为基础。

二 寂感的两种形式：自寂而感与即寂即感

（一）自寂而感

阳明后学都坚信良知之教，也都持良知感应之说，但对于良知之本性以及良知感应作用的具体方式却意见不一。双江坚持"归寂"之说，认为只有通过长期的道德实践回复良知本体之后，才能实现良知的自由感应。黄宗羲总述聂双江，谓："先生之学，狱中闲久静极，忽见此心真体光明莹彻，万物皆备，乃喜曰：'此未发之中也，守是不失，天下之理皆从此出矣。'及出，与来学立静坐法，使之归寂以通感，执体以应用。"② 双江思想的最突出之处便是"归寂以通感，执体以应用"，在当时便被视为"归寂派"的代表。双江性格刚毅，坚持归寂之说，与师门很多人都有论战，"王龙溪、黄洛村、陈明水、邹东廓、刘两峰各致难端，先生一一申之"③。其时，唯有罗念庵与之相契，刘两峰直至晚年方始信服。聂双江寂感之说反对以知觉为良知，坚信良知为一寂然之本体，主张归寂以通感，涵养主静以归寂。今依此三个层次来说双江归寂以通感的思想。

首先，双江坚持良知乃寂然本体，反对以知觉为良知。双江归寂说主要针对以知觉为良知一脉，坚信己说，往来辩论，在阳明后学中卓然成家。对于良知的不同理解，带来良知感应作用具体方式的差异。聂双江清楚地认识到这些差别之所在，他说：

> 今之讲良知之学者，其说有二。一曰良知者知觉而已，除却知觉别无良知。学者因其知之所及而致之，则知致矣。是谓无寂感，无内

---

① 关于王学流派演变及各分支之间差异的研究十分丰富，王龙溪生前就已经对同门各家思想进行"判教"，指出同门关于良知认识的各种错误。黄宗羲在《明儒学案》中以地域来划分阳明后学，是为了叙述师承的方便，近现代学者普遍认为这种划分方法不够严谨，而更倾向于从思想自身的差异来区分。冈田武彦把王门划分为以王龙溪和王心斋为代表的现成派、以钱德洪为代表的修证派以及以聂双江为代表的归寂派。当代学者对王学也同样有不同的划分。参见陈来《有无之境——王阳明哲学的精神》，第十一章第四节。
② （清）黄宗羲：《明儒学案》，第370页。
③ （清）黄宗羲：《明儒学案》，第371页。

外，无先后，而浑然一体者也。一曰良知者虚灵之寂体，感于物而后有知，知其发也。致知者，惟归寂以通感，执体以应用，是谓知远之近，知风之自，知微之显，而知无不良也。夫二说之不相入，若枘凿然。主前说者则以后说为禅定、为偏内；主后说者又以前说为义袭、为逐物。听者惑焉，而莫知所取衷。①

双江认为师门对良知的理解主要有两大类，一是以"知觉"谈良知，一是以"虚灵之寂体"谈良知。由此也就有两种不同的良知感应的方式，一是"无寂无感"（王畿自己表述为"即寂即感"），一是"归寂以通感"。以知觉谈良知，否认有一"实体"良知，否认体用、先后的区分，认为每个知觉运动即为良知的体现。以寂体谈良知，则认为良知乃寂然不动之本体，如有物焉，所有的感应作用乃是发自此寂然之体，若欲感而无余，必得更致此寂然之体。双江认为后者才是阳明学的正宗，他说：

> 先生云："良知是未发之中，寂然大公的本体，便自能感而遂通，便自能物来顺应。"又曰："未发之中，常人俱有，体用一原。体立而用自生，有未发之中，便有发而中节之和。"又曰："随物而格，致知之功，即佛氏之'常惺惺'，亦只是常存他本来面目。"是数语，乃录中正眼法藏，《学》《庸》要领也，与前二家之说，或合与否，具眼者当自得之。②

其次，因坚持良知为寂然不动之本体，双江认为良知感应只能是归寂以通感。虽然阳明后学争端四起，但皆坚持良知感应是寂感一体的，感不离寂，寂不离感，这点把良知感应同佛教以及世俗对感应的理解区分开来。双江正是基于此作出判教，佛俗双谴。他说：

> 中正之观，忧豫之则，此圣人时中事也。而来谕责之鄙人，不已过乎？其谓饰文言而鲜躬行，行仁义而蔽明察，与夫外亲民以为明德，离感应以为寂体者，恐皆异于圣人之所谓中正也。仰见卫道至意，甚幸甚幸。窃详前二句是指俗学言，后二句是指禅学言。禅学与圣学，异只在寂感毫厘之间。夫天下之感皆生于寂，以感为尘而一于

---

① 《聂豹集》，第94—95页。
② 《聂豹集》，第95页。

寂者，禅也；不寂而感者，妄也。妄则为拇，为腓，为股，为朋从，为辅、颊、舌，凶咎之招也。惟贞则吉，晦则无悔。止而悦，则亨且利。止者，寂之舍也；晦者，寂之体也；贞者，寂之道也。夫子本咸之体德，探虚寂之蕴，以立感应之体。体用一源，体立而用自生。乃谓寂不足以尽感，而必即感为寂，乃为真寂，此仆之所未解也。若谓寂由感而生乎？实所以主夫感也。《大传》曰："天下何思何虑？"言感应分毫思虑着不得，其可思虑者，惟归与致耳。归致云者，指寂与止而言之也。①

双江认为禅学以世间感应为幻，一味以参悟虚寂本体为务，有寂而无感；俗学则恰相反，完全胶着在日常感应之上，随感而动，有感而无寂。禅学和俗学隔离寂感，皆非中正之道。阳明心学一系则寂感合一，但在其内部关于二者如何合一却存在着分歧，究竟何种寂感应为良知最合理的作用方式，成为阳明后学讨论的核心问题，对这个问题的不同理解也造成了阳明后学内部的分野和对立。关于这个问题，双江和欧阳南野、王畿之间产生了较大的争论。且以其答欧阳南野一段话来看：

> 窃谓良知本寂，感于物而后有知，知其发也，不可遂以知发为良知，而忘其发之所自也。心主乎内，应于外而后有外，外其影也，不可以其外应者为心，而遂求心于外也。故学问之道，自其主乎内之寂然者求之，使之寂而常定也，则感无不通，外无不该，动无不制，而天下之能事毕矣。譬之鉴悬于此，而物来自照；钟之在虚，而扣无不应。此谓无内外动静先后，而一之者也。②

这段话可以很好地说明何谓"归寂以通感，执体以应用"。双江认为良知感应发自良知虚寂本体，所谓"心主乎内，应于外而后有外，外其影也，不可以其外应者为心，而遂求心于外也"。这点是双江同龙溪的重要不同，南野、龙溪一派消解了一实体性的良知，而双江则以良知寂体为本，感应发自良知虚寂之体。南野曾在信中说：

> 良知感应变化，如视听言动，喜怒哀乐之类，无良知则感应变化

---

① 《聂豹集》，第304页。
② 《聂豹集》，第241页。

何所从出？然非感应变化，则亦无以见其所谓良知者。故致知者，致其感应变化之知也。①

南野认为如果离开感应变化，也就无法见得良知，良知只能于具体的感应变化中体现，这实际上是反对执良知为实体。对此，双江用两个比喻进行了有力的回击。一是水之喻。双江说江淮河汉皆有其源，而浚源并非浚江淮河汉本身之水，实浚其源也；二是木之喻。枝叶花实皆从根出，而培根并非培枝叶花实本身，实培其所从出之根也。因此：

> 今不致感应变化所从出之知，而即感应变化之知而致之，是求日月于容光必照之处，而遗其悬象著明之大也。②

双江坚守本末、源流、体用之分，认为寂然之体主宰感应变化，感应变化乃是寂然之体的标末，着力不得，我们所能做的仅仅是执本以应用，回归寂然之体，以主宰憧憧往来之感应。双江说：

> 归寂之功，本无间于动静，一以归寂为主。寂以应感，自有以通天下之故，应非吾所能与其力也。与力于应感者，憧憧之思，而后过与不及生焉。是过与不及生于不寂之感。寂而感者，是从规矩之方圆也，安有所谓过与不及哉？而不免于过与不及者，规矩之爽其则也。③

双江认为日用酬酢之间的过与不及，皆缘于良知本体未寂，因此须向此虚寂本体上用功。双江同样喜用镜式比喻，认为心体如镜，物来自能照见，若有差池，也是因为镜体受污，只要擦除污垢，自能物来自照。所以双江认为致知工夫只能在体上用，感应流行著不得丝毫工夫。

> 夫致知者，充满吾心虚灵本体之量，使之寂然不动，儒与释一也。而吾儒之致知乃在格物，而释氏以事物之感应，皆吾寂体之幻妄，一切断除而绝灭之，比之儒者感而遂通天下之故，则毫厘千里矣。盖感而遂通天下之故即是格物，即是明明德于天下，即是以天地

---

① 《聂豹集》，第241—242页。
② 《聂豹集》，第242页。
③ 《聂豹集》，第243页。

万物为一体。故致知譬之磨镜，格物镜之照也。妍媸在彼，随物应之，而物无遁形，谓非通天下之故耶？①

对于聂双江来说，工夫就是如何归寂，如何将镜面污垢除去，复其本来面貌。在工夫论上，双江明确反对龙溪以悟为主的顿悟之法，却同程朱涵养一路相近，认为只有通过长期不断的辛勤涵养工夫，才能致得此寂然不动之体。双江认为其师也以涵养为功：

> 阳明先生亦云："圣人到位天地、育万物，亦只是从喜怒哀乐未发之中养出来。""养"之一字，是多少体验，多少涵蓄，多少积累，多少宁耐。譬之山下有雷，收声于地势重阴之下；龙蛇之蛰，存身于深昧不测之所，然后地奋天飞，其化神，其声远也。②

双江能够在师门普遍斥责朱子支离时，肯定涵养工夫的重要性，可见双江的气魄。但是在究竟如何涵养，涵养何物时，双江还是不出传统的矩矱，认为涵养首先在于养心，而养心首先又在于寡欲。双江说：

> 欲斯恶矣。有欲即有所也，有所者滞而窒焉，其于虚明之体，何啻千里耶？是故意必故我，皆所也；戒慎不睹，恐惧不闻，所斯无矣。无欲之说，微哉！③

无欲方能使此心不落方所，成为虚明之体。除了无欲之外，双江也非常看重静坐。程朱都以静坐为工夫，阳明早年也教人静坐，但后来为纠正门人喜静厌动，才专提致良知。阳明后学中，王畿等人遂不提静坐之功，强调于感应之迹上磨炼。而双江反之，认为静坐之功不可或缺。不过双江也认为主静之静并非动静之静，而是指无欲之静。所以双江之静坐和无欲其实是一体的，无欲自然能静，此心自能为寂然不动之体。双江说：

> 夫学虽静也，静非对动而言者。"无欲故静"四字，乃濂溪所自著。无欲然后能寂然不动，寂然不动，天地之心也，只此便是喜怒哀

---

① 《聂豹集》，第248页。
② 《聂豹集》，第240页。
③ 《聂豹集》，第255页。

乐未发时气象。然岂初学之士可一蹴能至哉？其功必始于静坐。静坐久，然后气定，气定而后见天地之心，见天地之心而后可以语学。①

双江常劝人主敬，通过主静存养之功，致得良知寂然本体，使得此心凝然不动。② 因其凝然不动，故当其感时，能够随物而感，发而中节，无需纤毫人力。双江在《易经》中特拈出《艮》卦，以示通过主静存养之功最终所致得的良知虚寂本体之状。《艮》卦在人以背为象，在万物以山为象，背乃一身中最不灵活的部分，山在万物中也以岿然不动为象，但二者皆因其艮止不动，寂然无我，方能聚万物而感通之。③ 在《辩易》中，双江将《艮》卦置于《乾》《坤》二卦之前，认为"夏尚忠，故其学尚艮"，"商尚质，故其学尚坤"，"周尚文，故其学尚乾"④，以《艮》《坤》和《乾》分属夏商周三代，并以《艮》为首。他认为夏易《连山》当以《艮》卦为首，且《艮》有三重含义：

艮体笃实，有三义。自修德言之为凝畜，自复命言之为归宿，自遏欲言之为止畜。⑤

《艮》卦其实既可指体，也可指用，既可指本体，也可指工夫。双江说《艮》有三德，遏欲即遏恶于未萌，修德即养善于未发，此二者皆为双江之工夫论。负极之遏欲和正极之养善合在一起，最终可实现向寂然本体的回归，即所谓复命。

（二）即寂即感

王畿对于阳明学的传播其功甚大，其对"四句教""四无"的解释也在义理层面将阳明学推向极致。王畿对阳明学的发展，争议也甚多。后来黄宗羲对他也颇有微词，说："故世之议先生者不一而足。……虽云真性

---

① 《聂豹集》，第255页。
② 在给戴伯常的信中（即《幽居答述》）中，聂双江同样如此建议戴氏："思虑营为，心之变化。然无物以主之，皆能累心。惟主静则气定，气定则澄然无事，此便是未发本体。然非一蹴可至，须存养优柔，不管纷扰与否，常觉此中定静，积久当有效。若不知紧切下功，只要驱除思虑，真成弊屋御寇矣。越把握，越不定，又是调停火候也。"（《聂豹集》，第318页。）
③ 《聂豹集》，第127页。
④ 《聂豹集》，第554、555、558页。
⑤ 《聂豹集》，第554页。

流行，自见天则，而于儒者之矩矱，未免有出入矣。"① 与钱德洪认定四句教为定理不同，王畿认为阳明的四句教只是权法，如果认识到心体本来无善无恶，那么意、知、物都一并无善无恶。从根本上说，作为自然流行之世界，本来是无所谓善和恶的，世界源于寂静又将归于寂静，善恶不是从心体上说的，心体无善无恶，但凡有了善恶之分，便已经是到了"意"的层面了。

王畿同样以虚寂为心之本体，不过王畿所谓"本体"是指良知的本然状态。彭国翔认为王畿所谓之体，"并非就存有论而言，而是指良知存在所呈现的一种本然状态"②。王畿批评聂豹归寂一派将良知虚寂本体与感应流行分为两截，后者认为必致得虚寂之体而后才能感应流行。王畿则认为寂感不二，良知感应虽不能离开本体虚寂，但虚寂本体同样不能先行孤立于感应流行，寂在感中，即感而寂，方为良知寂感之真谛。王畿也批评了修证派的观点，在他看来，如果认为良知需要修证而成，实际上还是没有真正信得及良知。王畿即寂即感的良知感应思想是同其见在（现成）良知观配套的。在《抚州拟岘台会语》中，王畿对阳明后学各种良知观进行了"判教"，阐发了同门之间关于良知的各种毫厘之辨。③ 在此基础上，王畿阐明自己的观点：

> 寂者，心之本体，寂以照为用。守其空知而遗照，是乖其用也。见入井之孺子而恻隐，见呼蹴之食而羞恶，仁义之心，本来完具，感触神应，不学而能也。若谓良知由修而后全，挠其体也。良知原是未发之中，无知无不知，若良知之前复求未发，即为沉空之见矣。古人立教，原为有欲设，销欲正所以复还无欲之体，非有所加也。主宰即

---

① （清）黄宗羲：《明儒学案》，第239页。
② 彭国翔：《良知学的展开——王龙溪与中晚明的阳明学》，生活·读书·新知三联书店2015年版，第34页。
③ 王畿说："秦汉以来，学绝道丧，世不复有师，至宋始复有师。学道者不求师，与求而不能虚心以听，是乃学者之罪。学者知求师矣，能虚心矣，所以导之者非其道，师之罪也。先师首揭良知之教以觉天下，学者靡然宗之，此道似大明于世。凡在同门，得于见闻之所及者，虽良知宗说不敢有违，未免各以其性之所近，拟议搀和，纷成异见。有谓良知非觉照，须本于归寂而始得。如镜之照物，明体寂然，而妍媸自辨。滞于照，则明反眩矣。有谓良知无见成，由于修证而始全，如金之在矿，非火符锻炼，则金不可得而成也。有谓良知是从已发立教，非未发无知之本旨。有谓良知本来无欲，直心以动，无不是道，不待复加销欲之功。有谓学有主宰，有流行，主宰所以立性，流行所以立命，而以良知分体用。有谓学贵循序，求之有本末，得之无内外，而以致知别始终。此皆论学同异之见，差若毫厘，而其谬乃至千里，不容以不辨者也。"（《王畿集》，第26—27页。）

流行之体，流行即主宰之用，体用一源，不可得而分，分则离矣。①

王畿认为寂和感、体和用、心和意都统一于良知，良知即寂即感，即体即用，致良知就是要依据良知自然流行之天则。

王畿对"四句教"和良知的解释在当时就引起了论辩，面对疑惑和批评，王畿对"无极而太极"做了全新的解释，为其良知即寂即感、即体即用的思想寻找到了易学的根据。王畿在《太极亭记》中说：

夫千古圣人之学，心学也。太极者，心之极也。有无相生，动静相承，自无极而太极，而阴阳五行，而万物。自无而向于有，所谓顺也；由万物而五行阴阳，而太极，而无极，自有而归于无，所谓逆也。一顺一逆，造化生成之机也。粤自圣学失传，心极之义不明。汉儒之学，以有为宗，仁义、道德、礼乐、法度、典章，一切执为典要，有可循守，若以为太极矣。不知太极本无极，胡可以有言？佛氏之学，以空为宗，仁义为幻，礼乐为赘，并其典章法度而弃之，一切归于寂灭，无可致诘，若以为无极矣。不知无极而太极，胡可以无言也？一则泥于迹，知顺而不知逆；一则沦于空，知逆而不知顺。……良知知是知非，而实无是无非。无中之有，有中之无，大易之旨也。②

王畿认为太极是心之极，这样的话，"无极而太极"这句在宋代理学家那里表示宇宙创生过程的命题就变成了主观化的心灵之道德活动了。而良知即寂即感、即体即用的特征正是"无极而太极"所要表达的真实内涵。王畿强调这句话的"顺"和"逆"两个方面，顺是自无而有，逆是自有而无，一顺一逆在一起才构成一个完整的创生活动，片面强调某个方面的过程都会沦为异端。所以良知之于善恶也是如此，良知之本体便是太极，是无善无恶的；但是良知的发用流行处，便自然有善有恶，也就是无极而太极。良知无极而太极的过程其实也就是即自然而创生的过程。

王畿用"无极而太极"来解释说明良知寂感一体、即寂即感的特性，一方面强调良知之本性虚寂，一方面又强调其发用流行。所以，王畿的致良知工夫也就有自己的特点：一是与世俗功利之学不同，他特别强调回复良知无善无恶寂然之体；另一方面，他不同意聂双江分寂和感为两截，又

---

① 《王畿集》，第26—27页。
② 《王畿集》，第481页。

强调于一念发动处用功。前者显示了王畿同聂豹之间的一致之处，后者则表明了二者之间的分歧。在致良知的工夫上，王畿也借用了《易经》，与宋儒常见的把《复》卦和《剥》卦并列来看不同，王畿把《复》卦和《姤》卦作为一对并列的卦象，并同邵雍的"天根月窟"说联系其来，以说明其致良知工夫寂感一体的特征。《复》是良知的发散，是"感而遂通"；《姤》是良知的翕聚，是"寂然不动"。良知即寂即感，不能归寂则不能通感，不能翕聚则不能发散，因此王畿非常重视《姤》卦所表示的翕聚保合之道。王畿曾将其扁堂名为"凝道"，所谓凝道，也正是翕聚保合之道。王畿说："凝是凝翕之意，乃学问大基本。……不专一则不能直遂，不翕聚则不能发散……吾人精神易于发泄，气象易于浮动，只是不密，密即所谓凝也。"① 不过归寂并非回复一个先在的"本体"，而是复归到良知本来的自然天则。②

王畿并不承认有一离感而实在的寂然之体，他所要回复到的"原点"则是最初的"一念之微"。"一念之微"既是翕聚的原点，也是良知发散的起点。王畿以《复》卦表示良知的发散，把《复》卦初九之一阳解释为"最初无欲一念"，虽然最初一念其始甚微，却是心之本体，无欲之乾德的不息之机。王畿说：

> 天地灵气，非独圣人有之，人皆有之。今人乍见孺子入井，皆有怵惕恻隐之心，乃其最初无欲一念，所谓元也。转念则为纳交要誉，恶其声而然，流于欲矣。元者始也，亨通、利遂、贞正，皆本于最初一念，统天也。最初一念，即《易》之所谓复，"复，其见天地之心"，意、必、固、我有一焉，便与天地不相似。③

致知也就是在一念之微处戒慎明察。王畿说："然吾人今日之学，亦无庸于他求者，其用力不出于性情耳目伦物应感之迹，其所慎之机不出于一念独知之微。是故一念戒惧，则中和得，而性情理矣；一念摄持，则聪

---

① 《王畿集》，第 117 页。
② 关于王畿对王阳明良知本体的发展，杨国荣提出："王阳明强调先天本体和后天之致的合一。……王畿则将良知视为现成本体，并由此提出现成良知说。"（杨国荣：《王畿与王学的衍化》，《中州学刊》1990 年第 5 期。）董平也认为良知在王阳明那里是尚未开显的状态，需要致知的工夫；而在王畿那里则处于已经开显的状态，只需要"一念灵明"便可获得。（董平：《王畿哲学的本体论与方法论》，《学术月刊》2004 年第 9 期。）
③ 《王畿集》，第 112 页。

明悉，而耳目官矣；一念明察，则仁义行，而伦物审矣。慎于独知，所谓致知也；用力于感应之迹，所谓格物也。"①

程颐和朱熹在阐述《复》卦时，喜欢同《剥》卦对比来说，认为"物无剥尽之理，故剥极则复来"②，以此来表明天地生生之道。而王畿则将《复》卦同《姤》卦联系起来，并借助邵雍的"天根月窟"之说，阐发其良知翕聚发散相感之道。他解释说：

> 天地之间，一阴一阳而已矣。乾，阳物也；坤，阴物也。阳主动，阴主静。坤逢震，为天根，所谓"复"也；乾逢巽，为月窟，所谓"姤"也。震为长子，巽为长女；长子代父，长女代母。乾坤，先天也，自一阳之复而临、而泰、而大壮、而夬，以至于乾；自一阴之姤而遁、而否、而观、而剥，以至于坤，由后天以返于先天，奉天时也。根主发生，鼓万物之出机；窟主闭藏，鼓万物之入机，阳往阴来之义也。③

王畿认为由《复》而至于《乾》，由《姤》而至于《坤》，正好标志着由先天而后天，再由后天而返先天的整体过程。王畿说：

> 古之人仰观俯察，类万物之情，而近取诸身，造化非外也。一念出萌，洪濛始判，粹然至善，谓之"复"。复者，阳之动也。当念摄持，翕聚保合，不动于妄，谓之"姤"。姤者，阴之静也。一动一静之间，天地人之至妙者也。夫"一阴一阳之谓道，继之者善"，即谓之复，"成之者性"，即谓之姤。……知复而不知姤，则孤阳易荡而藏不密；知姤而不知复，则独阴易滞而应不神。知复之姤，乾坤互用，动静不失其时，圣学之脉也。④

王畿将《复》《姤》二卦并立，阐发的正是良知寂感作用的过程。但无论是复还是姤，皆为良知一念之动。良知一念之发，感应流行即为复；当念摄持，动而无妄即为姤。所以在龙溪看来，寂感存于良知之一念之中，并非先回复寂然不动之体，然后再感而遂通。

---

① 《王畿集》，第51页。
② 《二程集》，第817页。
③ 《王畿集》，第185—186页。
④ 《王畿集》，第186页。

（三）主宰派与调和派

双江和龙溪，前者重主宰，后者重自然，主宰和自然也成为阳明后学争论的焦点问题。阳明良知之教，以良知为自然天则，不学不虑，此良知之自然经王畿和王艮的发挥，致使世俗以见在为良知，以情识为天性，遂至浮荡难返。基于此，双江坚持归寂之说，认为良知触机而发，发而中节，必须经过艰辛的主宰功夫，回复良知寂然不动之本体方可，良知之自然感应必得以烦劳之主宰为基础。双江虽然强调归寂以通感，但他不否认一旦回归良知本体，即可实现自然—自由之感通。在阳明后学中，有人却极端反感"自然"，一味强调"主宰"。季本以龙惕说阐发了阳明后学中此一较为"极端"的思想。[①] 黄宗羲将季本和王畿视为对立的两极：前者"贵主宰而恶自然"，后者则认为"学当以自然为宗"。在阳明后学中，除王畿外，王艮泰州一派同样以自然为宗，与王畿相唱和，遂使自然成为主流。聂豹虽也将自然视为一至高的境界，但就强调主宰而言，聂豹和季本无疑具有"共同语言"。

在主宰和自然两极之间，同样有人做调和之见解，认为主宰不离自然，自然不离主宰。邹东廓即为"中间派"的代表，黄宗羲拈出其代表性的观点："警惕变化，自然变化，其旨初无不同者，不警惕不足以言自然，不自然不足以言警惕，警惕而不自然，其失也滞，自然而不警惕，其失也荡。"[②] 除邹东廓外，还有其他几位同样有此倾向。今按《明儒学案》所记，大概有如下几位。首先是胡瀚。胡瀚认为王艮之自然和季本之主宰皆有失偏颇，认为主宰和自然不可分离，主宰而不自然，则为拘束；自然而

[①] 关于季本，《明儒学案》总体评论非常精彩，现摘录如下："先生之学，贵主宰而恶自然，以为'理者阳之主宰，乾道也；气者阴之流行，坤道也。流行则往而不返，非有主于内，则动静皆失其则矣。'其议论大抵以此为指归。夫大化只此一气，气之升为阳，气之降为阴，以至于屈伸往来，生死鬼神，皆无二气。故阴阳皆气也，其升而必降，降而必升，虽有参差过不及之殊，而终必归一，是即理也。今以理属之阳，气属之阴，将可言一理一气之为道乎？先生于理气非明睿所照，从考索而得者，言之终是鹘突。弟其时同门诸君子单以流行为本体，玩弄光影，而其升其降之归于画一者无所事，此则先生主宰一言，其关系学术非轻也。故先生最著者为《龙惕》一书，谓'今之论心者，当以龙而不以镜，龙之为物，以警惕而主变化者也。理自内出，镜之照自外来，无所裁制，一归自然。自然是主宰之无滞，曷常以此为先哉？'龙溪云：'学当以自然为宗，警惕者，自然之用，戒慎恐惧未尝致纤毫之力，有所恐惧便不得其正矣。'东廓云：'警惕变化，自然变化，其旨初无不同者，不警惕不足以言自然，不自然不足以言警惕，警惕而不自然，其失也滞，自然而不警惕，其失也荡。'先生终自信其说，不为所动。"［（清）黄宗羲：《明儒学案》，第271—272页。］

[②] （清）黄宗羲：《明儒学案》，第272页。

不主宰，则为放旷。按此思路，季本当持中间立场，惜乎胡瀚十卷本《今山集》今已难见，无法窥其思想之全貌。①

第二位是刘文敏（号两峰），两峰强调归寂以感通，这点同双江无异。② 但与双江不同的是，两峰更加强调主宰和流行之间的统一性，不像双江那样过度强调归寂，认为感应上无工夫可做。这点《明儒学案》也专门提出：

> 然先生谓："吾性本自常生，本自常止。往来起伏，非常生也，专寂凝固，非常止也。生而不逐，是谓常止；止而不住，是谓常生。主宰即流行之主宰，流行即主宰之流行。"其于师门之旨，未必尽同于双江，盖双江以未发属性，已发属情，先生则以喜怒哀乐情也，情之得其正者性也。③

双江归寂以通感，认为感应发用之上无工夫可做，确有析体与用、主宰与流行为两截之患，两峰则归主宰与流行为一体，认为"主宰即流行之

---

① 胡瀚思想之大概，《明儒学案》谓："阳明殁，诸弟子纷纷互讲良知之学，其最盛者山阴王汝中、泰州王汝止、安福刘君亮、永丰聂文蔚，四家各有疏说，骎骎立为门户，于是海内议者群起。先生曰：'先师标致良知三字，于支离汩没之后，指点圣真，真所谓滴滴骨血也。吾党慧者论证悟，深者研归寂，达者乐高旷，精者穷主宰流行，俱得其说之一偏。且夫主宰即流行之主宰，流行即主宰之流行，君亮之分别太支。汝中无善无恶之悟，心若无善，知安得良？故言无善不如至善。《天泉证道》其说不无附会，汝止以自然为宗，季明德又矫之以龙惕。龙惕所以为自然也，龙惕而不恰于自然，则为拘束；自然而不本于龙惕，则为放旷。良知本无寂感，即感即寂，即寂即感，不可分别。文蔚曰："良知本寂，感于物而后有知，必自其寂者求之，使寂而常定，则感无不通。"似又偏向无处立脚矣。宋儒学尚分别，故勤注疏；明儒学尚浑成，故立宗旨。然明儒厌训诂支离，而必标宗旨以为的，其弊不减于训诂。道也者，天下之公道，学也者，天下之公学也，何必列标宗旨哉？'"〔（清）黄宗羲：《明儒学案》，第 329—330 页。〕
② 两峰思想之大概，《明儒学案》谓："双江主于归寂，同门辩说，动盈卷轴，而先生言：'发与未发本无二致，戒惧慎独本无二事。若云未发不足以兼已发，致中之外，别有一段致和之功，是不知顺其自然之体而加损焉，以学而能，以虑而知者也。'又言：'事上用功，虽愈于事上讲求道理，均之无益于得也。涵养本原愈精愈一，愈一愈精，始是心事合一。'又言：'嘿坐澄心，反观内照，庶几外好日少，知慧日著，生理亦生生不已，所谓集义也。'又言：'吾心之体。本止本寂，参之以意念，饰之以道理，侑之以闻见，遂以感通为心之体，而不知吾心虽千酬万应，纷纭变化之无已，而其体本自常止常寂。彼以静病云者，似涉静景，非为物不贰、生物不测之体之静也。'凡此所言，与双江相视莫逆，故人谓讲双江得先生而不伤孤另者，非虚言也。"〔（清）黄宗羲：《明儒学案》，第 430—431 页。〕
③ （清）黄宗羲：《明儒学案》，第 431 页。

主宰，流行即主宰之流行"，同双江之间确有不同。

第三位是魏良器。魏良器引王畿师阳明，二人终身莫逆，但其思想倾向同王畿不同。①《明儒学案》谓龙溪与药湖相交莫逆，但龙溪玄远而药湖浅近。药湖在主宰、自然的分辨上也不像龙溪那样过度强调自然。绪山较为拘束，药湖则告知要洒脱；龙溪懒散，药湖则告知要严厉。可见药湖工夫主宰与自然兼顾，良知之自然发用不离主宰，良知之主宰一归于自然。

三 两种形式之间的争论

自然的自由状态是阳明心学理想的境界，阳明后学虽各有纷争，但在这点上却无大的分歧，只是侧重点不同而已。就"寂然不动，感而遂通"而言，双江通过归寂工夫，回归良知寂然不动之体，只要回归此寂然之体，那么良知自然能够自由地感应；王龙溪则侧重于"感而遂通"，感虽生于寂，但寂也无法离感，所谓"即寂而感存焉，即感而寂行焉"，认为不必将寂感斥为两截，先致得良知寂然之体，然后感应无不自由，而是要在感应万物之中当体归寂。双江要通过辛苦的涵养工夫，致得虚寂良知本体，最终目的是达到"寂然不动，感而遂通"的效果。龙溪的自由感应则更加彻底，要于每一念头、每一事物、每个行为当下既能获得自由，只要一念自返即可。双江和龙溪关于寂感的分歧代表阳明后学两个重要的分野，虽然也有居中者，但如细加考察，要么倾向于双江，要么倾向于龙溪。双江和龙溪之间的争论被保留下来，即《致知议辩》，此文本当为阳明后学思想发展的重要文献，牟宗三先生专门对这篇文献进行了解读。这篇文献非常集中地讨论了寂感问题，我们主要围绕这个文本来仔细检查良知自由感应的两种形态。

《致知议辩》第一段，为双江对龙溪观点的反驳。此段双江开门见山，直指龙溪两个核心问题。一是良知无内外、先后、未发已发，良知作为未发只能在已发上见，作为寂然不动之体，只能在感应上见。而双江坚持内外、未发已发之分，关于二者在这点上的争论前文已经论及。第二点是对

---

① 魏良器思想之大概，《学案》谓："良器字师颜，号药湖。洪都从学之后，随阳明至越。时龙溪为诸生，落魄不羁，每见方巾中衣往来讲学者，窃骂之。居与阳明邻，不见也。先生多方诱之，一日先生与同门友投壶雅歌，龙溪过而见之曰：'腐儒亦为是耶？'先生答曰：'吾等为学，未尝担板，汝自不知耳。'龙溪于是稍稍憪然，已而有味乎其言，遂北面阳明。绪山临事多滞，则戒之曰：'心何不洒脱？'龙溪工夫懒散，则戒之曰：'心何不严栗？'其不为姑息如此。……龙溪与先生最称莫逆，然龙溪之玄远不如先生之浅近也。"[（清）黄宗羲：《明儒学案》，第464页］

龙溪现成良知的批评，特别提及龙溪"即寂而感存焉，即感而寂行焉"这一核心观点。双江指出《周易》《中庸》《大学》皆有内外先后之辨，而龙溪则曰无内外先后，"是皆以统体言工夫，如以百尺一贯论种树，而不原枝叶之硕茂由于根本之盛大，根本之盛大由于培灌之积累"①。即寂而感，即感而寂是良知自由感应之状态，双江也并不反对此为理想之境界，但在双江看来良知寂感一如的理想境界只能是致得良知之后的状态，而不是平常人可以希求或一蹴而就的。

双江主张"归寂"，龙溪也承认良知之寂感作用，认为"寂之一字，千古圣学之宗"，他也同样认为良知之自由感通源于其虚寂之体，他说："夫心性虚无，千圣之学脉也。譬之日月之临照，万变纷纭而实虚也，万象呈露而实无也。不虚则无以周流而适变，不无则无以致寂而通感，不虚不无则无以入微而成德业。此所谓求端用力之地也。"② 在寂—感的过程中，不单单是如程颐所说的，只有中心虚寂，才能无感不通，而是从根本上说，心之本体本身就是虚寂的，所谓"致虚"，无非回到心之本来面目而已。而心之所以能感，也仅仅是因为它本来便是虚寂的。王畿说："虚者，道之源也。目惟虚，故能受天下之色；耳惟虚，故能受天下之声；心惟虚，故能受天下之善。舜居深山，心本虚也。一有感触，沛然若决而莫御，以虚而受也。……君子之学，致虚所以立本也。"③ 双江和龙溪都认为只有中心虚寂，才能无感不通，良知之自由感应必须源于其虚寂之体。龙溪与双江不同之处在于，他认为良知之虚寂就在感应之中，而非离开良知感应，别有一个虚寂之体。感不离寂，而寂同样不能离感，像双江那样在感应之外，专门求得一个寂然之体，在王畿看来是斥寂感为二了。所以王畿说"感生于寂"，又说"寂不离感"；说"舍寂而缘感谓之逐物"，又说"离感而守寂谓之泥虚"。总而言之是"未发之功却在发上用，先天之功却在后天上用"。④ 龙溪对双江"归寂"说的批评有两点：一是离开伦物感应，一心静坐先求致得良知虚寂本体，有近于佛教之嫌，这点也是阳明对静坐工夫的警惕之处；二是认为双江归寂之说未能真正信得良知，因为即便是日常伦物感应，其实也都是良知之发用，良知自然能寂，如果在感应之外，专门再去通过归寂工夫致得良知本体，然后方能执寂以通感，这样有违良知之教，以寂时为良，而感时则昏，非真良知。对此，在第三段

---

① 《王畿集》，第 132—133 页。
② 《王畿集》，第 47 页。
③ 《王畿集》，第 662 页。
④ 《王畿集》，第 133 页。

中，龙溪主张"不离感应而常寂然",并且批评双江："今若以独知为发而属于睹闻,别求一个虚明不动之体以为主宰,然后为归复之学,则其疑致知不足以尽圣学之蕴,特未之明言耳。"①

二人之争论在第五段和第六段中更加深入。第五段中双江谓：

> 克己复礼、三月不违是颜子不远于复,竭才之功也。复以自知,盖言天德之刚,复全于我,而非群阴之所能乱,却是自家做主宰定,故曰自知,犹自主也。子贡多识、亿中为学,诚与颜子相反,至领一贯之训而闻性与天道,当亦有见于具足之体,要未可以易视之也。先师良知之教本于孟子,孟子言孩提之童不学不虑、知爱知敬,盖言其中有物以主之,爱敬则主之所发也。今不从事于所主以充满乎本体之量,而欲坐享其不学不虑之成,难矣!②

这段是对现成良知的集中批评,双江虽然也以不学不虑之自由感应为归宿,但他认为这种自然感应不是生而可行的,必须经过艰辛的主宰工夫,回复良知本体才可达到。实际上,双江认为不经过主宰之力就希望能够实现自由感应,不仅是不现实的,更重要的是在具体的道德行为中,这种所谓的自由感应可能会走上歧途,虽然是随感而发,但是无法发而中节。

在给罗念庵的信中,双江谓：

> 昨见《会语》中云"即吾之视以尽吾心之明焉,而吾目之才竭矣;即吾之听以尽吾心之聪焉,而吾耳之才竭"云云,颜子有多少精力,而乃耗费如此,安得不断折也耶?信乎学术之杀人也。此皆诸公格物之学,彼谓未发寂然之体,未尝离感而别有一物在中,即感之中,而未发寂然者在焉。兄谓其数语近之。以其论统体,似也;然于工夫,则未之及。既曰感体,则用从体生,有是体即有是用,"有未发之中,即有发而中节之和",此非《传习录》中语耶?若乃平日全无工夫主宰,而于发用处摸索寂然以为体,不自觉其大阿之倒持,而精魂已落入别人手矣。是皆本于"无不感物之时"之见也。愚意窃谓无问感与不感,而一以归寂为工夫主宰,所谓吃紧收敛,而后如愚气

---

① 《王畿集》,第 136 页。
② 《王畿集》,第 137 页。

象，屡空体段，不迁不贰，应验可以体见。①

所谓"彼谓未发寂然之体，未尝离感而别有一物在中，即感之中，而未发寂然者在焉"，自是指龙溪而言。双江认为龙溪之学是于发用处求寂然之体，这是一种颠倒的做法。在双江看来，良知自由感应必须以主宰工夫为基础，通过长期的工夫实践，回复良知寂然本体，使得良知能够完全主宰得定，然后方可。龙溪"于发用处摸索寂然以为体"，双江又称其为"感上求寂"，感上求寂失却良知本体主宰作用，定会陷入迷途。因为强调自然之感应需从寂然之本体来发，良知本体因其主宰方能实现自由之感应，对主宰的强调使得双江对程朱有着更多的肯定。在给邹西渠的信中，双江认为程朱皆以寂然为感之体，以感通为寂之用，体用之别甚明。② 双江明确强调："寂是感的主宰，是谓天地根。不寂而感者，妄也，其能通天下之故，鲜也。"③ 双江坚持认为自由之感应只能通过寂然之体的主宰方能实现，如果离开寂体的主宰，那么感应只能是虚妄的感应。同其自寂而感不同，龙溪之学可谓自感求寂，以期随感应之几而实现寂然之体，在双江看来是不可理喻的。

第五段龙溪的答辩非常精彩，涉及良知感应的核心问题，即良知感应的主宰和自由之间的关系。在上段中，双江谓孟子所言良知，即如孩童不学不虑，知爱知敬，是因"其中有物以主之"。双江认为良知自由感应必须由主宰方可实现，而此主宰之心须是一寂然不动之本体。但是这种由主宰而自由的思路却受到了王畿的批判，因为在王畿看来，自然才能自由。良知是自然天则，其上一毫加不得，着纤毫人力，就涉人为；一涉人为，便陷于物欲；陷于物欲，便不得自由。良知之学承自孟子，龙溪尤其强调良知为自然天则，因此"不学不虑"，一切触机而发，神感神应。所以龙溪说："若更于其中有物以主之，欲从事于所主以充满本然之量，而不学不虑为坐享之成，不几于测度渊微之过乎？"④ 试图通过主宰而实现不学不虑之自由感应是一件难以达成的事。

---

① 《聂豹集》，第287—288页。
② 双江说："寂然不动，感而遂通天下之教，夫子《大传》本卦德之止而说以翼之，是以虚寂为感应之本。朱子曰：'寂然者，感之体；感通者，寂之用。'程子曰：'心，一也，有指体而言者，寂然不动是也；有指用而言者，感而遂通是也。'经传大义，忒煞明当。"（《聂豹集》，第305页。）实际上，程朱虽以寂为体，以感为用，其所谓寂然之本是指理言，万物之理，森然不同，感而遂通。程朱谈寂感同心学尚有区别，此点前文以详辨。
③ 《聂豹集》，第305—306页。
④ 《王畿集》，第137—138页。

就这点来说，王畿的批评是非常受用的，因为在心学之传统中，良知作为自然天则，恰恰在于其为不学不虑之本然之知，也正因其不学不虑，不加丝毫人力，方才为真自由。自由只能在自然感通中实现，双江同样承认，他说：

> 寂然不动者，神之体；感而遂通者，神之用。不动者，不动于欲也。遂通顺应，而物各得其所也。无思无为者，《易》之学所以神而明之也。一涉思为，便是憧憧，虽疾之而弗速，行之而弗至。①

一涉思为，便是憧憧，便无法达到自由感应的神妙之境。但这样的话，他由主宰而自由的观点必然受到冲击。双江后来作出了自我修正，在后期《困辨录》中，双江说道：

> 天下感应之机，捷于桴鼓影响，其何以思虑为哉？其可思虑者，惟归与致耳，即爻言贞也。君子戒慎乎其所不睹，恐惧乎其所不闻，要其归而贞夫一，所以立感应之本也。过此以往，亦随其神化之自然，感而应之，纤毫人力不得而与也。故曰"未之或知"。观之日月寒暑，尺蠖龙蛇，屈伸往来之机，自可见。入神便是无声无臭；发而中节，便是利用安身。入神、利用便是神化，德之盛也。憧憧是著思虑而有心于感应者，故《象》曰"未光大"。此爻义须与贞字休贴。《传》曰："贞者，虚中无我。"圣人感天下之心，如寒暑雨阳，无不通，无不应者，一贞而已。以量而容，择可而受，其去虚受之道，远矣。②

双江后来认为于感应之上无工夫可言，工夫只能用于致得良知本体之上，所谓遏欲，所谓存养，皆为致得良知本体，这是全部工夫之所在。后面随感而发，感应之几，则无工夫可言，所谓"过此以往，亦随其神化之自然，感而应之，纤毫人力不得而与也"。双江同样以自由感应为良知感应之鹄的，遏欲存养致得良知本体是为了实现随其神化之自然的自由感应，双江认为既然是自由感应，那么就无法于感应之上致纤毫人力，否则就不是自然、自由之感应，那么工夫只能在寂然之体上用，只要致得寂然

---

① 《聂豹集》，第596页。
② 《聂豹集》，第596页。标点有改动。

之体，已发之感应自然自由无碍。所以在双江那里，自由之感应虽然同样是最终之目的，但是他却并未于此终极目标上太多着力，因为在他看来这是工夫到处自然就会实现的目标，所以他将重点始终放在如何实现寂然不动之良知本体之上。

第七段则涉及对于心学"寂然不动，感而遂通"性质的理解，与我们研究的主题直接相关。先看双江的观点：

> 双江子曰："'良知是性体自然之觉'，是也。故欲致知，当先养性。盍不观《易》言蓍卦之神知乎？要圣人体易之功，则归重于洗心藏密之一语。洗心藏密所以神明其德也，而后神明之用，随感而应，明天道、察民故、兴神物以前民用，皆原于此。由是观之，则致知格物之功当有所归。日可见之云者，《易》言潜龙之学，务修德以成其身，德成自信，则不疑于行，日可见于外也。潜之为言也，非退藏于密之谓乎？知之善物也，受命如响，神妙而应，不待至之而自无不至。今曰'格物是致知日可见之行，随在致此良知，周乎物而不过'，是以推而行之为政，全属人为，终日与物作对，能免牵己而从之乎？其视性体自然之觉何啻千里？兄谓'觉无未发，亦不可以寂言，求觉于未发之前，不免于动静之分，入于茫昧支离而不自觉'云云，疑于先师之言又不类。师曰：'良知是未发之中，寂然大公的本体，便自能发而中节，便自能感而遂通。'感生于寂，和蕴于中，体用一原也。磨镜种树之喻，历历可考，而谓之茫昧支离，则所未解。动静之分，亦原于《易》，《易》曰'静专动直''静翕动辟'，周子曰'静无而动有'，程子曰'动亦定，静亦定'。周、程深于《易》者，一曰主静，一曰主定，又曰'不专一，则不能直；不翕聚，则不能发散。是以大生广生焉。'广大之生原于专翕，而直与辟则专翕之发也。必如此然后可以言潜龙之学。'愚夫愚妇之知，未动于意欲之时，与圣人同'，是也。则致知之功要在于意欲之不动，非以周乎物而不过之为致也。镜悬于此而物自照则所照者广，若执镜随物以鉴其形，所照几何？延平此喻未为无见。致知如磨镜，格物如镜之照，谬谓格物无工夫者以此。"[①]

如前所述，阳明一系普遍以"寂然不动，感而遂通"来说良知的感应

---

① 《王畿集》，第138—139页。

作用，此良心之感应究竟为何种状况呢？良知感应不同于心和外物之间的感通，也不同于心与心之间的感通，因为良知与物无对，所以良知的感通只能是一种"内感"。在气感论中，我们阐述了理学关于一体之气的内感作用，是指一体之气自身屈伸、动静、翕张之感，如朱子所言，静久必动，静则自然感得动来；晴久必雨，晴则自然要感得雨来，此是气之内在感应的必然，也是理之必然。良知内在感应也是如此，良知既然与物无对，良知之寂感只能是自身一动一静、一翕聚一发散之间的内在感应。在这段话中，双江正是以动静来论寂感，"寂然不动"即良知之静，"感而遂通"即良知之动，良知之动静之间相互感应，其体愈虚寂，其动愈通遂，愈翕聚，则愈发散。

王畿也曾表达过相似的观点，认为良知"不专一则不能直遂，不翕聚则不能发散"[1]，平常人的精神容易发泄，无法专一，也就无法达到感而遂通的效果，要想感而遂通，就必须通过翕聚保和工夫，确保心体凝然不动。此动静之间的张力构成了良知之内在感应。良知寂感虽然是动静之感，但龙溪和双江对动静二端之关系的理解却不一样。双江对动静的理解同人们通常的理解一致，认为一物时动时静，动而非静，静而非动，因其静而感其动。而龙溪对动静关系的理解却不同于此，而是顺着濂溪一路而来，认为动静不可相分，太极之动是"动而无动，静而无静"，是"动中有静，静中有动"。在龙溪看来良知动而不流于欲即为静，静在动中。所以龙溪之寂感是即寂即感，即感即寂，而非自寂而感，由感归寂。

聂双江因见在良知在道德实践中的流弊而主张归寂之说，重视心之主宰功用，在理论上相对偏近程朱理学，是为心学之回潮。职此之故，牟宗三批评归寂之说"亦不不过延平观未发气象，求未发之中之老路"[2]，因此未能冥契阳明良知学的要义，双江和念庵于良知学"则不得其门而入，恐劳扰攘一番而已"[3]。双江分动静为二端，并从此二端之感来说良知感应。龙溪则坚信良知无分于动静，从而关注良知有无之感。良知如何"生天生地"，以何种方式"与物无对"？良知并非通过劳作塑造万物，以涵括万物的方式与物无对，而是以其空空之体生成意义世界之整体，此即阳明所谓"心无体，以天地万物感应之是非为体"，即龙溪所谓"良知知是知非，而实无是无非"。良知自然天则，于无是无非中生成有是有非的意义世界，

---

[1] 《王畿集》，第117页。
[2] 牟宗三：《从陆象山到刘蕺山》，第217页。
[3] 牟宗三：《从陆象山到刘蕺山》，第221页。

良知之创生是有无之相感相生。良知正因其虚寂，才能遍照万物；良知遍照万物，而又一一归寂。

第三节　自然感应：良知寂感的原则与特质

在朱子主敬涵养的道德实践中，主宰之心时刻警惕，以成就一道德之主体。在以主宰之心为基础的道德实践工夫中，主体始终处于紧张的主宰状态，其甚者即所谓"战战兢兢，如履薄冰"。就儒家道德实践而言，由主宰状态进展到自然—自由状态，无疑是儒者之理想，孔子最终之境界即为"从心所欲不逾矩"，曾点咏归之志既为孔子所激赏，同样也成为后世儒者的理想。经过程朱理学高度自律的主敬涵养之功，心学便以自然—自由为标榜，此为理势之必然。心学批评理学为支离，朱子晚年也自觉其主宰工夫烦琐、劳心，开始正视陆九渊心学易简工夫。实际上，易简并非心学的目的，只是心学自由之境的一种外在表现形式。

一　自然与自由

（一）理学到心学的历程即为主宰走向自然的过程

唐君毅先生已认识到理学向心学的进展过程中，儒家道德实践由主宰之戒惧向自然之自由发展。唐先生说：

> 然依吾意，则以为即在朱子之言此心此理之未发处，其旨亦似与阳明有一极深细之不同。此则非阳明之所自觉及者。盖朱子之言未发时之戒惧工夫，似仍是由对治气禀物欲之杂，而得其意义。而阳明之言戒惧，则可无此所对治，仍有其意义。此盖即朱子之言戒惧或主敬涵养工夫，多带严肃之意义，而与阳明之言戒惧，恒兼与洒落者言，为二者不同之关键。[1]

唐先生认为朱子和阳明皆言戒慎恐惧，都重视心之主宰作用。但是二者又有重要的不同，在朱子理学体系中，戒惧带有严肃之意，而在阳明心学中，则更多希求洒落。此洒落即为自然—自由之境。唐先生进一步分析：

---

[1] 唐君毅：《中国哲学原论·原教篇》，中国社会科学出版社2006年版，第205页。

若然，则朱子之戒惧之为未发工夫，其意义，即仍是由对治气禀物欲之杂而取得。朱子注《中庸》"慎独"言"所以遏人欲于将萌，而不使其滋长于隐微之中"，固明见此慎独工夫，有此一所对治也。由此工夫有其所对治，而与之成相对，即有一严肃之意义，如谓此工夫即主敬，则此主敬则有意在对治不敬，而恒易有拘紧之弊。如谓此即是涵养，则此涵养之意趣，亦恒不免偏在静守此心之虚灵明觉，以对治彼为非、为不善之意念之潜滋暗长。在阳明之教，尝言搜寻病根，亦重此对治义。但在其教之二变三变以后，则其言良知之戒惧，恒是自良知天理之自身一体上，原有一是是非非之用上说。此良知天理之自体，原是能是是非非的，即原是戒惧的。此戒惧，乃其是是非非之自然表现。故当此为非或不善之意念之起，既致良知，而加以化除时，此中便无非之可非。是对治已毕，即不见所对治。至当其无意念之发时，亦即在当下无非可非，亦无所对治。人亦可不须以未发而可能发出之不合理者，为其所对治。而当直下认取此可能发出之不合理者，既未发出，即非真实有，而不堪为此心之"所对治"。此心即可绝对当体独立，全不与所对治者成相对。由是而此心之戒惧，即为一由良知天理之天机不息，而自然生起之活泼泼地之意念。故曰："戒惧之念，是活泼泼地，此是天机不息处，亦是维天之命，於穆不已。"（《传习录》下）而人之此戒惧工夫，亦不碍其洒落自得，亦"非洒落之累"。（全书卷五答舒国用）故阳明诗有"点也虽狂得我情"之句。此即上契于二程与濂溪同游时"吟风弄月以归"之"吾与点也"之意。此故不同于朱子之尝不满于曾点之狂，其言戒惧之偏具严肃的意义，而谓此为主敬，亦可致拘紧之病者矣。此阳明所言未发之戒惧，因其同时有洒落自得，故亦非如朱子所言涵养之意趣，偏在静守此心之虚灵明觉者。以其既无所对治，则亦即不须静守也。此中阳明与朱子毫厘之差，读者可细思之。若言其优劣，则阳明之义，自是高明，然人亦不易凑泊。即义理凑泊得上，工夫亦非易用。由洒落之放肆，亦只差一间。盖人只气禀物欲之杂未去，则言洒落者，仍可能有放肆之病。此亦后来之王学之发展所必然遭遇之问题，为阳明所未能先知，而于其施教时，自戒惧之于先者。此亦可谓由阳明于朱子言戒惧为对治之切实义，尚有所忽之故。然天下之义理无穷，阳明亦未能一口说尽。学术之流弊未见，即可不说救弊之言，如未病不须先服药；亦如阳明之言未发之戒惧工夫，原不须以可能发而尚未发之不可理之意念，为所对治也。①

唐先生认为朱子学和阳明学的区别之一即在于"拘紧"与"洒脱"之别，朱子主敬涵养的主宰工夫要求道德实践主体高度自觉和自律，时刻以克己复礼为念；阳明未发之功则以一自然、洒落之境为鹄的。之所以出现这样的区别，其根源还是在于朱子主宰之心有"对治"之义，强调存天理、灭人欲，时刻警惕，如临大敌，故严肃难安。阳明之学虽然起初也注重"搜寻病根"，但经过几次思想的变化之后，则以自然为宗。良知即为天理，即为自然之则，除却致得此良知本体，更无其他工夫。唐先生所言之义即我们所说由主宰向自然之过渡，此过渡同时也深化了儒学感应思想。②

此自然—自由之境界有其"本体论"基础。心学之心——无论名为"本心"还是"良知"，都不止于知觉和主宰之义。"本心"或"良知"不再是简单地对外物的"知"或者"自知"，而是认识到"宇宙即吾心，吾心即宇宙"，认识到良知"与物无对""生天生地"。此心从外物中回到自身，认识到自身涵万有、具众理，因此由知觉之意识转化为创生之精神，此精神与物无对，万化由己。如此，此心才能在属己的世界中实现自然—自由。白沙的一段话可以很好地表现这点：

> 天下事物杂然前陈，事之非我所自出，物之非我所素有，卒然举而加诸我，不屑者视之，初若与我不相涉，则厌薄之心生矣。然事必有所不能已，物必有所不能无，来于吾前矣，得谓与我不相涉耶？君子一心，万理完具，事物虽多，莫非在我，此身一到，精神具随，得吾得而得之耳，失吾得而失之耳，厌薄之心胡自而生哉！若曰"物"，吾知其为物耳，"事"，吾知其为事耳，勉焉举吾之身以从之，初若与我不相涉，比之医家谓之不仁。③

白沙此段描述了道德实践中的"焦虑"和"异化"之感，如果礼仪道

---

① 唐君毅：《中国哲学原论·原教篇》，第206—207页。
② 在这里唐君毅先生也认识到心学自然之教如果说比理学主敬工夫"高明"的话，仅仅是从思想自身发展的逻辑来说。但是就道德实践的现实而言，良知自然之教因其言过高，也带来了很大的弊端，在王畿、王艮之后，特别是在狂禅派那里，表现尤为明显。在此我们也能看到思想和现实之间的张力。
③ （清）黄宗羲：《明儒学案》，第91页。

德非出自我之本心，世界为身外之世界，与我之存在自不相涉，那么"厌薄之心生矣"，此厌薄之心源于异在感，而人在此异己之世界中更是无法实现自由。心学则认为此心本具众理，与物无对，只需回复良知寂然不动之体，在道德实践中便自然能够感而遂通，发而中节，达到自然—自由之境。

自然—自由之境是心学一系共同追求的目标。阳明之前，白沙之学即以此为宗。《明儒学案》谓："先生之学，以虚为基本，以静为门户，以四方上下、往古来今穿纽凑合为匡郭，以日用、常行、分殊为功用，以勿忘、勿助之间为体认之则，以未尝致力而应用不遗为实得。远之则为曾点，近之则为尧夫，此可无疑者也。"① 所谓"未尝致力而应用不遗"即为一超越自律的自由境界。又其自述静坐识得本体之后，"日用间种种应酬，随吾所欲，如马之御衔勒也"，此即孔子随心所欲不逾矩之境界矣。白沙始从吴聘君学，吴氏恪守儒家之道，主宰甚严，白沙自谓"未之入处"，这种高度自律的道德实践工夫其时已难以满足白沙之所求。所以白沙之学向来反对"劳攘"，认为："学劳攘则无由见道，故观书博识，不如静坐。"② 又认为："治心之学，不可把捉太紧，失了元初体段，愈认道理不出。又不可太漫，漫则流于泛滥而无所归。"③ 白沙虽然认为为学既不可太紧也不可太松，但总的来说，他认为当时儒者之病却在于管得太紧，所谓"大抵学者之病，助长为多"④。

白沙既反对劳攘之学，则提倡自然之乐，认为："出处语默，咸率乎自然，不受变于俗，斯可矣。"⑤ 又谓："学者以自然为宗，不可不着意理会。"⑥ 并且认为："自然之乐，乃真乐也，宇宙间复有何事！"⑦ 白沙以自然为宗，希慕曾点和邵雍之学，自不待言，而他清楚指出这种自然状态不是直接可得的，必须经过工夫的"锤炼"。白沙之工夫以孟子"勿忘勿助"为标的，以静坐、无欲为入手。白沙说：

> 舞雩三三两两，正在勿忘勿助之间，曾点些儿活计，被孟子打并

---

① （清）黄宗羲：《明儒学案》，第80页。
② （清）黄宗羲：《明儒学案》，第85页。
③ （清）黄宗羲：《明儒学案》，第89页。
④ （清）黄宗羲：《明儒学案》，第89页。
⑤ （清）黄宗羲：《明儒学案》，第83页。
⑥ （清）黄宗羲：《明儒学案》，第87页。
⑦ （清）黄宗羲：《明儒学案》，第88页。

出来，便都是鸢飞鱼跃。若无孟子工夫，骤而语之以曾点见趣，一似说梦，会得，虽尧、舜事业，只如一点浮云过目，安事推乎！①

曾点境界虽高，但必须经过孟子"勿忘勿助"之功，此实践工夫可以从无欲和静坐入手，除此之外，白沙自己提出了"随处体认天理"之法，谓："日用间随处体认天理，着此一鞭，何患不得到古人佳处也。"②

可见，白沙所谓的自然状态即是摆脱了烦扰之后的自由自在之境。在这种状态下，心不再是处于高度自律的主宰状态，而是处于一种"自然感应"的状态。白沙也以"感应"来说明心之作用，认为人心不可有任何所着，才着一物，则心有碍，比如追求功名虽然是好事，如果心心念念以求功名，心便为功名所累。因此"圣贤之心，廓然若无，感而后应，不感则不应"③。若达到自由之境便不再紧紧把握此心不放，而是"感与此，应与彼；发乎迩，见乎远"④，在这种自然感应中，心不着纤毫之力，随机而动。无事之时，此心不会自取纷扰，以滋助长之弊；有事之时，此心自能随机而发，发而中节。

白沙说随处体认天理，在阳明一系看来其心与理犹未能一。阳明良知则范围天地，本身即是自然天理，遇亲自然知孝，遇兄自然知悌，不假外求。阳明以良知对治自私用智之心：私意安排之思，全借人力，憧憧往来，无法自由；良知自然简易，因其自然而可实现自由。

思其可少乎？沉空守寂与安排思索，正是自私用智，其为丧失良知一也。良知是天理之昭明灵觉处。故良知即是天理，思是良知之发用。若是良知发用之思，则所思莫非天理矣。良知发用之思，自然明白简易，良知亦自能知得。若是私意安排之思，自是纷纭劳扰，良知亦自会分别得。盖思之是非邪正，良知无有不自知者。所以认贼作子，正为致知之学不明，不知在良知上体认之耳。⑤

阳明后学对良知寂感的认识进一步分化，聂双江主张自寂而感，王龙溪主张即寂即感。自寂而感强调通过主宰工夫回归寂然之体，在此基础上

---

① （清）黄宗羲：《明儒学案》，第85页。
② （清）黄宗羲：《明儒学案》，第88页。
③ （清）黄宗羲：《明儒学案》，第85—86页。
④ （清）黄宗羲：《明儒学案》，第86页。
⑤ 《传习录中》，《王阳明全集》，第81—82页。

实现良知的自由感应。龙溪则特别重视良知作为自然天则，具有不学不虑的特性，反对先以主宰工夫求得良知。所以，双江和龙溪虽然都以良知自由感应为目标，但路向却有分歧，前者为"主宰—自由"，后者则为"自然—自由"。就思想自身发展逻辑而言——这点从我们对儒家感应思想的分析中也可以看到，心学应为理学进一步发展的思想形态，而龙溪一系又应为阳明心学逻辑发展之高峰，归寂一系强调主宰，亲近朱子，处于中间的位置。[1]

（二）自然与自由

从理学到心学的发展，其总体趋向之一便是由主宰走向自然。主宰和自然为儒学本有之词汇，但是随着西方哲学相关概念的输入，特别是康德伦理学的引介，主宰和自律、自然和自由等概念交织在一起，使得问题逐渐深化和复杂化。在康德思想中，自律和自由紧密相连——"自律即自由"，人类遵循自己理性颁布的法令，按照理性的要求行动，而不是服从于任何外在的命令，此即为自由。在心学思想中，有一个与自由相近的概念——自然。在中国传统思想中，自然具有自由之义，在心学中它意味着从烦琐的道德实践工夫中解脱出来，达到一种自由的感通。但是儒家自然意义上的自由同西方近代的自由有很大的不同，后者建立在高度主体化之上，理性为人类自身颁布法令，人类只有服从自我的意志（虽然这是一个普遍立法的意志）才是自由。儒家之自由恰恰是要回到自然状态，解除主宰状态下的紧张，它要求道德实践主体完全"去主体化"，成就一"寂然不动"之心体，从而达到自由感通的最高境界。

在德国古典哲学中，自由是在不断脱离感性事物的过程中实现的。在康德那里，只有摆脱全部感性的束缚，通过理性自我立法方能实现自由；在黑格尔那里，自然意味着束缚和不自由，精神只有通过对自然的否定才能实现自由。心学以感应为良知作用的法则，而在黑格尔的体系中，感应

---

[1] 不少学者将阳明心学视为儒学发展的逻辑终点，比如李泽厚先生认为："王阳明是继张载、朱熹之后的宋明理学全程中的关键人物；张建立（理学），朱集大成，王使之瓦解。尽管这并非个人有意如此，但历史的和理论的逻辑程序使之必然。如果说，张的哲学中心范畴（'气'）标志着由宇宙论转向伦理学的逻辑程序和理学起始，朱的中心范畴（'理'）标志着这个理学体系的全面成熟和精巧构造，那么王的中心范畴（'心'）则是潜藏着某种近代趋向的理学末端。他们又各自有其追随者而形成理学中的三种不同倾向或派别。"（李泽厚：《宋明理学片论》，见《中国古代思想史论》，第 254 页。）岛田虔次先生也明确断定："阳明心学是儒家思想（或者是中国思想）的极限，超越阳明心学，儒家思想在本质上就已经不再是儒家思想了。"（〔日〕岛田虔次：《中国近代思想的挫折》，甘万萍译，江苏人民出版社 2010 年版，第 4 页。）

只是精神发展最低级阶段,即"自然灵魂"阶段的法则。黑格尔称精神在自然灵魂中"同时参与一般行星的生活",即精神同行星的运行、季节的变迁、气候的变化处在同情共感之中,受到这些因素的影响。[①] 黑格尔说动物同自然界处于完全的同情共感之中,而人越是有文化,则这种联系越没有意义。人只有在某些病态中才受到自然变化的影响,整个世界历史的进程与天体运行全然无关,因此"随着精神的自由获得更加深入的理解,这些为数不多而且微不足道的、建立在与自然界共通生活基础上的易感性就消失不见了。相反地,动物和植物则始终是被束缚在那上面"[②]。

同西方现代人类学家对原始思维的界定类似,黑格尔同样将感应思维视为精神发展原始阶段的形式,是"在精神自由方面较少进展""智力薄弱"民族的思维方式。在黑格尔看来,精神的发展是一个不断走向高级、不断走向自由的过程。精神的自由就在于从自然中独立出来,或者说让"世界从属于自己的思维,根据概念来创造这个世界"[③]。所以精神的自由是建立在其对自然和物质的"胜利"之上的,精神让世界从属于自己,从而获得最终的自由。黑格尔的自由具有高度主体化的特性,精神自由的每一步进展就是它同自然界联系的一次断裂,并最终在自身之内实现完全的自由。黑格尔将同情共感这样的感应运动置于精神发展过程的底部,认为感应同自由是相矛盾的,精神自由之每一次进展都是"易感性"的每一分消失。

"自然灵魂"的第三个阶段即为"感受",感受或感觉是通过与外物的感触而获得的,在前面的讨论中,我们因此将其视为感应的一种形式。黑格尔也从这点出发对感觉进行分析和比较。他认为:

> 对味来说必须与对象有某种直接的接触,而嗅觉本身还不需要这样一种接触,而这种接触在听觉那里更加没有必要,在视觉那里就完全不发生了。[④]

感觉器官同外物有实质性的接触,但在黑格尔看来,精神的发展恰恰要摆脱对外物的依赖,不断地回到自身,从而实现自由。这样的话,黑格尔同亚里士多德一样,将视觉置于诸感觉之首,但他给出的理由同亚氏不

[①] 〔德〕黑格尔:《精神哲学》,杨祖陶译,人民出版社2006年版,第48页。
[②] 〔德〕黑格尔:《精神哲学》,第48—49页。
[③] 〔德〕黑格尔:《精神哲学》,第49页。
[④] 〔德〕黑格尔:《精神哲学》,第105页。

同。黑格尔说：

> 因为在看时我们听任这些物安静地作为一个存在着的东西存在，而只与它们的观念的方面有关。由于视觉对本来的物体性的这种独立性，我们可以把它称为最高贵的官能。①

黑格尔认为视觉最为高贵，是由于视觉不需要同事物发生实质性的接触，从而对物体保持相对的独立性，这种独立性也是自由的一种表现。而在朝向自由的进程中，具有历史性意义的一步则是由"感受"向"意识"的迈进，感受无论如何都是离不开外物的，要同外物发生实质性的接触；意识则摆脱了这种烦人的纠缠，在"镜式"表象性思维中，实现了精神的独立。黑格尔说：

> 单纯的感受只同个别的东西、直接给予的东西和在场的东西打交道；而感受着的灵魂就觉得这个内容是它自己的具体的现实。相反地，当我上升到意识的立场，我就与一个外在于我的世界，一个客观的总体，与多种多样的、错综复杂的、出现在我面前诸对象的一个自身内联系着的圈子保持着关系。……客观的意识并不是这样地束缚在事物的感性在场之上，以至于我也可能知道对于我并非感性在场的东西，例如，我只是通过书籍所知的遥远的国家。但是，意识实现其对于感受材料的独立性是通过它把这材料从个别性的形式提高到普遍性的形式，通过去掉材料身上的纯粹偶然性的东西和不相干的东西而抓住本质的东西；通过这样的转变被感受的东西就变成被表象的东西。抽象意识所实现的这个变化是某种主观的东西和非现实的东西，可能产生出没有与之相应的现实的种种表象。②

意识将被感受的东西变成被表象的东西，从而摆脱了同事物的直接作用关系，转变成为间接的思维的关系。在黑格尔看来，精神由此进一步实现了自由。

总的来说，黑格尔将感应作用放到精神发展的低级阶段，主要表现为灵魂同自然的同情共感以及感官的感受。实际上，儒家感应思想也对原始

---

① 〔德〕黑格尔：《精神哲学》，第104页。
② 〔德〕黑格尔：《精神哲学》，第118—119页。

思维进行了"创造性转化",但它确实没有像西方思想一样以一种新的形态直接取代感应思维,因此我们后来说的心对道的体悟、良知感应等,均未成为黑格尔思想的主题词。因为在他看来,精神从感受上升为表象性的意识就已经走上了一条不断向上的康庄大道,此后精神运动已摆脱同外物的直接感触,在自身之内不断前行,最终实现自由。黑格尔认为无法在感应作用中实现自由,而阳明后学恰恰以实现良知自由感应为目标。在心学看来,良知生天生地、与物无对,在一个由良知所创生的意义世界中,良知自由感应才有可能,这点同黑格尔对精神的认识一致。但是良知与物无对的形式又与黑格尔不同,良知通过不断回复虚寂本体,让"天地万物感应之是非"充分呈现,以此涵括世界使其成为一个整体。王学一系较少关注具体意义世界的呈现,而更加关注良知自身之内感,即良知自身翕聚和发散之感。良知寂感一个由良知所创生的世界之中,一任良知自然天则,无思无虑,同理学主宰工夫相比,确为一自由之境界。

另一方面,我们也必须看到心学很少使用"自由",而多用"自然",他们称良知感应为自然感应,顺应良知自然天则等。自然之中虽有自由之意味,但若细加品味,二者却又有很大的不同。在西方话语中,自由是高度主体化的产物,是精神、理性、劳动"克服""战胜""改造"物质自然界而实现的。严格意义上说,心学良知感应不可称之为自由感应,而只能称为自然感应。因为自然感应恰恰要求心体虚寂,要求走出主体,顺应良知天则,不学不虑。良知自然感应不是以心对外物的征服为基础,而是以心同世界的和解为基础。良知自然感应是经过主宰工夫中介之后,道德主体同外部世界和感性欲望的和解。所以严格说来,自然和自由的内涵有很大的差别,主宰和自律也同样如此。理学说主宰而不说自律,心学说自然而不说自由,但是借助西学自律和自由等概念,儒家之主宰和自然的内涵方才进一步显现。

二 良知感应的特质

良知感应生成意义世界,在心学体系中,此意义世界依然聚焦于伦理道德领域。在比较学的视域中,人们很容易发现心学同现象学的相似之处,此现象学以胡塞尔关于意识的理论为核心,一方面指向西方近代哲学开端处的笛卡尔"我思",一方面又延伸至更具现代意味的海德格尔等人的存在主义。三者代表意义世界呈现的三种方式,分别指向知识、存在以及道德三个领域,相应的主体(此在、良知)也具有不同的性质,而主体同世界的作用关系也互不相同。通过比较,良知感应的法则和特征或许能进一步呈现出来。

　　杨国荣先生对胡塞尔和王阳明的思想进行了细致的对比。他认为："王阳明以意向活动联络心与物,从存在的超越考察转向了意义世界的构造,其思路在某些方面与胡塞尔有相近之处。"① 但同时二者之间又有"深刻的差异",表现在胡塞尔侧重在认识论层面,而王阳明则是在实践理性或伦理道德层面谈论不同的意义世界的生成。② 其次,胡塞尔现象学排斥感性经验,而"王阳明对意亦作了较为广义的理解：它不仅以知为体,而且内在地包含着情感等经验内容,由此展开的意向活动,也始终渗入了经验意识"③。胡塞尔所侵染的"西方近代注重认识论的传统"肇端于笛卡尔,在康德那里获得了较为完整的表达形式。此认识论传统是西方文明的主干,在西方近代形而上学—科学—技术中都具有一以贯之的表现形式。④ 笛卡尔以"我思故我在"确立了认识的主体性原则,认识因而成为一个主体对另一个客体的认识,就其根本而言,客体存在样式的呈现是以主体为依据的,康德通过十二范畴表将"我思"原则具体化,从而牢牢确立了人类知性相对于自然的立法者地位。认识实际上是主体以其知性先验范畴、法则构建外部世界的过程。西方现代思想家对这一认识论传统从不同角度进行了批判,其中,尼采以其天才洞见指出西方认识论背后的"权力意志",主体对客体的认识关系背后其实是一种权力关系,主体对客体的所谓的超功利的、真理性的认识实际上是主体让客体"臣服于"脚下的权力运作。后来海德格尔接过尼采的衣钵,将笛卡尔和培根这两位代表西方近代哲学两大主流的发端者并列,将"我思故我在"同"知识就是力量"联系在一起,更是有力地展示了知识背后的权力本质。

　　海德格尔的存在论首先就是对传统认识论的一种反动,关于近代认识论传统,他说：

　　　　如果我们转向历史上有关的学说,我们就能够说(尽管在这里,作出这个比较已经就是很危险的)：经过一番辨析,可以看到笛卡尔的"我思故我在"的意图恰好就在于对"我思"和"我思者"作出界定,然而它却遗漏了"我在",与此相对,在我们的考察中,我们

---

① 杨国荣:《心学之思——王阳明哲学的阐释》,第 103 页。
② 杨国荣:《心学之思——王阳明哲学的阐释》,第 104—105 页。
③ 杨国荣:《心学之思——王阳明哲学的阐释》,第 105 页。
④ 参见海德格尔《形而上学的存在—神—逻辑学机制》,载孙周兴选编《海德格尔选集》,上海三联书店 1996 年版。

首先却将"我思者"及其界定悬搁一旁,转而去争取"我在"及其界定。①

这是海德格尔1925年讲稿中的话,在《存在与时间》中,海氏更是明确指出笛卡尔所遗忘的正是"存在者存在以及存在本身",因为在他看来,认识论即便确立了主体性的原则,但是它依然回避了一个更加根本的问题:

> 那就其存在而言是内在的、处于主体之中的认识,是如何超出它的"内在领域"而达到了一个"另外的、外在的领域",它是如何达到世界的?②

也就是说在认识中的主客体之间的关系必然有一个更为根本的来源,这个来源是认识得以可能的基础,但是在认识论传统中却一直被遮蔽,而在此根源中,主体与客体之间必定呈现为一种更为本原的相互关系。在这种更为本原的关系中,我们甚至无法再使用主体和客体这样的传统认识论的词汇,就这点而言,现象学的"意向性"概念也尚未达到这一本原处,尽管相对于传统的认识论,意向性努力试图取消主客体之间的对立。

海德格尔由此走进了存在意义的领域,因而也走进了主客体之间更为本原的关系中。如我们熟悉的那样,海德格尔用"此在"来称呼传统认识论中的"主体",而此在同世界之间最原初的关系是一种共生的关系,海德格尔称之为"在世界之中存在"。此在在世界之中存在是"依寓"于世界,因而始终是"消散在世界之中","'依寓于'是一个生存论环节,绝非意指把一些现成物体摆在一起之类的现成存在。绝没有一个叫'此在'的存在者同另一个叫'世界'的存在者'比肩并列'那样一回事"③。此在在世界之中存在一开始只是"操劳着同世界打交道",在此过程中,此在与世界可以说是一体的,而以主客体对立为基础的认识活动是一种次生的、非本原性的活动。只有当人们从操劳中抽身而出之时,认识活动才出现,这时"在世界内照面的存在者只还在其纯粹外观中来照面"④。

此在同世界的关系尽管绝非主体同客体的关系,而是一种原始的一体

---

① 〔德〕海德格尔:《时间概念史导论》,欧东明译,商务印书馆2010年版,第211页。
② 〔德〕海德格尔:《时间概念史导论》,第218页。
③ 〔德〕海德格尔:《存在与时间》,陈嘉映等译,商务印书馆1999年版,第64页。
④ 〔德〕海德格尔:《存在与时间》,第72页。

关系，但是这并不意味着此在如同一物一样浑浑噩噩存在于世界之中。此在在其存在的过程中始终"领悟"着存在，正是这种领悟使得世界成之为世界。在海德格尔看来，此在对存在的领会很多时候是"非本真"的，因为此在通常来说总是以"常人"的"身份"来领会存在，常人怎样思考我们就怎样思想，常人怎样选择我们就怎样选择，在这种状态中，此在所有选择以及由此需要承担的责任都由常人代替，"此在就这样无所选择地由'无名氏'牵着鼻子走并从而缠到非本真状态之中"[1]。在这种状态中，死亡展示了其决断性的力量。此在发现自己所有的选择都可以为常人所代替，但是只有死亡例外，每个人都必须自己去赴死。死亡向此在展示了存在者整体之虚无，此存在整体之虚无即便在常人状态时此在也能朦胧地感受到，因而产生了挥之不去的"畏"的情绪，这种具有根本意义的"畏"之情绪又导向了良知的呼唤。与日常平均状态的领会不同，良知直面世界之无以及此在根本上"被抛"和"无家可归"的状态，因而迫使此在从常人的虚假的安逸的状态中走出来，进行本己的存在之抉择。

海德格尔的存在主义（尽管他自己不承认自己是存在主义者）首先是对传统认识论的反思和批判。传统认识论，从笛卡尔到康德，甚至延续到现象学，在主体—客体的模式下构建了认识的模式，并且认为主体是客体乃至整个世界得以呈现的基础和根据。海德格尔对这种认识论以及认识论中的"主体化"非常不满，而在由认识领域向存在领域的转化中，他确实打破了传统的主体同客体的关系，甚至可以说走向传统的反面——他认为此在在其存在中使得意义世界得以呈现仅仅是由于此在"领会"了存在或者"聆听"了良知的"呼唤"。这样的话，在西方传统认识论中主体作为客体的立法者、征服者转而成为此在作为存在的"领会"者、"聆听"者，进而成为存在的"看护"者。海德格尔认为西方近代认识论同科学技术之间具有同根性，认识论在哲学理论上实现了主体对客体的掌控的同时，科学技术也在实际生活中实现了人类对整个自然的掌控。海德格尔对认识论以及主体化的批判，使得存在主义又完全退回到个体的存在，这个个体面对自身的死亡，从而极力从常人的状态中摆脱出来，进而筹划一种最本己的存在。

心学良知同认识论和存在主义都不同，良知既不是主体，执"范畴"来为存在者立法，同时也不是完全被动的聆听者和看护者，良知同事物之间是一种相互感应的关系。要实现这种感应，良知就不能有任何成见和先

---

[1] 〔德〕海德格尔：《存在与时间》，第308页。

天的法则，其本体状态只能是一种"寂然不动"的状态，因为只有如此，才能实现同事物之间的感通。良知离不开感应的事物。另外，良知又具有主宰义，事物离不开人的良知，其寂然不动是为了更好地感而遂通。

第一，良知感应与知性和理性的立法。以良知为根据的心学很容易被拿来同康德的道德哲学相比较，认为良知同实践理性具有相似性。[1] 其实不单心学，整个宋明儒学同康德的道德哲学都有"相近"之处，主要表现在对道德主体的道德自觉和道德自律的强调。但是二者之间的差别同样不可忽视。此差别不仅表现在工夫和境界上，也同样表现在良知同实践理性的根本性质以及道德实践的最终目标上。

近代德国观念论以"自由"为核心，在康德哲学中，自由既是其道德哲学的"拱顶石"，同样也是其理论最终要实现的目标。由此，康德完全诉诸理性，而此理性就其本质而言是一个"立法者"，它以自我立法的形式确立自身的自由。关键是在康德体系中，作为立法者的自由是"逃离"感性事物而实现的，理性指向本体界，而将现象界留给了知性。知性通过其先验范畴构建的"自然界"因受因果律的支配，没有自由可言。相对而言，儒家最高价值始终是"仁"。虽然心学一系非常强调道德实践的"自由"之境，但是这种"廓然大公，物来顺应"或者"良知天则，不犯手脚"的自由之境始终同仁相连，是仁爱之德的一种状态，甚至可以说是仁爱的最高、最完满的境界。

在康德体系中，自由通过排除所有感性因素，通过理性的自律而实现。而在心学中，"仁"之本质恰恰就是对他者之爱，所谓"仁者爱人""仁者以天地万物为一体"。因此心学就不可能脱离感性事物、人伦物理而实现自由。同样，良知也不可能截然分为知性和理性，如阳明所言，离开了天地万物也没了我的良知，此良知恰恰是在同人伦物理的感通中实现其

---

[1] 我们以陈来先生的论述为例。陈来说："从传统的比较哲学立场看，西方哲学史上黑格尔之前的德国唯心论提供了心学可比的类型。其中康德首当其冲。康德提供的一系列范畴，如道德主体、道德法则、道德情感，以及自律与他律、自由与必然等，都对诠释心学哲学的立场有重要的意义。特别是'意志自己颁定道德律'的提法，以道德法则源于道德主体，使我们得以了解心学'自律'性格。"（陈来：《有无之境——王阳明哲学的精神》，第11—12页。）陈来所言可以看作对牟宗三先生相关运思的一个概括，无论是牟宗三还是陈来同样都认识到康德哲学和儒家心学之间的差异。陈来说："只是应当强调，即使我们确认心学为自律形态，并不意味着心学与康德伦理学的基本取向完全一致，心学是否为自律与心学是否与康德伦理学相近是两个不同的问题。事实上阳明学主张的'工夫'与'境界'与康德有相当大的距离。"（陈来：《有无之境——王阳明哲学的精神》，第13页。）

主宰的。在心学中,感性自然同道德本体通为一体,良知需依天地万物而起,道德本性需依人伦物理而实现。这样的话,良知不是通过摆脱感性事物而获得自由,而是在感性事物中获得自由,因此良知同物事之间不能是一种立法的关系,而只能是一种相互感应的关系。在感应中,感应双方是一体共生的关系,而非主体—客体的关系,感应双方始终处于一种自由感通作用之中。只有良知感应能够自由发生,无所窒碍,此一体之仁方能实现,有窒碍处、有不通处,便是此心与物有隔、有对,便不是仁之完满之境。而要实现良知之自由感通,恰恰要求此良知之"寂"与"虚",要求此良知不能有任何"成见"和既有之法则,只有实现或回复良知"寂然不动"之体,才能真正实现其"感而遂通",才能实现完满的仁之境界。

第二,良知寂感与此在对存在的领悟。海德格尔对西方近代哲学—科学技术中的主体性进行了根本性的批判,在这种主体性中客体以表象的形式被主体构建而成,而人作为主体通过科学技术实现了对整个世界的掌控。海德格尔一方面批判了西方形而上学—科学技术传统,将此在视为存在的领会者、聆听者和看护者,而非构建者和掌控者,但同时海德格尔也认为形而上学与科学技术同样是存在显示自身(解蔽)的一种方式,整个西方文明之所以会走向科学技术文明这条道路正是源于存在之命运。

> 存在者的无蔽状态总是走上一条解蔽的道路。解蔽之命运总是贯通并支配着人类。但是命运绝不是一种强制的厄运。因为,人恰恰是就他归属于命运领域从而成为一个倾听者而又不是一个奴隶而言,才成为自由的。①

康德认为意志之自律即自由,而海德格尔认为此在作为存在的聆听者即自由,这种作为聆听者和看护者的自由从根本上而言是一种"泰然任之"的状态,对存在历史之命运加以接受,对存在未来之可能始终敞开。对于西方形而上学的历史以及现代技术的"座架"中存在的遮蔽,海德格尔认为既要说是也要说否。我们可以在利用科学技术的同时,反对它"对我们的生命本质的压迫、扰乱和荒芜"②。技术世界在显示了一个意义世界的同时又隐匿了一个更本原的意义,"技术世界的意义遮蔽自身",这样的话,对存在之历史和物之现状要泰然任之,而对技术世界中隐蔽的意义则

---

① 孙周兴选编:《海德格尔选集》,第943页。
② 孙周兴选编:《海德格尔选集》,第1239页。

要保持开放的态度,海德格尔称之为"对于神秘的虚怀敞开。"

海德格尔强调对物的泰然任之和对神秘的虚怀敞开并不是一种奴隶式的听任摆布,而是一种自由的状态,但实际上,海德格尔认为存在有其自身的"神秘"的命运,西方走向形而上学的历史是源于此神秘的命运,形而上学历史之终结也同样源于此命运。对于此命运,我们虽然不至于成为奴隶,但是也只能持一种听之任之的态度,哲学或思想不能对现实世界有任何直接改变:

> 我就要说:哲学将不能引起世界现在的任何直接变化。不仅哲学不能,而且所有一切只要是人的思索和图谋都不能做到。只还有一个上帝能救渡我们。留给我们的唯一可能是:在思想与诗歌中为上帝之出现准备或者为在没落中上帝之不出现作准备。①

同人类思想与现实世界的关系一致,良心也只是一种"呼唤",让人们面对存在者整体之虚无从而走向本真的存在。

而良知之感应虽然强调心体虚寂以应物,强调虚寂为感应之本,但是良知之虚寂并非单纯地对存在者存在的"聆听"与"领悟",良知之主体也并非如此在一样,仅仅是存在的看护者,从而在一种"泰然任之"的状态中等待上帝的出现或不出现。良知虚寂从根本上是为了良知能够更好地发散,所谓"圣人感人心而天下和平",儒家希冀圣人之境,通过致其良知之虚寂,以便能够与天地万物真实情景相感通,使得良知天则能够自由无碍地在事事物物中呈现出来,最终使得万物并育,天地成能。

罗洪先在回答王畿关于儒家同佛老差异的问题时说:

> 老氏窥向上根源,窃弄阖辟,伤于巧;佛氏见无始幻妄,但守寂乐,近于拙;吾儒因时立教,率本人情,万物赖以并育,天地待之成能,其法守庸常,其功用广大,二氏不得而与也。②

儒家同佛老的区别某种程度上也可以说是同海德格尔的区别(海德格尔思想确实同道家及佛教更为亲切),儒家是因时立教,通过致良知之虚寂,从而感人心之动,率人情之本,在良知同事物的感应中,使得事事物

---

① 孙周兴选编:《海德格尔选集》,第1306页。
② 罗洪先:《甲寅夏游记》,《罗洪先集》,第81页。

物能够不断向好的方向改变,最终能够各得其所。对于阳明致良知的理解,罗洪先也有一个转化的过程,从他和王畿的谈话来看,早些时候他的思想同聂双江更为相近,强调通过收摄保聚工夫回归寂然不动之良知本体。后来思想有一大的转变,认识到归寂工夫有斥动静为二,以至于"重于为我,疏于应物"之病。进而认识到:

> 夫心一而已,自其不出位而言,谓之寂,位有常尊,非守内之谓也;自其常通微而言,谓之感,发微而通,非逐外之谓也。寂非守内,故未可言处,以其能感故也,绝感之寂,寂非真寂矣;感非逐外,故未可言时,以其本寂故也,离寂之感,感非正感矣。此乃同出而异名,吾心之本然也。①

罗洪先自述其思想转变,从早期注重良知收摄保聚到后来认为寂感不二,力图从宋明儒学过分强调心性学问和涵养的氛围中走出,回到儒家的以百姓日用为导向的本来面目。此良知之学不离百姓日用而疏导之,使其源也清,其流也正。

在阳明后学中,特倡寂感不二的是王龙溪。唐荆川在维扬主政时,曾邀王畿相会,恰逢春汛,荆川整天忙碌,命将遣师,因问龙溪在事情的处理上是否符合阳明公的教义。龙溪根据观察,一一指出病症,认为荆川尚未真能致其良知。龙溪对症下药,触机而发,于此鲜活事例中更可见王畿良知学的要义。荆川不服,让王畿举例说明,王畿举了几点:

> 适在堂遣将时,诸将校有所禀呈,辞意未尽,即与拦截,发挥自己方略,令其依从,此是掺入意见,心便不虚,非真良知也。
>
> 将官将地方事体,请问某处该如何设备,某事却如何追摄,便引证古人做过勾当,某处如此处、某事如此处,自家一点圆明反觉凝滞,此是掺入典要,机便不神,非真良知也。
>
> 及至议论未合,定著眼睛,深思一回,又与说起,此等处认作沉几研虑,不知此已掺入拟议安排,非真良知也。②

龙溪一共点出六大处,以证其确未能致良知。这些病处,都有一个共

---

① 《罗洪先集》,第81—83页。
② 《王畿集》,第7—8页。

同点，就是缘事而感之心未能真虚，所以有意见掺入，拟议安排等。最后，龙溪指出真正的致良知应该如何：

> 若是真致良知，只宜虚心应物，使人人各得尽其情，能刚能柔，触机而应，迎刃而解，更无些子掺入。譬之明镜当台，妍媸自辨，方是经纶手段。才有些子才智伎俩与之相形，自己光明反为所蔽。①

可见，良知之"寂然不动"是为了更好地"感而遂通"，良知之虚寂并非作为存在的看护者，根据存在之历史命运，泰然任之，良知之虚寂，是为了让良知所感之物事能够将自身的情状充分呈露出来，所谓"使人人各得尽其情"，从而根据物事自身的情状，而不是依据任何成见、圣旨来解决问题。所以龙溪认为良知是即寂即感的，良知最根本的功用是其主宰之功用，良知之虚寂，并非一任物事发展，仅仅作为聆听者和守护者，良知之感应即是良知之主宰，作为主宰之良知最终目的是能够"能刚能柔，触机而应"，使得问题能够"迎刃而解"，从而使得人人各尽其情，物物各得其所。

三 良知寂感之张力及其消解

阳明作《朱子晚年定论》已经暗示心学是对朱子理学的一种超越，这种超越从思想自身发展的逻辑看，有其必然之势。就感应来看，心学则要超越理学"心统性情"式的自主感应，从而上升到"寂然不动，感而遂通"式的自由感应。朱子期年持守，主敬涵养，晚年依然陷入烦琐和沉重，完全建立在自律之上的道德终非儒家理想之最高境界，儒家希望能够从自律上升到自然—自由之境。双江也多次提及阳明晚年道德实践的辛劳和烦琐，他的思路是通过辛苦的遏欲和存养功夫，通过辛苦的自律功夫回归良知寂然之体，一旦回归寂然之体，则自然能够感而遂通。双江所走的是由自律而自由之路，自然—自由之感应必须通过自律—主宰之实践才能实现；而龙溪一系更进一步，认为良知现成，提倡即寂即感，所以认为只要在良知感应过程中，一念自返，即能不滞于物，就可以实现自由。

寂感是阳明心学一系良知感应作用的具体方式，它继承了儒家感应之传统，是儒家思想发展的一个重要形态。儒家思想在同各种"异端"的争执中逐渐让自己的核心价值和观念的内涵清晰起来。儒家"中庸"之思所

---

① 《王畿集》，第8页。

执两端，一端为世俗，另一端则为"异端"。孟子既斥乡愿，又斥杨朱；横渠《正蒙》既正世俗，又正佛学。孟子以其良知，横渠以其气感。良知寂感同样两端双遣，其一为世俗之思虑营为，另一端则是禅学之思。王畿曾以《艮》卦来进一步规定心学"无心之感"的内涵。王畿认为《艮》卦上下皆山，在八卦中，除了《乾》《坤》二卦，"雷风水火与泽皆有往来之义，惟艮两山并峙，不相往来，止之象也"①。然而这样一种两山并立对峙之象，并不是表示上下两山不相感应，而是表示这种感应能够止于其所当止。王畿说：

> 阴阳和则交，不和则不交。艮止上下，阴应于阴，阳应于阳，应而不和，若相敌然，故曰上下敌应，不相与也。惟得其所止，是以不获其身，不见其人，忘己忘物，而无咎也。天地之道，一感一应而已。和则交，谓之和应；不和则不交，谓之绝应。和应，凡夫俗学也；绝应，二乘禅学也。应而不与，不堕二见，谓之敌应，吾儒圣学也。②

王畿区分了感应的三种类别：俗学之"和应"、禅学之"绝应"以及圣学之"敌应"。敌应是感应之道的最高境界，既不流于世俗，逐物而感，又不如木石那样枯槁无心，寂而不感，而是"应而不与"。所以，敌应就是"感"和"止"的统一，感是性之生机，触事而发；"止"则是发而中节，当止则止。俗学之"和应"终日处于人伦感应之中，但其感纷扰，是一种未经反思的盲目的感应，缺乏对自己是否合理、是否合乎规范的自我认识。良知作为"自知"同世俗之感应不同，恰恰能够随时知是知非。而良知为何能够"自知"，普通之心却只能懂懂往来？在心学看来，因为良知本为虚寂之体，良知因其虚寂所以才能知是知非。禅学之"绝应"则一味归寂，弃绝感应，致使有寂无感，寂而不感，"绝应"自然也非感应之正道。

良知感应在有与无之间、静与动之间形成了一种张力，或者说有与无、静与动之间的张力才成就了良知感应运动，而良知感应处于世俗之"和应"和禅学之"绝应"之间，同世俗和禅学之间同样形成了巨大的张力，这种张力使得儒学之价值诉求得以凸显。良知感应见于日常人伦之感

---

① 《王畿集》，第 184 页。
② 《王畿集》，第 183—184 页。

应，但是种种感应却归之于寂，使得良知感应不似平常之感应荡而无归，往而难返，良知虚而通感，能够使得已发之感自然中节，若不中节也能自知，从而一念自返可矣。良知本自虚寂，但良知之虚寂并不与感应相对，而是寂而能感，寂而通感。有无、动静二端构成了良知的感应运动，此心越收敛则发散越直遂，此为阳明及其后学普遍承认。

龙溪虽也认为寂感之间的张力使得良知自由感应，但按其思想的内在逻辑，此寂感之张力却逐渐消退。同双江严格执寂感、动静二端之区分不同，龙溪有合动静、寂感为一之趋向。与双江不同，龙溪坚信良知无所谓动静，良知就其根本而言本自虚寂，以良知之静统摄动静二端，动而无欲即是静，静而有欲即是动，所谓"无欲，则虽万感纷扰而未尝动也；从欲，则一念枯寂而未尝静也"①。龙溪提倡即寂即感，即动即静，实际上消除了寂和感、动和静二端之间的界限和对立，因而也就消解了二端之间感应之张力。"即寂即感"，龙溪也称为"无寂无感""无寂感"，因为良知本寂，无法再致其寂，而一切意念之动皆为良知之所发，感应之动本自归于良知之寂，良知只需一念自返，即可回复寂然之体。这样的话，良知无时不寂，无时不感，说无寂感之分也无不可。王畿多次提及"无寂感"或"无寂无感"。

> 予惟君子之学，在得其几，此几无内外，无寂感，无起无不起，乃性命之原，经纶之本，常体不易而应变无穷。譬之天枢居所，而四时自运，七政自齐，未尝有所动也。此几之前，更无收敛，此几之后，更无发散。盖常体不易，即所以为收敛，寂而感也；应变无穷，即所以为发散，感而寂也。恒寂恒感，造化之所以恒久而不已。若此几之前，更加收敛，即滞，谓之沉空；此几之后，更加发散，即流，谓之溺境。沉与溺，虽所趋不同，其为未得生机，则一而已。②

此即寂即感、即感即寂的良知感应，坚信良知之自然天则，毫无滞碍。但在这种情况下，良知之寂与感、动与静之间的张力也逐渐被消解，与此同时，良知感应与世俗和禅学之间的张力也被消除，良知感应在其最为自由、最为顺应自然之处，感应作用本身也进而被消解。如黄宗羲所言，王畿、王艮一系使得阳明之学得以壮大，但同时也使王学超出了儒家

---

① 《王畿集》，第70页。
② 《王畿集》，第36页。

之矩矱，非名教所能范围了。泰州学派提倡日用即道，走向民间大众，与俗学打成一片；李贽归于佛门，走向"异端"。此皆有思想演进之定然乎？二王之后学更转一步，良知寂感之义渐淡，自然—自由义更为突出。且看罗汝芳的一段对话：

> 问："阳明先生所指良知在人心，从何所发？"
> 曰："良知无从而发，有所发则非良知也。"
> 曰："然则良知实在，果何所归？"
> 罗子曰："在天为天，在地为地，在人为人。无归，无所不归也。"
> 曰："然则亦有动静之时否？"
> 罗子曰："亦无动静。"
> 曰："若无动静，则起居饮食，都无分别矣乎？"
> 罗子曰："起居饮食，不过是人之事，既曰在人为人，则人已浑然是个良知，其事之应用，又可得而分别也耶？"①

罗汝芳认为良知无从而发，亦无动静之分，饮食起居皆为良知之发，而人人皆"浑然是个良知"。因强调良知以不学不虑为天则，罗汝芳对格物致知进行了新的解释：

> 罗子曰："学亦是学其不学，虑亦是虑其不虑。以不学为学，乃是大学，以不虑为虑，乃其虑而能得也。今观天下是个大物，了结天下大事，却有个发端，有个完成。自其发端处，叫做天下之本，自其完成处，叫做天下之末。天下国家，从我身发端，我身却以家、国、天下为完成。其实，这场物事，究竟言之，只是个父子兄弟，其为父子兄弟足法，便是发端之本，而人之父子兄弟，自然法之。然必是孩提不虑而爱，方为父子足法；不虑而敬，方为兄弟足法。则其格致工夫，却又须从不学不虑上用也。然则谓不学为学，不虑为虑，何不可也！"②

在罗汝芳这里，格致工夫本之自然，归之自然。家国天下之事皆本于

---

① 方祖猷等编校整理：《罗汝芳集》，凤凰出版传媒集团、凤凰出版社2007年版，第115页。
② 《罗汝芳集》，第117页。

孝悌，而孝悌之道，孩提之童不虑而爱，不待思虑，不待营为。一涉思虑，如必欲此心虚静不动，必欲此心精明不二，离良知虚寂之体愈远。

近溪少时因读薛文清起其学问之端，谓"万起万灭之私，乱吾心久矣，今当一切决去，以全吾澄然湛然之体"①，此一自由之境无疑矣。于是谢绝人事，闭关临田寺，置水镜于几上，欲使此心虚寂，与镜无二。但却未能向前辈那样悟得良知寂然本体，而犯下心火之病。后偶过僧寺，遇到颜钧张榜救治心火，才得解决。近溪的经历非常有意思，王汎森就颜钧和罗汝芳心火问题专门写了一篇文章。② 可以看到，当时心火之病并非个案，否则颜钧也不会张榜以治心火而归者甚众。仅就记录在案者，就有《困知记》作者胡直，另外还有何心隐友人阮中和治清江境内数十人的"火疾"。王汎森认为科举之挫折应为心火之主要原因，但在罗汝芳和胡直的例子中，科举并非主要原因，更多的应该是一种道德或生存之焦虑，这些焦虑源于更为深刻的精神方面的危机，而非实际生活之困顿。其中很可能是程朱理学的高道德标准，其存天理、灭人欲之道德诉求造就的道德之焦虑。现代精神分析学说让我们对这些因道德律令对本能欲望的压制而造成的心理疾病有了清楚的认知。在高度的道德焦虑之中，对自由之境的追求就变得合情合理，人们希望能够从高度紧张的自律状态中走出，达到一种道德自由之地，这也是心学以自然为宗的重要原因。需要注意的是，心学一系虽以道德自由之境为理想，但其早期和中期的主流也都以无欲和静坐为主要工夫，这点和理学家并无区别，他们无非是将理学格物穷理的环节弱化而已。心学希望通过无欲和静坐的工夫来致得良知寂然之体，使此本体寂然不动，以达到感而遂通、发而中节的自由之境。所以，如我们前面所说，心学主流以寂感为良知感应的法则，希冀通过主宰之功以达到自由之地。而在近溪的例子中，我们看到这种静坐、归寂以体悟良知本体的工夫难以奏效，甚至进一步加重了心火之疾。所以后来近溪才说："今若说良知是个灵的，便苦苦地去求他精明。殊不知要他精，则愈不精，要他明，则愈不明。岂惟不得精神，且反致坐下昏睡沉沉，更支持不过了。"③

近溪心火之病直到遇到颜钧才获得药方。近溪详述自己心火之来由，颜钧直接点明病根，指出近溪之工夫"是制欲，非体仁也"。其时，近溪尚未明了制欲和体仁的区别，所以问道："克去己私，复还天理，非制欲，

---

① （清）黄宗羲：《明儒学案》，第760页。
② 参见王汎森《明代心学家的社会角色——以颜钧的"急救心火"为例》，《晚明清初思想十论》，复旦大学出版社2004年版。
③ （清）黄宗羲：《明儒学案》，第800页。

安能体仁?""克去己私,复还天理"是程朱陆王共许之义,何谓制欲非体仁耶？山农回答:"子不观孟子之论四端乎？知皆扩而充之,若火之始然,泉之始达,如此体仁,何等直截！故子患当下日用而不知,勿妄疑天性生生之或息也。"① 自此,近溪方如大梦得醒,而后病愈。现在来看,颜钧这段话容易理解,传统道德实践分天理、人欲为两截,认为人欲减一分,天理存一分,这种道德实践工夫完全是逆向的,以克制欲望为根本。但是欲望是人之本有,这种通过逆向的克制欲望来成就圣贤的做法必然会产生消极的后果,一是圣贤的最高境界难以希求,二是被压制的欲望伺机反扑,焦虑、痛苦和分裂在所难免。在这种情况下,颜钧的做法是化逆向之制欲为顺向之体仁,体仁是顺应情欲之自然,扩而充之,清淤疏拥,自无积郁之疾,而复生生之机。

在山农、近溪顺向体仁工夫中,消解了主静无欲的主宰之功,也消除了由寂而通感的寂感法则,一切归之良知的自然发用,在这种情况下,心火虽除,而名教之矩矱必破。黄宗羲评价近溪曰：

> 先生之学,以赤子良心、不学不虑为的,以天地万物同体、彻形骸、忘物我为大。此理生生不息,不须把持,不须接续,当下浑沦顺适。工夫难得凑泊,即以不屑凑泊为工夫,胸次茫无畔岸,便以不依畔岸为胸次,解缆放船,顺风张棹,无之非是。②

黄宗羲谓其以"不学不虑为的","解缆放船,顺风张棹,无之非是",此乃一绝对自由之境地也,弃主宰而顺自然,不觉已落入佛法一切现成之说。

---

① 罗汝芳与颜钧上述对话,见（清）黄宗羲《明儒学案》,第760—761页。
② （清）黄宗羲:《明儒学案》,第762页。

结　　语

一　内在感应论：宋明儒学感应思想的历史定位

如果说整个人类文明都是以原始交感巫术思维为起点的话，那么西方近现代科技文明是通过对原始思维的否定而确立起来的，而中国古代文明（特别是儒家）并没有实现同原始思维的决然断裂，"感应"作为一个核心观念被保留在儒家思想之中，只是在不同的时代呈现为不同的样态。董仲舒通过"天人感应"的架构为儒家德目建立宇宙论基础。天人感应上承周代"惟德动天""以德配天"的思想，又夹杂其时盛行的灾异、谶纬之说，遂有着较强的目的论色彩。随后王充以自然感应批驳了天人感应中的目的论因素，但是自然感应将天视为一体之气的自然流行，失去对性命的规定性力量，一转而为机械主义。汉代以气论为基础，已经形成了天人感应和自然感应的对立，后来前者连同当时盛行的灾异、谶纬之学一起逐渐衰落。魏晋时期随着黄老思想的兴盛，自然感应逐渐成为主流。《世说新语》中记载殷仲堪以"铜山西崩，灵钟东应"来解释感应现象，完全是站在自然感应的角度，慧远笑而不语虽然意味深长，但从他旁涉老庄来看，对此也不会有多少异议。

天人感应和自然感应构成了早期儒学感应思想的两种基本形态。无论是周代"惟德动天""以德配天"式的天人相感，还是后来董仲舒以人副天数为基础的天人感应，抑或以王充为代表的自然感应都是一个事物同另一个事物之间通过某种中介而发生的相互作用关系。而在宋明儒学中，感应思想获得了重要的突破，我们称之为"内在感应论"，以同发生在两个相互外在事物之间的各种形式的"外在感应论"相区分。

在张载思想的发展中，我们能够看到感应思想由外在感应向内在感应演变的痕迹。张载早期在《横渠易说》中解释《咸》卦时，对感应的理解还相当驳杂，认为感应既有同类相感也有异类相感。但是在《正蒙》中，张载已经专门从二端之感来解说感应。联系张载和二程的交往，其感应思想的转变很可能受到二程的影响。张载在《正蒙》中指出一体之气因其本性必然要分裂为各种相互对立统一的"二端",二端之间是一种屈伸相感的作用关系。二程主理而不主气,但理不能离气,且理之内容即二端相感之道。明道自家体悟之天理无非是"万物莫不有对"的存在结构,任何事物内部都必然包含各种对立统一的二端,这是事物存在的最高"天理"。事物内部对立统一二端之间始终处于相互感应的作用关系中,因此明道才说天地之间唯有一个感与应。可见,在张载和二程思想中,感应是事物因其内部含有的各种对立统一的二端而必然发生的相互作用关系。同两个事物以同质之气为中介发生的感应关系不同,内在感应源于事物"先天"的存在结构,无需任何中介和条件而必然发生。

在张载、二程和朱熹的思想中,内在感应既指事物内部各种相互对立统一的二端之间的屈伸相感作用,又指不同事物因其本性而相互感应。就前者而言,比如说一年节气的变化、一个朝代的盛衰、一棵树木的枯荣等都是二端之间相互感应作用的结果。就不同事物之间的感应作用而言,内在感应论同外在感应论之间也同样具有显著的差异。在外在感应论中(特别是自然感应),事物之间以气为中介同类相感,这是事物之间自然的,也是必然的相互作用,事物受制于这条自然的法则。在内在感应论中,事物各自具有阴阳之本性,并按照自己的本性同其他事物处于相互感应的作用关系之中。可见,在内在感应中,事物之间的感应作用是以事物自身二端之间的感应作用为根基的。这时,事物之间的感应作用源于事物自身的本性,而非源于一个外在的法则。

张载和二程都非常强调内在感应,朱熹继承了张载、二程的思想,但是他又重新关注事物之间的外在感应作用,他用"内感"和"外感"来作区分,并且认为只有将"内感"和"外感"一齐并列来看,才能将事物的感应作用看得周全。所以在朱熹思想中,他既对二端之感以及事物因性相感作用进行了深入的观察和思考,同时又以气的同类相感来解释祭祀、卜筮以及一些自然现象。并且在朱熹关于心的感应作用的认识中,心作为气之精爽者同各种事物之间的感应作用应该都属于外在感应,心以气为中介同事物发生感应作用关系,从而获得对事物的经验和认识。但是就朱熹思想总体特质而言,"内感"同样是他更为强调的一种感应作用样式。到了阳明及其后学的良知感应中,良知自身具有翕聚和发散二端,良知寂感并非良知同外部事物之间以气为中介的感应作用,而是良知主体自身二端之间的感应。良知翕聚是为了回归其寂然不动之体,良知发散即此寂然不动之体感而遂通。良知寂和感、翕聚和发散都是良知自身的内在感应,它是良知同具体事物之间外在感应的基础。

我们把宋明儒学感应思想称为"内在感应论",还有一个重要的原因——只有在宋明儒学中,感应思想才同儒家的仁德建立起"内在"的联系。儒家感应思想始终以仁德为旨归,不同阶段、不同形式的感应思想最终都是为以仁为核心的道德体系服务的。董仲舒以气论为基础构建了一个天人感应的宇宙论体系,并通过"观察"认为天地具有仁义等德行,所以要求人(主要是君王)也应该秉承这些德行。董仲舒诉诸宇宙论来为儒家仁义等德目确立根基的做法很快就遭到其他思想家的批判,王充是其中的代表人物。董仲舒利用气论构建起了天人感应的体系,王充对董子的批判也恰恰建立在气论之上,只不过在他看来一气运行自然无为,并不具有任何道德性。到了宋代,张载率先发展出气本论,认为天地万物都是由一体之气构成的,消散之后又要复归本原之气。随后二程(特别是程颢)又将"仁"规定为"以天地万物为一体",这时气本论才和仁学之间建立起了真正的关系。陈来先生总结说:

> 在历史上,北宋的道学,发展到南宋前期,仁说已处于其中的核心。以《西铭》和《识仁篇》为代表的新仁学,突出"万物一体"的观念和境界,对后来道学的发展影响甚大。程颢、杨时、吕大临、游酢,都以这种"万物一体"的思想解释"仁"。①

在宋明儒学那里,万物一体的思想又是建立在气论之上的。陈来先生说:"这种一体性就其实体意义说,在近世儒学中往往与'气'密不可分,因为气贯彻一切,是把一切存在物贯通为一体的基本介质,可见仁体论的构建与发扬,在儒学史上是有其根据的。"② 事实上,以气为基础的"万物一体"不仅是程朱"理学"坚持的观点,王阳明也同样以"一气流通"来解释"仁"。

陈来先生认为,气贯穿一切,因此把万物统一为一个整体,这个"万物存在不可分的整体"就是"仁体"。但是认为天地万物都由一体之气构成,这个观点事实上并不能必然推导出"仁"。气论的观点并非儒家独有,中外古今认为天地万物由气构成的思想家大有人在,但是也只有儒家将仁视为最高的德目。从先秦来看,相比于孔子和孟子,老子和庄子更早在宇

---

① 陈来:《仁学本体论》,生活·读书·新知三联书店2014年版,第34页。
② 陈来:《仁学本体论》,第36页。

宙论—形而上学层面使用"气"。庄子更是明确提出"通天下一气",却没有因此而标榜"仁"。古希腊阿那克西美尼也提出"气"为世界本原,他同样没有将"仁爱"树立为最高德目。

另一方面,在春秋战国纷乱之际,将仁爱树为最高价值的也并非儒家一家,而更可以看作一个普遍的诉求。比如墨家推崇"兼爱",惠施"历物十事"最后也归结为"泛爱万物,天地一体也"。虽然他们之间具有共同的道德指向(当然也不能忽视各自内涵上的差别),但是墨子的"兼爱"和惠施的"泛爱"却都建立在各自不同的"哲学"理论基础之上。墨子提出"兼爱"更多带有"功利主义"的色彩。冯友兰先生说:

> 天下之大患,在于人之不相爱,故以兼爱之说救之。兼爱之道,不惟于他人有利,且于行兼爱之道者亦有利;不惟"利他",亦且"利自"。此纯就功利方面证兼爱之必要。此墨家兼爱之说所以与儒家之主张仁不同也。[1]

与墨子不同,惠施"泛爱万物"的观点更像是从语言学的角度得出的。关于"泛爱万物,天地一体也"这句话,钱穆先生如此解释:

> 事物异同,皆由名言。既知天体一体,故当泛爱万物。[2]

由此可见,虽然同样坚持气本论,但是却并不因此就必然得出"仁爱"的道德要求;虽然同样具有"仁爱""兼爱""泛爱"的道德要求,却可能诉诸不同的理论基石。

程颢关于仁的准确表述是"仁者以天地万物为一体",并没有说天地万物一体就是仁体,这二者的差别也即陈来先生所说的万物一体的"境界意义"与"本体意义",所谓"境界意义"应是指将天地万物为一体视为仁者应达到或具有的一种境界;而"本体意义"则是指万物从同一本原而出,原本就是一体的,因为天地万物原本一体,所以自然具有仁德。程颢"仁者以天地万物为一体"就其字面义来理解的话,只能是"境界的意义",而不具有"本体的意义",只是表明仁者应该具有的境界。如果回到宋明儒学本身,我们必须要面对的事实是:没有任何人将仁学建立在万物

---

[1] 冯友兰:《中国哲学史》,第84页。
[2] 钱穆:《墨子·惠施公孙龙》,九州出版社2011年版,第18页。

一体本原之上，或者说没有任何人把万物一体直接视为"仁体"，境界之意义并不一定预设实体之意。但是我们确实又无法否认宋明儒学中气论同仁学之间的联系，宋儒儒学在一体之气中填入了一些内容，才能够以气论为基础为仁学提供本体论的根据。只有当宋明儒学认为天地万物由一体之气构成，进而将一体之气同感应作用联系在一起，认为一体之气的感应作用是其内部包含的各种对立统一的二端之间的相互感应，在此基础上进一步表明这种二端之感因其本性具有生机主义的特质时，才真正将气论同仁学从根本上结合在一起。

宋明儒学感应思想的发展同宋明儒家对儒学"哲学化"的进程一致，通过扬弃天人感应理论中的不合"理"的因素，回应以道家自然主义为价值导向的自然感应，最终形成了成熟的感应思想形态。宋明儒学以二端之感和内感为基石，构建了儒家生机主义的自然观，同目的论、自然主义以及机械主义自然观相区别，为儒家以仁为核心的德目提供了最为坚实的根基。他们以心之感应和良知感应为基础，展现了不同于西方情感主义以及理性主义的伦理学形式，拓展、深化了仁学的内涵。

二 生机主义：以感应为基础的宋明儒学宇宙观的总体特质

（一）有机主义的三种形式

近人将中国传统文化同西学进行比较时，普遍把"有机主义"或"机体主义"作为中国传统宇宙观的总体特征，与西方创世神学以及近代科学的机械主义相区别。20世纪70年代，大批中外学者对中国传统自然—宇宙观的有机主义特质进行了深入讨论[①]。这种有机主义的自然—宇宙观否

[①] 牟复礼（Frederick W. Mote，1922—2005）认为中国人是世界上唯一没有创世神话的种族，这一独特的现象具有重要的意义："意味着中国人认为世界和人类不是被创造出来的，而这正是一个本然自生（spontaneously self-generating life）的宇宙特征，这个宇宙没有造物主、上帝、终极因、绝对超越的意志，等等。"（牟复礼，《中国思想之渊源》，王立刚译，北京大学出版社2009年版，第19页。）这种"本然自生"的宇宙论和宇宙生成论具有有机主义的特征，它表明宇宙生成"是一个有机的过程，宇宙的各个部分都从属于一个有机的整体，它们都参与到这个本然自生的生命过程的相互作用之中"（同上书，第21页）。杜维明也认为中国人的自然观是一种有机主义，之所以如此，倒并非由于中国人没有创世的观念，而是由于中国人一直把整个宇宙视为连续的整体。他说："严格地说，并非由于中国人缺乏一个外在于被造的宇宙的上帝观念，他们才不得不把宇宙的起源看作是一种有机过程；毋宁说，正是由于他们把宇宙看作是连续创造活动的展开，才使他们不能想象'由上帝的手或上帝的意志从无中创造世界的观念，以及其他一切类似的机械论、目的论和有神论的宇宙观'。"（杜维明：《存有的连续性：中国人的自然观》，孔祥来、陈佩钰编：《杜维明思想学术文选》，上海古籍出版社2014年版，第87页。）李约瑟也以"有机主义"同时命名道家和儒家的思想。同样，方东美先生也认为除了阴阳家、名家和王充的怀疑主义之外，中国传统哲学精神都可以用"机体主义"来概括。

定了创世神话（牟复礼），认为世界是一个连续的、有序的整体（方东美、杜维明），每个事物都在这个整体当中占据特定的位置并因此获得各自的本性，事物的相互作用并非机械的作用，而是一种"感应"作用（李约瑟、葛兰言）。不过，"有机主义"一词虽然能够将中国文明同西方思想总体特质区分开来，却无法将中国文明内部各个思想流派自身的特质展现出来。比如说在李约瑟看来儒家和道家都具有有机主义的特质，但是我们同时也很清楚儒家和道家的自然观和宇宙观实际上存在很大的差别，所以必须在有机主义内部再做区分，才能够让它们各自的特质充分显现出来。

如若对有机主义作进一步的区分，便会发现在其内部又存在着自然主义、目的论以及生机主义三种不同的形式。同有神论和机械主义相比，三者具有共同的特质，但各自又有着显著的差别。我们以自然主义标示道家的宇宙观，在老子思想中得到集中呈现；以目的论标示秦汉之际儒家的宇宙观，在董仲舒天人感应理论中得到了系统化的阐述；以生机主义标示宋明儒学的宇宙观，在二程、朱熹的思想中得到充分的论述。[①] 无论是自然主义、目的论还是生机主义都是有机主义内部的区分，都具有有机主义的一般特征，三者都排除创世隐喻，认为整个世界是一个连续的、有机的整体，其中各个事物因其本性处于特定的位置，并同其他事物发生相互"协调"的作用。在这些共同的特质下，道家自然主义更加强调宇宙万物生成、变易的自然性，因而否认宇宙内在目的性和道德性；宋明儒家则因天地万物生生不息，强调宇宙内含之生机，并因此内含之生机进而推衍出仁爱之德；战国—秦汉之际的儒家则认为宇宙本身内涵道德性，并因其道德性，进而认为宇宙具有内在之目的。三者之中，道家的自然主义一变可至机械主义，认为事物的运动变化受严格的自然法则的支配；目的论则一变可为承认有一主宰之天或上帝的有神论；而生机主义则有意识地规避两者可能走向的极端，自居于两者之间，一方面强调天地具有生物不息之德，另一方面又否认宇宙有内在之目的与主宰之上帝。三者差别属于同中之异，只有通过更为细致的比较方能呈现。

（二）与道家自然主义相区分的生机主义

以牛顿力学体系为基础的近代科学认为世界由各自独立、相互外在的物体组成，物体之间的关系是力与力的相互作用关系。相对于西方近代科

[①] 虽然道家、秦汉儒家以及宋明儒学内部各个思想家的思想之间都有差异，但同一个时代的思想家们无疑有其一致性。就宇宙观而言，老子和庄子具有一致性，董仲舒同班固如此，程朱理学同陆王心学同样如此。纵观宋明儒学，各个思想家的宇宙观都可以说具有"生机主义"的特质，只不过在二程和朱熹思想中得到了更充分的论述。

学世界图式而言，宋明儒学和道家具有共同的特质，二者都认为宇宙是一个生生不息的有机整体，其中所有事物都处于对立统一的辩证关系之中。辩证的世界图式无疑是有机主义的一个重要表现形式，这种辩证的世界图式实际上源于《周易》，作为儒家和道家思想共同的生长点，这部经典确使二者继承了相同的基因。但在二家各自演进之路上，老子因其宇宙论及生成论的旨趣，对《周易》中辩证思想的继承与发扬更为有力，而孔子更为关注其中的人文、道德含义，对辩证思想的继承则较为弱化。可是当宋儒试图为孔子之仁德确立宇宙论和本体论的根基时，他们又不得不回到辩证的宇宙图式——不仅仅是《周易》中较为原始的辩证思想，同样包含道家发展后的辩证观。

宋儒道统意识虽强，但在逐步构建其宇宙论的过程中，也不得不借鉴道家的一些思想来完善自身。① 二程不但肯定了老子衣养万物之道生物不息的思想，也同样肯定了老子的辩证思想，认为万事万物都由相互对立统一的"二端"构成，并且事物的运动、变化也正是源于二端之间屈伸相感。因此，如我们前文所述："天地万物'无独必有对'是二程体悟到的最基本的世界图式，在此图式中，整个世界并不是一个天人同构的系统，而是一个由众多相互对立统一的'二端'构建起来的整体。"

宋明儒家同道家的宇宙观既有共同的"先祖"，又有后来的"联姻"，二者确实共同具有有机主义的特质。但是如果我们以"有机主义"作为理学和道家共同的特质，那么我们便会不由自主地思考，为何二者在宇宙观和自然观上如此相似，却最终成为理论和价值旨趣大相径庭的两个学派？如果程颢"无独必有对"的体察同老子的辩证思想没有根本区别的话，何以每每中夜思之，便不觉手舞足蹈？所以，我们认为在理学家的"有机主义"同道家的"有机主义"之间，应该有着分野。事实上，二程就已经思考自己的思想同老子思想之间的区别了。二程说：

> 与夺翕张，固有此理，老子说着便不是。②

---

① 如前文所述，二程和朱熹就曾借鉴老子的思想以矫正张载的不足，张载提出"太虚不能无气，气不能不聚而为万物，万物不能不散而为太虚"（《正蒙·太和》），二程则认为张载构建了一个"封闭"的宇宙模式，万物的生成毁灭就是太虚之气和有形万物之间的循环运动。程朱则肯定老子"谷神"的概念，认为生物之元气是不断新生的，并非以旧事物消散之气来造就新的事物，唯有如此，才是真正的生物不息气象。
② 《河南程氏遗书》卷七，《二程集》，第98页。

二程认为老子所言"与夺翕张"之道是"故有此理",承认老子所见之道同他们所体贴到的天理具有一致性,但又直接宣称"老子说着便不是"。为何不是?明道先生认为:

> 老子之言,窃弄阖辟者也。①

"窃弄阖辟"是二程对老子的最核心批评,一方面老子已有关于二端之间对立统一的基本认识,但是这种认识并非真正的体悟,只是"窃弄"。为何如此,二程先生作过更详细的解释:

> 子曰:"予夺翕张,理所有也。而老子之言非也。与之之意,乃在乎取之;张之之意,乃在乎翕之,权诈之术也。"②

在他们看来,老子虽然也认识到二端之间的对立统一,却只是"窃弄阖辟",所谓"窃弄"是指取天地万物二端相感、屈伸阖辟之理以为己用,依然是为了一己之私耳。老子认为二端之道,"与之"是为了最终"取之","张之"最终是为了"翕之",因此成为一种权诈之术,直接开启了申、韩、苏、张之学。后四者虽然与老子之道相去较远,但究其源头,依然脱之老子。其用之乖张,源于其本之不正,老学末流,沉陷权诈,究其根源正是由于老子未能真正正确认识天道。二程说:"老子言甚杂,如《阴符经》却不杂,然皆窥测天道之未尽者也。"③ 所谓"窥测天道之未尽者",无疑是指老子虽然认识到宇宙万物都由对立统一二端构成,且二端之间始终处于辩证的运动过程之中,但是老子对二端的存在结构及其辩证运动的本性的理解却是有偏差的。这种对道的理解上的偏差最终招致后学在"用"上错误。

朱子同样认为老子思想"窃弄阖辟",认为老子对"道"或"规律"的认识是为了实现对自然界或他人的"胜利"④。在此基础上,朱子则更进

---

① 《河南程氏遗书》卷十一,《二程集》,第121页。
② 《河南程氏粹言》卷一,《二程集》,第1181页。
③ 《河南程氏遗书》卷十五,《二程集》,第152页。
④ 参见《朱子语类》卷一百二十五中的一段对话,伯丰问朱子:"程子曰'老子之言窃弄阖辟'者,何也?"曰:"如'将欲取之,必固与之'之类,是它亦窥得些道理,将来窃弄。如所谓'代大臣斫则伤手'者,谓如人之恶也,不必自去治它,自有别人与它理会。只是占便宜,不肯自犯手做。"僴曰:"此正推恶离己。"曰:"固是。如子房为韩报秦,撺掇高祖入关,又项羽杀韩王成,又使高祖平项羽,两次报仇皆不自做。后来定太子事,它亦自处闲地,又只教四老人出来定之。"(《朱子语类》卷一百二十五,第2986—2987页。)

一步思考了老子在对天道的理解上究竟出现了何种偏差，同儒家之天道究竟有怎样的区别，从而进一步回答了二程已经发现却尚未言明的问题。《语类》中有一段李方子、辅广同朱熹之间的谈话，显示朱熹同其弟子们对这个问题进行了深入的思考：

> 公晦问："'无声无臭'，与老子所谓'玄之又玄'，庄子所谓'冥冥默默'之意如何分别？"先生不答，良久曰："此自分明，可仔细看。"广云："此须看得那不显底与明着底一般，方可。"曰："此须是自见得。"广因曰："前日与公晦论程子'鸢飞鱼跃，活泼泼地'。公晦问：'毕竟此理是如何？'广云：'今言道无不在，无适而非道，固是，只是说得死搭搭地。若说"鸢飞戾天，鱼跃于渊"，与"必有事焉，而勿正，心勿忘，勿助长"，则活泼泼地。'"曰："也只说得到这里，由人自看。且如孔子说：'天何言哉？四时行焉，百物生焉。'如今只看'天何言哉'一句耶？唯复是看'四时行焉，百物生焉'两句耶？"①

这段谈话中，李方子的问题直接指向老庄对本原的描述"玄之又玄""冥冥默默"同儒家"上天之载，无声无臭"的表达之间的差异，同当时儒者经常论辩的儒佛之间"毫厘之辨"一样，这个问题指向儒道之间的"毫厘之辨"。对这个问题，朱子先是以沉默应对，其目的是让两人自己体会，仔细分别，所谓"毫厘之辨"正是"差之毫厘，谬以千里"之处，是极为相似之处的细微差别，而这种细微的差别又会对思想整体的旨向产生根本的影响，因此这种差别必须自己体会，实有心得方可。而面对公晦的一再追问，辅广给出了自己的看法："今言道无不在，无适而非道，固是，只是说得死搭搭地。若说'鸢飞戾天，鱼跃于渊'，与'必有事焉，而勿正，心勿忘，勿助长'，则活泼泼地。"在辅广看来，道家认为道无处不在，天地万物无适而非道，这个认识是没有问题的，只是说得"死搭搭地"；而儒家在表述"道"的时候，则给人"活泼泼地"感觉。如果联系到李约瑟把"道在屎溺"视为庄子思想有机主义的一种重要表述，"道"遍在一切事物之中，使得整个世界成为一有机之整体，那么可以看到，儒家和道家在此并无差别，二者的差别只是在表述"道"时"死搭搭地"和"活泼泼地"不同。

---

① 《朱子语类》卷六十四，第1601页。

对于辅广的总结，朱子给予了肯定，认为"也只说得到这里，由人自看"了，因为这种总结已经求助于人的心理感觉了，往下更无可说，只能各自体会。可以说辅广的总结是非常准确的，或者说他的感觉是非常敏锐的，"死搭搭地"和"活泼泼地"确实是儒家之道和道家之道给人的不同感觉。也许我们现在借用西方哲学的一些话语能够更为清晰地表达这种"感觉"：儒家和道家思想虽然共同具有"有机主义"的特征，但是前者我们可以称之为"生机主义"，而后者则可称之为"自然主义"，二者虽然都认为世界由对立统一的"二端"构成，但是在理学家那里，二端之间是一种"活泼泼"的感应关系，而道家那里则更多地表现为"死搭搭"的自然作用。我们直接来看朱子对老子辩证思想的理解：

> 问"反者，道之动；弱者，道之用"。曰："老子说话都是这样意思。缘他看得天下事变熟了，都于反处做起。且如人刚强咆哮跳踯之不已，其势必有时而屈，故他只务为弱；人才弱时，却蓄得那精刚完全，及其发也，自然不可当。故张文潜说老子惟静故能知变，然其势必至于忍心无情，视天下之人皆如土偶尔。其心都冷冰冰地了，便是杀人也不恤，故其流多入于变诈刑名。太史公将他与申、韩同传，非是强安排，其源流实是如此。"①

朱子此处的解释同辅广上段的理解是一致的，二端之间屈伸相感作用在老子看来只是一种事物发展的自然态势，并无任何仁爱之理。对于这种自然态势，老子更加强调识而用之，通过对事物发展变化自然态势的理解，从而使其为我所用。也正是因为如此，老子之学才会一变而至于刑名，以至"其心都冷冰冰地了，便是杀人也不恤"。

概而言之，理学家认为相互对立统一的"二端"之间是一种相互感应的关系，"二端之感"不仅仅使得整个世界成为一个相互联系的、有机的整体，还更进一步表明这个世界是一个大化流行、生物不息的充满生机的世界。我们把理学或者说由理学表现出来的儒家思想的这种特征称为"生机主义"，以此同有机主义阵营中其他思想流派相区别。在老子那里，"道"是一种"死搭搭"的道，而心也一变而成为"冷冰冰"的心。就理学同道家的差别而言，虽然同处"有机主义"的阵营，道家

---

① 《朱子语类》卷一百二十五，第 2997—2998 页。

的"自然主义"与科学的"机械主义"更加接近,很可能一变而为机械主义。李约瑟认为庄子以"非机械的因果关系"构建了一个"真正的有机哲学","从动物或人体内不受意识控制的自然活动过程中,他设想在整个宇宙内,'道'并不需要意识去完成它的一切效果"①。而在晚些时期的道家文献,比如《列子》《关尹子》中,早期道家的有机主义却逐渐向机械主义靠近。《列子·汤问第五》中有偃师制作倡优及扁鹊置换心脏的故事,李约瑟认为这些故事属于"古老的机械主义—自然主义的传统",他说:

> 倘若这段记载出自公元前3世纪(这是有可能的),那末,我们就不能坚持把有机主义概念和机械主义概念清楚地区分开来,因为那时候还没有发展出确定的关于无机世界的科学,因而还不可能提出有机和无机之间关系的问题。②

事实上,李约瑟认为《列子》中这些例子难以明确区分到底是有机主义还是机械主义,因而称之为"机械主义—自然主义",但是这点确实表明道家自然主义的有机主义同机械主义十分接近,完全可能一变而为后者。

(三) 与汉儒目的论相区分的生机主义

如果说道家自然主义同机械主义相近的话,那么儒家的道德主义则与"目的论"更加接近,也极有可能一变而成为"目的论"。秦汉之际,由道德主义衍生出来的目的论思想已经较为盛行。《列子·说符第八》所举著名的"鲍氏之子"的故事就是针对当时已经具有强烈目的论色彩的儒家思想进行的批判,"目的论"的现实理论形态则表现在董仲舒的思想中。董仲舒以仁为"天心",天的存在以及运行方式无不表现出其仁爱之心。天覆育万物、生养万物,并将其"举归之以奉人",所以只要观察、留意于天意,就能够发现其仁爱之心。董仲舒这个观点同鲍氏之子批驳的儒者的观点依然很接近,后者认为天地生养万物,都是为了供人使用,因而表现出天地之仁。董仲舒的目的论倾向还突出表现在灾异学说中,他认为灾异恰恰表现的是天意和天志:

---

① 〔英〕李约瑟:《中国科学技术史》第二卷,第57页。
② 〔英〕李约瑟:《中国科学技术史》第二卷,第60页。

> 谨案灾异以见天意，天意有欲也，有不欲也。所欲所不欲者，人内以自省，宜有惩于心，外以观其事，宜有验于国。故见天意者之于灾异也，畏之而不恶也，以为天欲振吾过，救吾失，故以此报我也。①

天以灾异表现自己的意欲，目的是补救人的过失，这就更加具有目的论的色彩了。

首先对汉儒渐行渐远的目的论思想进行批判的是王充，而他所运用的武器恰恰是道家的自然主义。王充进一步将道家的天道自然理解为天地万物之间的自然作用关系，接近于物质之间"机械"的作用关系。② 道家自然主义可一变而至机械主义，具有天然的反目的论的倾向。宋代儒学对汉儒灾异思想以及寓于其中的目的论同样持批判态度，但他们并非依自然主义来立论，而是取自然主义和目的论中间的路线，所以他们对董仲舒也非如王充那样全面的批评，而是一种有保留的批评。二程语录中关于灾异感应的论述颇多，其中初看又似乎有许多相互抵牾之处，从浅处看是由于记录者理解程度不同，而其深层次原因却是因二程关于灾异感应思想的"理学化"态度：对灾异感应绝非简单全盘否定，却要排除其中的神秘的、不合"理"的因素。所以上述引文中，伊川一方面肯定董仲舒论天人之际"略见些模样"，但是又批评汉儒"推得太过"。从这点来看，"理学化"具有折中主义的色彩，走的是一条中间路线。③

同样，朱子一方面批评了道家自然主义可能导致的非道德主义及权谋之术，另一方面也高度警惕儒家的道德主义本能的目的论倾向。所以在上一段同李方子、辅广的对话中，在批评道家之道"死搭搭地"，肯定儒家之道"活泼泼地"之后，朱子随即抬出孔子的话，要让人把"天何言哉"同"四时行焉，百物生焉"统一起来看，"四时行焉，百物生焉"表明天地生物不息的性质，而"天何言哉"又表明天地生物不息是一种"无心"的创造，并非有一个主宰之天、意志之天要求生物不息。

朱子始终将生机主义限定在目的论和自然主义之间，这点也表现在他对"天地之心"的认识中。《语类》记载朱子同门人的一段谈话：

> 问："天地之心亦灵否？还只是漠然无为？"曰："天地之心不可

---

① 《春秋繁露·必仁且智》，《春秋繁露义证》，第260页。
② 王充对董仲舒的批判，参见本书第一章第三节的相关内容。
③ 程颐对天人感应的批评，具体请见第六章第一节。

道是不灵，但不如人恁地思虑。"①

天地之心不如人心能够思虑，具有目的性和计划性，但不能因此说天地之心"不灵"。所谓"不灵"即认为天地万物生成、运行都是一纯粹自然的，甚至是机械的过程。朱熹对"天地之心"的看法在另一段对话中表达得更为详尽：

> 道夫言："向者先生教思量天地有心无心。近思之，窃谓天地无心，仁便是天地之心。若使其有心，必有思虑，有营为。天地曷尝有思虑来。然其所以'四时行，百物生'者，盖以其合当如此便如此，不待思惟，此所以为天地之道。"曰："如此，则《易》所谓'复，其见天地之心'，'正大而天地之情可见'，又如何？如公所说，祇说得他无心处尔。若果无心，则须牛生出马，桃树上发李花，他又却自定。……某谓天地别无勾当，只是以生物为心。一元之气，运转流通，略无停间，只是生出许多万物而已。"②

朱子常叫门人思考天地有心无心，道夫有次便谈了自己的理解。道夫的理解稍偏向于"无心"，所谓天地之道，只是自然应当如此，不待思维。这种理解同道家的思想较为靠近，朱子马上进行纠偏，指出道夫只认识到天地无心处，但如若天地果无心，万物自当杂错纷呈，所谓"牛生出马，桃树上发李花"，但现实却是万物各具本性，顺而不妄。所以，朱子最后总结，认为应将天地有心、无心结合在一起看：

> 天地以此心普及万物，人得之遂为人之心，物得之遂为物之心，草木禽兽接着遂为草木禽兽之心，只是一个天地之心尔。今须要知得他有心处，又要见得他无心处，只恁定说不得。③

可见，朱子一方面反对天地能思虑、营为的目的论思想，另一方面又时刻提防着认为天地仅仅是一物质世界的自然主义倾向，这种介于目的论和自然主义之间的自然—宇宙观，正是"生机主义"的具体特征。

我们可以通过图式来说明上述各种思想类型之间的关系：

---

① 《朱子语类》卷一，第4页。
② 《朱子语类》卷一，第4页。
③ 《朱子语类》卷一，第5页。

有神论 ⇐ 目的论 ⇐ 生机主义 ⇒ 自然主义 ⇒ 机械主义

有机主义

对上面图式应当做几点说明。首先，我们用目的论、生机主义、自然主义分别标示汉儒、宋明儒学及道家宇宙观（自然观）的总体特征。三者属于有机主义内部的分野，生机主义则是处于目的论和自然主义中间的状态，其特质也必须通过同二者的比较才能显现。其次，目的论因承认天意、天志、天心，极易一变而为有神论；自然主义则强调天地万物运行是一自然的过程，否认其中可能蕴含的道德目的，则极易一变而成机械主义。但是纵观中国传统思想的发展，有神论和机械主义始终没有成为明确的思想形态，一直被限定在有机主义范围之内。

在有机主义内部，宋明儒学生机主义同自然主义和目的论具有共通性。同自然主义相似，生机主义也将对立统一的辩证结构视为事物最根本的存在方式，但最终却产生出动静相对的两个不同宇宙图式以及尊贬仁义两种不同的道德观念；同目的论相似，生机主义同样试图为儒家传统仁义道德奠定根基，但却反对具仁心、能思虑营为之天的存在。生机主义具有自然主义和目的论的部分特质，却又同二者相区分的关键，我们认为在于其独特的感应思想。首先，在儒学内部，宋儒力斥董仲舒天人感应之虚妄，认为真正的感应是在"万物莫不有对"的存在结构基础上，相互对立统一的两端之间的相互感应。其次，同老子认为对立统一的两端之间相互作用、转化是一种自然的过程不同，宋明儒家认为在对立统一的两端的感应关系中，感应双方一感一应，一应一感，双方絪缊相荡、屈伸相感，因而使得整个宇宙呈现出生机勃勃的景象。通过对各种宇宙观类型的进一步区分，有助于厘清学界的一些纷争和淆乱。①

---

① 比如关于"有机主义""生机主义"与译名对应问题，李约瑟以"organicism"翻译"有机主义"（参见《中国科学技术史》第二卷，第58页），成中英先生却用来翻译"生机主义"，成先生说："在此，万物全体被视为同出一源，亦即天。……因此，这项对实在界的形而上主张，时常被称为生机主义（organicism），或生机论哲学（philosophy of organicism）。"（成中英：《论中西哲学精神》，第276页。）可见，成先生"生机主义"实际的含义却是我们所谓的"有机主义"。之所以会出现翻译词汇上的淆乱，其根源在于对有机主义未作进一步区分，如若知晓程朱理学同道家宇宙观的"毫厘之辨"，自当区分"生机主义"和"有机主义"。另外，学界关于"儒教"一直有争论，从我们所做区分来看，即便是董仲舒带有强烈"目的论"色彩的"天人感应"思想，也没有突破"有机主义"的限界，在实际意义上转向"有神论"。

儒家的宇宙论总是指向仁德的，试图为传统仁德确立根基。董仲舒直接将仁德赋予天，并在天人感应体系中，通过天之仁反过来要求人之仁，但是这种理论是有缺陷的。① 后来，宋儒试图从一体之气生成万物来说万物一体之仁，但是简单的气论并不能为仁学奠基，庄子和阿那克西美尼都认为天地万物由一体之气构成，但是他们都没有指向仁德。只有当宋明儒学认为对立统一的两端之间的感应作用内含生机时，才真正意义上通过气论为仁学奠基。《语类》中有一段对话：

> 问："仁是天地之生气，义礼智又于其中分别。然其初只是生气，故为全体。"曰："然。"问："肃杀之气，亦只是生气？"曰："不是二物，只是敛些。春夏秋冬，亦只是一气。"②

朱熹又说：

> 得此生意以有生，然后有礼智义信。以先后言之，则仁为先；以大小言之，则仁为大。③

仁源于天地之生气，也即天地一气运行是内含生机的，此"生机"即朱熹常说的"生意"。构成天地万物之气，其运动变化本身就是充满生机的，生命存在只是生机之气最为活泼的表现形式罢了。

三 感应之道的界限：反思与展望

感应之道在宋明儒学中得到转化与发展，最终形成了完备的理论形态。明末至清季，随着西学的不断传入，中国思想界也出现了较大的分化。西学当时主要由传教士传入，以天文历法和基督教义为两大主要内容。其时既有师从传教士深入学习西方科学知识的学者（如孙兰，明末清初地理学家，生卒年不详，师从汤若望，精通历法、地理，采用赤道、两极、地心等术语考察地理，并绘制半球图），也有恪守传统知识体系的相

---

① 徐复观先生认为董仲舒关于天的性格的论述，出于主观的要求为多。董仲舒的天人关系都是通过想象构建起来的，因此，天人感应体系虽然具有了哲学的形式，但缺少合理知识的支持，不能经受合理主义的考验。见徐复观《两汉思想史》第二卷，第364—365页。
② 《朱子语类》卷六，第107页。
③ 《朱子语类》卷六，第105页。

对保守的学者，还有一些"中间派"，他们认识到西学中某些知识确凿可靠，但在总体上保留了传统的认知模式。王夫之、方以智都可以放入中间派，两人都接触并接受了西学的某些知识，推崇"质测之学"，但其理论旨趣依然未离天人之际，其解释方法依然未脱阴阳五行。就"感应"而言，船山和密之皆推崇张载，依然以阴阳二气氤氲相感作为核心理论解释世界，不过在二人著作中已经看不到对感应一词的特殊兴趣，甚至出现了一种疏离感。以王夫之为例。就气之感应来说，船山虽对张载之气论赞赏有加，专门注释《正蒙》，但对《参两篇》却有诸多不满。我们前面已经论述过，《参两篇》是张载论述日月星辰"因性相感"的重要篇章，包含着张载关于事物因其所秉阴阳之性相感而动的具体解释。王夫之对《参两篇》的批评受到质测之学的影响，质测之学接受西方近代科学经验观察的方法，给传统气化和气感理论带来一定的冲击。另一方面，就良知感应来说，王夫之深恶阳明学良知即寂即感之说，认为非圣人不可轻易言感而遂通，但阳明良知之学张口即来，遂启后世之流毒。

王夫之对《参两篇》的总体评价是：

> 此篇备言天地日月五行（疑为"五星"）之理数，理本于一而通极于万变，以因象数而见理之一原。但所言日月疾迟与历家之言异，太祖高皇帝尝言其非。天象高远，不能定其孰是，而以二曜南北发敛迟疾例之，则阳疾阴迟之说未可执据。愚谓在天者即为理，不可执理以限天。《正蒙》一书，唯此为可疑，善读者存之以待论可也。①

"阳速而阴缓"是张载解释天体运行的根本法则，王夫之则认为从日月二曜的运行来看，事实并非如此，并进而指出"在天者即为理，不可执理以限天"。这是指责张载从既定的"原则"（阳速而阴缓）出发去解释事实，而不是从事实出发去总结规律。

我们在"气之感应"部分已经有过论述，在解释天体运行时，张载认为所有天体都因其所秉阴阳之性相感而动，而"阳速阴缓"即是其最基本的法则。为了能够以阴阳二性解释天体运行规律，张载将所有天体都纳入"天"和"地"这两大体系当中，天阳而地阴。张载以恒星属天，以七政属地。恒星"纯系于天"，与天一起左旋；七政同样左旋，但因其属地，根据"阳速而阴缓"的原则，其左旋速度肯定不如恒星快，这样看上去好

---

① 《船山全书》第十二册，第45页。

像是右转。对于这种划分,王夫之也未能认同,他说:"张子尽破历家之说,未问孰是,而谓地亦动而顺天以旋,则地之不旋,明白易见,窃所未安。"①

张载以日月五星等七政属地,它们总体而言没有恒星运行速度快,而它们各自也缓速不齐,之所以如此,张载说是因为"七政之性殊也"。所谓"性殊",无非指七政虽然属地,但其内部又有阴阳比例之别。如月为"阴精",所以左旋最缓;日为"阳精",所以左旋最速,但因其内含阴性,所以无法向恒星那样纯系于天。其他五星皆准此类。对此,船山同样不能认同:

> 如历家之说,月最速,金、水、日次之,火次之,木次之,土星最迟。此随天左旋之说反是。七政既随地而行,又安得自行其性。此亦未安。②

张载对天体运行的解释为朱熹所采纳,王夫之一起进行了批评。首先,船山认为阳速阴缓,仅为"理之一端",况且"理一而用不齐",以一端之理强行解释各种不同事物,本身即不可行。因此之故,船山认为张载没有办法将这个原则贯穿到对所有天体的解释中,因此在具体的解

---

① 《船山全书》第十二册,第48页。
② 《船山全书》第十二册,第48页。王夫之在《思问录·外篇》中更加详细地说明了张载的不足:"张子据理而论,伸日以抑月,初无象之可据,唯阳健阴弱之理而已。乃理自天出,在天者即为理,非可执人之理以强使天从之也。理一而用不齐,阳刚宜速,阴柔宜缓,亦理之一端耳。而谓凡理之必然,以齐其不齐之用,又奚可哉?且以理而求日、月,则亦当以理而求五星。日、月随天而左,则五星亦左矣。今以右转言之,则莫疾于金、水,而莫迟于土。若以左旋言之,则是镇星日行一周而又过乎周天者二十八分度之二十七矣。谓天行健而过,土亦行健而过乎?是七曜之行,土最疾,木次之,火次之,金、水、日又次之,其劣于行者,唯月而已。金、水与日并驱,而火、木、土皆逾于日;此于日行最速、太阳健行之说,又何以解邪?曰,夫也;月,妻也;妻让夫尊矣。日、月,父母也;五星,子也;子疾行而先父,又岂理哉!阴之成形,凝重而不敏于行者,莫土若也。土最敏而月最钝,抑又何所取乎?故以理言天,未有不穷者也。姑无已,而以理言:日,火之精;月,水之精也。三峡之流,晨夕千里;燎原之火,弥日而不逾于一舍。五行之序,水微而火著,土尤著者也。微者轻疾,著者重迟,土愈著而愈钝矣。抑水有质,火无质,日月非有情于行,固不自行,大气运之也。有质者易运,无质者难运;难易之分,疾徐因之。阳火喜纡,而阴水怒决;阴之不必迟钝于阳,明矣。然此姑就理言之,以折阳疾阴迟之论耳。若夫天之不可以理求,而在天者即为理,故五纬之疾迟,水、金、火、木、土以为序,不必与五行之序合。况木以十二岁一周,岁历一次,故谓之岁星。使其左旋,则亦一日一周天,无所取义于岁矣。以心取理,执理论天,不如师成宪之为得也。"(《船山全书》第十二册,第438—439页。)

释中就存在各种抵牾之处。另外，船山认为阳速阴缓之理本身即不成立，只要观察身边的事物就会发现"阴不必迟钝于阳"。因此，理学家所谓之理，很多都是"以心取理"，并非通过观察，而是师心自用，凭空构想之理。

船山之所以有如此大的信心批评张载、朱熹之成说，很大程度上是因为他接触到西方望远镜质测之学，对七政的空间位置有着明确的认知。王夫之说：

> 远镜质测之法，月最居下，金、水次之，日次之，火次之，木次之，土最居上。盖凡行者，必有所凭，凭实则速，凭虚则迟。气渐高则渐益清微，而凭之以行者亦渐无力。故近下者行速，高则渐缓。①

通过望远镜已经可以直接观察到日月五星位置的远近，此知识源于观察，完全不同于"以心取理"。因受西方近代经验科学影响，船山对天体因性相感的理论已经无感。张载说明金星、水星附日前后，进退而行时，认为三者之间各自因其所秉阴阳之性差异，相感而行，"其理精深，存乎物感可知"。张载此段话并不难解，与王夫之同时期的张棠（1662—1734）、周芳（清初学者，具体生卒年不详）等依然从阴阳相感给出合理的注解，但此处船山仅注"未详"二字，可见在张载看来极为精深的物感之理，已无法引起船山理论上的兴趣。

西方近代经验科学质测之学确实对王夫之产生了不小的影响，使得他摒弃了理学关于天体运行的理论，不过我们也必须认识到这种影响实际上仅仅存在于有限的范围之内，如其夫子自道："盖西夷之可取者，唯远近测法一术，其他则皆剽袭中国之绪余，而无通理之可守也。"② 船山并未走出传统气论以及气感学说，只是因接触质测之学中非常基本的一些结论，而对理学的天体运行论进行矫正。船山非常赞同《动物篇》以气之感动升降解释动植物的存在形态，谓：

> 此篇论人物生化之理，神气往来感应之几，以明天人相继之妙，形器相资之用，盖所以发知化之旨，而存神亦寓其间，其言皆体验而

---

① 《船山全书》第十二册，第439页。
② 《船山全书》第十二册，第439页。

得之，非邵子执象数以观物之可比也。①

船山因其强烈的民族主义和文化本位主义，经常又退回到自己所批评的"以心取理"的错误之中。比如在正确观察到星体远近位置之后，船山摒弃了张载"阳速阴缓"的法则，自己却又构造了一个"凭实则速，凭虚则迟"的法则，天体运行似乎与人之徒步相似，在坚实之地速度较之于在松软之地为快。船山还认为气渐高则渐虚，因此位置越近的星体运行速度越快，反之越缓。这些观点同样经不起推敲。即便如此，船山以星体的空间位置为基础解释其运行速度，较之张载抽象的阴阳相感理论要更为"科学"。

王夫之对感应的思考再次将我们拉回到开端处，让我们重新思考感应和因果法则的关系。王夫之批评理学"以心取理，执理论天"，那么，感应之理是否取自心？从他对张载物感论的批评来看，至少以各自所秉阴阳之性解释天体的运行是有问题的。今天我们依然要问这个问题：张载因性相感的宇宙论是否站得住脚？即便这个理论将天人相贯，从而赋予宇宙以内在的价值，给人类生存提供"本体论的根据"。前文已经论及，黑格尔认为动物在本质上同自然界处于同情共感之中，人类越有文化、越是自由，同自然的同情共感就越少。人类必须要通过思维和概念创造出一个普遍而自由的世界。在这个过程中，自然界成为认识主体的"表象"。黑格尔认为表象性思维是精神从自然走向自由、从特殊走向普遍的关键环节，而尼采和海德格尔则认为表象性思维实现了认识主体对客体的控制，最终使得自然臣服于人的脚下。从西方现代、后现代对近代主体性形而上学的批判来看，儒家感应之思确实有效消解了主体性形而上学的问题。但是我们必须要谨慎地思考：感应之思是否真的能够接替主体性形而上学，是一种超越而不是退步？就张载对天体运行的解释来看，传统儒家感应之思尚不足以充当超越的角色。当我们利用牛顿的力学体系精准推算星体运行轨道并进一步将人造卫星发送到轨道上时，儒家模糊而抽象的阴阳相感之说便只能作为众多前科学学说中的一种。但是另一方面，面对西方主体性形而上学的困境以及近代科学的宇宙图式带来的精神危机，建立在感应之上的生机主义宇宙观为当代人提供了一个可以接受的"弱本体论假设"。目前我们所能做的就是将这种宇宙图式更加清晰地刻画出来，剩下的还是需要交给科学和时间。

---

① 《船山全书》第十二册，第101页。

在儒家思想体系中，感应始终挂搭两端，一端是气和气化万物，一端是心和良知。王夫之也批评了心学良知感应。阳明及其后学看重良知"寂感真几"，认为良知本"自然天则"，良知发用乃"寂然不动，感而遂通"，特别到阳明后学，强调良知自然发用，真致得良知，便能随感随应，神妙莫测。要做到这一点，必须要求良知"虚中无我"，这样才能直心而感。这样的话，阳明一系赋予《咸》卦"无心之感"的卦象以极高的意义。且看王畿的阐释：

> 咸者，无心之感，虚中无我之谓贞。贞则吉而悔亡。无心之感，所谓何思何虑也。著于思虑，则为憧憧。何思何虑，乃学者用功之节度，非指圣学之成功也。……何思何虑，非无思无虑也。直心以动，出于自然，终日思虑而未尝有所思虑也。观之造化，日月往来相推而明生焉，寒暑往来相推而岁成焉。出于自然，未尝有所思虑也。①

阳明一系高度推崇《咸》卦"无心之感"，认为良知感应也应达到这个境界，良知之感，即事而发，自然中节。王夫之也认为《咸》为无心之感：

> "咸"，皆也。物之相与皆者，必其相感者也。咸而有心则为感。咸，无心之感也。动于外而即感，非出于有心熟审而不容已之情，故曰咸。②

所谓"无心之感"，船山认为即是"动于外而即感"，是心与外物之间的"自发感应"，这种自发的感应，船山认为是一种低级的形态。

> 夫受物之感而应之，与感物而欲通者，必由其中，必顺其则，必动以渐。而《咸》之无心，一动而即应，此浅人情伪相感之情，君子之所弗取也。③

《咸》与《恒》相对，船山曰：

---

① 《王畿集》，第663页。
② 《船山全书》第一册，第277页。
③ 《船山全书》第一册，第277页。

《咸》者，易动之情，感焉而即动也。《恒》者，难动之志，相持而不相就也。《否》《泰》《咸》《恒》《损》《益》《既济》《未济》，相综之间，相反甚焉。《咸》之欲消《否》也迫，浮动于上，不待筹度于中而即感。《恒》之欲保《泰》也坚，一阴已起于下，一阳已动于四，而二、五犹坚处于中以抑之。……《咸》以易感而难乎贞，《恒》以难迁而难乎利，非谓消《否》之道不在感，保《泰》之道不须久也，视所以用之者如何耳。德合于天地，道至于圣人，则感而遂通，悠久无疆，皆至德也。然而非希天之圣，终未易言也。①

无心之感，一动即应，没有经过筹度审思，因此其感也浅，恐难中节，合乎法度。而心学推崇的无心之感，船山认为只有圣人才能达到。所谓"寂然不动，感而遂通"，船山认为是"鬼谋""天化"，而非"人道"。

　　感而后应者，心得之余也。无所感而应者，性之发也。无所感而兴，若火之始然，泉之始达，然后感而动焉，其动必中，不立私以求感于天下矣。"寂然不动，感而遂通之故"，鬼谋也，天化也，非人道也。诚不必豫，待感而通，惟天则然。下此者，草木禽虫与有之，蓍龟之灵是也。②

就心和良知感应来说，船山反对以自然的情感来说人道以及人性之善。所谓自然的情感，即是我们前面所说的人心因自发感应而生成的情感，包括孟子看重的怵惕恻隐之情。这种人心在自发感应状况下产生的情感与行为，船山认为与动物性的行为无本质区别。

　　能不以慕少艾妻子仕热中之慕慕其亲乎，能不以羊乌之孝、蠜螠之忠事其君乎，而后人道显矣。顺用其自然，未见其异于禽兽也。有仁，故亲亲。有义，故敬长。秩叙森然，经纶不昧，引之而达，推行而恒，返之心而夔夔斋栗，质诸鬼神而无贰尔心，孟子之所谓良知、良能则如此也。③

---

① 《船山全书》第一册，第 283 页。
② 《船山全书》第十二册，第 414 页。
③ 《船山全书》第十二册，第 407 页。

这些自然感发之情感因其是低级的、接近于动物的本能行为，所以不具有普遍性和内在的持续性。人道或人性之善必须超越动物性的自发的感应，要通过持续的教化，塑造具有普遍性（引之而达）和持存性（推行而恒）的真实人性。船山因此推崇孔子的学习和教化之道：

> "学而时习之，不亦说乎！有朋自远方来，不亦乐乎！人不知而不愠，不亦君子乎！"人性之善征矣。故以言征性善者，必及乎此而后得之。诚及乎此，则若火之始然，泉之始达，道义之门启而常存。若乍见孺子入井而怵惕恻隐，乃梏亡之余仅见于情耳，其存不常，其门不启，或用之不逮乎体，或体随用而流，乃孟子之权辞，非所以征性善也。①

船山早已认识到，建立在自然—自发感应之上的情感不足以作为人类道德的根据。通过船山的批评，我们也能更好地理解朱子批评湖湘学派以情言仁，始终坚持以理言仁的原因。自然的情感不具有普遍性，这是康德伦理学将情感排除在道德之外，而专以理性之自律来谈道德的原因，黑格尔对感觉的批评遵循着相同的逻辑。西方的道德和政治都试图以普遍的理性法则为根据，而理性的法则正是通过对自然法则（比如自然的情感、血缘关系等）的否定才确立起自己的权威。中国人对"自然"则有一种类似于信仰的执念，因此我们的道德和政治都是从自然的生命中自然地生发出来的。但是我们知道，无论道德还是政治，都要求普遍性，但是感性的情感无法保证这种普遍性。对自然情感的执念和对普遍性的要求之间的张力，使得儒家非常重视"推"这个环节。

我们曾将"推"视为"自主感应"，同恻隐之心这样的自发感应相区分。"推"是儒家超越自然情感，实现道德普遍性的根本环节，因此程朱一系常说："推广得去，则天地变化，草木蕃；推广不去，天地闭，贤人隐。"朱子认为推广不去，主要是因为人之私欲阻碍，我们则认为儒家"差等之爱"的观念要比个体私欲的影响更大。从现实来看，人们更容易退守到家庭或家族之中，只有亲亲，而无仁民和爱物。在中国传统社会生产力相对低下的情况下，维持家庭和家族的生存本已不易，因此更高层次的仁民和爱物的要求通常会被亲亲所限。孟子的道德理想主义突出表现在将"推"看得过于简单，认为只需以不忍人之心即可行不忍人之政，而宋

---

① 《船山全书》第十二册，第401页。

儒普遍认识到推之艰难。叶适曾力辟孟子仁政过于理想，他说：

> 孟子以战国之人失其本心，无能不忍人者，故著此论。然先王之政，则不止为不忍人而发。盖以圣人之道言之，既为之君，则有君职，舜禹未尝不勤心苦力以奉其民，非为民赐也，惧失职耳。孟子虽欲陈善闭邪，为可晓之语，然后此亦未有能不忍人而为政者；就其有之，固不能推也。若夫平居讲明，临事背戾，自谓为不忍人之学而不免于行忍人之政者，不知其所底止矣。[1]

以恻隐之情为道德实践，乃至仁政之根本，叶适认为过于简单。孟子之后千余年间，终未见能以不忍人之心而行仁政者。更进一步，叶适认为即便为政者本来具有不忍心之心，但在现实政治中也无法推得开去。现实的政治需要处理各种具体的问题，农事水利、饥荒瘟疫等，这些问题绝非回到不忍人之心就能够解决。

叶适、王夫之等对建立在恻隐之心、本心、良知基础上的情感伦理的批评，让我们看到以自然的感应法则构建人类道德和政治行为的局限性，也让我们认识到西方传统中义务伦理的合理性。康德（以及黑格尔）充分认识到情感作为感性存在具有不确定性，道德只有将全部的感性因素剔除才能建立普遍的法则。二程说天地间唯有感应而已，其实则不然，感应之道不可孤悬。感应之道试图通过"推"来实现普遍性，但是推这个环节恰恰较为艰难。推之艰难由于私欲阻碍，难以实现心之感通。感应之道一方面需要同义务之道相辅成，需要通过客观的、普遍的礼仪制度和身份义务来引导主观的、特殊的示范感动；另一方面需要生产之道相辅成，推之艰难同生产之艰难紧密相关。若基本民生得不到保障，则其恻隐良知便会日渐桎梏而殆尽。感应之道是一种让事事物物各得其所的和平方式，而生产之道则需要改造自然，需要培育、驯服、加工、改造。感应之道最终以自然为旨归，而生产之道则需要通过改造自然而使自然人化。

---

[1] （宋）叶适：《习学记言序目》，中华书局1977年版，第199页。

参考文献

一 古籍类

（东周）左丘明：《国语》，上海古籍出版社2015年版。

（汉）班固：《汉书》，中华书局1962年版。

（汉）孔安国传，（唐）孔颖达正义：《尚书正义》，上海古籍出版社2007年版。

（汉）许慎：《说文解字》，中华书局2013年版。

（汉）郑玄注，（唐）孔颖达正义：《礼记正义》，吕友仁整理，上海古籍出版社2008年版。

（魏）王弼、（晋）韩康伯注，（唐）孔颖达等正义，黄侃经文句读：《周易正义》，上海古籍出版社1990年版。

（魏）王弼注：《老子道德经注校释》，楼宇烈点校，中华书局2008年版。

（南朝宋）刘义庆著，（南朝梁）刘孝标注，余嘉锡笺疏：《世说新语笺疏》，中华书局2011年版。

（宋）程颢、程颐：《二程集》，王孝鱼点校，中华书局2004年版。

（宋）黎靖德编：《朱子语类》，王星贤点校，中华书局1986年版。

（宋）陆九渊：《陆九渊集》，钟哲点校，中华书局1980年版。

（宋）邵雍：《邵雍集》，郭彧点校，中华书局2010年版。

（宋）叶适：《习学记言序目》，中华书局1977年版。

（宋）张载：《张载集》，章锡琛点校，中华书局1978年版。

（宋）周敦颐：《周敦颐集》，陈克明点校，中华书局2009年版。

（宋）朱熹：《四书章句集注》，中华书局2012年版。

（宋）朱熹：《朱子全书》，朱杰人等主编，上海古籍出版社2010年版。

（明）陈献章：《陈献章集》，孙通海点校，中华书局1987年版。

（明）李贽：《焚书 续焚书》，中华书局2009年版。

（明）刘宗周：《刘宗周全集》，吴光主编，浙江古籍出版社2004年版。

（明）王艮：《王心斋全集》，陈祝生主编，江苏教育出版社 2001 年版。
（明）王守仁：《王阳明全集》，吴光等编校，上海古籍出版社 2011 年版。
（明）湛若水：《湛若水全集》，黄明同主编，上海古籍出版社 2020 年版。
（清）方以智：《方以智全书》，黄德宽、诸伟奇主编，黄山书社 2019 年版。
（清）黄宗羲：《明儒学案》，沈芝盈点校，中华书局 2008 年版。
（清）李绂：《朱子晚年全论》，段景莲点校，中华书局 2000 年版。
（清）苏舆撰：《春秋繁露义证》，钟哲点校，中华书局 1992 年版。
（清）王夫之：《船山全书》，岳麓书社 2011 年版。
（清）王夫之：《张子正蒙注》，中华书局 1975 年版。
陈永革编校整理：《欧阳德集》，凤凰出版传媒集团、凤凰出版社 2007 年版。
方祖猷等编校整理：《罗汝芳集》，凤凰出版传媒集团、凤凰出版社 2007 年版。
何宁：《淮南子集释》，中华书局 1998 年版。
黄晖：《论衡校释》，中华书局 1990 年版。
林乐昌：《正蒙合校集释》，中华书局 2012 年版。
钱明编校整理：《徐爱 钱德洪 董沄集》，凤凰出版传媒集团、凤凰出版社 2007 年版。
王先谦：《荀子集解》，中华书局 1988 年版。
吴可为编校整理：《聂豹集》，凤凰出版传媒集团、凤凰出版社 2007 年版。
吴震编校整理：《王畿集》，凤凰出版传媒集团、凤凰出版社 2007 年版。
徐儒宗编校整理：《罗洪先集》，凤凰出版传媒集团、凤凰出版社 2007 年版。
许维遹：《吕氏春秋集释》，中华书局 2009 年版。

二 专著类

《马克思恩格斯选集》第 3 卷，人民出版社 2012 年版。
《马克思恩格斯选集》第 4 卷，人民出版社 2012 年版。
北京大学哲学系外国哲学史教研室编译：《西方哲学原著选读》，商务印书馆 2002 年版。
常玉芝：《商代宗教祭祀》，中国社会科学出版社 2010 年版。
陈来：《古代宗教与伦理——儒家思想的根源》，生活·读书·新知三联书店 2009 年版。

陈来：《仁学本体论》，生活·读书·新知三联书店 2014 年版。
陈来：《有无之境——王阳明哲学的精神》，北京大学出版社 2013 年版。
陈来：《朱子哲学研究》，华东师范大学出版社 2000 年版。
陈立胜：《宋明儒学中的"身体"与"诠释"之维》，商务印书馆 2019 年版。
陈梦家：《殷虚卜辞综述》，中华书局 1988 年版。
陈迎年：《感应与心物——牟宗三哲学批评》，上海三联书店 2005 年版。
成中英：《论中西哲学精神》，东方出版社 1991 年版。
程宜山：《中国古代元气学说》，湖北人民出版社 1983 年版。
杜维明：《杜维明思想学术文选》，上海古籍出版社 2014 年版。
杜维明：《杜维明文集》，武汉出版社 2002 年版。
方东美：《中国现代学术经典·方东美卷》，河北教育出版社 1996 年版。
冯友兰：《中国哲学史》，重庆出版集团 2009 年版。
傅佩荣：《儒道天论发微》，中华书局 2010 年版。
龚杰：《张载评传》，南京大学出版社 1996 年版。
顾颉刚、刘起釪：《尚书校释译论》，中华书局 2005 年版。
郭沫若：《郭沫若全集·历史篇》，人民出版社 1982 年版。
嵇文甫：《晚明思想史论》，中华书局 2017 年版。
劳思光：《新编中国哲学史》，广西师范大学出版社 2005 年版。
李承贵：《儒士视域中的佛教——宋代儒十佛教观研究》，宗教文化出版社 2007 年版。
李存山：《中国气论探源与发微》，中国社会科学出版社 1990 年版。
李零：《中国方术续考》，中华书局 2006 年版。
李明辉：《儒家与康德》，广西师范大学出版社 2021 年版。
李明辉：《四端与七情：关于道德情感的比较哲学探讨》，华东师范大学出版社 2008 年版。
李申：《万法归宗——气范畴通论》，华艺出版社 1998 年版。
李泽厚：《中国古代思想史论》，生活·读书·新知三联书店 2008 年版。
廖名春：《〈周易〉经传十五讲》，北京大学出版社 2004 年版。
林月惠：《良知学的转折——聂双江与罗念庵思想之研究》，台北：台湾大学出版中心 2005 年版。
刘述先：《朱子哲学思想的发展与完成》，吉林出版集团有限责任公司 2015 年版。
罗家伦：《科学与玄学》，商务印书馆 2011 年版。

牟宗三：《从陆象山到刘蕺山》，上海古籍出版社2001年版。
牟宗三：《心体与性体》，上海古籍出版社1999年版。
倪梁康：《胡塞尔现象学概念通释》，生活·读书·新知三联书店1999年版。
彭国翔：《良知学的展开——王龙溪与中晚明的阳明学》，生活·读书·新知三联书店2005年版。
钱穆：《墨子·惠施公孙龙》，九州出版社2011年版。
钱穆：《朱子新学案》，九州出版社2011年版。
宋兆麟：《巫与祭祀》，商务印书馆2013年版。
宋镇豪、刘源：《甲骨学殷商史研究》，福建人民出版社2006年版。
唐君毅：《中国现代学术经典·唐君毅卷》，河北教育出版社1996年版。
唐君毅：《中国哲学原论·导论篇》，中国社会科学出版社2005年版。
唐君毅：《中国哲学原论·原道篇》，中国社会科学出版社2006年版。
唐君毅：《中国哲学原论·原性篇》，中国社会科学出版社2005年版。
王汎森：《晚明清初思想十论》，复旦大学出版社2004年版。
王国维：《观堂集林》，浙江教育出版社2014年版。
王庆节：《道德感动与儒家示范伦理学》，北京大学出版社2016年版。
王永祥：《董仲舒评传》，南京大学出版社1995年版。
王宇信：《甲骨学通论》，中国社会科学出版社1989年版。
徐复观：《两汉思想史》，九州出版社2014年版。
杨国荣：《心学之思——王阳明哲学的阐释》，生活·读书·新知三联书店1997年版。
杨立华：《气本与神化——张载哲学述论》，北京大学出版社2008年版。
杨儒宾：《儒家身体观》，上海古籍出版社2019年版。
杨向奎：《中国古代社会与古代思想研究》，上海人民出版社1962年版。
张岱年：《中国哲学大纲——中国哲学问题史》，昆仑出版社2010年版。
张光直：《美术、神话与祭祀》，生活·读书·新知三联书店2013年版。
张光直：《中国青铜时代》，生活·读书·新知三联书店1983年版。
张志伟主编：《西方哲学史》，中国人民大学出版社2010年版。
赵汀阳：《坏世界研究——作为第一哲学的政治哲学》，中国人民大学出版社2009年版。

〔比〕普里戈金、〔法〕斯唐热：《从混沌到有序——人与自然的新对话》，曾庆宏译，上海译文出版社2005年版。

〔德〕伽达默尔:《真理与方法》,洪汉鼎译,上海译文出版社 2010 年版。
〔德〕海德格尔:《存在与时间》,陈嘉映等译,商务印书馆 1999 年版。
〔德〕海德格尔:《海德格尔选集》,孙周兴编,上海三联书店 1996 年版。
〔德〕海德格尔:《时间概念史导论》,欧东明译,商务印书馆 2010 年版。
〔德〕黑格尔:《精神现象学》,贺麟、王玖兴译,商务印书馆 1979 年版。
〔德〕黑格尔:《精神哲学》,杨祖陶译,人民出版社 2006 年版。
〔德〕康德:《纯粹理性批判》,邓晓芒译,人民出版社 2004 年版。
〔德〕康德:《实践理性批判》,邓晓芒译,人民出版社 2004 年版。
〔德〕尼采:《偶像的黄昏》,周国平译,光明日报出版社 2001 年版。
〔德〕舍勒:《伦理学中的形式主义与质料的价值伦理学》,倪梁康译,商务印书馆 2011 年版。
〔德〕舍勒:《同情感与他者》,朱雁冰等译,北京师范大学出版社 2014 年版。
〔法〕吉尔松:《中世纪哲学精神》,沈清松译,上海世纪出版集团 2008 年版。
〔法〕列维·布留尔:《原始思维》,丁由中译,商务印书馆 1987 年版。
〔法〕莫斯:《巫术的一般理论》,杨渝东译,广西师范大学出版社 2007 年版。
〔古罗马〕奥古斯丁:《忏悔录》,周士良译,商务印书馆 1997 年版。
〔古希腊〕亚里士多德:《灵魂论及其他》,吴寿彭译,商务印书馆 1999 年版。
〔古希腊〕亚里士多德:《物理学》,张竹明译,商务印书馆 1997 年版。
〔美〕安乐哲:《自我的圆成——中西互镜下的古典儒学与道家》,彭国翔译,河北人民出版社 2006 年版。
〔美〕戴维·玻姆:《现代物理学中的因果性和机遇》,秦克诚等译,商务印书馆 1999 年版。
〔美〕葛艾儒:《张载的思想》,罗立刚译,上海古籍出版社 2010 年版。
〔美〕汉娜·阿伦特:《人的境况》,王寅丽译,上海人民出版社 2017 年版。
〔美〕罗蒂:《哲学和自然之镜》,李幼蒸译,商务印书馆 2003 年版。
〔美〕牟复礼:《中国思想之渊源》,王立刚译,北京大学出版社 2009 年版。
〔美〕伊利亚德:《萨满教:古老的入迷术》,段福满译,社会科学文献出版社 2018 年版。

〔日〕岛田虔次：《中国近代思想的挫折》，甘万萍译，江苏人民出版社 2010 年版。

〔日〕小野泽精一等编：《气的思想——中国自然观与人的观念的发展》，李庆译，上海人民出版社 2014 年版。

〔瑞士〕耿宁：《人生第一等事：王阳明及其后学论"致良知"》，倪梁康译，商务印书馆 2014 年版。

〔瑞士〕耿宁：《心的现象——耿宁心性现象学研究文集》，倪梁康编，商务印书馆 2012 年版。

〔瑞士〕荣格：《荣格文集》第四卷，国际文化出版公司 2011 年版。

〔英〕伯林：《反潮流：观念史论文集》，冯克利译，译林出版社 2002 年版。

〔英〕弗雷泽：《金枝》，徐育新等译，大众文艺出版社 1998 年版。

〔英〕怀特海：《科学与近代世界》，何钦译，商务印书馆 2012 年版。

〔英〕李约瑟：《中国科学技术史》第二卷，何兆武等译，科学出版社 2018 年版。

〔英〕李约瑟：《中国科学技术史》第三卷，梅荣照等译，科学出版社 2018 年版。

〔英〕休谟：《人性论》，关文运译，商务印书馆 1983 年版。

三　论文类

晁福林：《论殷代神权》，《中国社会科学》1990 年第 1 期。

晁福林：《商代的巫与巫术》，《学术月刊》1996 年第 10 期。

陈来：《王阳明晚年思想的感应论》，《深圳社会科学》2020 年第 2 期。

陈立胜：《良知之为"造化的精灵"——王阳明思想中的气的面向》，《社会科学》2018 年第 8 期。

陈梦家：《商代的神话与巫术》，《燕京学报》1936 年第 20 期。

成中英、伍至学：《李退溪的"四端七情"说与孟子、朱熹思想》，《学术月刊》1988 年第 1 期。

董平：《王畿哲学的本体论与方法论》，《学术月刊》2004 年第 9 期。

贡华南：《从"感"看中国哲学的特质》，《学术月刊》2006 年第 11 期。

胡厚宣：《殷卜辞中的上帝和王帝（下）》，《历史研究》1959 年第 10 期。

金春峰：《论董仲舒思想的特点及其历史作用》，《中国社会科学》1980 年第 6 期。

赖永海：《对"顿悟"、"体证"的哲学诠释》，《学术月刊》2007 年第

9 期。

李承贵：《"理"之现代开展与发扬》，《江淮论坛》2016 年第 1 期。

李明辉：《耿宁对王阳明良知说的诠释》，《哲学分析》2014 年第 4 期。

李明辉：《儒家、康德与德行伦理学》，《哲学研究》2012 年第 10 期。

林乐昌：《张载两层结构的宇宙论哲学探微》，《中国哲学史》2008 年第 4 期。

罗安宪：《李退溪与奇高峰关于四端七情的论辩》，《孔子研究》2009 年第 4 期。

蒙培元：《朱熹心说再辨析》，《杭州师范大学学报》（社会科学版）2008 年第 6 期。

沈顺福：《感应与存在——〈周易〉的感应论分析》，《周易研究》2007 年第 2 期。

沈顺福：《理解即感应——论传统儒家诠释原理》，《北京大学学报》（哲学社会科学版）2020 年第 4 期。

王晖：《论商代上帝的主神地位及其有关问题》，《商丘师专学报》1999 年第 1 期。

王文娟：《朱熹论感应》，《北京社会科学》2014 年第 4 期。

温海明：《荀子心"合"物论发微》，《中国哲学史》2008 年第 2 期。

吴震、刘昊：《论阳明学的良知实体化》，《学术月刊》2019 年第 10 期。

谢遐龄：《直感判断力：理解儒学的心之能力》，《复旦学报》2007 年第 5 期。

许兆昌：《先秦社会的巫、巫术与祭祀》，《史学集刊》1997 年第 3 期。

杨国荣：《王畿与王学的衍化》，《中州学刊》1990 年第 5 期。

张岱年：《开展中国哲学固有概念范畴的研究》，《中国哲学史研究》1982 年第 1 期。

张再林：《根身性：中国哲学研究的一个新的论域》，《孔子研究》2018 年第 4 期。赵法生：《殷神的谱系——殷商宗教中的神灵世界与信仰精神》，《原道》2006 年第 1 期。

郑开：《祭与神圣感》，《世界宗教研究》2019 年第 2 期。

后　　记

　　这本小书是在博士论文基础上修改完成的，从构思到付梓，差不多八年有余。当初选择这个主题时，差点没能通过开题，而八年之间，相关研究逐渐丰富起来。程颢说天地间只有一个感与应，这在当初动笔之时给了我很大的信心；程颢又说感应之道其实说无可说，于此付梓之际终觉此言不虚。一哂。

　　当初给我信心的，还有授业恩师李承贵先生，从选题到写作，李老师都给了我极大的鼓励和自由。选择"感应"这个主题很大程度上源于李老师开设的"儒家生生哲学专题"课程的启发，李老师致思生生哲学多年，课堂内外，同学和师门之间往复论辩，相互切磋，皆有受益。不再具名，一并致谢。

　　书稿有幸获国家社科基金后期资助，感谢四位匿名评审专家的意见，书稿的修订充分参考了他们的意见。

　　当然，还要感谢我的家人，谢谢他们的理解、支持和付出。本书权当一份小的礼物，献给他们。